정치학총서

현대비교정치이론과 한국적 수용

이정희 · 전용주 편
한국정치학회

法 文 社

발 간 사

20세기를 가로지르는 격동의 역사 속에서 한국 사회는 많은 시련과 고통을 이겨내고 산업화와 민주화를 이만큼 이루어냈다. 이 과정에서 1953년 창립한 한국정치학회는 우리나라의 정치현상과 국제정치질서의 역동성을 분석하기 위한 이론을 정립하고 현실적인 대안제시를 위해 노력해왔다. 지난 60년간 한국 정치학자들은 수많은 이론과 방법들을 수용하고 창출하여 현실 정치를 분석하고 정책 대안과 제도화에 공헌했다. 성공적인 연구와 실용적 정책으로 구체화되기도 했고, 때론 실패를 통해 새로운 방향을 제시하기도 했다.

21세기에 들어서 급변하고 있는 국내외 정치 환경의 변화는 정치학계의 새로운 역할을 요구하고 있다. 세계화와 지방화, 정보통신기술의 발전은 정치현상의 질적 변화를 초래했으며 이를 규명해야 할 새로운 연구 방법의 모색과 이론 형성이 절실한 상황이다.

정부 수립 60년을 맞아 그 동안 어떠한 이론적 토대와 연구 방법을 사용하여 우리의 정치현실을 탐구해왔는가를 점검하고, 씨줄과 날줄의 현재 좌표를 확인하는 것은 의미 있는 작업이다. 특히 '한국 정치학의 정립'이라는 명제를 생각한다면 정치학의 흐름과 현황을 항상 점검하는 것이 필요하다. 학문의 보편성을 뛰어넘는 '한국 정치학'의 요구는 세계화의 물결 속에 더욱 강해지고 있기 때문이다.

2008년도 한국정치학회는 그동안 정치학계에서 논의되었던 많은 이론과 논쟁 중에서 중 범위 영역의 정치 이론을 선정하여 심층 연구하였다. 이를 토대로 향후 우리나라 정치학계에서 미래지향적인 정치이론으로 수용, 발전시킬 수 있는 이론을 비교정치, 정치사상, 국제정치의 부문으로 분류하여 세권의 기획서로 정리하였다.

이 기획서가 '자아준거적(自我準據的)' 정치학을 구축하는 디딤돌이 될 것으로 기대한다. 서구의 정치적 토양에서 발전한 이론들을 우리의 가치정향에 준거하여 문제를 인식하고 설명할 수 있는 이론으로 재정립하고 재창조하는 것은 한국 정치학의 독자성을 확보하고 적실성을 높이는 지름길이다.

영역별 이론의 선정과 논의를 위해 최선의 노력을 경주해주신 편집위원들, 그리고 각 권의 편집책임을 맡아주신 전용주, 최연식, 우승지 교수, 김석우 편집이사, 편집 실무를 맡아준 김종법 박사에게 고마움을 전한다. 또한 기획서의 출간을 후원해주신 건국60주년 기념사업위원회와 삼성 테스코에 진심으로 감사드리며, 출판을 기꺼이 허락해주신 법문사 배효선 사장님과 관계자 여러분께 감사 말씀을 드린다.

2008년 한국정치학회장

한국외국어대학교 이 정 희

서 문

이 책은 '비교정치이론'에 관한 내용이다. '이론'(theory)은 복잡한 정치현상의 원인을 간결하게 '설명'할 수 있도록 해준다. 원인을 알게 되면 미래에 대한 '예측'도 가능해진다. 그래서 이론 구축의 중요성은 아무리 강조해도 지나치지 않다. 이론의 구축과 발전을 위해서는 '경험적 검증'(empirical test)이 필요하다. 모든 과학에서의 이론검증은 주로 '실험'(experiment)에 의해 이루어진다. 실험을 통해 어떤 자연현상이나 사회현상이 이론에서 말하는 원인들에 의해 실제로 일어나는지를 알아본다.

자연과학에서의 실험은 비교적 용이하다. 그러나 사회과학은 그렇지 않다. 혁명과 전쟁, 그리고 선거와 같은 정치현상에 관한 이론들은 실험을 통해 검증하는 것이 거의 불가능하다. 따라서 정치학에서 이론을 검증할 수 있는 방법 중 하나는 현실의 실제 사례들을 '비교'(comparison)하는 것이다. 예를 들어 이론에서 말하는 조건들이 충족될 때 혁명이 실제로 일어났는가? 혹은 비례대표제를 운영하는 국가들은 실제로 다당제가 정착되는가? 같은 질문들은 여러 혁명이나 국가 사례에 대한 비교연구를 통해서 가능하다. 이런 검증과정을 통해 경험적으로 증명된 이론은 '일반이론'의 지위를 얻게 된다.

정치이론은 설명하고자 하는 현상이나 대상의 단위에 따라 세 가지로 분류된다. '거시이론'(macro-level theory), '중범위이론'(meso-level theory), 그리고 '미시이론'(micro-level theory)이 그것이다. 거시이론은 국가나 정치체계, 중범위이론은 정치제도, 정치과정, 집단, 그리고 미시이론은 개인의 행태가 분석대상이다. 이 책은 비교정치학에서 발전된 중범위이론들을 주로 소개하고 있다. 각 장은 해당 주제를 설명하는 주요 이론들의 내용을 소개하고 한국 사례를 통해 이론검증을 시도한 한국 학자들의 연구들을 정리한다.

이 책의 주제는 크게 세 가지이다. 먼저 1장부터 4장은 '정치변동'(political change)에 관한 내용이다. 한 정치체제가 다른 성격을 가진 정치체제로 왜, 어떻게 변화하는지를 다루고 있는 이론들을 소개한다. 5장부터 9장은 '정치동학'(political dynamics)과 관련된 주제들이다. 한 정치체제 내에서 권력추구나 정책형성을 위해 집단 간 경쟁이 어떻게 일어나고 있는지, 그러한 정치과정의 특성과 결과는 무엇인지를 설명하는 이론들을 정리한다. 마지막으로 10장과 11장은 '정치제도'(political institution)에 관한 내용이다. 대통령제와 의원내각제와 같은 정부구조나 정치 제도의 특성과 그 정치적·정책적 결과들을 다룬다.

이 자리를 통해 이 책의 출판을 가능하게 해주신 이정희 한국정치학회 회장, 김석우 편집이사, 그리고 김종법 편집간사에게 감사의 말씀을 전한다. 무엇보다도 성가신 독촉도 기꺼이 받아주시면서 끝내는 좋은 글을 완성시켜주신 집필진 여러분께 진심으로 감사드린다.

집필진을 대신하여

동의대학교 전 용 주

차　례

정치변동

CHAPTER 01 근대화와 정치발전: 한국적 수용

CHAPTER 02 혁명과 저항: 개인 vs. 집단

CHAPTER 03 저발전과 발전

CHAPTER 07 거버넌스와 사회자본

CHAPTER 08 선거와 정당 체계

CHAPTER 09 투표행태론: 투표결정 요인과 유권자의 합리성

정치제도

CHAPTER 10 권력 구조와 정치적 성과: 서구 이론의 한국적 수용

CHAPTER 11 신제도주의와 공공제도

정치변동

1. 근대화와 정치발전
2. 혁명과 저항
3. 저발전과 발전
4. 민주주의 이행

CHAPTER 01

근대화와 정치발전: 한국적 수용

김 용 복

Ⅰ. 머리말

비교정치학에 있어 정치발전은 매우 중요한 연구대상이다. 정치외교학과가 개설된 모든 학교에서도 정치발전론이란 과목을 가르쳐 왔다. 그러나 그 중요성에 비해서 최근에는 정치발전론 자체가 거의 사라지고 있는 상황이다. 한때 비교정치학을 지배하였던 정치발전론이었지만, 급격한 쇠퇴 이후에 주목을 받고 있지 못한 것이 작금의 현실이다.

그러나 정치발전의 중요성은 여전히 한국적 현실에서도 중요하다. 다양한 제도개혁에 대한 논의와 의식과 문화를 바꾸려는 노력은 현실적으로도 학문적으로도 그 중요성은 퇴색되지 않았다. 따라서 사라져버린 것은 "정치발전론"이란 과거의 학문적 경향이지, 현재의 정치발전 문제는 아닌 것이다.

서구의 정치학계뿐만 아니라 한국의 정치학계에서도 주류적인 위치에서 활발히 연구되었던 정치발전론은 근대화론과 분리시켜 생각할 수가 없다. 당시 정치발전을 연구한 학자들은 근대화론의 전제나 전략을 수용하여 선진국을 모델로 개발도상국의 정치를 연구하였다. 즉 근대화론은 개발도상국의 정치, 사회, 경제 발전을 연구하는 하나의 접근이었다. 이러한 근대화론과 정치발전론은 서구 특히 미국에서는 1950년대부터 1960년대에 이르기까지 지배적인 패러다임으로 정착되었으며 많은 연구들이 축적되었다. 한국에서는 미국에서 유학한 학자들이 소개로 1960년대와 1970년대에 근대화론과 정치발전론이 부흥기를 맞이하였다. 비판이론이 근대화론과 정치발전론을 비판하고 새로운 시각으로 대두되기까지 정치발전에 대한 연구는 근대화론자와 행태주의자에 의해 독점되었던 것이다.

이 글에서는 서구에서 논의된 근대화론과 정치발전론의 핵심적인 주장을 살펴 본 이후에, 그것이 한국 정치학에 어떠한 영향을 주었는지를 고찰하고자 한다. 정치발전론의 한국적 수용을 개괄하고자 하는 이 글은 특히 『한국정치학회보』와 주요 단행본 등의 연구성과를 중심으로 주요 내용과 문제점들을 소개하는 방식을 취하고자 한다.

Ⅱ. 근대화론과 정치발전론: 이론적 전제와 주요 연구성과들[1)]

(1) 근대화론

2차대전 이후 등장한 근대화론은 미국의 초강대국화, 공산주의의 확산 그리고 새로운 제3세계 국가들의 출현이라는 역사적 사건의 산물이었다(소우 1992, 45). 당시 미소 냉전체제하에서 독립한 신생국과 개발도상국가들에게는 경제성장과 발전은 매우 중요한 국가의 목표이자 국

1) 근대화론과 정치발전론에 관한 주요 연구성과들은 야노스(1990), 소우(1997), 칠코트(2006), 임석준(2008) 등에 잘 요약되어 있다.

제적인 관심의 대상이었다. 신생국가들은 미국의 자본주의와 소련의 사회주의의 체제경쟁속에서 혼란스러웠다. 미국정부는 신생국과 개발도상국에 원조를 제공하여 국가건설과 경제성장을 지원하려고 노력하였으며, 이를 이론적으로 뒷받침해준 것이 근대화론이었다.

일반적으로 근대화를 봉건사회 내지 전통사회에서 근대 및 현대사회로 이행되는 과정이라고 본다. 이러한 근대화론은 대체로 서구의 진화론적인 입장과 기능주의적 입장에 기초한 사회변동이론이라고 할 수 있다. 근대화론자들은 대체로 동일한 가정을 공유하고 있는데, 첫째가 사회변동은 일방적이고, 점진적이고, 진보적인 성격을 갖는다는 진화론적인 시각이다. 진화론적인 시각은 사회변동이 진보, 인간성, 문명화 등을 지향하는 바람직한 한 방향으로 전개된다고 가정하며, 사회변동이 점진적이고 단편적으로 진행되기 때문에, 혁명적이라기보다는 진화적인 성격을 갖는다는 것이다. 이러한 입장은 신생국과 개발도상국들의 근대화는 궁극적으로는 발전을 가져올 것이며, 근대화 과정에서 나타나는 어려움과 난관은 서구의 방식으로 해결될 수 있을 것이라는 서구중심적이고 낙관적인 가정을 가지고 있다. 결국 개발도상국의 근대화는 단계적인 과정(phased process), 동질화의 과정(homogenizing process), 서구화의 과정이며, 그 과정이 시작되면 돌이킬 수 없는 불가역적인 과정(irreversible process)이라고 주장한다. 둘째, 근대화론자들은 사회제도들 사이의 상호의존성, 문화적 수준에 있어서 유형변수의 중요성, 그리고 항상적인 평형을 통한 내재적인 변화과정을 강조하는 기능주의적 시각을 가정한다. 따라서 근대화는 사회과정의 모든 측면에서 변화를 수반하는 체계적인 과정(systematic process)이고, 전통적인 사회구조와 가치가 근대적 가치체계로 완전히 대체되어야 한다는 의미의 변환과정(transformative process)이며, 변동의 내적 구조를 만들어 필연적으로 다른 영역에 상응하는 변화를 초래한다는 내재적 과정(immanent process)이다. 또한 근대화론자들은 매우 일반적이고 추상적인 수준에서 논의를 전개하는 유사한 연구방법을 보인다. 그리고 명시적으로 밝히고 있지는 않지만, 근대화론은 민족국가 단위에 기반한 사회변동이론이라고 할 수 있다. 근대화 이론들은 거대한 사회변동에 관심을 두기 때문에 학제간 연구(inter-disciplinary research)의 성격을 띠는데, 대체로 사회학자들은 유형변수의 변화와 구조적 분화에 초점을 맞추고, 경제학자들은 생산투자를 증대시킬 것을 강조하였으며, 정치학자들은 정치체계의 능력을 고양시킬 필요성을 부각시켰다(소우 1992, 63-66).

근대화론의 대표적인 논의로는 파슨즈의 근대사회 구분론, 로스토우와 블랙의 단계론, 앱터, 코울만의 정치적 접근 등이 있다.

전통사회와 근대사회를 구분한 대표적인 학자인 파슨즈(Talcott Parsons)는 전통사회에서 근대사회로의 이행이 진화론적인 변화 방향을 가지고 있다고 보았다. 그에 따르면 근대사회는 전통사회와는 달리 감정중립적이고, 개인지향적이며, 업적중심적인 특징을 가지고 있다. 그리고 전통사회에서는 사회적 기능이 분산되어 있고, 편익의 배분이 신분이나 세습제 등과 같이 특수한 기준에 의하여 이루어지는 반면에, 근대사회는 사회관계가 보다 전문화되어 있고, 보상체계도 신분적 기준보다는 객관적·보편적 기준에 근거하게 되며, 사회적 이동성이 높고, 2차산업을 중심으로 하는 교환경제를 기반으로 하고 있다고 주장된다. 파슨즈는 발전이란 전통적 요소가 사라지고 근대적인 요소가 확대되는 것으로 보았으며, 근대화의 결과에 대해 무한한 신뢰를 가지고 있었다(Parsons 1951).

『경제발전의 근대화: 반공산당선언』에서 근대화 단계론을 주장한 로스토우(W.W. Rostow)는 경제성장을 비행기의 이륙에 비유하여 다섯

단계로 구분하였다. ①거의 변화가 없는 전통사회, ②도시화와 산업화가 진행되는 도약을 위한 준비단계, ③생산투자비의 지속적인 확대를 통한 도약단계(take-off), ④지속적인 성장의 성숙단계, ⑤경제발전의 종착지인 고도의 대중소비단계 등이다. 로스토우는 신생국의 공산화를 방지하기 위해서는 자본주의와 자유기업이 필요하며, 경제발전은 위의 다섯 단계를 거쳐서 발전한다고 주장하였다. 그는 대중소비단계에 도달한 국가는 미국과 서유럽이었다고 보았으며, 개발도상국들은 도약을 위해서는 전통사회에 만연되어 있는 숙명주의라는 비관적인 태도를 극복하는 것이 중요하다고 생각하였다(Rostow 1960). 10여년이 지난 후에 로스토우는 『정치와 성장의 단계』(1971)라는 저서를 통해서 여섯 번째 단계로 "질적인 성장단계"를 추가하였다.

블랙(Cyril Black)은 근대화의 단계를 넷으로 구분하였는데, 정치사회는 ①전통사회에 대한 근대성의 초기 도전, ②전통적인 지도자의 중요성이 감소할 때 나타나는 근대화된 지도층의 공고화, ③지방적, 농업적 사회에서 도시적·공업적 사회로 사회경제적 변모, ④사회구조의 근본적인 재정비를 통한 사회통합의 달성 등의 단계를 거치면서 근대화되어 간다고 설명하였다(Black 1966).

코울먼(James Coleman)은 이러한 근대화 과정에서 나타나는 위기에 대해 관심을 가졌다. 근대화의 긴 과정에서 민족적 일체성의 위기, 정치적 정통성의 위기, 침투의 위기, 참여의 위기, 통합의 위기, 분배의 위기 등 일단의 위기가 나타날 것이다. 그러나 코울만은 서구적 정치제도와 절차의 도입, 수용 그리고 서구국가들의 원조와 지원에 의한 경제성장(산업화)를 통하여 구조적 분화, 역할의 전문화와 정치문화의 세속화를 달성함으로써 정치체계의 능력을 향상시킬 때 이러한 위기들은 극복될 수 있다고 보았다(Coleman 1971).

근대화에 관한 다양한 이론들이 제기되었지만, 이들 논의는 모든 사회가 일정한 방향으로 진화할 것이고, 진화의 종착점은 당시의 서구사회일 것이라는 전제를 가지고 있었다. 따라서 많은 학자들이 주장하는 근대화는 대체로 서구사회를 모델로 설정하고 있다. 초기 근대화이론가들은 근대화와 발전이 주로 개발도상국들이 서구 선진국가의 사회, 경제, 정치 및 문화적 특성을 갖추어 가는 과정과 동일시하였는데, 이러한 관점은 근대화와 발전이 보편적인 현상이며, 진화론적으로 발전해 간다는 단선적인 발전관과 상통하는 것이었다. 이는 근대화 문제를 처음 연구한 학자들이 서구출신 학자들이었다는 점에서도 일부 기인하지만, 무엇보다도 근대화과정을 겪고 앞서 달리고 있는 사회가 서구사회이기 때문에, 서구사회를 따라잡는(catch-up) 것이 근대화의 지름길이라는 생각이 지배적이었기 때문이었다.

(2) 정치발전론

2차대전 이후 국제무대에 등장한 제3세계 혹은 개발도상국에 대한 관심과 더불어 초기 근대화이론에 대한 재검토는 정치발전에 대한 본격적인 연구의 계기가 되었다. 미국의 정치학자들이 신생국의 정치현상에 눈을 돌리게 된 것도 서구중심의 정치학에 대한 반성에서 비롯되었다. 제3세계 국가를 포괄할 수 있기 위해서는 보다 폭넓은 대상을 다룰 수 있는 정치이론과 분석방법이 필요하게 되었다. 이러한 배경하에서 미국 사회과학협의회(SSRC)의 비교정치위원회(CCP)가 중심이 된 연구들은 정치발전론에 중요한 영향을 미쳤다. 이들은 신생제국의 근대화와 발전에 관한 새로운 개념을 정립하고 이론을 구성하고자 하였다. 그 결과 알몬드(Almond) 등이 편집한 『개발도상지역의 정치』가 발간되었다. 특히 1963년부터 1971년까지 미국 프린스턴대학 출판부에서 나온 정치발전시리즈는 그러한 연구동향이 반영된 중요한 성과였다. 1971년에 출간된 『정치발전의 위기와 지속』이란 저서는 그동안 정치발전이론의 성과를 총정리한 것이었다. 이들은 비교정치학의 "형식적 제도적 편향성"을 극복하기 위한 이론적 토대를 모색하였으며, 평등, 분화, 능력이란 정치체계의 세 차원에 집중하여 정치발전을 분석하였다(Binder et al. 1971).2)

정치발전이란 개념이 보편화하게 된 것은 과학으로서의 정치학이 추구되는 일반적인 추세와 더불어, 정치발전이 모든 사회에 적용되는 개념이라고 믿었기 때문이었다. 그러나 정치발전의 개념에 대해서는 학자들마다 다양한 견해를 보였다. 정치발전과 정치적 근대화의 관계가 불분명하였으며, 그 개념이 통일적이고 단일적 개념인지 혹은 복합적 개념인지, 또한 기술적(discriptive) 개념인지 아니면 목적론적 개념인지에 대해서도 통일된 견해가 없었다.

이러한 다양성을 반영하듯 파이(Lucian Pye)는 정치발전이 의미하는 바를 다음의 열 가지로 정리하기도 하였다(Pye 1965, 3-13). 첫째, 정치발전을 경제성장을 위한 정치적 필수조건으로 보는 견해가 있다. 둘째, 고도의 발전을 이룩한 산업사회의 전형적인 특징을 갖는 정치 또는 산업사회가 이념형으로 삼는 정치적 형태 및 행동의 표본을 정치발전으로 규정하는 입장으로 이는 결국 서구사회의 정치가 발전의 모델이라고 주장한다. 셋째, 정치발전을 정치적 근대화와 동일시하는 견해이다. 행태주의자 알몬드, 코올만, 앱터 등이 대표적이다. 넷째, 정치발전을 국민국가(nation state)의 필요조건을 충족해가는 과정으로 파악하는 견해

2) 칠코트(R. Chilcote)는 정치발전에 관한 기존의 연구를 첫째, 민주주의의 개념과 관련된 연구, 둘째, 정치발전과 변동의 측면에 초점을 맞춘 연구, 셋째, 정치발전의 위기와 연속성을 고찰하는 연구 등 세 가지 유형으로 구분하였다(칠코트 2006, 336-354).

이다. 즉 정치발전이란 민족주의적 통치과정이 국가 단위로 해서 이루어지는 상태로서 국가형성이라는 것이다. 다섯째로 정치발전은 제도화과정이나 행정 및 법치의 발전을 의미한다는 견해이다. 이러한 입장에서는 정치기구 및 행정절차의 제도화와 정책결정의 합리화가 정치발전의 주요한 기준이 된다. 여섯째로는 정치발전을 시민의 참여, 충성심, 귀속감 등을 중심으로 보는 견해이다. 국민의 참여와 선거권 확대 및 국민의 의견을 정치과정에 반영하는 것과 관련된다. 일곱째로는 정치발전을 민주주의의 확립으로 보는 견해로서 서구 민주주의가 모델이 된다. 여덟 번째로 정치발전은 곧 정치적 안정을 의미하며, 폭력을 동반하지 않는 질서있는 변화를 의미한다. 아홉째, 동원과 권력으로서 정치발전이며, 열 번째가 다원적 사회변동과정의 한 측면으로서 정치발전의 의미이다.

그런데 이러한 다양한 논의 속에도 바람직한 정치체제의 특징을 발견할 수 있는데, 파이는 이를 발전의 징후들(development syndromes)이라 명명하고, 그 중에 평등(equality)을 지향하는 정신과 태도, 정치체제의 능력(capacity)증진에 대한 요청, 그리고 제도 및 구조의 분화(differentiation)와 전문화를 중요한 것으로 지적하고 있다. 따라서 정치발전이란 평등, 능력, 분화와 전문화의 필요성이 증가하는 것을 의미한다는 것이다.

로스토우의 경제발전 단계론에 영향을 받은 오간스키(A. Organski)는 정치발전 단계론을 주장하였다(Organski 1965). 오간스키는 정치발전을 근대화와 같이 단선적이며 진보적인 과정으로 생각하였다. 그에 따르면 정치발전은 정부의 우선적인 기능에 따라 ①국민의 통일성을 창조하는 것이 정부의 일차적인 기능이 되는 초기 통합의 단계, ②경제발전을 촉진하는 것이 정부의 주된 기능이 되는 산업화단계, ③산업생활의 어려움으로부터 국민을 보호하는 것이 정부의 주된 임무가 되는 국민복지의 단계, ④자동화 혁명이 활발히 진행되는 단계에서 나타나는 풍요단계의 정치로서 경제권력의 집중방지, 실업자보호 등이 주요한 정치의 기능이 되는 단계 등으로 나누어진다. 오간스키는 정치발전을 국가의 목적을 달성하기 위한 인적·물적 자원의 동원화 과정에서 정부 효율성의 증대와 관련된 것으로 규정하였다. 이에 따르면 정치발전은 정부가 각 단계마다 필요한 새로운 기능을 완수하는 것을 의미한다. 오간스키는 어떠한 정부도 단계를 뛰어넘는 정치발전을 할 수 없지만, 대신에 발전의 속도는 빠르게 할 수 있다고 보았다. 결국 제3세계 국가들은 저발전의 단계에서 서구 선진국가와 같이 자본주의적 민주주의, 풍요, 대중소비단계로 성장할 것이란 단계론을 주장하였다.

대체로 많은 정치학자들은 정치발전의 개념을 행태주의와 구조기능주의에 입각해서 설명하고자 하였다. 라스웰(H. Lasswell)은 엘리트론과 권력론, 벤틀리(A. Bentley)와 트루만(D. Truman)은 집단이론을, 알몬드(G. Almond)와 버바(S. Verba)는 정치문화론을, 도이치(K. Deutch)는 정치체계의 사이버네틱스 분석틀을, 알몬드와 이스톤(D. Easton)은 파슨즈의 사회체계론을 원용하여 정치체계론을 제시하였다. 여기서는 알몬드, 도이치, 앱터, 립셋, 알몬드와 버바, 헌팅턴의 연구에 국한시켜, 주요 내용을 개괄할 것이다.

알몬드(G.Almond)의 발전모델은 체계-기능주의 접근법을 원용한 가장 대표적인 모델이다.[3] 알몬드에 의하면, 모든 정치체계는 정치적 구조를 가지고 있으며, 모든 정치적 구조는 하나 이상의 기능을 수행하고 있으며, 문화적인 의미에서 모든 정치체계는 근대적 요소와 원시적

3) 최명외(1990, 52-73)에서는 알몬드의 구조기능주의를 ① 초기의 기능주의적 접근(1960), ② 발전적 접근(1966), ③ 생태학적 접근(1974), ④ 체계, 과정, 정책접근(1978) 등으로 나누어 설명하였다.

요소가 섞여 있는 혼합체계이다. 그는 구조기능주의에 바탕을 둔 투입-산출 모델을 통해서 종래의 서구 대 비서구, 또는 근대 대 전근대라는 단순한 이분법을 수정하여 어떤 정치체계에도 정도의 차이는 있으나 근대와 전근대가 공존하는 이원적 정치구조를 갖는다고 주장하였다. 그는 정치체계의 발전과정에서 나타나는 네 가지 문제와 도전, 즉 국가건설, 국민형성, 참여, 분배 등에 대한 체계의 대응능력으로서 정치발전을 정의하였다. 알몬드는 모든 정치체계는 일곱 가지의 기능을 가지고 있다고 보았다. 네 개의 투입(Input) 기능인 ①정치사회화와 충원, ②이익표출, ③이익집약, ④정치커뮤니케이션, 그리고 세 개의 산출(Output) 기능인, ⑤규칙제정, ⑥규칙적용, ⑦규칙판정 등이 그것이다. 알몬드는 이러한 투입과 산출의 기능을 비교함으로써, 개발도상국의 정치발전을 측정할 수 있다고 보았다(Almond 1960). 그러나 이 모델은 정태적이고 보수적이며 변화의 원인과 방법에 대해 침묵하고 있으며 서구민주주의 체계를 모델로 삼고 있어 개발도상국의 정치를 설명하는 데에는 많은 무리가 따른다고 비판된다. 또한 개발도상국의 정책과 근대화에 중심적인 역할을 수행하는 국가를 블랙박스로 처리하여 그 역할을 경시한 것은 현실적 적실성에 있어서 문제가 된다는 비판을 받았다(최명외 1990, 62-63; 임석준 2008, 90-94).

도이치(Deutch 1961, 493-514)는 정치발전의 요건으로써 근대화의 사회적 측면, 즉 사회적 동원화(social mobilization)를 강조하였는데, 사회적 동원화란 과거의 사회, 경제 및 심리적 관계가 새로운 상황에 접하여 붕괴되거나 해체됨으로 말미암아 사람들이 새로운 양식에 따라서 사회화되고 행동하게 되는 현상과 과정을 의미한다. 즉 사회적 동원화가 증대되면 사람들이 점점 정치에 더 큰 관심을 가지고 참여하거나 정부에 대하여 요구하는 것이 많아져서 결국 보다 민주화된 정치를 촉진시킨다는 것이다.

앱터(D. Apter)는 『근대화의 정치학』(1965)에서 정부유형론과 변동이론을 제시하였다(Apter 1965). 앱터가 주로 관심을 갖고 있는 것은 기능주의적 방법에 의거하여 근대화 과정에 있는 사회들에 대한 비교연구를 통하여 정부형태를 유형화하고, 그것들의 변화를 설명하는 것이었다. 앱터는 세속적 자유주의와 신성화된 집단주의를 구분하고, 전자를 미국 등 자유민주주의 국가에서 볼 수 있는 다원화된 근대적인 타협체제로, 후자를 마오쩌뚱치하의 중국 등과 같이 인격화된 카리스마적 지도력과 정신적 광신, 대중정당조직 등의 특징을 가진 근대적인 동원체제로 설명하였다. 앱터는 근대화의 달성에 있어서 동원체제가 타협체제보다 우월한 체제이지만, 지속적일 수 없으며 산업화를 달성한 이후에는 타협체제가 보다 많은 이점을 지니게 된다고 주장하였다. 이는 새로운 정치질서의 확립과 공업화 추진의 초기 단계에서는 정보보다는 추진력으로서 행동이 더 중요한데 동원체제의 경우 정보보다 강권력에 더 의존하기 때문이다. 그러나 동원체제는 시간이 지날수록 신성한 가치에 대한 확신이 약화되고 세속적 가치가 보다 우위를 차지하면서 기회주의와 부패가 성행하기 때문에 단명할 수 있는 체제라는 것이다. 결국 앱터는 민주주의와 타협체제의 미래에 대해서 낙관적인 입장을 견지하여, 장기적인 안목에서 볼 때, 사회가 근대화되고 공업화를 이룩하면 타협체제의 방향으로 전환할 것으로 보았다.

립셋(S. Lipset)은 『정치적 인간: 정치의 사회적 토대』라는 저서에서 민주주의와 경제성장의 상관관계를 논하였는데 경제발전과 사회적 근대화는 정치적 민주주의를 가져올 것이라는 낙관주의적 패러다임을 가지고 있었다. 그는 경제발전의 여러 지표를 사용하여 1인당 소득, 산업화, 도시화, 교육화와 안정된 민주주의의 정도간에는 밀접한 상관관계가 있음을 발견하였다. 민주주의의 사회경제적 전제조건이 필요하다는 주장이었다(야노스 1990, 63). 안정된 민주주의가 이루어지려면 무엇보다도 경제발전의 수준이 높아져야 한다고 주장하였다. 경제발전은 부의 증대와 교육의 확대를 가져오고, 중산층을 증가시키는데, 중산층의 증가는 민주주의 발전에 중요한 역할을 수행한다는 것이다(Lipset 1959). 립셋의 경제발전과 민주주의에 관한 논의는 현재까지도 다양한 논란을 낳고 있는 비교정치학의 중요한 주제이다.

알몬드와 버바는 정치문화가 민주주의의 핵심적인 요건을 이룬다고 주장하였다. 알몬드는 정치문화를 어느 한 국가의 국민이 가지고 있는 "유사하거나 상이한 정치적 태도, 가치, 감정, 정보 및 재주의 분포상태"라고 정의한다. 안정되고 효과적인 민주주의체제가 수립되려면 민주주의를 지탱할 수 있는 심리적 문화적 토대가 이루어져야 한다. 정치문화란 정치체제에 대한 정향이 국민들의 심리속에 내면화된 상태를 의미하는데, 알몬드와 버바는 정치문화의 이념형으로 지방형(parochial), 신민형(subject), 참여형(participant)이라는 정치문화를 유형화하였다. 그런데 현실은 이러한 이념형 정치문화의 혼합으로 이루어지며, 시민문화도 혼합된 정치문화의 한 형태이다. 시민문화는 민주주의체제의 정치문화로서 가장 발전된 근대사회의 충순한 참여형 정치문화를 의미한다. 시민문화는 정치에 적극적으로 참여하며, 감정보다 이성에 의해 행동하고 정치적 지식을 겸비하고, 이에 바탕하여 결정을 내리는 사람들이 많이 분포되어 있는 문화를 일컫는다. 이러한 시민문화의 양성이 정치발전의 주요한 척도라고 보았다(Almond & Verba 1963).

헌팅턴은 『변동하는 사회의 정치질서』(1968)에서 근대화에 수반되는 급격한 사회적·경제적 변동에 직면하여 사회의 안정을 강조하였다. 헌팅턴은 정치발전을 정치제도화와 동일시하면서 근대화와 정치발전의 개념을 구분할 것을 강조하였다. 헌팅턴과 같이 정치발전을 제도화로 간주할 경우, 제도란 발전할 수도 있고, 성숙할 수도 있는 반면, 쇠퇴하고 패망할 수도 있다. 헌팅턴은 정치제도화와 더불어 정치참여의 개념을 도입하여 정치체계의 안정을 설명하였다. 즉 사회적 동원화가 제도화의 속도를 능가할 경우 정치적 쇠퇴가 뒤따르게 되며, 과도한 사회적 동원화는 과도한 정치적 요구를 조성할 수 있다고 보았다. 사회적 동원화 수준이 정치제도화 수준을 능가하는 것은 바람직하지 못하며, 반면에 사회동원화가 너무 저수준일 경우에는 근대화를 지연시킬 수 있다는 점에서 역시 바람직하지 못하다고 주장하였다. 따라서 헌팅턴은 정치발전을 근대화의 도전과 참여의 확대에 의해 발생되는 지속적인 변동에 대해 대처해 나갈 능력을 향상시키는 것으로 보았다(Huntington 1969). 헌팅턴의 이론은 사회경제적 변동과 정치참여, 정치불안정 및 폭력 등과의 관계에 지대한 관심을 갖고서 근대화 자체가 정치적 쇠퇴를 유발할 수 있는 요인이라는 것을 지적하였다. 그리고 정치제도화의 강조는 질서와 안정을 옹호한다는 측면에서 보수적이고 정태적인 성격을 보여주었다고 평가된다.

이러한 정치발전론은 베트남전쟁으로 야기된 급진적 조류의 성장, 마르크시즘의 소생 등으로 쇠퇴의 길을 걷게 되었다(야노스 1990, 84-85). 근대화론에 대한 근본적인 문제를 제기한 종속이론가들은 근대화론에 대해 다음과 같이 비판하였다. 첫째, 제3세계 국가들의 저발전의 근본요인은 내부에 있는 것이 아니라 외부에 있다. 즉 선진국가들이 제3세계 국가들의 자원과 노동을 착취하였기 때문에 저발전되었다는 것이다. 둘째, 제3세계의 저발전이 역사적 산물이기 때문에 서구 자본주의의 발전과정에 대한 분석을 강조한다. 근대화이론에서는 서구자본주의를 답습하는 것이 발전전략이지만, 종속이론가들은 중심부 국가들과의 단절이 발전에 중요하다고 지적하였다.

비교정치학 내부에서도 정치발전론에 대한 비판도 거세게 제기되었는데, 위아르다(H. Wiarda)는 첫째, 정치발전론은 편견이 많으며 자민족 중심적이었다. 둘째, 서구와 같은 발전은 반복될 수 없기 때문에 단선적인 발전사관은 문제가 있었다. 셋째, 개발도상국들이 처한 국제환경은 서구 선진국의 초기 발전 때와는 다르다. 넷째, 전통과 근대의 관계를 지나치게 단순화하였다. 다섯째, 개발도상국들이 비현실적인 목표를 설정하게 만들었으며, 여섯째, 정치발전론은 제3세계를 억압하고 속박하려는 미국의 냉전전략의 한 부분이며, 일곱째, 정치발전론은 제3세계 국가들의 토착제도를 파괴하여 개발도상국에 직접적인 피해를 유발하였으며, 여덟째, 정치발전론을 주도한 전문가집단들의 폐쇄성으로 인하여 새로운 관념이 거의 유입되지 못하였다고 비판하였다(위아르다 1997, 46-51).

Ⅲ. 근대화론과 정치발전론의 한국적 수용: 도입과 쇠퇴

해방이후 한국 정치학은 몇 번의 변화를 거치면서, 다양한 접근과 이론을 수용하여 왔다. 손호철(2004)은 한국정치학회를 중심으로 본 50년간 한국정치 연구의 경향을 다음과 같은 시기구분을 통하여 설명하였다. 첫째, 모색기로서 1953년에서 1970년까지이다. 초기에는 일본정치학의 영향을 받은 역사적·법적·제도적 접근이 지배적이었는데, 1960년대 이후 미국의 과학주의나 행태주의의 영향을 받은 연구들이 주류로 자리를 잡았다. 둘째, 제도화기로서 1971년부터 1979년까지이다. 이 시기는 억압적인 유신체제의 시기로서, 한국정치의 극우반동화에 따라 한국정치 연구는 크게 위축되어졌다. 이 시기에는 미국의 행태주의가 더욱 뿌리를 내려 이와 밀접한 관련이 있는 정치문화, 정치과정에 대한 연구가 활발하였다. 또 1970년대 들어 한국정치상황과 관련되어 정치발전론이 새롭게 주목을 받았다. 셋째, 소위 '민중주의'기라고 할 수 있는 1980년에서 1991년까지이다. '1980년 광주'를 계기로 한국사회는 진보적 사상과 운동이 부활되었으며, 한국정치연구의 폭발이 일어났다. 1980년대에는 종속이론, 관료적 권위주의론 등 제3세계적 문제의식을 가진 이론들이 다수 소개되어 한국정치연구에 적용되었으며, 국가론 논쟁으로 발전되었다. 넷째, 소위 '포스트 민중주의'기로서 1992년부터 현재까지이다. 이는 1980년대 말 사회주의가 붕괴하고, 한국사회도 1987년 6월항쟁 이후 점차 민주화되면서 보수화되기 시작하였다. 1980년대 생겨났던 한국정치연구의 붐이 어느 정도 진정되기 시작하였으며, 정치학의 관심은 1990년대 이후 급속히 진행되고 있는 세계화와 관련해서 국제정치, 지역연구, 정치경제 등으로 옮겨가기 시작하였다. 1980년대 민중주의 시기를 대표하는 것이 국가론과 변혁이었다면, 1991년 이후 포스트 민중주의를 대표하는 것은 시민사회론과 민주주의였다.

한국에서 근대화론과 정치발전론이 부흥하게 된 시기는 1960년대~1970년대로서 위의 분류에 따르면 모색기에 도입되어 제도화기에 정점을 이루었다가 소위 '민중주의기' 초기인 1980년대 이후 쇠퇴하기 시작하였다. 여기서는 정치발전론의 도입기로서 1960년대와 부흥기로서 1970년대로 나누어 주요 연구성과를 중심으로 개괄적인 특징을 고찰하여 볼 것이다.4)

---

4) 근대화론과 정치발전론의 주요 연구 성과들은 이정복(2004), 손호철(2004), 정희채(2000; 2004)에 잘 소개되어 있다. 이 글은 위 연구들을 참조하여, 재정리하는 방식으로 이루어졌다.

(1) 근대화론과 행태주의의 도입: 1960년대

해방이후 한국 정치학계에서는 역사적 · 법적-제도적 접근이 지배적인 연구방법론이었다. 구범모(1967)는 해방 이후 한국정치학계에는 독일 국가학의 영향을 받은 일본정치학의 학풍과 영미의 다원적 국가론이란 두 가지 학풍이 있었지만, 한국전쟁을 계기로 영미적 정치학으로 단일화되었다고 분석하였다. 그리고 한국전쟁 이후부터 1958년까지 한국정치학계는 구미 정치에 대한 법적 · 제도적 · 역사적 · 사상사적 접근법을 수용하였지만, 그 이후에는 미국 정치학의 기능적 · 체계적 분석방법도 도입하였다고 지적한다. 이 시기의 한국 정치학계는 전근대의 한국정치사 연구나 헌법, 정부형태론 등과 같은 법제도적 차원의 연구들에 치중되어 있었다. 그러나 구미의 법과 제도를 가지고 있었지만, 구미에서와 같이 작동하지 않았던 한국의 정치현실을 설명하는 데에는 이러한 접근방법의 현실적 적실성은 미흡하였다. 그럼에도 불구하고 법적 · 제도적 · 역사적 · 사상사적 접근방법들은 민주정치의 규범적인 모델을 제공하였고, 그것이 당시 한국정치를 비판하는 거울의 역할을 하였다는 점에서 의미를 갖고 있었다(이정복 2004, 89).

이러한 접근들은 1960년대에 들어서면서 미국의 과학주의, 행태주의, 정치문화 등과 같은 새로운 논의에 영향을 받아 사라지게 되었다. 새로운 행태주의의 시각에서는 집단, 정치과정, 투표행위, 이익집단, 정당, 정치사회화, 정치충원, 정치체계, 정치문화 등과 같은 주제에 관심을 기울였다.

초기 근대화와 정치발전에 관한 한국의 연구들은 외국의 이론을 소개하는 노력에서 비롯되었다. 윤천주 외(1961)의 『정치행태의 기초이론』은 미국학자들이 쓴 행태주의 방법론을 번역하여 소개한 편역서였다. 이 책 가운데 윤천주가 집필한 "정치행태접근법의 요소"라는 글에서 소개한 정치행태접근법은 ①개인 또는 집단의 정치행태 분석, ②인근 학문에 의존하는 학제간 연구의 성격, ③경험적 설계 등과 같은 과학적 연구절차, ④정치체계론의 수립, ⑤정치문화론의 중요성 등을 중요한 요소로 구성되어 있다고 설명되었다.

뒤이은 윤천주(1963)의 『한국정치체제: 정치상황과 정치참여』는 최초로 행태주의적 방법을 한국인 투표 행태 연구에 적용한 저서이다. 저자는 한국정치학계 최초로 상주읍민들의 투표행태를 조사하였다. 1960년 총선 1주일 전인 7월 22일부터 총선 전날인 28일까지 각계각층 404명을 면접조사하였다. 그는 미국의 투표행태 연구에 사용한 질문들을 이용하여, 면접조사를 행하였다. 그 결과 도시화의 정도를 여당후보의 당선율 및 투표율과 비교하는 통계를 작성하여 "시골일수록 여당후보자의 당선율이 높다"라는 가설과 "시골일수록 투표율이 높아진다"는 가설을 제시하였다. 이 연구는 한국정치학의 연구 풍토가 법적·제도적 연구로부터 미국식 행태주의로 바뀌는 신호탄이었다(손호철 2004, 204).

이러한 행태주의 방법론을 선거분석에 채택하고 있는 논문으로는 김규택(1967)의 "선거와 투표행태", 그리고 박승재(1971)의 "한국민주주의와 선거" 등이 있다. 한배호(1967)의 "집단개념으로 본 한국정치과정"은 벤틀리, 트루만, 알몬드의 집단이론을 소개하고 그 이론에 근거하여 한국의 정치과정을 분석하였다.

차기벽(1969)의 『근대화정치론』은 파이, 아이젠슈타트(Eisenstadt), 쉴스(Shils), 오간스키, 알몬드 등 미국 비교정치학 분야의 다양한 이론을 이용하여, 근대화나 정치발전을 위한 바람직한 정치적 리더십을 강조하였다. 차기벽은 근대화 혹은 정치발전은 "신생국가가 직면한 시대적 과제를 달성하기 위하여 국내의 인적·물적 자원을 성공적으로 동원할 수 있는 정치체계, 즉 근대적인 국민국가(nation-state)를 이룩하는 것"을 의미한다고 주장하였다. 그에 의하면 궁극적인 민주화를 위해서는 서구식 민주제도와 신생제국의 사회·경제적 여건과의 참된 종합을 통해 민주주의의 토착화를 모색하는 것이 중요하며, 민주주의의 이상과 현실의 간격을 메우기 위해서는 서구식 민주제도를 현재의 여건에 보다 적합하도록 개선하는 한편 민주주의의 사회경제적 기반의 확대를 도모하려는 정치적 리더십이 필요하다고 지적하였다. 대다수의 신생국가들은 적어도 현 단계에 있어서는 순수한 민주주의에 의거하여 산업화를 추진하려 하다가는 민주화도 산업화도 모두 이룩하지 못할 위험이 있기 때문에, 바람직한 정치적 리더십이 산업화를 우선적으로 추진한다면, 결국은 민주화를 이룩할 가능성이 많다고 주장하였다. 결국 신생국가가 효과적으로 근대화를 이룩할 수 있느냐는 결국 이러한 바람직한 정치적 리더십을 수립할 수 있느냐에 달려있다는 것이었다.

(2) 행태주의적 정치발전론의 부흥: 1970년대

1970년대에는 서구중심적인 근대화론과 행태주의적 정치발전론이 지배적인 시각으로 자리잡았으며, 다양한 연구성과를 배출하는 정치발전론의 부흥기였다. 또한 이 시기에는 미국의 행태주의 이론이 광범위하게 도입되었으며, 유신체제라는 한국적 현실을 배경으로 정치발전이 가장 중심적인 주제로 다양한 측면에서 연구되었다.

한배호(1971)의 『비교정치론: 정치발전이론의 발전과정』은 미국 정치학계의 방법론과 근대화나 정치발전 이론을 거의 망라하여 체계적으로 소개한 책이었다. 저자는 서구화가 곧 근대화라는 등식을 배격하여, 정치발전이 일직선적인 경로를 따라간다는 서구학자들의 가정은 근거없는 것이라고 보았다. 정치발전은 다양한 유형을 가정해야 하며, 정치발전 연구란 주로 과도적 사회의 정치에 대한 연구이며, 공업화과정을 비롯한 대규모의 사회변화를 겪고 있는 사회들의 정치변화에 대한 연구라고 주장하였다.

임동혁(1973)의 “현대정치학의 기초개념에 대한 재음미”란 논문은 이스턴의 정치체계 개념에 기초한 글로써, 정치를 “사회적 가치의 권위적 배분을 위하여 소수자가 다수자에 대하여 행하는 통신과 제어의 체계”라고 정의하였다. 최명(1974)은 “정치학에 있어 코뮤니케이숀 모델: 싸이버네틱스 모델을 중심으로”란 논문에서 칼 도이치의 싸이버네틱스의 모델내용을 소개하였으며, 이 모델이 실증적 연구에 중요한 개념의 조작화가 어려운 것이 문제라고 지적하였다.

1970년대 중반에는 근대화나 정치발전에 대한 좀더 진전되고 심화된 연구들이 양산되었다. 이는 서구의 학문적 동향에 활발하게 반응하는 한국 정치학계의 모습이기도 하였지만, 경제성장과 정치적 권위주의라는 문제로 고민하고 있는 한국적 현실이 반영된 것이기도 하였다. 이 시기에 『한국정치학회보』에 게재된 주요 논문을 살펴보면, 문창주(1973)의 “한국정치 발전에 관한 연구”, 윤형섭(1974)의 “미군정의 정치적 충원에 관한 발전론적 연구”, 민준기(1975)의 “한국의 정당과 정치발전” 등이 있었다. 특히 1977년의 11집은 한국정치발전 특집으로 8편의 논문이 게재되었는데, 김계수의 “한국의 정치발전과 정치학교육의 방향”, 윤근식의 “한국정치학에서의 정치발전 연구”, 안병만의 “우리나라의 정당과 정치발전”, 박동서의 “한국의 관료제와 정치발전”, 안병영의 “한국의 이익집단과 정치발전”, 이택휘의 “한국에서의 정치참여와 정치발전”, 이종범의 “한국에서의 정치통합과 정치발전”, 이홍구의 “한국의 정치문화와 정치발전” 등이었다. 이들 연구들은 정치발전의 개념, 정치적 충원, 정당, 정치교육, 관료제, 이익집단, 정치참여, 정치통합, 정치문화 등 매우 다양한 측면에서 정치발전 문제를 논하고 있었다.

이용필(1975; 1977)은 연속된 논문을 통하여 이스턴의 체계이론을 정치발전연구에 원용하였다. 정치체계는 단기적으로 안정을 유지하고 장기적으로 민주적 정치발전을 지향하기 위한 기틀을 준비해야 하는데, 이를 위해서는 정치체계가 고도의 가동력을 발휘해야 한다고 주장하였다. 또한 발전의 초기 단계에서는 정치적 안정(독립변수)이 있어야 사회경제적 발전(종속변수)이 가능하다는 견해를 가졌지만, 다소 정치적 안정이 유지되고 따라서 사회경제적 발전이 어느 수준이상으로 상승된 후기 단계에서는 종속변수였던 사회경제적 발전이 독립변수로 전위된다고 주장하였다.

한편으로 1970년대에는 정치발전론의 주요 저작이 활발하게 번역 소개되었다. 민준기·배성동이 공역한 『정치발전론』(1971)은 헌팅턴의 *Political Order in Changing Societies*를 번역한 것이었으며, 민준기·신정현이 공역한 『근대화와 정치발전』(1974)은 빈더 외의 *Crises and Sequences in Political Development*를 번역한 것이다. 김학준이 번역한 『정치발전의 논리와 현실』(1977)은 헌팅턴 외의 *No Easy Choice- Political Participation in Developing Countries*를 번역한 것이다.

(3) 한국의 정치문화 연구

행태주의적 정치발전론은 한국의 정치문화 연구를 활성화시켰다. 한국에 정치문화의 개념을 최초로 도입한 학자는 윤천주였다. 그에 의하면 한국의 정치문화는 "권위주의적 성격"을 가지고 있다고 주장하였다. 이러한 정치문화 때문에 한국정치에는 권력의 집중성, 정치행동의 이중성, 준봉적 투표와 같은 행태가 현저하다고 보았다(윤천주 1962). 윤천주가 말하는 권위주의적 문화는 알몬드-버바의 유형론에 비추어 본다면 "신민형 정치문화"에 가깝다고 할 수 있다(최명외 1990, 125).

이영호는 알몬드-버바의 정치문화이론을 본격적으로 한국정치문화 분석에 적용하였다. 1965년 전국적인 표본조사 방법을 통하여 응답자의 다수가 정치체계의 존재를 인식하고 있고, 그것이 자신에게 미치는 영향을 의식하고 있다고 지적하였다. 그렇지만 응답자의 다수가 정치과정에 작용하는 투입요인에 대해 뚜렷한 정향을 갖지 못하여 있음을 지적하였는데, 결론적으로 한국의 정치문화는 지방형, 신민형, 참여형이 혼합된 상태이며 그 중에서 신민형의 정치정향을 지닌 국민이 많다고 주장하였다. 그는 후속연구를 통해서 참여적 정향을 보이는 국민들이 많아지고 있으며, 신민적 정향을 가진 국민들이 완만하게 줄어들고 있어, 한국의 정치문화가 점차적으로 신민형-참여형으로 이동할 것이라 전망하였다(이영호 1982).

1961년부터 1981년까지 발표된 한국정치문화에 관한 연구결과 28편을 분석한 이지훈(1982)에 의해, 한국정치문화의 특성은 권위주의, 시민성, 공동체성, 소외성, 분파성, 저항성, 민족적 주체성 등 일곱 가지로 요약되었다.

1984년 한배호와 어수영은 설문조사를 통하여 한국정치문화를 실증조사하였다(한배호 외 1987). 이 연구에서 전통적인 가치정향을 보여주는 묵종성(黙從性), 의인주의(擬人主義), 형식주의 그리고 민주적 정치질서에 필요한 신뢰성, 평등성, 관용성, 권리의식 등 7가지 가치정향이 정치문화에 영향을 주는 것으로 보았다. 앞의 세 가치정향이 강하게 나타나면 전통적 가치가 높고, 약하게 나타나면 근대적 가치가 높은 것으로 가정하였으며, 뒤의 네 가치가 강하게 나타나면 민주적인 정치성향을, 약하게 나타나면 권위주의적 성향을 보이는 것으로 가정하였다. 설문조사의 결과를 토대로 사회적으로 전통적인 가치관을 가지면서 정치적으로 권위주의적 태도를 갖는 유형을 묵종형으로 분류하였다. 그리고 사회적으로 근대적인 태도를 강하게 가지면서 정치적으로 민주적인 정향을 강하게 갖는 사람들을 길항형(拮抗型)으로 유형화하였는데, 이들은 권위주의적 현실정치에 부정적인 태도를 강하게 나타내었다. 또한 사회적 태도가 전통적이면서 정치적 정향은 민주적 정향을 갖거나, 사회적 태도가 근대적이면서 정치적으로 권위주의적 성향을 보인 사람들을 수용형의 정치문화로 유형화하였다. 이들은 상황에 맞추어 적당히 행동하고 주어진 상황을 불가피한 것으로 받아들였다. 이에 따라 한국의 정치문화를 살펴보면, 묵종형이 30%, 수용형이 40%, 길항형이 30%로 나타난다. 그런데 유권자들의 정치적 가치관이나 태도가 세대간, 도시와 농촌간, 계층간에 큰 차이를 보였다. 세대간의 경우에는 한국전쟁 이후 세대는 묵종, 의인주의, 형식주의와 같은 전통적 가치관에 대해 부정적인데 반해, 그 이전 세대는 긍정적으로 나타났다. 도시 유권자들은 전통적 가치를 배격하나 농촌유권자들은 여전히 이를 수긍하였다. 농민과 노동자들은 전통적 가치를 수긍하였지만, 신구 중산층은 신뢰, 관용성, 권리의식에 긍정적인 반응을 보였다.

안청시(1987)는 한국정치문화의 특질을 효, 계서적 원칙, 예와 도덕, 전통을 중시하는 유교적 문화이념으로부터 영향을 받은 것으로 분석한 후 이러한 문화유산들은 정치엘리트들이 권위주의, 중앙집중주의, 파벌주의를 내면화한 정치문화를 갖는 데 영향을 미쳤다고 보았다.

(4) 정치발전론의 쇠퇴

1970년대 말 이후에 이르면, 한국정치학계에는 미국이론의 수입에 대한 반성과 한국적 주체성을 강조하는 연구가 대두하면서 근대화론과 정치발전론에 대한 신중한 문제제기도 나타났다. 물론 이때에도 여전히 방법론적으로 행태주의와 발전론이 지배적이었지만, 한국적 현실에 기초한 개념과 이론의 필요성을 주장하는 연구도 있었다.

문승익(1974)은 "민주주의와 토착화"라는 글에서 민주주의는 우리의 필요로부터 자라나며, 외부의 민주주의는 내부의 필요를 각성시키는 역할밖에는 할 수 없다고 하였다. 즉 외부 민주주의의 수입을 통한 민주주의의 토착화보다는 우리의 필요를 만족시키기 위해 노력하는 과정에서 우리 나름의 민주주의를 창시하는 데 초점을 두어야 할 것이라고 주장하였다. 이러한 문제의식은 문승익(1979)의 "한국정치학의 정립문제"로 이어졌다. 한국 민주주의를 '가치중립성'의 입장에서 모색한 한승조(1976)도 있었다. 윤근식(1979)은 "사회비판적인 정치분석과 한국정치학"이라는 논문에서 한국정치학자들이 한국문제에 관해 사용하는 개념들이 고도 소비사회인 미국의 것을 그대로 사용하고 있다는 독일학자의 언급을 인용하면서 정치발전론을 비판하였다. 그는 미국적 정치과학으로부터 도입된 개념과 모델들은 한국의 현실적 과제를 경시하였으므로 독일의 사회비판이론을 도입할 필요가 있다고 주장하였다.

이러한 비판과 반성에 기초하여 1970년대 중반 이후 근대화론이나 정치발전론의 방법론에 관한 폭넓은 반성이 제기되기 시작하였다. 첫째, 구조기능주의 혹은 행태주의가 전제하고 있는 가치중립성에 대한 비판이 있었다. 둘째, 서구중심적이고 낙관주의적이며 환경결정론적인 가정에 대한 비판이 제기되었다. 셋째, 근대화론은 정치를 경제의 종속변수로 보는 경향을 가지고 있다. 이는 정치발전은 사회적, 경제적 근대화를 위한 수단으로 되어 버린다. 넷째, 근대화론은 대체로 기능주의적 방법론을 원용하고 있다. 그런데 구조기능모델은 체계이론과 마찬가지로 변동 특히 정치발전과 관련된 급격한 변동을 적절히 설명하지 못하고 있다. 즉 구조기능분석은 체제, 균형, 공통적 가치, 경제유지 등을 강조한 나머지 변동문제를 무시하고 있다. 결국 고전적 근대화론이 비판을 받는 주요한 이유는 이 이론이 일반적으로 서구중심의 인종적 편견에 기초하고 있으며, 변동보다는 현상유지를 지향하는 지배층의 보수성향을 이론화하는 것이고, 빈번히 나타나는 문화적 환원론 때문에 설명력이 빈약하다는 것 등이었다.

안청시(1986, 480-484)는 1960년대~1970년대 행태주의 방법론과 함께 전래된 근대화이론이 군사정부의 정책과도 맞아 떨어져 한국정치학계를 풍미하였다고 보았다. 그러나 근대화론과 정치발전론이 내재하고 있는 철학적 전제와 가치지향, 그리고 역사적 기초에 대한 검토와 비판을 거치지 못한 채 수용되어 많은 문제들을 야기하였다고 지적하였다. 특히 우리의 정치현실에 대한 경험적 연구가 부족한 상태에서 외래이론에 의존한 결과 초사실적 일반화의 폐단만을 낳았다. 그 결과 정치학의 이론체계와 한국정치현실은 서로 겉돌아가는 관계에 머물렀고, 정치학이 한국정치 현실을 설명하고 처방하는 데 도움이 되지 않았다고 지적한다. 오히려 군사정부의 선성장 후분배책과 개발독재를 정당화하는 논리로 동원되었다고 지적하였다.

이정복(2004)은 한국에서의 행태주의적 정치발전 연구가 현실적인 적합성을 가지고 있지 못한 이유를 설명하였다. 첫째, 한국에서의 정치발전 연구는 투표행태와 정치적 태도조사에 집중되었다. 그런데 한국의 정치현실은 선거의 비경쟁성, 억압적 정치환경 등으로 이러한 연구결과에 문제를 제기하였으며, 많은 비용을 들여서 한 의식과 태도조사가 상식적인 결과들을 확인하는 수준에 머물렀다는 비판을 받았다. 둘째, 이익집단이론이나 정치체계의 투입(Input)-산출(Output) 모델은 선진 민주주의 국가에는 적실성이 있지만, 한국의 정치현실에는 맞지 않는 모델이라는 비판이 존재하였다. 한국의 이익집단은 정부의 통제하에 있었으며, 국민들의 요구(Input)는 억압되었고, 정부의 정책(Output)만이 강요되는 권위주의 정치과정에는 설득력이 없다는 것이다. 셋째, 한국적 적실성이 결여되어 있었으며, 예측력도 떨어졌다고 비판되었다. 행태주의 연구자들은 우리 국민들의 태도가 민주화됨에 따라 한국의 민주주의도 점진적으로 발전할 것이라고 낙관하였지만, 유신체제의 수립이나 1980년 신군부의 등장과 같은 반동적인 정치변화는 예측하지 못하였다는 점이다.

결국 이러한 정치발전론의 도입과 적용은 결과적으로 한국의 권위주의를 인정하고 정당화하였다는 비판을 받았다. 립셋의 논의를 한국에서는 민주주의를 위해서는 경제성장이 필요하다는 선성장, 후민주화 논리의 정당화 근거로 사용하여, 권위주의의 통치논리를 합리화하는 부정적인 효과가 있었다. 보통 선성장 후분배 혹은 조국근대화로 불리웠던 이 이론은 산업화를 통한 경제성장을 달성한 이후에 비로소 서구식 민주주의를 달성할 수 있다는 인식을 가지고 있었다. 이러한 입장에 의하면 민주주의는 비교적 경제가 풍요로운 국가에서 가능하며, 따라서 개발도상국에서는 일정한 경제성장을 이룰 때까지 민주적인 요구들이 유보되어야 한다는 주장으로 이어졌다.

더욱이 1980년대 비판적 이론에 의해 정치발전론이 대체되고 정치경제이론, 국가이론, 종속이론, 관료적 권위주의론 등 제3세계적 문제의식을 가진 이론이 소개되었다. 이러한 과정에서 정치발전론은 그 문제들이 부각되면서, 쇠퇴하기 시작하였다. 1980년대는 선거, 정치과정, 정치문화 등 1960~1970년대의 과학주의적 흐름이 여전히 지배적이었지만, 다양한 비판적 시각들과 정치경제이론, 국가론 등이 새로운 관심의 대상으로 부각되었다.

1980년대 초반에 발표된 주요 논문을 보면 유영준(1981)의 "종속이론의 몇 가지 이론적 특성에 관한 고찰", 염홍철(1983)의 "제3세계에 있어서 종속극복의 전략", 강민(1983)의 "관료적 권위주의의 한국적 생성", 김홍명(1984)의 "맑시즘과 국가이론", 최장집(1984)의 "그람시의 헤게모니 개념" 박상섭(1984)의 "풀랑차스-밀리반트 국가론 논쟁고" 등 종속이론, 관료적 권위주의론, 네오마르크시즘 등의 연구들이 정치발전론을 대체하기 시작하였다. 1970년대가 서구중심적인 근대화론과 정치발전론이 지배적인 시각이자 지배적인 주제였다면, 1980년대에는 종속이론, 관료적 권위주의론 등 제3세계적 문제의식을 가진 이론들이 다수 소개되어 한국정치연구에 적용되었다.

그러나 이러한 행태주의에 기초한 정치발전연구들은 한국정치학의 발전에 첫째, 경험적이고 실증적인 연구의 전통을 수립하였고, 둘째, 이론의 중요성을 각인시켰다는 공헌이 있다고 평가된다(이정복 2004).

Ⅳ. 맺음말

근대화론과 정치발전론자들의 시각은 추상적이고, 구체적인 상황에서의 적응성을 결여하고 있으며, 영미체제의 자민족중심적이었음이 지난 현실이 보여주었다. 근대화론과 정치발전론의 부흥과 쇠퇴는 이론뿐만 아니라 현실의 상황을 반영한 것이었다. 막연한 서구사회에 대한 기대와 모방은 개발도상국의 현실적인 어려움을 낳았고, 종속이론과 같은 비판이론의 등장을 가져왔다.

개발도상국의 후발산업화와 민주화의 과정은 근대화론과 정치발전론이 가정하였던 단선적이고 낙관적인 시각이 현실과는 매우 괴리되어 있음을 보여주었다. 국가주도의 산업화 전략이 후발산업화의 기적을 낳은 데에는 매우 복합적인 원인이 작용하였다. 개발도상국의 민주화는 매우 어렵고, 항상 권위주의로 후퇴할 수 있는 불확실성을 보여주었다.

그러나 한국의 경우는 예외적이지만, 근대화론과 정치발전론적 시각을 재검토할 수 있는 경험적인 사례가 되고 있다. 장기적으로 산업화와 민주화를 달성한 한국은 근대화와 정치발전의 모범적인 사례이기 때문이다. 그래서 파이가 1989년 미국정치학회 회장 연설에서 1980년대 발생한 일련의 권위주의의 위기와 민주화 흐름은 결국 근대화가 원인이었음을 역설한 것처럼(칠코트 2006, 353), 근대화론이 가지고 있는 긍정적인 부분을 재조명하게 하고 있다. 그렇지만 한국의 사례는 매우 복합적인 국제정세와 국내 역학관계의 산물이기 때문에, 신중한 검토와 평가가 필요할 것이다. 이미 근대화론과 정치발전론의 차원을 뛰어넘는 다양한 방법론과 이론이 경쟁하고 있는 정치학계의 상황이 바로 복합적인 정치현실을 반영하는 것이기 때문이다.

참고문헌

강 민. 1983. “관료적 권위주의의 한국적 생성.” 『한국정치학회보』. 제17집.
구범모. 1967. “비교정치학 20년의 반성.” 『한국정치학회보』. 제2집.
김규택. 1967. “선거와 투표행태.” 『한국정치학회보』. 제2집.
김영준. 1980. 『신생국 정치론』. 일조각.
김홍명. 1984. “맑시즘과 국가이론.” 『한국정치학회보』. 제18집.
문승익. 1974. “민주주의의 토착화.” 『한국정치학회보』. 제8집.
문승익. 1979. “한국정치학의 정립문제.” 『한국정치학회보』. 제13집.
문창주. 1973. “한국정치발전에 관한 연구.” 『한국정치학회보』. 제7집.
민준기. 1975. “한국의 정당과 정치발전.” 『한국정치학회보』. 제9집.
박상섭. 1984. “풀랑차스-밀리반트 국가론 논쟁고.” 『한국정치학회보』. 제18집.
박승재. 1971. “한국민주주의와 선거.” 『한국정치학회보』. 제4집.

빈더 외. 1974. 『근대화와 정치발전』. 민준기,신정현 역. 법문사.
소우, 엘빈. 1992. "제2장 근대화 학파의 이론적 시각." 『비교정치론 강의 2』. 김웅진외. 한울.
손호철, 1999. 『현대한국정치』. 사회평론.
손호철. 2004. "한국정치연구 50년." 한국정치학회편. 『한국정치학회 50년사』.
신명순. 1996. "한국의 정치문화." 민준기외. 『한국의 정치』. 나남출판.
안청시. 1986. "16장 한국정치학의 발전과제와 방향모색." 한국정치학회편. 『현대한국정치론』. 법문사.
안청시. 1987. "한국정치문화의 특성과 변화." 『한국정치연구』. 창간호.
야노스, A.C. 1990. 『비교정치와 사회이론』. 장달중역. 서강대학교 출판부.
염홍철. 1983. "제3세계에 있어서 종속극복의 전략." 『한국정치학회보』. 제17집.
유영준. 1981. "종속이론의 몇 가지 이론적 특성에 관한 고찰." 『한국정치학회보』. 제15집.
윤근식. 1979. "사회비판적인 정치분석과 한국정치학." 『한국정치학회보』. 제13집.
윤천주·우병규·이정식 편역. 1960. 『정치행태의 기초이론』. 일조각.
윤천주. 1962. 『한국정치체계서설: 정치상황과 정치행태』. 문운당.
윤천주. 1979. 『증보판 한국정치체계』. 서울대학교 출판부.
윤형섭. 1974. "미군정의 정치적 충원에 관한 발전론적 연구." 『한국정치학회보』. 제8집.
이영호. 1982. "현대 한국의 정치문화." 김운태 외. 『한국정치론』. 박영사.
이용필. 1975. "정치권위구조 붕괴의 체계론적 접근." 제1회 한국 재북미합동학술대회 발표논문.
이용필. 1977. "민주적 정치발전과 체계가동력." 제2회 한국재북미합동학술대회 발표논문.
이정복. 2004. "정치학 방법론과 정치이론."한국정치학회편. 『한국정치학회 50년사』.
이종린. 1965. 『후진국정치론』. 일조각.
이지훈. 1982. "한국정치문화의 기본요인." 『한국정치학회보』. 제16집.

임동혁. 1973. "현대정치학의 기초개념에 대한 재음미." 『한국정치학회보』. 제7집.

임석준. 2008. "2장 개발도상국의 연구: 근대화와 정치발전." 한국정치학회편. 『정치학 이해의 길잡이 4: 정치경제』. 법문사.

위아르다, 하워드. 1997. "제2장 정치발전론 재조명." 『비교정치론 강의 2』. 김웅진외 한울.

정희채. 2000. 『정치발전론』. 법문사.

정희채. 2004. "비교정치학의 연구동향: 각국 정치론 포함." 한국정치학회편. 『한국정치학회 50년사』.

차기벽. 1969. 『근대화정치론』. 박영사.

칠코트, 로널드. 2006. 『비교정치학이론』(개정증보판 4쇄). 강문구 역. 한울아카데미.

최 명. 1974. "정치학에 있어 코뮤니케이션 모델: 싸이버네틱스 모델을 중심으로." 『한국정치학회보』. 제8집.

최명 · 김용호. 1990. 『비교정치학서설』(전정판). 법문사.

최장집. 1984. "그람씨의 헤게모니 개념." 『한국정치학회보』. 제18집.

한배호. 1967. "집단개념으로 본 한국정치과정." 『한국정치학회보』. 제2집.

한배호. 1971. 『비교정치론: 정치발전이론의 발전과정』. 법문사.

한배호 · 어수영. 1987. 『한국정치문화』. 법문사.

한승조. 1976. 『한국민주주의와 정치발전』. 법문사.

헌팅턴, 사무엘. 1971. 『정치발전론』. 민준기 · 배성동 역. 을유문화사.

헌팅턴, 사무엘 외. 1976. 『정치발전의 논리와 현실』. 김학준 역. 일조각.

Almond, G, A. 1960. "Introduction" A Functional Approach to Comparative Politics." in Almond and J.S. Coleman eds. *The Politics of the Developing Areas.* Princeton University Press.

Almond, G. A. and Sidney Verba. 1963. *The Civic Culture: Political Attitudes and Democracy in Five Nations.* Princeton University Press.

Apter, David E. 1965. *The Politics of Modernization.* Chicago University Press.

Binder, L. et al. 1971. *Crises and Sequences in Political Development.* Princeton

University Press.

Black, C. 1966. *Dynamics of Modernization: A Study of Comparative History*. Harper & Row Publishers.

Coleman, James S. 1971. "The Development Syndrome: Differentiation-Equality-Capacity." in Binder et al. *Crises and Sequences in Political Development*. Princeton University Press.

Deutsch, Karl W. 1961. "Social Mobilization and Political Development." *American Political Science Review*, 55. no.3(Sept.).

Huntington, S. P. 1968. *Political Order in Changing Societies*. Yale University Press.

Lee, Youngho. 1969. "The Political Culture of Modernizing Society: Political Attitudes and Democracy in Korea." Unpublished Ph.D. Dissertation. Yale University.

Lipset, S. M. 1959. "Some Social Requisites of Democracy: Economic Development and Political Legitimacy." *American Political Science Review 53*. March. pp.69-105.

Organski, A.F.K. 1965. *The Stage of Political Development*. N.Y.: Knopf.

Parsosns, T. and E. Shields. eds. 1951. *Toward A General Theory of Action*. Harvard University Press.

Pye, Lucian W. 1965. "The Concept of Political Development." *Annals of the American Academy of Political and Social Sciences*. March.

Rostow, W.W. 1960. *The Stages of Economic Growth: A Non-Communist Manifesto*. Cambridge: Cambridge University Press.

CHAPTER 02

혁명과 저항: 개인 vs. 집단

차 재 권

Ⅰ. 서 론

혁명과 저항의 정치에 관한 근본적인 의문은 두 가지로 요약될 수 있다. 한 가지는 혁명과 저항이라는 정치변동의 원인에 대한 물음, 즉 테드 거(Ted Gurr)가 제기한 바 있는 '왜 사람들은 저항하는가?(Why Men Rebel?)'라는 물음이다. 다른 한 가지 물음은 혁명과 저항에 필요한 인적·물적·심리적 자원을 동원하거나 동원을 봉쇄하는 문제, 즉 '저항 세력 혹은 국가가 어떻게 사회적 갈등이 발전되어 가는 과정에서 잠재적 참가자들을 동원하거나 혹은 갈등에 개입하지 않도록 만드는가?'라는 의문이다. 혁명과 저항의 이슈를 다루는 학문분야의 여러 이론들은 학자들마다의 세계관과 그들이 견지하는 이론적 입장에 따라 이 물음들에 대한 다양한 답을 내놓았다. 이 글에서는 혁명과 저항에 관해 경쟁관계에 있는 여러 이론들이 어떻게 이 두 가지의 근본적 의문에 답하는지, 또 어떤 방법으로 자신들의 이론적·경험적인 타당성을 입증하려 노력했는지를 살펴볼 것이다. 또한 이러한 구미학계의 이론적 논의를 바탕으로 그것이 한국적 현실에서 어떻게 수용, 발전되어 왔는지를 간략히 살펴 볼 것이다.

이 글에서 다루게 될 분쟁정치(contentious politics)에 관한 기존이론들은 미시적 수준의 이론과 거시적 수준의 이론으로 구분할 수 있다. 미시적 접근방법은 이론 발전 초기의 사회적 소외 및 상대적 박탈 이론이 포함되며, 거시적 접근방법들에는 자원동원이론(resource mobilization theory), 정치과정모형이론(theories of the political process model), 정치적 기회구조 이론(political opportunity structure theory), 사회적 네트워크 몰입 이론(theories of immersion within social networks), 그리고 문화주의적 접근법(culturalist approach) 등이 있다. 합리적 선택 이론은 미시적 접근방법의 일부로서 미시-거시의 두 가지 접근법의 통합에 결정적인 역할을 하였다. 특히 합리적 선택이론은 저항세력과 국가 억압세력간의 행동－반응의 역동성(action－reaction dynamism)이란 주제와 관련해서 더 주목을 받고 있으므로 행동－반응의 역동적 구조와 함께 별도의 장으로 다룰 것이다.

이 글에서는 세계사 속에 존재해온 여러 가지 저항과 혁명의 구체적 사례들에 대한 경험적 분석을 다루진 않는다. 이 글이 목적하는 바는 그러한 역사적 경험으로서의 저항과 혁명이라는 정치현상에 대해 정치학 혹은 정치학자들이 어떻게 이해하려 노력해 왔던가를 살펴보는 것이다. 따라서 구체적인 저항과 혁명의 역사적 사례들은 그러한 이론의 발달사를 이해하는 데 기여하는 한에 있어 제한적으로만 언급될 것이다.

Ⅱ. 분쟁정치의 개념과 주요 접근법에 대한 개관

많은 정치학자들은 테드 거(Tedd Gurr)가 자신의 저명한 저서의 제목으로 삼았던 "왜 사람들은 반란을 일으키는가?"라는 화두에 대해 비슷한 문제의식을 공유해 왔다. 분쟁정치를 연구하는 사람이라면 이 물음에 대한 학자들의 다양한 답변들을 쉽게 마주치게 될 것이다. 인간의 공격적 본능, 엘리트의 무능함과 부패, 음모가들의 기민함, 지식인의 절망, 사회의 변화와 정체, 빈곤, 혁명사상, 기대수준의 상승, 정의감, 차별과 분노, 사회적 경직성 등등 학자들이 내거는 이유는 이루 헤아릴 수 없이 많다. 이처럼 숱하게 많은 이유들을 어떻게 하면 간단한 몇 가지 범주로 구분할 수 있을 것인가?

분쟁정치에 관한 기존문헌들은 분쟁정치의 본질에 대해 세 가지의 특색 있는 접근방법을 사용하고 있다. 첫 번째 접근방법은 사회적 갈등과 지속적인 동원의 원천을 시위참여자의 심리적이고 인지적인 측면을 통해 설명하려 한다. 이러한 저항과 혁명에 관한 미시적 설명은 사회적 소외이론과 같은 사회학의 초기 발전과정에서, 그 다음으로는 상대적 박탈감에 관한 이론에서 발전되어 나왔다.

다음으로, 사회의 거시적 맥락을 우선적으로 고려해 저항과 혁명을 이해하려는 대안적 접근법이 있다. 이 대안적 접근법은 한 사회의 정치·사회·경제 구조와 같은 거시적 맥락에 주의를 돌린다. 이런 시각에서는 저항활동에 참여하는 개별행위자들은 사회적 네트워크 내부에 몰입되어 있거나 어떤 유형의 문화적, 이념적 규범 및 가치에 경도되어 사회의 구조적, 체계적 변화에 좌우되는 것으로 치부되어 버린다.

일부 학자들은 저항과 혁명에 대한 국가 간섭의 정도에 초점을 맞추어 이런 거시적 접근법을 국가 중심적 접근법이라 부르기도 한다.[1)]

끝으로, 개별 행위자들의 선택과 집합행동의 문제(collective action problem)를 극복하는 메커니즘에 초점을 맞춘 합리적 선택이론에 입각한 접근법이 있다. 이 접근법은 보다 정확히 말해 미시적 수준의 접근법과 유사한 것이라 할 수 있는데, 이는 그런 접근법이 개인적 분석 수준에서 개별 행위자의 기호에 초점을 맞추고 있기 때문이다. 사실상 분쟁정치에 관한 기존 연구 성과들은 이런 합리적 선택이론에 입각한 접근법이 분쟁정치에 관한 미시적·거시적 전통 모두에서 공통적으로 발견되고 있음을 보여준다.[2)]

위에서 언급한 분쟁정치 분야에서의 다양한 경쟁적인 이론들을 살펴보기 이전에 분쟁정치의 정의(definition)와 관련된 몇 가지 사항을 분명히 해둘 필요가 있다. 우선 분쟁정치는 평화시위에서부터 무장혁명에 이르는 매우 다양한 스펙트럼의 분쟁적인 집합행동(contentious collective activities)으로 정의될 수 있다. Tarrow(1994, 1996)와 McAdam, Tarrow, and Tilly(1996)가 분쟁정치라는 용어에 대한 정의와 관련하여 논의하고 있는 바와 같이, 분쟁정치는 정확한 의미에서는 '사회운동(social movements)'과는 구별하여 사용되어야 할 용어이다. 그러나 이 글에서는 분쟁정치를 사회운동과 크게 구별하지 않고 혼용할 것임을 미리 밝혀 둔다.

---

1) 예컨대 Goodwin(1997)이 대표적 경우라 할 수 있다.

2) 그렇다고 해서 그것이 합리적 선택이론이 이 분야에서 하나의 독립적인 시각을 형성하지 못했음을 말해주는 것은 아니다. 이런 측면에서 합리적 선택이론에 입각한 접근법은 저항과 혁명을 설명하는 독창적인 방법의 일환으로 간주될 것이다. 그러나 어떤 경우에도 합리적 선택이론에 입각한 접근법은 미시와 거시의 두 가지 전통적 접근법을 서로 연결시켜 주고 각 접근법이 지닌 문제점을 혁신적으로 개선하는 역할에 한정해서 논의될 것이다.

Ⅲ. 전통적인 개인적 수준에서의 접근법들: 소외 vs. 박탈

저항과 혁명에 대한 미시적 수준에서의 접근법들은 분노, 공포와 같은 개별 행위자의 심리적 측면들에 초점을 두고 있다. 이런 접근법들에 내재해 있는 논리는 단순하기 그지없다. 사회가 발전해 감에 따라 개별 시민들은 그들의 현재 생활여건에 불만을 품게 되고, 따라서 그들이 분노와 공포를 느낄 때마다 그러한 느낌을 가져다 준 근원적 요인들에 대해 집단적으로 반응하게 된다는 것이다. 이런 접근법들은 전통적인 사회학자들이 주로 받아들였지만, 어떻게 개별 행위자들의 부정적인 인지 내용이 집단적인 반응을 이끌어 내게 되는지에 대해서는 제대로 설명하지 못한다. 그러한 인지상의 부정합과 한 사회의 내부적 문제를 해결하는 과정을 설명하는 방식에는 여러 가지가 있는데, 대표적인 것이 이 글에서 다루게 될 '사회적 고립-소외 이론'과 '상대적 박탈감 이론'이다.

사회적 고립과 소외에 관한 이론들은 주로 산업사회에 대한 전통적인 사회학적 분석에 그 기반을 두고 있다. 대표적인 사례로는 Kornhauser(1959)와 Lang and Lang(1961), 그리고 Smelser(1962) 등 주로 1950년대 후반에서 1960년대 초반 사이에 이루어진 일련의 연구 성과들이 있다. 상대적 박탈이론(Davis 1962; Gurr 1970; Lichbach 1987)은 경제적 불평등이 정치적 폭력을 일으키는 역할을 하고 있음을 강조한다. 상대적 박탈이론은 폭력적인 정치행동의 연원을 사람들이 실현할 수 있거나 실현해야만 한다고 믿는 가치들을 실현하지 못한 경우 갖게 되는 좌절에서 찾고 있다. Davis(1962)에 따르면 정치적 안정과 불안정은 궁극적으로 마음의 상태, 즉 사회분위기에 달려 있다. Davis의 주장과 비교해 볼 때 Gurr(1970)의 상대적 박탈이론은 보다 넓은 맥락, 즉 심리학적 조건뿐만 아니라 사회학적 조건들 까지도 포함해서 사회적 분쟁의 연원을 설명하려 한다는 점에서 훨씬 세련되어 보인다. Gurr(1970)의 이론은 공격적인 충동이 박탈, 좌절된 목표 및 실망스런 기대의 결과로 나타나게 된다는 생물학적으로 경도된 "좌절-공격 가설"에 기초를 두고 있다. 이런 종류의 사회적 불만이 혁명을 불러 오는 것이다.

이런 전통적인 개인적 수준의 접근법들은 시민들 사이에 만연해 있는 상대적 박탈감이 즉각적인 봉기로 나타나는 것은 아님을 보여주는 반증사례가 쉽게 발견된다는 점에서 비판의 대상이 되고 있다. 또한 이론을 직접적으로 검증할 충분한 개인적 수준의 데이터를 얻는 데에도 근본적 한계를 지니고 있어 경험적인 반증가능성이 떨어지며, 레짐의 대응에 대해서는 별다른 관심을 두지 않는다는 점에서도 비판받고 있다(Ellina and Moore 1990, 267).

분쟁정치에 대한 미시적 수준의 접근들은 저항과 혁명에 관한 이론들을 개발함에 있어 뚜렷한 기여를 하고 있음에도 불구하고 약간의 방법론적 취약성과 풍부한 경험적 반증사례의 존재로 곤란을 겪어 왔다. 이런 미시적 시각은 너무도 인간의 내면만을 편협하게 파고들어서 그 결과 인간의 심리 상태에 영향을 미치는 사회적 상황뿐만 아니라 일상생활에서의 의사결정자로서의 인간본성이 지닌 중요한 측면을 소홀히 하고 있다.[3] 비록 상대적 박탈이론에 내재해 있는 이러한 이론적, 방법론적 한계를 수정하려는 엄청난 학문적 노력이 일부 합리적 선택이론

3) 이런 비판에 관해서 Gurr(1970)가 정치행위의 사회학적 맥락에 주의를 기울이고 있다고 주장할 수도 있을 것이다. 우리는 기본적으로 그런 주장에 동의하지만 그의 설명이 여전히 불충분한 것 또한 사실이다.

가들에 의해 이루어져 온 것은 사실이지만, 그렇다고 해서 이러한 미시적 수준의 접근이 그 학문적 토대를 완전히 상실한 것은 아니다. 예를 들어 Iyer, Schmader and Lickel(2007)이 최근 행한 이라크 침공에 관한 미국 및 영국 국민들의 심리적 반응이 정부에 대한 저항적 태도의 형성에 미치는 영향에 관한 연구는 여전히 개별 저항참여자의 미시적 심리상태의 중요성이 간과될 수 없는 것임을 보여준다.

Ⅳ. 새로운 집단중심의 접근법들: 자원, 구조 그리고 네트워크

분쟁정치의 미시적 접근법들과는 대조적으로 사회적 갈등의 연원을 정확히 반대의 입장에서 설명하는 접근법이 있다.[4] 그러한 정 반대의 접근법은 통상 집합행동의 역사적, 사회경제적, 정치적, 문화적 조건들에 초점을 맞추고 있다는 의미에서 거시적이라 할 수 있다.

1. 자원동원이론(Resource Mobilization Theory)

사회적 고립, 경제적 소외, 심리적 박탈, 정치적 불만족 상태에 있는 시민들이 저항과 혁명에 참여하기를 주저할 경우, 한 가지 의문이 생긴다. 왜 그들은 그토록 저항과 혁명에 참여하기를 망설이는 것인가? 미시적 수준의 이론들은 이런 이론적 공백을 성공적으로 메워주질 못한다. 그와는 대조적으로 주로 John D. McCarthy와 Mayer N. Zald에 의해 발전된 자원동원이론은 "자원동원을 위한 조직 활동 및 정치적

4) 여기에서 우리는 사회적 갈등을 저항운동과 혁명을 포괄하는 매우 광범한 용어로 사용하고 있다.

리더십의 중요성"에 초점을 맞춤으로써 미시적 수준의 이론들이 남겨 놓은 이론적 공백을 메우고 있다.[5)]

McCarthy and Zald(1977)는 자원동원이론을 이끌어 내면서 분노나 불만을 강조하는 사회운동에 대한 전통적 시각들을 거부하는 한편, 처음에 동원을 촉발시켰던 것은 집단행동을 수행하는데 필요한 자원능력의 증가였다고 주장한다. Oberschall(1980)은 자원동원의 효율성에 주목하여 McCarthy와 Zald의 이론을 발전시켜 나갔다. Oberschall(1980)은 자원동원이론은 훨씬 쉽고 빠르며, 반대세력을 떼거리로 충원할 수 있는 곳이면 어디서나 성공가능성이 훨씬 높다고 주장한다. Marx(1979)는 보다 넓은 맥락에서 자원동원능력을 설명하려고 노력한다. 그는 사회운동을 촉진 혹은 억제하는 전략전술들에 주목함으로써 일부 외부환경요소들이 사회운동에 영향을 미치는 메커니즘을 설명하고 있다(94-95).

자원동원 이론가들은 시민일반의 분노와 상대적 박탈감이 만연해 있는 사회에서 왜 어떤 시민들은 침묵을 지키는 반면 다른 시민들은 반대의 목소리를 내는지에 대해 성공적인 답을 제시하고 있는 듯하다. 그러나 몇 가지 의문들은 여전히 남는다. 상대적 박탈이론에 대한 비판과 마찬가지로 자원동원이론을 비판하는 학자들은 동원능력이 제대로 기능하지 않는 몇 가지 반증사례들을 제시한다. 예를 들어 Piven and Cloward(1977)는 사회운동을 이끄는 지도자들이 종종 사회운동의 파괴적 힘을 꺾거나 누그러뜨리는 방식으로 행동하는 사례를 예로 들면서 정치기업가(political entrepreneurs)와 조직의 역할에 관한 기존의 주장들을 반박한다. 뿐만 아니라 Marx(1979)가 발견한 것처럼 문선명의 통일교운동과 같은 청년층을 지향한 종교운동은 1960년대에는 제대로

5) 자원동원이론에 관한 보다 자세한 내용들은 Zald and Ash(1966), McCarthy and Zald(1977) 등을 참고하기 바란다.

충원을 이루지 못하다가 자원의 부족에도 불구하고 대중들이 정치에 대한 환상에서 깨어남에 따라 1970년대 초·중반에 급속히 확대되었다. 이런 모든 비판들을 종합해 보건대, 대부분의 자원동원 이론가들이 자원만으로 모든 걸 설명하는 것이 무리임을 깨닫고 합리적 선택이론의 도움을 절실히 원하게 된 것은 어쩌면 당연한 것이다.

2. 정치과정 및 정치적 기회구조에 관한 이론들

분쟁정치에 관한 거시적 이론들 중에는 정치적 기회구조학파(Tilly 1978; Skocpol 1979; McAdam 1983; Tarrow 1998)가 있다. 이 학파는 집단행동이 사회에서 행해지는 정치과정의 순차적 결과에 기초하고 있다고 주장한다. McAdam(1983)에 따르면 사회운동은 정치적 기회의 확대, 조직역량의 정도, 저항활동을 정당화하면서 동기를 부여해주는 특정한 공유된 인식의 발전이라는 세 가지 요소가 결합되면서 나타나게 된다. 특히 McAdam은 세 가지 요소 중 정치적 기회구조를 가장 중요한 요소로 들고 있다.

이 정치적 기회구조학파는 포괄적인 설명을 제공해주는 장점이 있긴 하지만 바꾸어 생각해보면 그런 장점이 오히려 가장 큰 약점이 되기도 한다. 하지만 이런 약점에도 불구하고 많은 학자들이 정치적 기회구조학파의 이론을 경험적으로 증명하는 분석들을 내어놓고 있음 또한 부정할 수 없는 사실이다(Katzenstein and Mueller 1987; Costain 1992; Meyer 1993; Hipsher 1996).

정치적 기회구조이론의 비판자들은 "기회구조"라는 이 이론의 핵심개념이 분명히 정의되지 않은 것이라고 비판한다(Gamson and Meyer 1995; McAdam 1989; Opp and Gern 1993). 예를 들어 McAdam(1989)은

'정치적 기회의 구조(the structure of political opportunities)'를 "집단행동을 촉진하는 동시에 제약하기도 하는 제도정치의 특징"으로 묘사하고 있다(251). Eisinger(1973)는 정치적 기회구조를 "사회의 집단들이 권력을 얻고 정치체제를 통제할 가능성의 정도"로 정의하고 있다(11). 이 두 가지 정의로 판단해 볼 때, 정치적 기회구조의 개념은 그런 기회구조의 범위와 경계에 대해 분명한 그림을 그릴 수 없다는 점에서 모호하게 정의된 개념으로 보인다.

이런 분명한 개념적 정의의 실패로 인해 언제 정확히 그러한 정치적 기회가 나타나게 되는가에 대해 다양한 답들이 제시되었다. 학자들마다 그들이 경험적으로 관찰한 바에 따라 다양한 방법으로 그 질문에 대한 대답을 내놓고 있다. 그들의 설명은 McAdam이 지적하고 있는 바대로 일종의 "사후 해석적 남용"을 보여주는 것으로서 정치적 기회구조의 개념이 모호하게 무정형의 상태로 남아 있는 한에 있어 어떤 것이든 정치적 기회구조의 구성요소가 될 수 있다.

3. 사회네트워크에의 몰입 이론

마지막으로, 특히 지속적인 동원 및 충원과 관련된 분쟁정치를 설명함에 있어 사회적 네트워크의 역할에 초점을 맞추는 일단의 학자들이 있다. 그런 학자들 중 일부는 사회집단이나 조직들에 관심을 나타내는 반면(Snow, Zurcher, and Ekland-Olson 1980; Opp 1989) 다른 학자들은 개인적인 네트워크에 관심을 집중하기도 한다(Finifter 1974; Isaac, Mutran, and Stryker 1980; Opp 1986).

예컨대, Oliver(1984)는 이웃과의 사회적 통합이 어떤 위협에 대응해 집단적으로 행동하는 이웃의 능력에 있어 중요한 요소임을 발견한 바 있다. Opp and Gern(1993) 또한 1989년 동독의 억압적 체제하에서의 시위에서 개인과 집단의 네트워크가 수행한 역할에 초점을 맞추고 있다. 동독의 붕괴과정에서 시위참가를 유도한 대부분의 요인들이 개인적인 또래집단 네트워크에 집중되고 있음을 밝혀냄으로써 Opp and Gern(1993)은 개인적 네트워크야말로 시민동원을 위한 가장 중요한 맥락이라고 주장한다.

V. 문화주의적 접근법들(culturalist approaches)

문화주의적 주장들을 미시적 수준의 접근법의 범주에 포함시킬지는 어느 정도 논란의 여지가 있다. 그러나 문화주의자들이 문화나 이데올로기의 개념을 모든 것을 아우르는 상부구조(super-structure)로 간주하고 있다는 점에서 문화주의적 주장들을 거시적 수준의 접근법 중 하나로 간주할 수 있다. 문화주의적 접근의 대표적 주창자인 Jasper(1997)는 문화주의적 사고를 여과 없이 드러내고 있는데 그에 따르면 문화적 전통들이 세계를 규정하는 까닭에 어떤 개인이나 집단도 어떤 문화적 해석 없이 객관적으로 주어진 목표나 이해관계를 갖고 있지 않으며, 따라서 저항 역시 타인과의 상호작용 속에서 구성되어진 것으로 간주된다(10).

분쟁정치에 관한 기존의 연구문헌들에서 문화주의적 주장들은 어디서나 찾아볼 수 있다. 어떤 학자들은 분쟁정치를 설명함에 있어 문화의 역할을 옹호한다. 예를 들어 Hunt(1984), Sewell(1985), Goodwin(1997) 등이 대표적 학자이다. 또한 대부분의 문화주의적 접근을 옹호하는 학자들은 이른바 "신사회운동학파(new social movement school)"에 속해 있는데, 그들은 1960년대 중반 이후 서유럽에서 일어난 중요한 사회적 저항의 형식에 관심을 기울임으로써 문화적·이념적 가치의 중요성을 탐색했다(Touraine 1971; Offe 1985; Melucci 1980; Kriesi 1989, 1993).

거시적 수준의 접근법의 각 이론이 무엇을 가장 중요한 것으로 여기든 간에 대체로 개인의 행동을 규정하는 거시적 구조물들은 스폰지처럼 생긴 것으로 묘사되고 있다. 그런 구조물들은 외생적으로 주어진 것으로 가정되며, 저항과 혁명이 일어나는 그 순간에 거기에 있는 것으로 가정되어져야만 한다. 사후적 관찰은 언제나 특정한 형태의 거시적 구조물의 존재와 그런 거시적 구조물이 최초의 봉기와 참여를 이끌어냄에 있어서 수행하는 지배적인 역할을 인정할 만반의 준비가 되어 있다. 개별 행위자들은 거시적 구조물이 생산해내는 저항과 혁명의 필수불가결성을 지지하기 위해 고안된 단순한 수동적 객체에 지나지 않는다. 이 접근법은 미시적 접근법이 멈추어선 한계를 훨씬 넘어선 듯하다.

Ⅵ. 합리적 선택 접근법과 억압-저항 간의 역동적 관계

1. 집합행동의 문제

개별행위자들의 의사결정이나 전략적 행위들에 관심을 갖고 있다는 점에서 분쟁정치에 있어 합리적 선택 접근법(rational choice approach)은 미시적 접근법의 한 유형으로 간주할 수 있다. 특히 정치학의 다른 분야와는 달리 분쟁정치 분야에서는 합리적 선택 이론의 영향이 지배적이다. 사실 합리적 선택이론은 종종 다른 경쟁적 접근법들을 옹호하는 학자들이 그들 자신의 이론적 딜레마로부터 벗어날 수 있도록 중요한 역할을 수행해 왔다. 합리적 선택이론이 경쟁이론을 정복해 나가려고 의도적으로 노력했다기보다 경쟁이론의 주창자들이 스스로 합리적 선택이론의 도움을 요청한 면이 없지 않다. 예를 들어 상대적 박탈이론의 창시자인 Ted R. Gurr는 박탈이론의 주창자로 알려져 있지만 그의 이론적 분석틀을 들여다보면 합리적 선택이론이 포함되어 있다. 또 다른 사례가 Mark Lichbach에 의해 제공되는데, 그는 상대적 박탈이론에서 합리적 선택이론으로 선회한 경우이다. 심지어 정치적 기회구조학파의 가장 완강한 주창자였던 McAdam 역시 합리적 선택이론의 도움을 요청하지 않을 수 없었다. 이 모든 점을 고려해 볼 때, 합리적 선택이론에 관한 한 미시 · 거시의 구분을 뛰어넘어 그 이론이 분쟁정치 분야에 독립적으로 기여한 부분을 살펴볼 필요가 있다.

분쟁정치분야에서 합리적 선택 접근법의 물꼬를 튼 사람은 집합행동의 논리를 분석한 Olson(1965)이다. 그는 무임승차자(Free-rider) 문제와 같은, 집합행동에 있어서의 일부 실질적인 장애물들로 인해 사람들이 대중 폭동(popular uprisings)에 참여하는 일은 쉽지 않을 것이라고 주장한다.[6] Olson에 의해 제기된 집합적 행동의 문제점은 Muller and Weede(1990), Kuran(1991) 등 분쟁정치(contentious politics) 분야의 많은 학자들에 의해 활발히 연구되어 왔는데 합리적 선택 접근법의 초기 주창자들은 저항활동의 참여동기를 주로 개인적인 비용-편익 계산에서 찾는 '주관적 기대 효용 모델(subjective expected utility model)'에 기반하고 있었다. 반면 전통적인 Mancur Olson식의 합리적 가정들의 엄격함과 비현실성을 비판하는 일단의 합리적 선택론자들은 엄격한 가정의 완화 및 수정을 통해 저항활동의 참여 동기를 공공의 이익(Klandermans

6) 집합행동 논리에서, 그는 노동자 조직, 이익 집단, 혹은 다른 사회-정치-경제적 조합 등의 그룹들과 연관된 집합행동의 조직적 측면과 관계되어 있다고 흔히 말한다.

1984; Opp 1989), 도덕적 동기(Marwell and Ames 1979; Riker and Ordeshook 1973), 사회적 동기(Knoke 1988), 억압적 동기(DeNardo 1985; Mason 1989)와 같은 집합적, 다층적 원인에서 찾으려는 '집합적 관심 모델(the collective interest model)'을 추구하였다.

대부분의 분쟁정치(contentious politics) 학자들이 어느 정도는 합리적 선택이론을 가지고 집합적 행위에 대한 설명을 할 필요가 있다고 인정하지만, 일부 그룹의 학자들은 여전히 합리적 선택이론의 단순화된 개념(simplistic notions)을 받아들이기를 거부한다. 그들은 종종 "그들이 정치적 행동에 대해 과소 사회화된 설명(undersocialized' explanation)을 제공하고 따라서 사회관계 속에서의 개별행위자들의 배태성(embeddedness)을 설명하는 데 실패한다는 것을 이유로" 집합적 행동에 대한 합리적 선택론의 분석을 비판한다(Lohmann 1994, 56). 그리고 때때로 그러한 비판은 합리적 선택론자 자신들로부터 비롯된다. 예컨대, Simon(1985)은 합리성 원칙이 실질적 합리성 이론(theories of substantive rationality)에 통합되기 때문에, 정치적 현상(political phenomenal)을 이해하는 데 오직 제한적인 도움만을 줄뿐이라고 비판한다. Green and Shapiro(1994) 역시 합리적 선택론의 이론 주도적 성향과 합리적 선택학파가 본래부터 지닌 경험적 검증의 부족을 지적하며 신랄한 비판을 제기한 바 있다.

합리적 선택이론에 대한 이 모든 비판적 설명들은 분쟁정치 분야에서 일반적으로 논의되어 왔지만, 분쟁정치(contentious politics)의 구체적 측면에 대해서는 어떠한 포괄적인 비판도 가해지지 않았다. 합리적 선택이론에 대한 모든 비판에도 불구하고, 분쟁정치에 대한 그들의 공헌은 굉장한 것이라 할 수 있다. 무엇보다도 합리적 선택론은 오랫동안 지속된, 미시적 수준과 거시적 수준의 분석을 통합하는 임무를 해결하는 데 기여해 왔다.

2. 저항과 국가억압 간 행동-반응의 역동성

앞서 언급한 바와 같이 분쟁정치의 주요 이슈 중 한 가지는 국가와 저항세력 간의 경쟁과 관련된 억압-저항세력 간의 역동적 관계라 할 수 있다. 저항세력의 지도자들은 저항활동의 참여에 따른 편익은 증대시키고 비용은 줄이려고 노력하는 반면, 국가(혹은 레짐)는 억압에 따른 비용(즉, 무기나 물자를 공급하는 데 따른 비용)을 줄이고, 정치적 반대세력을 중립화시키며, 집합행동의 비용을 증가시키려 한다(Lichbach 1995, 22-4; Davenport 1995, 685). 그러나 이런 억압-저항세력 간의 역동적인 관계들은 일찍이 학자들의 주목을 끌었지만 사회운동의 제도화 수준이 낮고 이질적이며, 다른 사회현상과 혼재되어 매우 가변적이고 일시적인 탓에 쉽게 이론화되지 못했다(Koopman 1993, 637). 따라서 전통적인 미시적, 거시적 접근방법들은 억압-저항세력 간의 행동-반응의 역동적 구조를 규명해 내는 데 상대적으로 소홀했으며, 이런 점에서 합리적 선택이론이야말로 행동-반응의 역동성을 이론화하는 데 가장 크게 기여했다.

행동-반응의 역동성은 다 방면으로 논의될 수 있는 주제이지만 특히 역U자 관계 가설(interted-U hypothesis)을 중심으로 활발한 학문적 논의가 전개되었다. 저항세력들은 국가 억압에 대응해 상황에 따라 분쟁행위를 늘이기도 하고 줄이기도 하는데 "계속해서 이런 관계가 반복되어 나타나는 어떤 패턴이 존재하는가?"라는 의문에 학자들마다 그가 지닌 시각에 따라 다양한 답을 내어놓고 있다.

합리적 선택에 기초한 설명들은(자원동원/정치과정 학파를 포함해서) 억압이 저항 행위를 늘일 것이라고 주장한다. Hibbs(1973), DeNardo(1985), Lichbach(1985), Muller and Weede(1990), Khawaja(1993), Gupta, Singh, and Sprague(1993) 등의 학자들이 다양한 방법으로 억압-저항 간의 역U자 관계를 입증하려 노력했다. 특히 Lichbach(1987)는 저항세력들이 패배 이후에 계속해서 전술을 바꿀 것이라고 주장하면서 전통적인 행위-반응(AR) 모델에 대항해서 대안적인 합리적 행위자(RA) 모델을 제시하기도 했다. Tsebelis and Sprague(1989) 또한 생물학적 먹이-포식자 모델(biological predator-prey model)을 억압-저항세력 간의 관계 분석에 적용해 비선형적(nonlinear) 모델의 역학구조를 밝혀낸 바 있다. 또한 일부 합리적 선택이론에 입각한 학자들 중에는 이른바 한계모델(threshold model)을 통해 행동-반응의 역학구조를 밝히려 한 사람들도 있었다(Granovetter 1978; Oliver and Marwell 1985; Marwell and Oliver 1993; Kuran 1991). 그들은 다양한 방법으로 Granovetter(1978)가 제기한 억압-저항세력 간 역동적 관계에 있어 변화를 설명해낼 수 있는 특정한 한계치(thresholds)가 존재함을 입증하려 했다.

분쟁정치 분야에서의 억압-저항세력 간 역동적 관계의 문제는 최근까지도 활발한 경험적 연구가 진행되어 오고 있다. 예컨대, Shellman(2004)은 Richardson(1960)이 제시한 바 있는 군비경쟁모델과 유사한 행동-반응 모델에서 국가와 저항세력의 행동을 현재의 행동과 과거에 행해왔던 행동의 함수관계로 설정하여 상호작용의 상승(escalatory) 및 반동(backlash) 가설을 검증한 바 있다. Futrell and Brents(2003)는 미국 내 반핵집단에 의한 미국 네바다주의 원자탄실험지역에 대한 잠재적 테러 가능성을 조사하면서 9.11사태 이후 강화된 미국 정부의 대테러 억압 정책이 그에 반대하는 저항세력들의 미래 행동을 보다 폭력적인 형태로 변화시켜 결국 국가-저항세력간의 폭력적인 행동-반응의 역학구조를 강화시키게 될 것이라고 주장한다. Ferrara(2003)는 버마의 민주화 시위가 왜 버마 군부의 억압에 순응적 반응을 보이게 되는지를 합리적 선택이론의 관점에서 Hobbes의 딜레마를 극복하려는 국가-저항세력간의 정형화된 행동-반응의 역학구조로 분석해 내고 있다.

Ⅷ. 한국의 사회운동과 분쟁정치 이론의 한국적 적용

한국의 근현대사는 아주 짧은 기간에 매우 다기하고 역동적인 변화를 겪어왔다. 이러한 변화의 중심에는 늘 국가와 사회간의 억압-저항이라는 관계의 문제가 자리 잡고 있다. 국가와 사회 영역 간에 존재하는 다양한 상호작용에 의해 다양한 형태의 정치적 변동이 나타나게 되므로 국가와 사회 사이에 벌어지는 권력을 향한 투쟁은 한국의 정치변동에 있어 핵심적인 역할을 할 수밖에 없었다(김영명 1992). 대표적 사례로 해방 직후의 10월 인민봉기, 1960년의 4월 혁명, 1980년의 광주민주화운동, 1987년의 6월 민주항쟁 등을 들 수 있을 것이다.

이러한 이유에서 우리나라에서의 폭력을 수반한 사회변동에 관한 연구 역시 국가와 사회라는 큰 구조적 관계에 주로 초점을 맞추어 진행되어 올 수밖에 없었다. 이론적인 면에서도 구미 정치학계 및 사회학계에서 다양하게 논의되어온 분쟁정치의 이론보다는 Karl Marx, Emile Durkheim, Max Weber 등이 내세운 주로 이데올로기와 계급의 중요성을 강조하는 고전적 의미의 집합행동이론들이 주류를 이루었다.[7] 방법론적으로도 실증주의적 접근보다는 역사주의적 접근이, 측정과 조작화에 의존하는 양적 연구방법보다는 스토리텔링(storytelling)에 의존하

7) 이 글에서는 이러한 고전적 집합행동이론을 별도로 다루지 않는다. 이 고전적 집합행동이론에 대한 자세한 내용은 임희섭(2001)의 pp. 24-32를 참고하기 바란다. 고전적 집합행동의 관점에서 이데올로기와 계급의 중요성을 강조했던 대표적인 연구로 박형준(1993)과 손호철(1996, 1997)을 들 수 있겠다.

는 질적 연구방법이, 개념-가정-가설-모형에 의존하는 이론 지향적(theory-driven) 방법보다는 역사적 사례의 종합을 통해 제한된 일반화를 추구해 나가는 자료 지향적(data-driven) 연구 경향이 주류를 이루게 되었다. 오일환(2000)은 이러한 한국 사회운동의 연구경향이 역사적 서술과 이데올로기적 · 계급적 관점에 집착해 왔다고 비판한다(199).

우리나라에서의 사회운동에 관한 연구가 지닌 또 한 가지 특징은 집합 사건의 현장에만 주로 관심을 둠으로써 사건의 발발 원인과 과정에 대한 수많은 논의와 논쟁은 있으되 사건이 발생하고 나서 전개되는 집합행동은 연구의 대상으로 삼지 않았다는 점이다(박영신 2000). 따라서 앞서 살펴본 분쟁정치의 제 이론들 중에서 미시적 수준의 연구나 국가-저항세력 간에 일어나는 행동-반응의 역학구조에 대한 분석은 상대적으로 부족할 수밖에 없었다.

우리나라에서 사회운동에 대한 관심과 연구가 활발해 지기 시작한 시점은 1970년대와 1980년대 권위주의체제 하에서의 민주화운동이 본격적으로 추진되면서부터이다.[8] 그 이전의 사회운동연구는 주로 해방 이전의 시기에 대한 사회사적 연구가 주류를 이루었다.[9] 1980년대 이후 사회사적 연구는 민주화운동의 발전과 함께 그러한 운동의 동인을 이해하려는 사회운동사 연구에 초점이 맞추어졌다. 대표적 연구로는 박영신(1980), 조희연(1989, 1993)의 사회운동연구 성과들이 있다.

---

8) "우리나라의 경우 70년대 후반과 80년대에 접어들어 사회운동의 양적 증가현상이 나타나면서 사회운동이 학문적 관심을 불러일으키기 시작했다. 이러한 사회운동은 특히 도시재개발 정책을 둘러싼 철거민 저항운동과 학생운동, 노동운동 그리고 최근의 농민운동 등이 중심적 위치를 차지했으며, 그 외 공해추방운동, 소비자보호운동, 특정시설물이전 반대운동, 여성운동 등이 부가되면서 그 빈번도가 매우 높아졌다"(이종렬 · 권해수 1989, 1281-1282).

9) 이 분야의 주된 연구로는 이상백의 서얼 신분철폐운동 연구, 신용하의 구한말 애국계몽운동, 신민회운동, 3 · 1운동연구, 박영신의 독립협회 및 3 · 1운동연구, 김영모의 3 · 1운동 및 일제 강점기 독립운동 연구 등이 대표적이다.

노동운동(최장집 1988; 신광영 1990; 박준식 1988, 1992, 박세일 1991), 농민운동(이우재 1984; 장상환 1988), 학생운동(유도진 1986; 최문성 1987), 지역주민운동(조옥라 1988), 환경운동(김근배 1991) 등 다양한 부문별 사회운동에 대한 연구 또한 활발히 이루어져 왔으나, 이들 연구 역시 기존의 사회운동 연구가 지닌 이론적·분석적 한계를 그대로 노정하고 있었다.[10)]

구미 학계의 분쟁정치 이론을 토대로 사회운동사적 접근에서 벗어나 보다 분석적인 연구들을 펼쳐 나가기 시작한 것은 1990년대 중반 이후부터라 할 수 있다. 주로 정치적 기회구조 이론과 자원 동원이론이 분석틀로 사용되었는데, 김용직(1994)의 경우, 3·1운동을 "민족적 동기에서 유래한 대중사회운동"으로 규정하고 사회운동적 측면, 특히 자원(resources)과 동원(mobilization)의 측면에서 접근하고 있다. 그는 분석을 통해 3·1운동의 민중봉기에서는 "전향적 동원"과 "방어적 동원"의 두 대조적 동원 유형이 발견되었다고 주장한다. 김용직(2002)은 3·1운동이라는 민족독립운동 사례를 집합행동적 관점에서 접근하여, Tilly와 Tarrow의 전국사회운동(national social movement)과 유사한 민족사회운동의 시각에서 집합행동의 발생원인을 역사사례데이트분석 기법을 통해 분석하고 있다. 라영재·김세진(2003)은 자원동원이론을 통하여 서구에서 중시했던 성공요인들이 한국적 상황에서도 동일하게 효과를 나타내는지를 '화물연대의 운송거부파업'이라는 사례를 통하여 파악하고 있다. 또한 그들은 자원동원이론의 주요 변수들을 취합하여 내부 자원

10) 이는 이 시기 한국 사회운동 연구가 미시적 수준의 연구에 전혀 관심을 기울이지 않았음을 의미하는 것은 아니다. 예컨대 김준호(1976)의 경우에는 이미 1970년대에 Smelser의 가치부가이론에 바탕을 둔 심리적 박탈의 문제를 중심으로 연구를 진행한 바 있다. 김준호(1976)는 학생운동을 구조적 긴장으로부터 발생하는 심리적 혼란의 결과로 보는 집합행동론적 관점에서 N. J. Smelser의 가치부가이론을 모델로 학교개혁운동을 미시적 관점에서 분석하였다.

동원(resources mobilization)과 정치적 기회구조(structure of political opportunities)라는 두 변수를 구성하여 '화물연대 운송거부 파업'이라는 사례를 설명하고 있는데, 분석 결과, 화물연대사례의 성공요인을 설명함에 있어 내부 자원동원 요인들은 적실성이 높이 나온 반면, 정치적 기회구조 요인들은 상대적으로 설명력이 떨어짐을 발견했다. 우리 사회에서 정치적 기회구조가 어느 정도 상수화되었기 때문에 실제로 변인의 역할을 수행하는 내부 자원동원 요인들에 대한 연구가 더 많이 필요하다고 그들은 주장한다.

정치적 기회구조 이론에 입각한 연구 또한 다수 존재한다. 윤성이(1999)는 1979년 박정희 사망이후 1987년 6.29선언에 이르기까지 한국 권위주의체제의 변동과정을 정치적 기회구조 이론의 축소와 확대라는 관점에서 분석하고 있다. 신진욱(2004)은 1960년~1986년 시기 한국 노동자들의 집단적 저항행동의 레퍼토리와 장기적 사이클이 정치적 기회구조의 변화 및 국가·자본과의 상호작용과 맺고 있는 인과적 상관관계를 사회운동론적 접근으로 규명하고 있다. 최현(2007)의 경우, 우리나라 민주화운동의 사례를 통해 정치적 기회구조 이론을 보다 정교화하려는 시도를 하고 있다. 그는 정치적 기회와 그에 영향을 미치는 거시적 수준의 구조를 구분하여 정치적 기회를 운동의 기회와 위기의 중단기적 변화를 분석할 수 있는 틀로 사용하고 있다. 동시에 정치적 기회를 구조적 기회와 인지적 기회로 세분화해서 행위자가 의미틀 짜기(framing)를 통해 정치적 기회의 변화에 개입하는 메커니즘을 밝힘으로써 정치적 기회의 생성과 발전·변화·소멸을 설명한다.

상대적 박탈이론, 자원동원이론 및 정치적 기회구조 등 다양한 분쟁정치의 이론을 종합적으로 적용한 연구도 있다. 박현희(2008)는 우리나라 주민발의 운동의 정치적 동학을 불만, 인지틀, 자원동원, 정치적기회구조(안정적 · 유동적 정치적 기회구조) 변수들의 상호작용과 운동에의 영향을 분석하여 파악하고 바람직한 참여민주주의의 실현 조건을 제안하고 있다. 성남시 사례를 통합적으로 연구한 결과, 각각의 변수는 운동의 여러 계기에 크고 작은 영향을 미쳤을 뿐만 아니라 상호작용을 통해 운동 활성화와 성과에 영향을 미친 것으로 분석되었다.

우리나라의 사회운동을 신사회운동의 시각에서 접근하려는 움직임도 있다. 오일환(2000)은 1980년대 후반 한국사회운동의 성격이 이미 서유럽의 신사회운동(new social movement)과 같은 양상을 띠게 된다고 주장한다. 그는 "80년대 이래 우리 사회가 고도의 산업사회를 맞이하면서 중산층이 두터워지고, 널리 나타나고 실생활과 밀접한 환경문제와 같은 새로운 사회문제가 사람들의 관심을" 끌게 되었다고 주장하며, 이러한 변화는 "우리사회가 산업고도화로 대량생산 · 대량소비 사회로 발전하고 이에 따라 중산시민계층이 성숙했기 때문"이라고 분석한다. 신율(2001) 또한 우리나라의 시민운동이 그 개념적 측면에서 사회운동과 신사회운동의 혼합적 성격을 가지고 있으며, 이러한 개념적 모호성으로 한국의 시민운동은 실제로 많은 문제점을 나타내고 있음을 지적한다.

Ⅸ. 맺음말

이상에서 살펴본 바와 같이 분쟁정치 분야에서의 기존 접근법들은 그들 나름의 장단점을 갖고 있다. 일부 학자들은 경쟁관계에 있는 접근법들을 종합해서 새로운 모델로 합성해냄으로써 그들이 지닌 단점을 극복하려 하였다. 다른 학자들은 이런 종합과 합성을 향한 학문적 노력들을 의심스런 눈초리로 지켜보기도 했다.[11] 그들의 견해가 무엇이든 간에 모든 학자들이 공감하는 바는 분쟁정치와 사회운동을 이론화하는 것은 현실적으로 매우 어려운 작업이란 점이다. 왜 이 분야가 그런 어려움을 겪는 것인가? 그 대답은 아마도 분쟁적 행위가 지닌 바로 그 속성에서 찾을 수 있을 것이다. Lichbach가 거듭 강조한 바와 같이 사실상 저항과 혁명은 본질적으로 즉흥적인 성격을 지니고 있다. 사회운동이 순간적이며 또 표변한다는 사실은 이미 여러 가지 역사적 사실들에서 사실로 입증되고 있다. 따라서 사회운동과 분쟁정치의 두 분야 모두 이론적으로 예측 불가능함은 거부할 수 없는 사실인 것이다. 이런 예측불가능성은 이 분야에 종사하는 학자들로 하여금 주로 특유의 사례연구에 의존토록 했다. 그러한 사례연구에 대한 의존이 가져온 무서운 결과는 이 분야에서 데이터에 의존한 귀납적 연구만이 횡행하게 만들었을 뿐만 아니라 포괄적인 이론의 부재를 가져왔다. 자료에 대한 분석결과에서 결론을 끌어내고 그런 결론에 기초해서 이론을 구성함으로써 이 분야에서의 대부분의 미시적, 거시적 수준의 접근법들은 그들의 주장에 반하는 무수한 반증사례들이 존재한다는 비판에 속수무책일 수밖에 없었다.

따라서 무엇보다 필요한 것은 저항과 혁명을 이론화하는 논리적으로 연역적인 추론방법을 발견하는 것이다. 이 사명은 앞서 살펴본 바와 같이 주로 합리적 선택이론에 입각한 학자들의 몫이 되어왔다. 합리적 선택이론에 입각한 학자들은 관찰에 기초한 집합행동의 반복적 패턴을 찾아내려 노력하기보다는 집합행동의 문제를 논리적으로 해결하기 위해 노력했다. 이런 노력은 이론과 경험의 모든 분야에서 분쟁정치와 사회운동에 관한 학문적 이해를 높이는 데 크게 기여해 왔다.

11) 이처럼 의심스런 눈초리를 갖고 지켜본 대표적 사례들에 관한 자세한 사항은 Lichbach(1994), p. 9를 참고하기 바란다.

참고문헌

김근배. 1991. “한국사회에서 환경운동의 현황과 과제.” 『경제와 사회』 겨울호.

김영명. 1992. 『한국현대정치사: 정치변동의 역학』 서울: 을유문화사.

김용직. 1994. “사회운동으로 본 3 · 1운동”. 『한국정치학회보』 28(1):51-79.

김준호. 1976. “스멜서의 집합행동론 소고.” 『연세사회학』 창간호.

김용직. 2002. “3 · 1운동과 집합행동-역사사례데이터 분석을 통한 연구” 『한국정치학회보』 36(3): 91-113.

라영재 · 김세진. 2003. “사회운동이 정부정책 변화에 미치는 영향에 관한 연구”. 한국행정학회 추계학술대회 발표논문.

박세일. 1991. “한국노동운동의 이념적 발전방향”. 박세일 · 선한승 편, 『노동운동의 이념연구』 서울: 한국노동연구원.

박영신. 1980. “한국사회운동사’”. 『현대한국문화사대계』 7권. 서울: 고대 민족문화연구소.

______. 2000. “사회운동 ‘이후’의 사회운동: ‘4 · 19의 구성’”. 『현상과 인식』 82:183-203.

______. 2006. “사회운동의 역동구조”. 『사회이론』 가을호: 97-121.

박현희. 2008. “주민발의 운동의 정치적 동학: ‘성남시립병원설립 조례제정운동’을 중심으로” 『한국정치학회보』 42(2): 231-260.

박형준. 1993. “전환기 사회운동의 성격”, 임희성 · 박길성 공편. 『오늘의 한국사회』 서울: 사회비평사.

손호철. 1996. “한국민주화 이론 비판.” 『이론』. 통권 15호.

______. 1997. 『현대한국정치: 이론과 역사』 서울: 사회평론.

신광영. 1990. “생산의 정치와 80년대 한국의 노동조합.” 한국사회사 연구회 편, 『현대한국의 노동문제와 도시정책』. 서울: 문학과 지성사.

신율. 2001. “한국 시민운동의 개념적 위상과 문제점: 경실련과 참여연대를 중심으로” 『한국정치학회보』 35(2): 159-180.

신진욱. 2004. "사회운동, 정치적 기회구조, 그리고 폭력: 한국 노동자 사례, 1960-1986" 『한국사회학』 38(6): 219-250.

오일환. 2000. "1980년대 이후 한국 사회운동과 정치발전. 『한국정치외교사논총』 21(2): 199-226.

유도진. "청년학생운동사." 한국정신문화연구원, 『한국의 사회와 문화』 6.

윤성이. 1999. "사회운동론적 관점에서 본 한국 권위주의체제의 변동." 『한국정치학회보』 32(4): 112-128.

이우재. 1984. "70년대 한국사회와 농민운동". 『농촌현실과 농민운도』 서울: 민중사.

이종렬 · 권해수. 1989. "사회운동의 성공요인과 정책변화에 대한 영향분석: 도시철거민 저항운동의 사례분석." 한국행정학보 24(3): 1281-1298.

임희섭. 2001. 『집합행동과 사회운동의 이론』. 서울: 고려대학교 출판부.

장상환. 1988. "농민운동의 현황과 과제." 『현상과 인식』 42.

조옥라. 1988. "도시빈민의 사회경제적 특징과 지역운동." 『현상과 인식』 12(1).

조희연. 1990. "80년대 한국사회운동의 전개와 90년대 발전전망." 『한국사회운동사』 서울: 죽산.

최문성. 1987. "한국학생운동연구." 한국정신문화연구원 편, 『한국정치의 현대적 조명』.

최장집. 1988. 『한국의 노동운동과 국가』 서울: 열음사.

최현. 2007. "구조, 의미틀과 정치적 기회구조" 『경제와 사회』 75호, 251-281.

Costain, Anne. 1992. *Inviting Women's Rebellion: A Political Process Interpretation of the Women's Movement.* Baltimore, MD: Johns Hopkins University Press.

Davies, James Chowning. 1962. "Toward a Theory of Revolution." *American Sociological Review* 27:5-18.

DeNardo, James. 1985. *Power In Numbers: The Political Strategy of Protest and Rebellion.* Princeton, NJ: Princeton University Press.

Eisinger, Peter K. 1973. "The Conditions of Protest Behavior in American Cities." *American Political Science Review* 67: 11-28.

Ellina, Maro, and Will H. Moore. 1990. "Discrimination and Political

Violence: A Cross-National Study with Two Time Periods." *Western Political Quarterly* 43: 267-278.

Ferrara, Federico. 2003. "Why Regimes Create Disorder: Hobbes's Dilemma During a Rangoon Summer." *Journal of Conflict Resolution* 47: 302-325.

Finifter, Ada W. 1974. "The Friendship Group as a Protective Environment for Political Deviants." *American Political Science Review* 68: 607-25.

Futrell, Robert, and Barbara G. Brents. 2003. "Protest as Terrorism?: The Potential for Violent Anti-Nuclear Activism." *American Behavioral Scientist* 46: 745-765.

Gamson, William A., and David S. Meyer. 1995. "The Framing of Political Opportunity." In *Opportunities, Mobilizing Structures and Framing: Comparative Applications of Contemporary Movement Theory*, ed. Jon McCarthy, Doug McAdam, and Mayer N. Zald. New York: Cambridge University Press.

Goodwin, Jeff. 1997. "State-Centered Approaches to Social Revolutions: Strengths and Limitations of a Theoretical Tradition." In *Theorizing Revolutions*, ed. John Foran. London: Routledge.

Granovetter, Mark. 1978. "Threshold Models of Collective Behavior," *American Journal of Sociology* 83: 1420-43.

Green, Donald P., and Ian Shapiro. 1994. *Pathologies of Rational Choice Theory: A Critique of Applications in Political Science.* New Haven: Yale University Press.

Gupta, Dipak K., Harinder Singh, and Tom Sprague. 1993. "Government Coercion of Dissidents: Deterrence or Provocation?" *Journal of Conflict Resolution* 37: 301-39.

Gurr, Ted Robert. 1970. *Why Men Rebel.* Princeton: Princeton University Press.

Hibbs, Douglas A. Jr. 1973. *Mass Political Violence: A Cross-National Causal Analysis.* New York: Wiley.

Hipsher, Patricia. 1996. "Is Movement Demobilization Good for Democratization? Some Evidence from the Shantytown Dwellers' Movement in Chile." *Politics and Society*

Hunt, Lynn. 1984. *Politics, Culture, and Class in the French Revolution.* Berkeley: University of California Press.

Iyer, Arati, Toni Schmader, and Brian Lickel. 2007. "Why Individuals Protest the Perceived Transgressions of Their Country: The Role of Anger, Shame, and Guilt." *Personality and Social Psychology Bulletin* 33: 572-587.

Isaac, Larry, Elizabeth Mutran, and Sheldon Stryker. 1980. "Political Protest Orientations Among Black and White Adults." *American Sociological Review* 42: 249-68.

Jasper, James M. 1997. *The Art of Moral Protest: Culture, Biography, and Creativity in Social Movements.* Chicago: University of Chicago Press.

Katzenstein, Mary Fainsod, and Carol McClurg Mueller. Eds. 1987. The Women's Movements of the United States and Western Europe: Consciousness, Political Opportunity, and Public Policy. Philadelphia: Temple University Press.

Khawaja, Marwan. 1993. "Repression and Popular Collective Action: Evidence from the West Bank," *Sociological Forum* 8: 47-71.

Klandermans, Bert. 1984. "Mobilization and Participation: Social-Psychological Expansions of Resource Mobilization Theory." *American Sociological Review* 49: 583-600.

Knoke, David. 1988. "Incentives in Collective Action Organizations." *American Sociological Review* 53: 311-29.

Kornhauser, William. 1959. *The Politics of Mass Society.* Glencoe, IL: Free Press.

Koopmans, Ruud. 1993. "The Dynamics of Protest Waves: West Germany, 1965 to 1989." *American Sociological Review* 58: 637-658.

Kriesi, Hanspeter. 1989. "New Social Movements and the New Class in the Netherlands." *American Journal of Sociology* 94: 1078-1116.

Kriesi, Hanspeter. 1993. *Political Mobilization and Social Change: The Dutch Case in Comparative Perspective.* Aldershot, England: Avebury.

Kuran, Timur. 1989. "Sparks and Prairie Fires: A Theory of Unanticipated Revolution." *Public Choice* 61:

Kuran, Timur. 1991. "Now out of Never: The Element of Surprise in the East European Revolution of 1989." *World Politics* 44: 7-48.

Lang, Kurt, and Gladys Engel Lang. 1961. *Collective Dynamics*. New York: Thomas Crowell.

Lichbach, Mark Irving. 1985. "Protest: Random or Contagious? The Postwar United Kingdom." *Armed Forces & Society* 11: 581-608.

______. 1987. "Deterrence or Escalation? The Puzzle of Aggregate Studies of Repression and Dissent." *Journal of Conflict Resolution* 31: 266-297.

______. 1995. *The Rebel's Dilemma*. Ann Arbor: University of Michigan Press.

Lohmann, Suzanne. 1994. "The Dynamics of Informational Cascades: The Monday Demonstrations in Leipzig, East Germany, 1989-91." *World Politics* 47: 42-101.

Marwell, Gerald, and Pamela Oliver. 1993. *The Critical Mass in Collective Action: A Micro-Social Theory*. Cambridge: Cambridge University Press.

Marwell, Gerald and Ruth E. Ames. 1979. "Experiments on the Provision of Public Goods. Resources, Interest, Group Size, and the Free-Rider Problem." *American Journal of Sociology* 84: 1335-60.

Mason, David T. 1989. "Nonelite Response to State Sanctioned Terror." *Western Political Quarterly* 33: 175-98.

Marx, Gary T. 1979. "External Efforts to Damage or Facilitate Social Movements: Some Patterns, Explanations, Outcomes, and Complications." In *The Dynamics of Social Movements: Resource Mobilization, Social Control, and Tactics*, ed. Mayer N. Zald and John D. McCarthy. Cambridge, Massachusetts: Winthrop Publishers.

McAdam, Doug. 1983. "Tactical Innovation and the Pace of Insurgency." *American Sociological Review* 48: 735-754.

______. 1989. "The Biographical Consequences of Activism." *American Sociological Review* 54: 744-760.

McAdam, Doug, Sidney Tarrow, and Charles Tilly. 1996. "To Map Contentious Politics" *Mobilization* 1: 17-34.

McCarthy, John D., and Mayer N. Zald. 1977. "Resource Mobilization and Social Movements: A Partial Theory." *American Journal of Sociology* 82: 1212-41.

Melucci, Alberto. 1980. "The New Social Movements: A Theoretical Approach." *Social Science Information* 19: 199-226.

Meyer, David. 1993. "Protest Cycles and Political Process: American Peace Movements in the Nuclear Age." *Political Research Quarterly* 47: 451-79.

Mueller, Edward N., and Erich Weede. 1990. "Cross-National Variation in Political Violence: A Rational Action Approach." *Journal of Conflict Resolution* 34: 624-651.

Oberschall, Anthony. 1980. "Loosely Structured Collective Conflict: A Theory and an Application." In *Research in Social Movements, Conflict, and Change*, Volume 3, ed. L. Kriesberg. Greenwich, Connecticut: JAI Press.

Offe, Claus. 1985. "New Social Movements: Challenging the Boundaries of Institutional Politics." *Social Research* 52: 817-868.

Oliver, Pamela. 1984. " 'If you don't do it, nobody else will': Active and Token Contributors to Local Collective Action." *American Sociological Review* 49: 601-10.

Oliver, Pamela, and Gerald Marwell. 1985. "A Theory of the Critical Mass I: Interdependence, Group Heterogeneity, and the Production of Collective Action." *American Journal of Sociology* 91:

Olson, Mancur, Jr. 1965. *Logic of Collective Action: Public Goods and the Theory of Groups*. Cambridge, MA: Harvard University Press.

Opp, Karl-Dieter. 1986. "Soft Incentives and Collective Action: Participation in the Anti-Nuclear Movement." *British Journal of political Science* 16: 87-112.

______. 1989. *The Rationality of Political Protest: A Comparative Analysis of Rational Choice Theory*. Boulder, CO: Westview Press

Opp, Karl-Dieter, and Christiane Gern. 1993. "Dissident Groups, Personal Networks, and Spontaneous Cooperation: The East German Revolution of 1989." *American Journal of Sociology* 58: 659-80.

Piven, Fox, and Richard A. Cloward. 1977. Poor People's Movement: Why They *Succeed, How They Fail.* New York: Pantheon.

Richardson, Lewis F. 1960. *Arms and Insecurity*. Pittsburgh: The Boxwood Press and Quadrangle Books.

Riker, William H., and Peter C. Ordeshook. 1973. *An Introduction to Positive Political Theory*. Englewood Cliffs, NJ: Prentice Hall.

Sewell, William Jr. 1985. "Ideologies and Social Revolutions: Reflections on the French Case." *Journal of Modern History* 57: 57-85.

Shellman, Stephen M. 2004. "Measuring the Intensity of International Political Events Data: Two Interval-Like Scales." *International Interactions* 30: 109-141.

Simon, Herbert A. 1985. "Human Nature in Politics." *American Political Science Review* 79: 293-304.

Skocpol, Theda. 1979. *States and Social Revolutions*. Cambridge: Cambridge University Press.

Smelser, Neil J. 1962. *Theory of Collective Behavior.* New York: Free Press.

Snow, David A., Louis Zurcher, and Sheldon Ekland-Olson. 1980. "Social Networks and Social Movements: A Microstructural Approach to Differential Recruitment." *American Sociological Review* 45: 787-801.

Tarrow, Sidney. 1998. Power in Movement: *Social Movements and Contentious Politics*, Second Edition. Cambridge: Cambridge University Press.

______. 1994. *Power in Movement: Social Movements, Collective Action and Politics.* Cambridge: Cambridge University Press.

______. 1988. "National Politics and Collective Action: Recent Theory and Research in Western Europe and the United States." *Annual Review of Sociology* 14: 421-440.

Tilly, Charles. 1978. *From Mobilization to Revolution.* New York: McGraw-Hill.

Touraine, Alain. 1971. *The May Movement: Revolt and Reform.* New York: Random House.

Zald, Mayer N., and Roberta Ash. 1966. "Social Movement Organizations: Growth, Decay and Change." *Social Forces* 44: 327-41.

CHAPTER 03

저발전과 발전

박 은 홍

I. 서 론

1960년대부터 1980년대 초까지 발전론에서는 자본주의의 확산이 제3세계를 발전시킬 것인지 아니면 '저발전의 발전'(development of under-development)에 갇혀 있게 할 것인지를 둘러싼 논쟁이 있었다. 이때 근대화론(modernization theory)은 서구적 형태의 산업화야말로 보편타당한 노선이라는 기본적 가정하에 제3세계에게 서구와의 접촉면을 가능한 한 확대할 것을 권고하였다. 이들에게는 서구화=근대화=발전이라는 공식이 너무나 자명했기 때문이다. 근대화론은 제3세계의 경제적 · 사회적 부문을 근대부문과 전통부문으로 구분하고 이 두 부문이 갖는 배타적 모순관계가 저발전의 원인이라는 '이중사회론'(theory of dual society)을 제기했다.

그러나 이러한 근대화론의 진단과 처방에도 불구하고 제3세계의 빈곤이 지속되자 이들이 가정하였던 이른바 '확산이론'(diffusion theory)이 도전을 받게 되었다.[1] 이때 근대화론을 사실상 제국주의 논리로 간주한 종속이론은 세계자본주의체제를 제로섬적(zero-sum) 시각에서 바라보면서 제3세계가 서구와 연계를 갖는 한 발전은 가능하지 않음을, 따라서 발전을 위해서는 중심부 경제와의 '단절'(delinking)이 필요함을 주장하고 나섰다. 이때 저발전의 발전의 원인인 '종속'(dependency)은 일군의 국가경제가 다른 일군의 국가의 경제발전과 팽창 때문에 제약을 받는 상황을 지칭한다(김호진 1984).

종속이론에서 보자면, 독과점적 영향력을 지니는 외국인 자본의 제3세계로의 유입은 중심부(center 혹은 core)의 주변부(periphery 혹은 satellite)에 대한 수탈을 통해 현지 국민경제의 '구조적 기형화'(structural deformation)를 야기한다. 그리고 이러한 수탈/기형적 구조는 중심부의 지배계급과 주변부의 지배계급 사이의 '반동적 동맹'을 통해 지지된다.

그러나 1960~70년대의 '동아시아 기적'(East Asian miracle) 현상과 제3세계 사회주의 실험의 최빈곤화 양상은 자본주의와 시장기제를 둘러싼 논쟁에서 근대화론의 입지를 오히려 강화시켰다.[2] 이때 부상한 몇 가지 쟁점으로는 먼저, 많은 정부관료들의 불공정성, 약탈성이 명백해진 현실은 국가의 경제적 역할에 대한 의구심을 제기하게 한다(Bates 1981). 다음으로, 가장 역동적인 변화를 보여준 한국, 대만, 홍콩, 싱가포르의 예는 제로섬적 접근을 취한 종속이론에 대한 전복적 현상이다. 이들이 이루어낸 인상적인 성장의 동력을 노동집약적 수출주도산업화

1) '확산이론'의 대표적 옹호자인 로스토우(W. W. Rostow)는 선진국과의 경제적 유대를 통해 제3세계 역시 전통사회 → 도약을 위한 선행조건의 확보 → 도약 → 성숙을 위한 추진 → 고도의 대중소비사회와 같은 발전단계를 거치게 된다고 보았다(So 1990, 29).

2) 1993년도 세계은행 보고서는 아예 제목을 '동아시아의 기적'으로 잡았다. 이 보고서는 1965년부터 1990년까지 동아시아 경제체제는 다른 어느 지역의 경제체제보다 빠른 성장을 보였으며, 특히 일본을 필두로 하여 '4마리의 호랑이'(한국, 대만, 홍콩, 싱가포르), 3개 동남아시아 신흥공업국(인도네시아, 말레이시아, 태국)은 거의 기적에 가까운 성장을 이루었다고 극찬하였다(World Bank 1993).

의 편익에서 찾는다면, 이는 후발산업국에서의 개방경제노선이 저발전의 발전이 아닌 '주변부로부터의 오솔길'(pathways from the periphery)을 열 수 있음을 보여준 것이다(Haggard 1990).

반면 1980년대에 들어와 석유가가 급등하자 대다수 제3세계 비산유 후발산업국들은 심각한 채무에 시달렸다. 이때 세계은행(IBRD), 국제통화기금(IMF)과 같은 국제금융기구는 이들에 대해 구조조정 금융(SALs) 혹은 대기성 차관협정(standby arrangement), 특별인출권(SDR)을 제공하는 대가로 긴축 개방시장 프로그램을 요구하였다. 따라서 후발산업국들로서는 이들 국제금융기구의 시장주의적 패키지를 수용하여 선진자본주의와의 경제적 연관을 긴밀히 하는 것 이외에 다른 대안이 없게 되었다.

결국 제3세계 수입대체산업화 모델의 위기, 수출주도형 동아시아 신흥공업국의 부상 등은 신고전파적 근대화론의 영향력을 확대시켰다. 그러나 흥미롭게도 동아시아 현상을 '시장의 주술'(magic of the market-place)에서 찾던 시점에서 '국가를 제자리로'(bringing the state back in)를 주장하며 시장근본주의를 견제하는 흐름이 형성되었다. 이들은 동아시아 신흥공업국 현상을 가능하게 하였던 요인을 '보이지 않는 손'(invisible hand)으로서의 시장이 아닌 '보이는 손'(visible hand)으로서의 기업가적 국가(entrepreneurial state)에서 찾았다. 이때의 '기업가적 국가'란 일본을 필두로 한 발전국가군(developmental states)을 지칭한다.[3)]

---

3) 이때의 발전국가는 찰머스 존슨(Chalmers Johnson)의 『통산성과 일본의 기적』(MITI and the Japanese Miracle)에서 소개된 개념이다. 여기에서 존슨은 시장합리적(matket rational)인 규제국가(regulatory state)와 계획합리적(plan rational)인 발전국가를 구분하였다. 추가로 소비에트체제는 계획이데올로기적(plan ideological)인 것으로 보았다(Johnson 1982, 18-21). 그러나 이미 이에 앞서 알렉산더 거셴크론(Alexander Gershenkron)은 산업재원 조성을 위한 국가개입의 필요성을, 폴 바란(Paul Baran)은 유럽과 일본 메이지 시기에서의 민족주의적 발전국가의 기여를, 군나르 미르달(Gunnar Myrdal)은 사회개혁과 경제혁신을 위한 경성국가(hard state)의 필요성을 각각 직·간접적으로 주장하였다(Chang 1999, 182-183).

앞으로 이 글은 2절에서 안드레 군더 프랑크(Andre Gunder Frank), 피터 에반스(Peter Evans), 스테판 해거드(Stephan Haggard)의 논의를 중심으로 제3세계 발전론의 쟁점 변화를 살펴보고, 3절에서는 이들의 발전론이 한국의 정치경제학계에 어떻게 수용되었는지를 소개하도록 하겠다.

Ⅱ. '저발전의 발전', '종속적 발전', 그리고 '주변부로부터의 오솔길'

종속이론의 효시를 이루는 안드레 군더 프랑크(Andre Gunder Frank)의 저발전의 발전론은 라틴아메리카를 비롯한 제3세계의 저발전의 원인이 되는 것은 봉건제의 온존이 아니라 서구 자본주의의 수탈이라는 비판을 통해 서구화가 발전으로 이어질 것이라는 근대화론에 정면으로 도전하였다. 요컨대 프랑크가 보는 세계자본주의의 기본구조는 1)경제잉여의 착취/전유의 모순, 2)중심부/주변부 양극화의 모순, 3)변화 속의 지속의 모순이라는 3개의 내부 모순으로 이루어진다(유아사 다께오 1981, 59).

프랑크에 따르면 스페인과 포루투갈이 라틴아메리카를 정복한 16세기 이후 이 지역의 경제잉여가 서구로 유출되면서 중심부는 발전하는 반면 주변부는 저발전을 면치 못하여 중심과 주변의 양극화가 심화되었다. 그러기에 16세기 이후의 변화는 중심부의 주변부에 대한 지배 및 착취 형태의 변화일 뿐이다. 그는 이것을 '변화 속의 지속'(continuity in change)의 원리라고 명명하였다. 즉, 저발전의 발전의 이유는 세계자본주의체제의 특징인 중심부-주변부 구조(metropolis-satellite structure) 때문이고, 이 양극화 구조로 인해 주변부는 황폐해지고 저발전의 영구화가 이루어진다. 프랑크는 이를 독점자본주의적 구조와 잉여의 착취/전유의 모순(the surplus expropriation/appropriation contradiction)으로 정식화하였다. 이때 특히 주목해야 할 것은 선진국은 과거 미개발(undevelopment)의 상태에 있었다고 할 수는 있어도 결코 저발전(underdevelopment) 상태에 있었던 것은 아니라는 점이다.

같은 맥락에서 프랑크는 이중사회론을 비판하면서 "이에 근거한 방책이나 권고를 따를 경우 저발전의 조건이 오히려 강화되고 영속화된다"고 단언했다. 이때 저발전국의 지배계급은 주변부와 제국주의의 중심부를 잇는 연쇄에서 차지하는 자신의 위치 때문에 그것을 유지·강화하는 데 이해관계를 갖는다.

그러나 이러한 저발전의 영속화 테제는 피터 에반스(Peter Evans)의 '종속적 발전'(dependent development) 개념을 통해 수정된다. 우선 에반스는 페르난도 카르도소(Fernando Henrique Cardoso)의 '연합-종속적 발전'(associated-dependent development) 개념을 끌어들이면서 '정체모델'(stagnation model)로부터의 탈피를 옹호한다. 즉, 발전을 자본축적과 생산체계의 분화에 따른 결과로 정의한다면, 종속적 발전은 주변부에서의 자본축적과 어느 정도의 산업화를 의미한다. 에반스에 따르면 종속적 발전은 국제자본과 국내자본의 연합 내지 동맹을 특징으로 하는 종속의 한 특수 유형으로서 국가가 능동적 동반자로서 동맹에 합류하게 되고, 그 결과 '3자동맹'(triple alliance)이 중심축을 이룬다. 그러나 이때에도 에반스는 종속적 발전이 종속의 부정이 아님을 강조한다. 종속적 발전에도 불구하고 중심부와 주변부 사이의 모순이 해소되지 않기 때문이다. 더구나 종속적 발전은 **단지 소수의 국가들만이 성취할 수 있다**(고딕은 필자 강조). 그리고 이렇게 선택된 소수의 국가군을 반주변부(semi-periphery)라고 명명한다. 이러한 주변부 지역에서의 변화는 다국적기업, 국가,

국내 부르주아지 이들 3자동맹을 축으로 한 자본축적의 특성에 좌우된다.

여기에서 흥미로운 것은 3자동맹의 국내 분파에 해당하는 국내부르주아지와 국가에 대한 에반스의 시각이다. 우선 국내부르주아지에 해당하는 토착자본의 최상위층은 국제자본에 잘 통합되어 있지만, 나머지는 국제자본에 봉건적으로 연결되어 있거나 불리한 조건하에서 싸움을 해야 한다. 이같은 상황하에서 브라질의 경우 토착기업가들의 민족주의는 국립개발은행(NDB)으로부터의 특별대부, 금융이나 보험업에서의 다국적기업의 배제, 합작회사의 경우 내국인의 동등한 참여 등에 대한 요구로 표현된다(에반스 1984, 380).

그러나 사실상 토착기업가들의 민족주의보다 더 중요한 것은 국가부르주아지의 민족주의이다. 에반스는 주변부의 자본축적 과정에서 국가의 중심적 역할과 관련해서는 이론(異論)의 여지가 없다고 주장한다. 유럽의 후발 산업화 과정에서도 볼 수 있듯이 경제발전 과정에서 국가의 기업가적 역할은 새로운 현상도, 종속적 발전만의 독특한 현상도 아니기 때문이다. 이때 다국적기업의 존재와 마찬가지로 국가기업의 존재양식도 종속적 자본주의국가의 제도적 특성을 변화시킨다. 우선 국가부르주아 개념의 타당성과 관련하여, 정의상 부르주아지는 그 자신이 잉여를 전유하는데, 국가기구의 일부로서의 국가기업의 관리자들은 그들 자신의 특수한 이익이 아니라, 전체 자본의 일반적 이익이라는 측면에서 축적과정을 주도해 나간다. 주목할 것은 종속적 자본주의 국가의 이미지는 단지 축적의 대리인만이 아닌 사회통제의 대리인이기도 하다는 점이다. 테다 스카치폴(Theda Skocpol)이 지적했듯이 "국가는 근본적으로 사회로부터 자원을 추출하여 이를 억압적이고 행정적인 조직들을 만들고 지탱하는 데 배치"하는데, 종속적 자본주의 국가의 극단적인 배제적 특성은 국가의 억압적 측면을 강화시킨다. 에반스는 1964년 이후의 브라질 국가를 부르주아지 전체의 이익을 위해 통치하지만 부르주아지에게 참여의 기회를 거의 주지 않는 '관료화된 보나파르티즘'(bureaucratized Bonapartism)으로 명명하였다. 종속적 발전의 맥락에서 민주주의의 필요성은 적은 데 비하여 억압의 필요성은 크다는 것이다(Evans 1979, 329). 그러나 저항적 집단들의 민족주의적 압력을 국가 부르주아지가 수용할 경우 극도로 배제적이고 불평등한 발전에 따른 계급갈등이 은폐될 수 있다. 이때 온정주의적 민중주의가 다국적기업의 불참여로 이어질 경우 3자동맹은 붕괴된다(에반스 1984, 381-386). 그러기에 종속적 발전 과정에서의 '계급프로젝트'를 추진하는 데 있어서 국가의 조정자 역할이 무엇보다 중요하다.

스테판 해거드(Stephan Haggard)는 이러한 3자동맹 구조를 기능주의적인 국가-사회 관계의 사회학적 모델로 평가한다. 그는 종속론적 사고의 결정적 문제점을 국제적 제약에 대항하는 국가전략을 과소평가한 것에서 찾는다. 또한 그는 국제환경을 경직된 결정적 구조로서가 아니라 그 안에서 국가들이 배울 수도 있으며 그들의 활동반경을 확대시켜 나아갈 수도 있는 가변적인 제약요인들의 집합으로 보아야 한다고 주장한다. 어떤 조건하에서, 국가는 전략적 부문에서 외국인 투자를 대체하고, 국내자본이 그렇게 하도록 지원하고, 또 규제의 고삐를 조이는가 등과 같은 문제에 대한 비교정치론적 관점이 요청된다는 것이다(Haggard 1990, 22).

그러나 이러한 비판과 무관하게 지적 탐구의 표적을 브라질에서 동아시아로 이동한 에반스는 과감하게 종속이론 패러다임으로부터의 탈출을 시도한다. 이로써 그의 발전론에서 '종속'과 '발전' 간의 긴장은 소멸한다. '국내시장의 국제화'(internationalization of the domestic market)를 강요하는 '정복 부르주아지'(conquering bourgeoisie)로부터 제약을 받는 제3세계의 특수성을 반영한 3자동맹론 대신에 산업화 과정에서의 국가의 역할이 부각되고 정복 부르주아지로서의 다국적기업으로 상징되는 국제적 제약 요인은 주변화된다.

이러한 그의 '전환'은 국가관료제의 속성이 선험적으로 규정될 수 없고 국민경제를 위해서는 매우 응집력이 높은 관료적 개입이 필요함을 설파한 로버트 베이츠(Robert Bates)의 발전이론에 대한 긍정적 평가로부터 시작된다. 그의 '전환'의 중심에는 '주변부로부터의 오솔길'(pathways from the periphery)을 빠져나온 경험적 사례로서의 한국과 대만, 그리고 이들의 '탈종속'을 가능하게 한 '연계된 자율성'(embedded autonomy)을 특징으로 하는 발전국가(developemental state)가 있다. 이때 국가-사회 관계를 특징짓는 연계된 자율성에서 '연계'(embeddedness)는 국가능력을 제고하는 실행의 통로와 정보의 원천을 제공한다. 자율성(autonomy)은 국가 자체 나아가 사회집단의 응집력까지 침해할 수 있는 국가에 대한 점진적 포획을 예방한다. 동아시아 발전국가의 경제적 성과는 이러한 '연계'와 '자율성'의 균형으로부터 가능했다는 것이다. 에반스는 발전국가의 자율성은 약탈국가(predatory state)의 맹목적이고 절대주의적인 지배와는 전혀 다른 성격을 지니며, 국가와 사회를 연결하고 정책과 목표에 대한 계속적인 협상과 재협상을 가능하게 하는 제도적 통로를 제공하는 구체적인 사회적 유대에 기초한다고 정의한다. 마이클 만(Michael Mann)의 표현을 빌리자면, 이는 전제적(despotic) 국가권력에 대비되는 하부구조적(infrastructural) 국가권력과 같은 것이다(Önis 1991, 123).

물론 에반스의 '발견'은 일본을 사례로 한 찰머스 존슨(Charlmers Johnson)의 발전국가 이론에 힘입은 바가 크다. 발전국가의 원형(prototype)인 일본에서는 '효율성의 주머니'(pockets of efficiency)로서의 통산성(MITI)이 신규자본의 동원을 통해 산업 합리화를 꾀하면서 지휘기구(pilot agency)의 역할을 해냈다. 투자촉진용 대부에 대한 승인, 외환할당과 기술수입 인허에 대한 관장, 조세감면, 행정지도 등이 그것이다. 존슨은 일본 국가의 발전주의를 미국형 규제국가(regulatory state)의 시장합리적(market-rational) 정책과 대비되는 계획합리적(plan-rational) 정책으로 간주하였다.

한국은 일본에 뒤이어 발전국가를 경험한 대표적인 동아시아 신흥공업국이다. 일본의 통산성에 해당하는 한국의 지휘기구는 박정희정권에 의해 최정상기구로 육성된 경제기획원(EPB)이었다. 집권 초기 박정권의 목표는 민간자본에 대한 절대적 지배였던 것으로 보인다. 그러나 박정권은 연계 없는 자율성으로는 목적하는 '혁신'을 성취할 수 없음을 깨달았다. 자신의 경제적 목표를 달성하기 위해 민간자본과의 소통의 필요성을 의식하게 된 것이다. 이때부터 한국의 발전국가는 자본할당 능력을 통해 재벌 중심의 경제력 집중을 촉진하였다(Evans 1995, 53). 우 커밍스(Meredith Woo-Cumings)는 한국의 발전국가의 경우 투자 등으로 대기업의 경제성장을 촉진하여 이것이 복지 증진으로 이어지는 이른바 '트리클-다운 효과'(trickle-down effect)를 제공해왔고, 개발주의 터널의 끄트머리에 평등주의적 분배를 마련해 놓았다고 주장한다(우정은 1999, 308). 그러나 박정권과 이들 기업 혹은 재벌과의 연계는 일본모델보다 '하향적'(top down)이었다.

한국에서와 마찬가지로 대만에서도 국가가 중심이 되어 위험이 따르는 투자에 자본을 동원하고 기업가적 결정(entrepreneurial decisions)을 유인하면서 국제시장에서의 민간기업의 능력을 제고하였다. 통산성과 경제기획원의 중간형태에 해당하는 경제계획개발위원회(CEPD)와 경제

부내의 산업개발위원회(IDB)에는 최고의 엘리트들이 충원되었다(Wade 1990, 198). 그렇지만 대만의 국민당은 국영기업부문을 산업화의 중심축으로 삼았기 때문에 대만에서의 공-민 연결망의 밀도는 한국, 일본형 발전국가에 비해 덜하였다.

이렇듯 한국과 대만은 베버주의적 관료제를 통해 '여과장치'(filtering mechanism)로서의 국가의 능력을 강화하였다(Wade 1990, 226). 반면 발전국가의 정반대편에는 모부투 정권하의 자이레, 1970년대 말~1980년대 초의 아르헨티나 등과 같이 '노골적인 비효율성 주머니'(pockets of conspicuous inefficiency)를 특징으로 하는 약탈국가가 있었다. 그리고 약탈국가와 발전국가를 좌와 우로 하는 연속선상(continuum)의 중간에 브라질, 인도와 같은 '중간국가'(intermediate states)가 위치한다.

에반스가 취한 발전국가론은 넓게 보면 제도주의 접근(institutionalist approach)에 해당한다. 신고전파 패러다임에 비판적인 제도주의 접근의 중심 명제는 '후발'(late development) 현상을 국가가 국내 및 국제시장을 길들이고 이를 국가목표에 이용하는 전략적 역할을 수행하는 과정으로 이해해야 한다는 것이다. 시장 메카니즘이 잘 작동할 수 있도록 방향을 제시하고 추진력을 제공해주는 강력하고 자율적인 국가야말로 급속한 산업화의 견인차라는 것이다. 다시 말해 발전국가는 시장이 정부관료의 장기적이면서 민족적 관점의 투자 합리성에 의해 지도되는, 즉 국가-시장 시너지(synergy) 관계를 중시한다(Önis 1991, 110).

이러한 발전국가론은 동아시아의 성공을 시장이 아닌 국가와 연결시키고 있다는 점에서 신고전파와 대조적이지만 제3세계의 국제적 제약에 대한 문제의식을 거의 접고 있다는 측면에서 신고전파의 주의주의와 일견 맞닿아 있다. 에반스는 1993~1994년에 걸쳐 프린스턴 대학 국제학연구소가 조직한 "비교정치이론의 역할"(The Role of Theory in

Comparative Politics)이라는 주제하의 심포지엄에서 그 자신이 제2차 대전 이후의 브라질의 발전 궤적을 보면서 종속적 발전이란 개념에 천착하게 되었지만, 그 이후 동아시아에 관심을 갖게 되면서 종속적 발전 개념이 이 지역에는 적용될 수 없음을 알게 되었다고 술회하였다(Evans et al. 1995, 6). 흥미롭게도 동아시아에 몰입한 에반스와 마찬가지로 종속론의 초석을 깔았던 안드레 군더 프랑크 역시 '리오리엔트: 아시아시대의 세계경제'(ReOrient: Global Economy in the Asian Age, 1998)에서 동아시아 예찬론자로 변하였다. 이렇듯 동아시아의 신흥공업국 현상을 종속이론의 결정적 반증사례로 받아들인 당대 종속이론가들의 지적 전환은 종속이론 패러다임 그 자체의 위기이다.

Ⅲ. 발전이론의 한국적 수용

종속이론이 한국에 소개되는 데 커다란 기여를 한 초기 문헌으로는 염홍철(1980)과 김호진(1984)을 들 수 있을 것이다. 염홍철은 그의 「종속이론과 제3세계의 발전」에서 종속이론을 지금까지 통념적으로 받아들여지던 정치발전론이나 근대화론과 같은 '북'의 패러다임에 대한 '남'의 도전으로 해석했다. 그는 라틴아메리카에서의 저발전의 문제 제기와 같은 '남'의 도전이 있게 된 정치・경제적 배경을 ①수입대체산업화의 부진, ②국제적・국내적 소득격차의 확대, ③다국적기업의 세력 팽창, ④새로운 군국주의의 대두, ⑤쿠바혁명의 승리, ⑥개혁주의의 실패 등으로 요약했다.

김호진(1984)은 종속이론을 전체론(holism)적 접근법을 원용하는 것으로 보고, 이와 같은 접근법은 사회전체를 분석대상으로 삼기 때문에 가설적인 명제를 실증적으로 검증하기가 불가능하다고 주장했다. 종속이론은 종속과 저발전의 인과관계를 논증할 수는 있어도 입증할 수는 없기 때문에 가설적 차원에 머물러 있는 예비이론에 불과하다는 것이다.

그렇지만 종속이론의 한국적 수용을 대표하는 지식 지형은 1980년대 중·후반에 이루어진 한국사회 성격 논쟁을 통해 형성되었다. 이른바 한국사회구성체논쟁으로 일컬어진 이 논쟁은 큰 틀에서 식민지반(半)자본주의론(이하 식반론)과 신식민지국가독점자본주의론(이하 신식국독자론)이 대립 구도를 이루었다. 우선 식반론은 한국 사회성격을 식민지성과 반봉건성이 결합되어 있으며 이 중에서도 식민지성(민족모순)이 규정적인 사회로 이해하였다. 그리고 이러한 식민지반자본주의에 조응하는 상부구조를 '(신)식민주의적 대리통치체제' 혹은 '매판군사파시즘'으로 보았다.

반면 신식국독자론은 신흥공업국가군(NICs)으로 불리우는 제3세계 선두주자 국가군의 경우 조기적 독점, 반(半)봉건제의 상대적 잔존, 식민지 초과이윤의 확보를 위한 고도의 민중 억압성·수탈성 등과 같은 **신식민지적 특수성=종속성**(고딕 필자 강조)을 특징으로 하고 있음에도 불구하고 국가독점자본주의라는 보편성은 그대로 관철된다고 보는 이론이다. 신식국독자론은 국내 자본가를 제국주의의 하수인으로, 한국을 제국주의의 완전한 식민지로 보는 식반론에 반대하면서 제국주의의 지배·침투는 국내 예속독점자본가와 국가권력을 매개로 이루어질 수밖에 없다고 보았다. 그리고 이때의 예속 독점자본가는 상대적으로 자율성과 물적 토대를 갖춘 제국주의의 하위 동맹자이다.[4] '신식민지성'의

4) 신식국독자론의 입장은 한국에서 신식국독자의 국가형태는 라틴아메리카의 경우와 마찬가지로 신식민지파시즘이고, "현재의 파시즘을 PD(민중민주주의)권력으로 대체하지 않고서는 신식국독자에 대한 근본적 변혁이 불가능하다"고 보았다(한국정치연구회 1989, 39).

정확한 의미에 관해서는 신식국독자 내부에서도 상당한 해석상의 차이가 존재하였으나, 신식국독자의 요체를 독점강화-종속심화 테제로 정립하고 이같은 경향을 평균이윤율과 독점이윤율의 편차 확대(독점강화)와 식민지 초과이윤의 확대(종속심화)로 보는 견해가 주류를 이루었다(손호철 1991, 212-222). 요컨대 식반론이 초기 종속이론의 저발전의 발전과 유사한 이론적 입장을 취했다면, 신식국독자는 기존 종속이론을 수정한 '종속적 발전' 개념에 가까웠다고 할 수 있다. 그런데 흥미롭게도 양우진(1991)은 1960년대 이후 한국의 자본주의화 과정을 전후 아시아·아프리카 신생독립국들에서 볼 수 있었던 '민족민주(ND)정권'에 의한 국가자본주의의 전개과정의 일환으로 이해하자고 제안했다. 그에 따르면 'ND정권'은 반제국주의를 기본 성격으로 하며 국가자본주의를 통해 비자본주의적 발전을 지향했지만, 실제로는 반제국주의적 구호 밑에서 민족적 부르주아의 발전을 추구했던 것으로 드러났기 때문에 1960년 5·16 이후 '국가주도의 자본축적' 과정, 고도성장의 과정을 'ND정권'의 성립과 국가자본주의의 전개로 이해할 수 있다고 주장하였다(양우진 1991, 390-391).[5)]

이보다 한 걸음 더 나아가 중진자본주의론은 동아시아 신흥공업국의 일원으로서의 한국 자본주의의 탈종속적 발전을 주장한다. 그 대표적인 예로 안병직(1989)은 한국자본주의의 독자적 발전을 가능하게 하였던 국내적 조건으로서 일본제국주의에 의한 한국 전통사회의 철저한 파괴, 근대적 제도의 확립, 근대적 계급의 출현 등을 거론하면서 제국주의=악마론에 동조하지 않음을 명백히 한다. 또한 그는 한국자본주의는 초기자본주의→산업자본주의→독점자본주의라는 발전의 길을 걷

5) 그러나 라틴아메리카 사회구성체 논쟁의 맥락에서 국가자본주의를 외국 독점체와의 대결과 단절이라는 공통적 성격을 지닌다고 본 이성형(1990)을 따를 경우 양우진의 국가자본주의 이해는 논란거리를 제기한다.

지 않고, 이식(移植)자본주의의 전개과정으로서 저개발국→중진자본주의→선진자본주의라는 발전의 길을 걸어왔다고 주장한다. 그리고 이러한 이식자본주의의 전개과정에 관한 유효한 논의로서 알렉산더 거센크론(Alexander Gerschenkron)의 '후발성 이익', 아까마쯔 카나메(赤松要)의 '경제발전의 안행형태론(雁行形態論)' 등을 거론한다. 한국사회구성체 논쟁의 당사자로서 한때 한국사회를 식민지반봉건사회로 규정하던 안병직의 '전환'은 가히 충격적이었다.6)

그러나 종속이론 패러다임으로부터의 '전환'은 여기에 그친 것이 아니다. 일찍이 이병천(1989)은 한국 신식국독자의 최대의 구조적 특질을 타국에 대한 자본수출을 포함한 정치·경제적 지배는커녕 오히려 그 자신이 선진 열강의 수탈·지배의 대상이 되면서 국내 독점체와 이와 긴밀히 결합된 외국 독점체가 국민경제를 지배하고 있는 것이라고 보았다(이병천 1989, 576). 하지만 그도 급기야 동아시아가 근현대 역사상 보기 드물게 단기간에 비교적 고른 분배를 동반한 성장(shared growth)을 성취함으로써 이른바 '동아시아의 기적' 현상을 낳았음을 인정하게 된다. 이 지역의 고도 성장은 자본주의 진영의 실패와 대비되면서, 그때까지 자본주의 세계체제 내부에서는 산업화 전망이 어둡다고 보고 오직 비자본주의적·사회주의적 길을 통해서만 '빵과 자유'를 얻을 수 있다고 본 좌파의 발전 이념과 실천에 일대 타격을 주었다는 것이다. 그는 한국의 사정 또한 예외는 아니라고 보면서, 남한의 경제적 성공 대 북한의 경제적 실패야말로-남한의 민주화 대 북한의 세습독재의 대조와 더불어-남북한간 체제 경쟁의 결말을 지음으로써 두 분단 국가간의 정통성에 대한 종전의 관념을 송두리째 뒤흔들었다고 해도 과언이

6) 중진자본주의론과 마찬가지로 한국의 추격성장 양상에 주목하여 한국자본주의=국가자본주의론을 시도한 양우진(1991)조차도 안병직의 중진자본주의를 사실상 로스토우의 경제성장단계론에 대한 투항으로 규정하였다.

아니라고 보았다.

이러한 맥락에서 이병천은 동아시아 성장의 성공학으로서의 발전국가론에 대한 내재적 비판에 천착한다. 즉, 그는 발전국가론의 설명력을 인정하면서도 발전국가론이 개발주의 정치경제 지배연합의 폐쇄구조에 의해 빚어진 '성장의 그늘' 또는 정치와 제도의 실패를 주변화하는 변호론적 성격과 승리주의의 성격을 갖고 있다고 비판한다. 이러한 맥락에서 발전국가론의 한계를 딛고 넘어서기 위한 대안적 발전 이론으로서 '사회 속의 국가론'을 제시한다.7) 그가 얘기하는 '사회 속의 국가론'은 정치·경제적 규율제도와 그 질적 내실, 즉 제도의 규율 능력론을 포괄함과 동시에, 발전국가론이 주변으로 배제시킨 정치의 복원, 즉 시민적 자유와 소통, 사회세력간의 쟁투, 역사적 타협 등 정치사회적 지형의 복원을 포괄한다. '사회 속의 국가론'은 '발전이란 무엇인가'에 대한 토의와 방향 정립을 국가 및 시장권력의 독점에 내맡기는 것을 거부하고, 강한 사회와 약한 사회의 이분법을 넘어 국가론과 정치경제학 비판, 국가론과 시민정치론의 접목 및 그 유기적 통합을 지향한다(이병천 2003, 99-121).

이렇듯 한국자본주의의 종속성에 대한 전면적 회의를 표명하고 나선 안병직(1989)과 양우진(1991)의 논의를 뒤이은 이병천의 '패러다임 전환'은 발전국가론의 설명력을 용인하는 쪽으로의 선회라고 해도 과언이 아니라는 점에서 에반스의 '전환'과 매우 유사하다. 실제로 그는 그간 한국 사회구성체론에서 제시되었던 여러 이론들, 예컨대 국가자본주의, 신식민지국가독점자본주의, 식민지반자본주의, 주변부자본주의, 중진자본주의 등이 한국의 발전모델이 찰머스 존슨의 자본주의 발전국가 모

7) 이병천의 '사회 속의 국가'는 에반스의 '연계된 자율성'(embedded autonomy) 개념을 급진화시킨 것이라 볼 수 있다. 에반스는 '연계된 자율성' 개념을 국가-사회 시너지 관계의 맥락에서 보았다(박은홍 2008, 39-61).

델이었음을 파악하지 못했다고 주장한다(이병천 1998, 47).

최장집(2002)도 발전국가 이론의 맥락에서 박정희 정권의 성장제일주의적 발전전략이 한국사회의 자본주의산업화를 가능하게 하는 데 효과적인 것이었음을 인정한다. 그는 박정희 정권이 만들어낸 높은 수행능력을 평가하는 것과 관련하여 국내외의 많은 학자들이 인정했듯이 발전국가 이론이 필요하다고 언급한다. 우선 그는 '박정희식 발전모델'이 찰머스 존슨이 일본의 통산성을 모델로 이론화한 발전국가에 상당한 정도로 부합하며, 현재의 시점에서 한국의 산업화와 경제발전이 라틴아메리카적 경로로 빠지지 않게 하는 데 박정희식 발전모델이 결정적 기여를 한 것으로 평가한다. 또한 남북한간의 대결과 경쟁의 구조 속에서 군사주의와 산업화의 결합으로서의 한국형 발전국가가 상당한 역동성을 창출해내고, 경제적인 궁핍으로부터 열성적으로 탈출하고자 했던 국민들의 집합의지, 즉 '엘랑'(élan)을 담아냈다고 본다(최장집 2002, 77-91).

임현진(1997) 역시 맑스주의 계열 발전이론의 쇠퇴와 자유주의 계통 발전이론의 재등장을 인정한다. 그는 이러한 발전이론 분야에서의 '반혁명'(counter-revolution)의 직접적 배경을 현실사회주의의 붕괴에 따른 이론과 실천의 분리의 가속화와 연관시킨다. 종속이론의 창시자로서 사회혁명을 위해 "체 게바라 만세"를 외쳤던 안드레 군더 프랑크가 변모하는 국제상황의 우울함 속에서 실천가에서 해설자로 자신의 위치를 바꾸었음도 지적한다. 그럼에도 불구하고 그는 후발효과에 의한 종속반전(dependency reversal)이 쉽지 않게 된 정글법칙에 의해 지배받고 있는 세계경제에 주목하면서, 오늘의 한국을 바라볼 때 종속이론은 분석적으로나 현실적으로 그 설명력에서 아직도 풍부한 잠재력을 갖고 있음을 주장한다. 이를테면 종속의 대립항으로서의 자립은 서로 연속선상 위에 자리잡고 있는 이념형으로서의 상대적 의미를 지닐 뿐이며, 그러기에 종속이론은 한 국가의 종속 여부를 따지기보다 그러한 종속이 이루어지는 방식, 이를테면 지배와 복속, 호혜와 수원, 보호와 의지, 혹은 공급과 수요 등 여러 관계 유형을 고려해볼 필요가 있고, 또 종속에 따라 '대칭적인 의존'에서 '비대칭적인 예속'에 이르기까지 그 편차도 크다는 것이다. 요컨대 종속은 불변의 구조 내지 구조의 법칙은 아니라는 것이다. 임현진은 한국을 에반스가 제시한 '종속적 발전'의 전형적 사례로 간주하면서, 국가가 주도적으로 행한 해외자본과 국내자본의 연계를 통해 결과적으로 괄목할 만한 경제성장과 생산구조의 분화를 결과하였지만, 다른 한편으로는 사회구조와 기술 사이의 탈절(dislocation)과 민중부문의 정치적·경제적 배제를 야기하는 등 종속적 발전의 한계를 명확히 보여주었다고 주장한다(임현진 1997, 97-100).[8)]

손호철(2006)은 한국에서의 발전국가를 1960년대 이후 박정희정권이 주도한 산업화의 결과로 나타난 종속적 국가독점자본주의의 변종이라고 본다.[9)] 그렇지만 손호철(1993)은 '성공모델'로 불리우는 한국을 포함한 동아시아의 4인방 중 한국, 대만은 제3세계 중 예외적으로 농지개혁에 성공한 나라이고, 나머지 두 나라는 농지개혁이 불필요한 도시국

---

8) 반면 조형제는 아예 '종속적 발전론'이 라틴아메리카에서의 자본주의 발전을 '사후적'으로 설명하기 위한 이론임을 전제하면서, 이 이론 자체에 종속적 발전의 현상을 인과적으로 설명해줄 수 있는 필연성이 내재해 있는 것이 아니라 이미 발생한 종속적 발전을 놓고 종속이론의 파탄을 막기 위해 '종속'과 '발전'의 양측면을 절충한 것에 불과하다고 비판한다(조형제 1987, 71).

9) 손호철은 양우진(1991)의 'ND국가론'을 '좌파 신중상주의론'으로 규정한다. 그는 'ND국가론'을 두 측면에서 비판한다. 우선 3공-5공 기간의 경우 크게 보아 그동안에 국제분업상의 위상에서 상당한 지위상승이 일어났지만 그보다는 훨씬 큰 폭으로 편입정도가 증대했다는 점에서 종속심화라고 보아야 하고, 따라서 그 기간의 국가를 민족적이라고 보는 것은 문제가 있다는 것이다. 다른 하나로는 박정희정권 시기를 "ND국가"=국가자본주의로 보는 것은 국가자본주의의 합리적 핵심을 '비자본주의적 발전의 길'이 아니라 단순한 국가주도형 경제운영과 산업화로 이해하는 오류를 범하고 있다는 것이다(손호철 1993, 51-52).

가였음을 강조한 바 있다. 특히 농지개혁은 평균이윤율에 훨씬 높은 초과이윤을 생산함으로써 유휴자본의 산업자본화와 이에 따른 공업화를 저해하고 있었던 반(半)봉건적 토지소유를 불완전하게나마 제거하고 이들 자본을 생산적 자본으로 유도함으로써 한국자본주의의 '성공'을 가져다 주었다는 것이다(손호철 1993, 123-124). 이러한 그의 주장은 한국에서의 발전국가의 사회경제적 생성조건에 대한 지적으로 볼 수 있다.[10] 또한 그는 1997년 금융·외환 위기로 촉발된 IMF관리체제 이후의 정치·경제적 전환의 핵심을 '발전국가'와 '종속적 포드주의 축적체제'의 완전한 해체로 보고 있다. 물론 이는 IMF가 국가중심성을 약화시키는 신자유주의적 세계화를 상징하기 때문이다. 같은 맥락에서 그는 과거 한국의 국가가 종속적 국가독점자본주의체제로서 국내 독점자본의 이익만이 아니라 초국적 자본과 선진 독점자본의 이해 역시 대변해왔다면, 이제는 신자유주의적 정책에 의해 세계자본주의체제, 특히 초국적 자본에 대한 구조적 종속이 과거보다 한층 심화되었을 뿐만 아니라, 직접적인 통제까지 받을 수 있게 되었다고 본다. 한국의 자본주의는 비교 제3세계적으로 볼 때 **상대적으로 '민족주의적'이었지만**(고딕은 필자 강조) 불과 5-6년 사이에 가장 종속적인 국가로 전락하였다는 것이다(손호철 2006, 20-21).

조희연(1997)은 한국을 포함하여 대만, 싱가포르, 홍콩 등 '네 마리 용'의 비약적인 경제성장이 미국의 많은 학자들에게 흥미로운 연구주제가 되어왔음을 인정하면서, 이와 관련해서 자유로운 시장 및 사적 기업의 역할에 주목하는 시장중심론, 국가의 능동적 개입과 효과적인 산업정책 등의 역할을 강조하는 발전국가론, 교육 및 가부장제적 가족중

10) 스테판 해거드 역시 한국과 대만의 경우 광범위한 토지개혁이 이루어진 것이, 홍콩과 싱가포르의 경우 저소득 농업부문이 부재했던 것이 각각 이들 나라에서의 소득분배를 비교적 균등하게 한 요인 중의 하나라고 지적한다(Haggard 1990, 13).

심주의와 훈련된 엘리트의 충원구조 등 유교문화적 요인을 강조하는 문화론, 동아시아의 지정학적 조건과 세계체제적 조건을 강조하는 세계체제론 등이 경쟁하고 있는데, 이 중 특히 발전국가론은 일종의 '국가절대화론'의 문제점을 안고 있다고 비판한다. 다시 말해 발전국가론은 성장정책의 계급적 선택성, 즉 성장정책을 둘러싼 여러 사회집단 및 계급간의 갈등을 적절히 고려하지 못하고 있고, 경제성장률, 산업구조 선진화 등 근대화의 긍정적 측면만을 부각시킬 뿐, 환경파괴, 사회경제적 불평등 등의 부정적 측면을 간과하고 있음을 지적한다. 다시 말해 그는 이병천과 같은 맥락에서 발전국가론이 발전국가와 약탈국가의 양분법적 구분 속에서 발전국가 자체에 내장된 약탈적 부패유착 구조에 대한 비판적 인식이 결여되어 있음을 지적하고 있다(조희연 1997, 71-72).

이제 관심의 초점은 한국에서 발전국가의 존재를 인정할 경우 발전국가가 지속적으로 존재하고 있는지, 아니면 일정한 변화 혹은 질적 변화를 보이고 있는지 그 여부에 모아진다. 김윤태(2003)는 1980년대 이후 한국의 경제체계가 정부와 대기업 사이의 위계적이고 지배적인 관계를 형성하는 낡은 발전국가 모델에서 점차 시장지향적 모델로 전환하고 있다고 본다. 다시 말해 한국 국가의 성격이 신중상주의적 국가라는 발전국가의 낡은 모델과는 근본적으로 다르게 시장의 기능에 순응하는 시장지향적 국가(market-oriented state)로 변화하고 있다는 것이다.[11] 김병국·임혁백(2000)은 대만의 경우 발전국가에서 '시장경제'로 전환하는 데 성공하였지만 한국과 태국은 발전국가에서 '규제되지 않은

11) 박은홍은 발전국가의 후속국가로서의 시장국가(market state)를 개념화하고 이를 자본부문을 약탈하거나 지도하는 것이 아니라 오히려 자본부문에 포획된 국가로 정의한다. 시장국가는 시장질서가 불안정해도 이를 해결할 능력이 없다. 반면 규제국가는 재량적 규제 대신에 '경쟁적 질서'를 보장할 수 있는 법적·제도적 틀을 조직해낸다(박은홍 2008, 190, 137-138). 시장국가는 시장근본주의적 자유방임적 신자유주의와 결부된 '신자유주의적 시장국가'(neo-liberal market state)이다(Robison et al. 2006, 6).

개방경제'로 추락하였다고 본다. 이때의 '규제되지 않은 개방경제'란 국가도 시장도 경제행위를 규율하지 못하고 지대추구자, 기업제국 건설자, 전투적 노조에 의해 움직이는 개방경제의 회색지대이다(김병국·임혁백 2000, 13-14).

반면에 김인영(2008)은 한국의 경우 1997년 외환경제위기가 발전국가에서 규제국가로 변화하는 계기가 되었으나, 이때의 규제국가는 시장경제를 근본으로 하고 경제규칙 준수만을 감시한다는 의미의 서구의 규제국가가 아니라 세계화된 환경하에서 경제에 대한 통제를 지속하려는 동아시아 발전국가의 변화로 이해된다고 주장한다. 보다 구체적으로는 김대중 정부의 경우 질서자유주의(Ordo-Liberalism)에 기초하여 규제국가의 모습으로 위기관리를 하면서도, 다른 한편으로 발전국가의 잔재를 계승하며 규제국가적 특성과 과거 발전국가의 모습을 동시에 보여주었다는 것이다. 이어 노무현 정부하에서는 중앙은행 독립 등의 자유시장 모델과 재벌규제를 포함한 규제국가적 모습, 그리고 발전국가 전략이 부조화된 혼재의 모습을 보였다고 본다. 이어 이명박 정부는 국가의 역할에서 신자유주의적 발전국가의 모습을 보여주고 있는데, 이를테면 과거 발전국가의 역할이 국내시장을 보호하고 국가적 선수(national champion) 기업을 육성하는 모습을 취했다면, 이명박 정부의 민영화, 감세, 기업규제의 완화, 노동시장의 유연성, 복지 축소 등의 정책방향은 이 정부를 신자유주의적 발전국가로 분류하게 하는 대목이라는 것이다(김인영 2008, 185-186).

Ⅳ. 결 론

제3세계에서의 저발전과 발전의 문제는 경제학은 물론 사회학, 정치학의 공통된 관심사였다. 특히 저발전과 발전의 문제가 정치학의 관심 대상이 될 수밖에 없었던 것은 발전-국가 관계의 친화력(affinity)이 다양한 각도에서 정당화되었기 때문이다.

우선 저발전의 발전, 즉 종속의 문제는 선진국형 발전 패턴이 제3세계로까지 보급될 수 있다는 이른바 '확산이론'이 제3세계, 특히 라틴아메리카의 저발전 현실을 설명할 수 없게 됨에 따라 제3세계 지역 학계로부터 본격적으로 제기되었다. 그러나 '궁핍화의 영속화 테제'라고 할 수 있는 종속이론 패러다임상에서 라틴아메리카에서조차 신흥공업국 현상이 부상하자 종속 상태에서도 제한적인 발전은 가능하다는 이른바 '종속적 발전' 개념이 '저발전의 발전' 개념을 대체하게 된다. 그러나 종속이론의 이러한 자기교정 시도에도 불리하고 동아시아 신흥공업국 현상은 과학적 패러다임으로서의 종속이론을 급격하게 무력화시켰다. 한국, 대만과 같은 동아시아 신흥공업국들이 주변부에서도 중심부로 나아갈 수 있는 길을 개척할 수 있음을 보여주었기 때문이다. 이러한 종속이론의 위기는 현존 사회주의 진영의 붕괴를 계기로 한층 증폭되었다. 과거 종속이론의 파국론적 문제의식은 물론이고 발전의 대안으로서 제기하였던 단절(delinking), 자력갱생 모델(autarky model)의 비현실성이 여실히 드러났기 때문이다. 이러한 배경 속에서 대표적인 라틴아메리카 종속이론가였던 안드레 군더 프랑크, 피터 에반스 등이 종속이론 패러다임을 사실상 청산하고 동아시아 예찬론자로 변신한다.

이렇듯 발전의 문제를 다루는 경쟁적 패러다임 간의 힘의 이동 혹은 패러다임 지형의 '대전환' 속에서 사회과학방법론이 다시 초점을 받을 수밖에 없게 되었는데, 이와 관련하여 스테판 해거드는 신고전파적 근대화 이론과 종속이론 모두 정치와 제도를 무시한 한계가 있었음을 지적하였다. 그에 따르면 신흥공업국 현상에 대해 대부분의 경제학자들은 '합리적 행위자'(rational-actor) 가설에 기초하여 주의주의적(voluntarist) 경향을 보였는데, 이 가설에 따르면 '잘못된 정책'(incorrect policy)은 잘못 알았거나 정치적 의지가 부족한 것에서 비롯되었을 뿐이다. 반면 종속 이론은 정책 결정의 요인으로서 국제환경, 계급과 같은 구조적 요인을 지나치게 강조하기 때문에, 환경이 비슷한 국가들이 외적 압력에 상이한 수단과 정책으로 반응하는 것을 설명할 수 없다. 이러한 맥락에서 그는 외적 제약과 정책 선택 사이에서 국내의 정치적 요인들이 어떻게 개입하는지를 밝히는 대안적 접근이 필요함을 주장한다.

그러나 발전론이 구조결정론과 전략적 선택의 중간 지대를 지혜롭게 빠져나가기란 쉽지 않은 일이다. 이를테면 발전국가론에서 얘기되는 구조와 행위의 중간지대로서의 '제도'는 '구조'보다는 주의주의(voluntarism)와 공리주의(utilitarianism)를 토대로 하고 있는 방법론적 개인주의(methodological individualism)와 더 친화력이 있는 것으로 비추어진다. 일례로 '동아시아의 기적'을 '국가의 성공'으로 표현하는데, 이는 바로 단일 행위자로서의 국가의 능력, 국가의 의지를 표상하는 것이다.

요컨대 한국형 추격성장의 신화는 라틴아메리카의 종속이론뿐만 아니라 다양한 형태의 한국형 종속이론들의 설명력을 급격히 무력화시켰다고 해도 과언이 아니다. 분명히 한국이 한때 제3세계 권역을 휩쓸었던 종속이론의 결정적 반증사례가 된 것이다. 그러기에 종속이론의 범주에 속하였던 한국 사회과학계의 '인식 지평'(epistemic horizons) 상에도 큰 변화와 혼돈이 있었다. 그러나 종속이론이 1980년대 중반에 사회구성체 논쟁으로 절정을 이루던 그 시기에 한국은 해외에서 탈종속의 전형적 사례로 부상하고 있었다는 점을 묵과하기는 어려울 것 같다.

이러한 변화와 혼돈 속에서 한국 정치학계 역시 '한강의 기적' 효과를 대체적으로 발전국가 이론의 관점에서 받아들였다. 또한 전형적인 발전국가 시기가 박정희정권 시기와 겹치기 때문에 한국에서의 발전국가 논의는 박정희정권 시기에 대한 평가의 문제로 이어질 수밖에 없었다. 이러한 맥락에서 종속이론 패러다임을 수용하였거나 그것에 우호적이던 일부 사회과학도들이 발전국가론 비판의 전면에 나섰다. 특히 이들의 발전국가론 비판에 1997년 경제위기는 중요한 계기가 되었다. 종속이론의 설명력이 여전히 유효함을 주장하는 분위기도 조성되었다. 그러나 저명한 종속이론가였던 피터 에반스가 동아시아 예찬론자가 되고 또 사실상 패러다임을 전환하였듯이, 우리 사회과학계 내에서도 종속이론 패러다임으로부터의 전환이 분명히 한 흐름을 이루고 있다. 그렇다고 비판적 발전이론이 발전의 대안적 모델을 이렇다하게 조직했다고 볼 수도 없다.

요컨대 발전이론상에서 국가 중심성이 전제될 때 정치이론의 개입은 불가피할 것이다. 물론 발전론에서 강조되는 국가의 역할이 비교정치학의 주제만은 아니다. 이를테면 케인즈주의적 관점에서 발전국가를 접근하는 경제학계에서도 시장의 신화를 만들어내는 신자유주의에 대한 견제의 일환으로, 기업가로서의 국가, 갈등의 조정자로서의 국가를 강조하고 있는 바, 좋은 지배구조(good governance)의 조직화를 위해 정치학과 타 학문과의 학제간 협력(interdisciplinary collaboration)이 지속적으로 이루어져야 할 것이다.

꼭 읽어야 할 책

김호진 편역, 『제3세계의 정치경제학』. 서울: 한울.

염홍철 외. 1980. 『제3세계와 종속이론』. 서울: 한길사.

Evans, Peter. 1979. Dependent *Development: The Alliance of Multinational, State, and Local Capital in Brazil.* Princeton: Princeton University Press.

Evans, Peter. 1995. *Embedded Autonomy: States and Industrial Transformation.* Princeton: Princeton University Press.

Haggard, Stephan. 1990. *Pathways from the Periphery: The Politics of Growth in the Newly Industrializing Countries.* Ithaca and London: Cornell University Press.

Robison, Richard et al. 2006. *The Neo-Liberal Revolution: Forging the Market State.* New York: Palgrave Macmillan.

Wade, Robert. 1990. *Governing the Market: Economic Theory and the Role of Government in East Asian Industrialization.* Princeton: Princeton University Press.

World Bank. 1993. *The East Asian Miracle: Economic Growth and Public Policy.* Oxford: Oxford University Press.

참고문헌

김병국 · 임혁백. 2000. “동아시아 ‘정실자본주의’의 신화와 현실: 한국, 대만, 태국” 『계간 사상』 (여름호).

김윤태. 2003. “발전국가의 전환: 1980년대 이후 한국 국가의 변화” 김대환 · 조희연 편. 『동아시아 경제변화와 국가의 역할 전환』 서울: 한울아카데미.

김호진. 1984. “종속이론의 비판적 고찰” 『한국정치학회보』 18집.

박은홍. 2008.『동아시아의 전환: 발전국가를 넘어』. 서울: 아르케.
손호철. 1991.『한국정치학의 새구상』, 서울: 풀빛.
손호철. 1993.『전환기의 한국정치』 서울: 창작과비평사.
손호철. 2006. "세계화와 한국국가의 성격 변화"『동아연구』 제51집.
안병직. 1989. "중진자본주의로서의 한국경제"『사상문예운동』(겨울호).
안병직. 1997. "한국근현대사 연구의 새로운 패러다임"『창작과비평』 98호.
양우진. 1991. "한국사회 인식에서의 몇 가지 조류에 관하여" 양우진・홍장표 외.『한국자본주의 분석』. 서울: 일빛.
에반스, 피터. 1984. 김호진 역. "산업화와 제국주의: 주변의 성장과 정체" 김호진 편역.『제3세계의 정치경제학』. 서울: 한울.
에반스, 피터. 1992. 신윤환 역. "종속적 발전" 김웅진 외 편역.『비교정치론 2』. 서울: 한울.
염홍철 외. 1980.『제3세계와 종속이론』. 서울: 한길사.
우정은. 1999. "한국의 국가, 민주주의 그리고 기업무문 개혁" 창작과비평(가을호).
유아사 다께오. 1981. 조영범 역.『제3세계의 경제구조』. 서울: 풀빛.
이병천. 1989. "한국사회성격론 및 변혁론 연구의 새로운 전진을 위하여" 박현채・조희연 편.『한국사회구성체 논쟁(I)』. 서울: 죽산.
이병천. 1998. "발전국가 자본주의와 발전 딜레마" 이병천・김균 편.『위기, 그리고 대전환』, 서울: 당대.
이병천. 2003. "개발국가론 딛고 일어서기: 역사와 평가"『경제와 사회』. 제57호.
이성형. 1990.『라틴아메리카 자본주의논쟁사』. 서울: 까치.
임현진. 1997. "종속이론은 죽었는가?: 한국의 발전위기에 대한 해석"『경제와 사회』. 제36호(겨울호).
장하준. 2006.『국가의 역할』서울: 부키.
조형제. 1987. "국가론 연구의 현황과 그 전망"『한국사회연구 5』 서울: 한길사.
조희연. 1997. "동아시아 성장론의 검토: 발전국가론을 중심으로,"『경제와 사회』. 제36호(겨울호).
최장집. 2002.『민주화 이후의 민주주의』서울: 후마니타스.
한국정치연구회. 1989. "신식민지파시즘의 이론구조"『1980년대 한국사회와 지배구조』. 제2회 학술단체연합 심포지엄 자료. 서울: 풀빛.

Bates, Robert H. *Markets and States in Tropical Africa: The Political Basis of Agricultural Policies.* Berkeley: University of California Press.

Chang, Ha-Joon. 1999. "The Economic Theory of the Developmental State" Meredith Woo-Cumings ed. *The Developmental State.* Ithaca and London: Cornell University Press.

Evans, Peter. 1979. *Dependent Development: The Alliance of Multinational, State, and Local Capital in Brazil.* Princeton: Princeton University Press.

Evans, Peter. 1995. *Embedded Autonomy: States and Industrial Transformation.* Princeton: Princeton University Press.

Evans, Peter et al. 1995. "The Role of Theory in Comparative Politics: A Symposium" *World Politics* 48(October).

Haggard, Stephan. 1990. *Pathways from the Periphery: The Politics of Growth in the Newly Industrializing Countries.* Ithaca and London: Cornell University Press.

Johnson, Chalmers. 1982. *MITI and the Japanese Miracle: The Growth of Industrial Policy, 1925-1975.* Tokyo: Charles E. Tuttle Co.

Önis, Ziya. 1991. "The Logic of the Developmental State" *Comparative Politics* vol. 24, no.1(October).

Robison, Richard et al. 2006. *The Neo-Liberal Revolution: Forging the Market State.* New York: Palgrave Macmillan.

So, Alvin. 1990. *Social Change and Development: Modernization, Dependency, and World-System Theories.* London: Sage Publications, Inc.

Wade, Robert. 1990. *Governing the Market: Economic Theory and the Role of Government in East Asian Industrialization.* Princeton: Princeton University Press.

World Bank. 1993. *The East Asian Miracle: Economic Growth and Public Policy.* Oxford: Oxford University Press.

CHAPTER 04

민주주의 이행: 민주화이론의 한국적 수용

지 병 근

Ⅰ. 서 론

한국에서 민주화에 관한 기존의 연구들은 서구에서 제시해왔던 다양한 이론들에 대한 고찰을 통해 그 적합성에 대한 시험과 보완을 지속해 왔다고 볼 수 있다. 민주주의의 정당성에 대한 철학적 논증을 넘어서서 민주화의 동인, 경로, 성과에 대한 진지한 성찰은 이론적인 발전은 물론 민주주의를 성숙시키는 데 중요한 지적 토대를 형성하는데 기여해 왔다고 할 수 있다. 하지만 여전히 세계 곳곳에서 다수의 권위주의적 정치체제가 온존하고 있으며, 노동, 환경, 이민 등 세계화 과정에서 해결해야 할 이슈들이 산재해 있다. 따라서 민주화는 물론 민주주의의 공고화(consolidation)와 심화(deepening)의 조건에 관하여 체계적인 연구의 필요성이 지속적으로 제기되고 있다.

1970년대 이후 최근에 이르기까지 세계적으로 민주주의 국가들의 수가 크게 늘어나면서 점차 민주화 연구의 대상, 목적, 및 방법에 대한 새로운 경향들이 나타났다. 첫째는 민주화 이행기에 초점을 둔 연구들과 더불어 민주주의 공고화에 대한 연구가 증가하고 있다는 점이다(Gasiorowski 2002). 이는 민주화의 물결이 세계적으로 확산되는 과정에서 권위주의체제로의 회귀를 억제할 수 있는 조건을 창출해야 한다는 규범적이고 실질적인 요구에 따른 현상이라고 할 수 있다. 둘째, 민주적 국가들의 증가는 자연스럽게 연구의 목적과 방법의 변화를 가져왔으며 연구자들은 점차 증가한 사례를 바탕으로 민주화과정을 설명하기 위한 보편이론 또는 지역 특수적인 이론의 형성과 계량분석을 시도해왔다. 더구나 서구를 벗어나 다수의 신생민주주의 국가들에서 수행된 다양한 교차국가 서베이(cross-national surveys)의 증가는 거시적 수준의 연구를 보완하는 미시적 연구를 촉진함으로써 민주화 연구의 폭을 넓혀가고 있다.[1)]

하지만 세계적으로 민주화의 기원과 공고화의 조건에 대하여 합의된 것은 여전히 그다지 많지 않다(Bunce 2000). 이 논문은 민주화에 대한 몇 가지 주요 이론들을 소개 및 평가하고, 한국정치학자들이 이를 어떻게 수용해 왔는지를 설명하고 그 의의와 한계들을 평가하는 데 목적을 두었다. 민주화에 대한 국내외의 수많은 연구들을 모두 검토하는 것은 필자의 능력이나 기술적인 차원에서 불가능하다. 따라서 여기에 소개하는 것은 필자에게 익숙한 이론들과 경험적 연구들에 국한되었음을 먼저 밝힌다. 그럼에도 불구하고 이 논문이 민주화 연구의 성과를 개괄하고 이후의 연구과제와 방법에 대한 논의를 진척시키는데 조금이나마 기여할 수 있기를 희망한다.

---

1) 아프로바로미터(Afrobarometer), 라티노바로미터(Latinobarometer), 아시아바로미터(Asia Barometer), 중동유럽바로미터(Central-Eastern European Barometer) 등은 이러한 추세를 보여주는 대표적인 교차국가 서베이들이다. 이들에 대한 논의는 신도철과 이재철(Shin & Lee 2006)을 참조할 것.

먼저 이 논문은 민주화를 권위주의 체제에서 민주주의 체제로의 이행과 민주주의 체제의 공고화로 나누어 각 과정에 관해 제기된 일반이론들을 논할 것이다. 민주주의 체제로의 이행의 기원과 패턴에 관해서는 구조주의적 이론과 전략적 선택이론을 중심으로, 민주주의 공고화에 관해서는 제도주의적 접근법과 정치문화적 접근법을 중심으로 논할 것이다. 아울러 한국에서 수행된 민주화에 관한 다양한 이론적 논의와 경험적 연구에 대한 문헌조사에 기초하여 민주화 이론 수용 과정에 대한 평가를 진행할 것이다. 이 논문은 마지막으로 민주주의의 보편성과 민주화에 관한 일반이론의 적용 가능성을 둘러싼 최근의 논쟁을 소개함으로써 향후 민주화 연구의 과제를 제시하고자 한다.

Ⅱ. 민주화 이론

민주주의(democracy)가 의미하는 바는 매우 다양한 방식으로 이해되어 왔다. 통치자의 수와 통치의 수혜자를 기준으로 정치체제를 분류하고 중우정치로서 민주주의를 개념화한 아리스토텔레스 이후 정치적 경쟁(contestation)과 정치참여(participation) 등을 중심으로 현실 민주주의를 다두정(polyarchy)으로 개념화한 달(Dahl 1971)에 이르기까지 민주주의의 개념화에 대한 논의는 다양하게 시도되었다. 민주주의를 이해하는 방식은 크게 보아 민주주의 체제의 필수 요소를 얼마나 확대할 것인가(최대화 또는 최소화 접근법), 민주주의 체제와 권위주의 체제를 연속적인 차원에서 이해할 것인가(단속적, 연속적 범주화)에 따라 상이하며, Freedom House, Polity IV, ACLP, Bollen 등 정치체제의 비교에 가장 빈번하게 사용하는 여러 지표들에도 반영되어 왔다.[2] 그럼에도 불구하고 민주주의에 대하여 달이 제기한 민주주의의 두 가지 핵심요소들은 정치학자들 사이에 매우 보편적으로 수용되어왔다.

민주화(democratization)는 비민주적 정치형태, 즉 다양한 형태의 권위주의체제로부터 민주주의 체제로의 이행을 의미한다. 게디스(Geddes 1999)의 말처럼 군부체제, 단일정당체제, 개인적 권위주의체제 등 민주화의 대상인 권위주의 체제 사이의 차이는 민주주의 국가들과의 차이만큼 크다. 그러나 이처럼 다양한 권위주의 체제로부터 민주주의 체제로의 이행은 대체로 세 가지 상이한 과정을 공통적으로 포함한다: 1) 권위주의체제의 붕괴, 2)민주주의적 정치체제의 출현, 3)이행한 민주주의 체제가 공고화되어가는 과정(Huntington 1991). 여기서는 이 가운데 권위주의 체제가 붕괴하고 새로운 민주주의 체제로 이행하는 초기의 두 과정과 그 이후 민주주의 체제가 공고화되어가는 과정을 나누어 민주화의 기원, 이행형태의 특징, 민주주의 공고화의 조건과 전망에 대한 이행론(transitology)을 다룰 것이다.

20세기 초반에도 일부의 서구 선진국에 제한되었던 민주주의 체제는 지속적으로 공간적 점유 영역을 확대해 왔다.[3] 각국에서 장기간 유지되어 왔던 권위주의 체제가 붕괴하고 민주주의 체제로 전환할 수 있

2) 민주주의 지표들에 대한 논쟁은 글레디치와 워드(Gleditsch and Ward 1997), 볼렌과 팩스톤(Bollen and Paxton 2000), 쉐보르스키 외(Przeworski et al. 2000), 멍크와 베르킬렌(Munck and Verkuilen 2002)을 참조할 것. 정치적 권리와 시민적 자유 등 두 가지 차원에서 민주주의를 개념화한 Freedom House는 최대화 접근법을, 정치적 권리에 국한된 Polity IV는 최소화 접근법을 따르는 대표적인 지표들이다. 이 두 가지 지표들은 공통적으로 정치체제를 연속적인 범주(Freedom House: 1=자유, 7=비자유; Polity IV:-10 권위주의, 10: 민주주의)로 측정하는 반면 ACLP는 단속적 범주(권위주의와 민주주의)로 측정한다.

3) 헌팅턴(1991)에 따르면 민주주의 체제는 역사적으로 세 번에 걸쳐 세계적으로 확산되었다. 첫 번째 시기는 1828-1926, 두 번째 시기는 1943-1962, 세 번째 시기는 1974년 이후이다. 헌팅턴의 시기 구분 방식에 대한 논의는 도렌스플릿(Doorenspleet 2000)을 참조할 것.

었던 원인은 사회경제적 발전, 권위주의와 가톨릭의 대립, 친(pro-)민주적 군부의 쿠데타 또는 압력, 독재자의 자연사, 국제적 인권단체와 언론, 미국과 같은 국제적 행위자들의 민주화 압력, 소위 눈덩이효과(snowballing effect)로 불리는 주변국의 민주화, 군사적 패배 또는 경제적 위기의 발생으로 인한 정당성의 약화, 대안으로서 비민주의적 체제에 대한 신뢰상실, 탈냉전에 따른 권위주의 국가들에 대한 미국의 국제적 지원의 필요성 감소, 세계화에 따른 국제적 교류의 증대와 자유에 대한 요구의 증가 등을 포함한다(Huntington 1991; Wiarda 2004).

하지만 이처럼 민주화를 유발하는 다양한 요인들의 존재는 민주화에 대한 이론적 설명의 어려움을 가중시킨다. 민주화를 추동시키는 동인은 단일요인으로 환원시키기 어려우며 다양한 요인들이 상호 결합되어 나타나는 복합적인 정치적 현상이다. 상당수의 사례연구들이 정황적 설명에 의존해왔던 이유도 아마 다양한 요인들의 조합에 의해 발생하는 특수 역사적 현상인 민주화에 대한 이론적 설명의 어려움을 반영하는 것이라고 볼 수 있을 것이다. 더구나 민주화의 원인은 민주화를 이끌었던 정치적 행위자들을 배제한 구조적 요인만으로는 설명되지 않는다(Huntington 1991). 따라서 민주화를 설명하는 여러 이론들 가운데 지극히 일부만이 "전형화된 사실들(stylized facts)"로 알려져 왔으며, 나머지 대부분은 여전히 논쟁의 대상으로 남아있다(Geddes 1999).[4] 여기서는

4) 게디스는 경제 발전 수준이 높을수록, 경제적 성과가 형편없을수록 권위주의체제가 붕괴하고 민주화로 나아갈 것이라는 주장들을 전형적인 사실로 보았지만, 1) 권위주의 세력 내부의 분열, 2) 엘리트들 사이의 협약(pact)이 성공적인 민주화를 이끌었으며, 3) 강한 권위주의 세력이 그들의 협상력을 높였다는 주장 등이 여전히 논쟁의 대상으로 남아있다고 주장하였다. 번스(Bunce 2000)는 근대화론과 더불어, 민주화 과정에서 엘리트의 결정적 역할, 의원내각제의 대통령제에 대한 상대적 우수성, 확고한 영토와 강한 민족적 동질성, "강한 국가"와 법치(rule of law) 등이 민주주의 공고화에 미치는 긍정적 역할 등이 일반화 가능성이 높은 이슈들인 반면, 권위주의 체제와의 연속성이 강한 남미와 단절성이 강한 동구에서의 민주화 경로에서 잘 드러나는

민주화 이론을 크게 민주화의 구조적 조건과 행위자-과정에 초점을 둔 이론들로 구분하여 차례대로 소개하도록 하겠다.

1. 민주화의 구조적 조건

수많은 정치학자들은 다양한 구조적 또는 역사적 요인들, 즉 경제발전 수준, 자본주의적 경제구조, 계급구조, 세계체제, 권위주의 체제의 성격, 식민유산, 종교적 특징, 지리적 위치 등이 민주화에 미치는 영향에 관한 다양한 가설들을 제시해 왔다. 이들 가운데 가장 널리 알려진 근대화 이론은 경제발전으로부터 민주주의 체제로의 전환의 근거를 찾았다. 립셋(Lipset 1960)은 경제발전에 따른 문맹률의 감소와 교육 수준의 증대, 민주적 문화에 조응하는 중산층의 증가, 도시화가 민주주의를 촉진한다고 주장한다: "부유한 국가일수록 민주주의가 유지될 가능성이 증가한다." 이와 같은 주장에 기초하여 경제발전이 민주주의를 발전시키기 위한 사전조건(prerequisite conditions)인지에 대한 수많은 경험적 연구들이 시도되었다.[5]

근대화 이론은 경제결정론이라는 점에서의 이론적 결함과 더불어 민주화를 거부해 왔던 저발전 국가들에 존재하는 권위주의 정권의 존재 근거를 합리화시켜 준다는 측면에서 비판받아 왔다. 하지만 대부분의 경험적 연구들은 근대화 가설, 즉 경제발전 수준과 민주화 수준의 연관성을 확인해주는 분석 결과들을 얻을 수 있었다. 중동의 산유국들과 같이 경제적으로 부유하면서도 민주화를 성취하지 못한 일부의 예외적 사례들의 존재가 근대화이론에 대한 치명적인 위협이 되지는 못

민주화의 경로, 경제개혁의 영향, 위협 요인(동구의 약한 시민사회 또는 남미에서 군부의 영향) 등은 대륙 간의 특수성이 존재하는 이슈들이라고 보았다.

5) 근대화 이론에 관한 문헌 리뷰는 벤하넨(Vanhanen 2003) 참조.

했다.

최근의 민주화 물결에 대규모로 경제적 후진국이 합류한 것은 경제발전과 민주주의의 상관관계에 관한 근대화 이론의 설명력을 약화시켜 온 것은 사실이다(Diamond 1992; Jhee 2008). 소위 경제적 차원에서 민주화의 '전환 지역(transition zone)'은 현실적으로 별다른 의미를 갖지 못하게 된 것이다. 하지만 근대화 이론에 대한 중요한 수정을 가한 것은 1950년에서 1990년에 이르기까지 경제수준과 정치체제의 변동의 상관관계를 분석한 쉐보르스키와 리몬지(Przeworski & Limongi 1997)였다. 그들은 경제발전이 민주주의의 사전조건이라는 립셋의 가설에 대한 도전을 시도하였으며, 그들의 주장을 지지하는 경험적 연구결과를 얻었다. 그들은 경제발전이 권위주의 체제가 민주주의 체제로 이행하는 것을 촉진한다는 것은 분명치 않지만 민주주의 체제의 유지에 긍정적인 영향을 미친다는 점을 보여주었다.

비교역사적인 접근법을 취한 무어(Moore 1966)나 루쉬마이어 외(Rueschmeyer et al. 1992)는 계급구조에 주목하였는데, 그들 역시 사회경제적 발전이 민주주의체제로의 전환을 가져왔다는 점에서 근대화 이론과의 공통점을 찾을 수 있다. 더구나 무어의 경우, 세 가지 상이한 근대화 경로, 즉 공산주의, 민주주의, 파시즘 체제로의 전환, 가운데 민주주의 체제로의 전환에 중산층의 역할이 중요한 영향을 미쳤다고 주장하였다. 이와는 달리 루쉬마이어는 자본주의적 발전이 하층 계급들을 정치적으로 배제할 수 없게 만들었으며, 특히 노동계급은 민주주의 체제로의 전환에 가장 중요한 동력이 되었다고 보았다.

2. 민주화의 이니셔티브와 이행전략

민주화의 구조적 조건에 대한 연구들과는 달리 민주화 시기 정치과정에 초점을 둔 일련의 연구들은 민주화를 추동한 정치세력의 소재와 이들 간의 세력관계 및 전략적 행위에 초점을 둠으로써 민주화의 패턴을 규명하기 위한 이론적 시도라고 할 수 있다. 이들 가운데 일부는 노조를 비롯한 시민사회의 역할에, 다른 일부는 정치 엘리트들의 역할에 주목하였다. 게임이론을 이용하여 민주화 과정을 정교하게 설명하는 것은 이들의 연구방법에서 나타나는 주요한 특징들 가운데 하나다.

민주화 과정을 주도한 세력이 누구인가는 이행기뿐만 아니라, 민주주의 체제의 공고화 과정에서 매우 중요하다. 예를 들면 헌팅턴(Huntington 1991)은 이행기에 권위주의 세력과 민주주의 세력 사이의 권력관계에 기초하여 권위주의체제가 민주주의 세력에 의해 대체되는 정도에 따라 민주화의 이행양식을 변형(transformation), 변치(transplacement), 대체(replacement) 등으로 나누었다.[6] 아울러 민주화의 형태에 대한 기존의 연구들은 체제 이행의 과정이 시민사회가 주도적이었는지 아니면 정치엘리트들이 중요한 역할을 했는지에 지속적으로 주목해 왔다. 과연 민주화가 '아래로부터' 시민들의 '요구(demand)'에 의해 촉발되었는지, 아니면 '위로부터' 엘리트들의 의지에 의해 '공급(supply)'된 것인지 민주화의 이니셔티브의 소재를 규명하고자 하였다.

대부분의 민주화 과정은 시장에서의 수요-공급과정과 유사하게 민

6) 하지만 헌팅턴도 스스로 인정했듯이 객관적으로 측정하기 어려운 권력관계를 기준으로 한 그의 구분법은 이행 형태들 간에 중첩(overlap)이 불가피하며, 관찰자의 주관적인 인상의 영향을 받기 쉽다는 점에서 한계가 있다(Jhee 2008). 예를 들면, 헌팅턴은 한국의 민주화 유형을 '변치'에 속하는 것으로 보았는데, 전두환이 기획하고 노태우가 주연한 '6.29 선언'을 통해 권위주의 세력이 주도한 한국의 민주화 과정을 '변형'의 유형을 따른다고 볼 수도 있다.

주주의에 대한 시민들의 요구에 반응하여 새로운 민주주의 체제를 제공하는 정치엘리트들에 의해 추진되었다고 볼 수 있다. 그럼에도 불구하고 민주화의 주요 동력이 어디에서 형성되었는지에 대한 해석은 학자들마다 상이하다. 예를 들면 브레튼 외(Bratton & van de Walle 1997, Geddes 재인용)는 아프리카의 민주화 과정에서 나타나는 특징은 아래로부터의 요구에 의해 민주화가 추진되었다는 점이라고 밝혔다. 그러나 위아르다(Wiarda 2004, 99-100)는 민주화의 주도세력은 대중보다는 엘리트로부터 나왔다고 주장한다. 민주화 과정에서 시민운동, 시민사회의 집단들, 노조를 비롯한 대중조직의 압력에 엘리트들이 반응한 것이 사실이지만 이를 주도한 것은 "실용주의적 엘리트(pragmatic elites)"라는 것이다. 민주화 과정에서 정치적 엘리트의 역할을 강조하는 이러한 주장에 대하여 번스(2000, 708)는 "협상에 임하는 두 쌍의 엘리트 집단, 즉 권력을 잡고 있는 집단과 권력을 추구하는 집단의 의지와 능력은 … 대중의 행동에 강한 영향을 받는다"고 비판한다.[7] 라틴아메리카의 민주화 사례분석에 기초한 초기의 '위로부터의 민주화' 이론들은 행위자를 권위주의 세력 내부의 강경파(hardliners)와 개혁파(reformers), 민주화세력 내부의 급진파(radicals)와 온건파(moderates)"로 나누어 민주화를 이들 간의 보상을 둘러싼 게임의 문제로 보았다(O'Donnell & Schmitter 1986).

7) 번스(Bunce 2000)는 사회세력을 잘 대변하고, 장기적인 발전의 "집약자(summarizer)"로 볼 것인지, 아니면 단기적인 전략적 목적을 갖는 행위자로 볼 것인지에 따라서 "엘리트"를 개념화하는 데 차이가 나타나며 동구나 아프리카 연구의 경우는 전자에 라틴아메리카 연구의 경우는 후자를 선택하는 경향이 있다고 밝혔다.

3. 민주주의 공고화: 민주주의적 제도의 정착과 민주적 정치 문화의 내면화

민주주의 공고화는 민주주의 체제가 유지가능하며 비민주적 체제로의 회귀를 허용하지 않는 것을 의미한다(Gasiorowski & Power 1998).[8] 린쯔와 스테판(Linz & Steppan 1996, 14-15)은 태도, 행위, 제도적 차원에서 민주주의가 "공동체 유일의 게임(the only game in town)"으로 시민들과 정치엘리트들에게 수용되었을 때 체제가 공고화된다고 보았다.[9] 그들과 유사하게 다이아몬드(Diamond 1999)는 민주주의의 공고화가 엘리트, 시민사회, 대중의 세 가지 수준에서 민주주의에 대한 신념과 행위가 내면화되어야 획득될 수 있다고 보았다.[10]

소위 "민주화 이후의 민주주의"에 관심을 가져왔던 이들은 상당수의 신생민주주의 국가들의 정치체제가 "선거민주주의(electoral democracy)", "불완전한 민주주의(incomplete democracy)", "제한된 민주주의(limited democracy)", "위임민주주의(delegative democracy)", 또는 "비자유주의적 민주주의(illiberal democracy)"에 불과하며, 시민들은 여전히 제한된 민주적 권리를 누리고 있다는 점을 지적해왔다(O'Donnell 1994;

8) 쉐들러(Schedler 2001)는 민주주의 공고화를 민주주의의 "완성과 심화"라는 긍정적 의미와 민주주의 체제의 "붕괴 또는 침해를 회피"하는 부정적 의미로 개념화하였다. 후자에 비하여 전자는 전반적인 민주주의의 질을 상승시키는 요인들에 근거한 광의의 규정이다.

9) 린쯔와 스테판(1996)은 민주주의 공고화의 최소 조건으로 1) 공정한 선거를 지속하고 승자가 "정당한 폭력(legitimate force)"을 독점하며, 법치에 의해 시민들의 권리를 보호할 수 있는 국가의 존재; 2) 군부의 후원이 사라진 자유롭고 경쟁적인 선거를 통한 민주적 이행의 완료; 3) 개인과 소수의 권리를 침해하지 않고 헌법을 위반하지 않는 민주적 통치 등 세 가지를 제시하였다.

10) 다이아몬드(1999)는 민주주의 공고화를 위한 세 가지 과제로 민주적 심화(democratic deepening: 체제의 자유주의적 성격, 책임성, 반응성, 대표성 강화), 정치제도화(institutionalization: 공식적 대의구조와 통치구조의 강화), 정치체제의 성과(performance: 경제적·정치적 업적의 제고)를 들었다.

Mishler & Rose 2001; Rose & Shin 2001).[11] 헌팅턴(1996)은 제3의 민주화 물결에 합류한 국가들에서 발생하는 민주주의에 대한 위협은 1) 공산주의자들 또는 그들의 정당이 선거를 통해 다시 권력을 잡는 레드 리턴(red return), 2) 반민주주의적 이념에 동의하는 정당들 또는 운동들의 승리, 3) 페루의 후지모리나 아르헨티나의 메넴 등과 같이 과도하게 권력이 집중된 행정부의 횡포, 4) 정치적 권리와 시민적 자유의 축소 등의 형식을 취한다고 보았다.

이처럼 다양한 형태를 취하는 민주주의 체제에 대한 위협의 요인들 가운데 특히 경제적 실패와 낮은 경제발전 수준은 학자들로부터 가장 많은 주목을 받아왔다(Remmer 1991; Przeworski et al. 1997; Przeworski et al. 2000).[12] 경제적 위기가 민주주의를 위협하며, 경제발전은 민주주의 공고화에 긍정적인 영향을 미친다는 점은 이미 앞서 밝혔듯이 쉐보르스키와 리몬지(1997) 외에 많은 연구들에 의해 확인되었다. 여기서는 경제요인보다는 정치제도와 정치문화가 민주주의 공고화에 미친 영향에 관하여 제기된 이론들을 중심으로 소개하도록 하겠다.

1) 민주적 정치제도

민주주의 공고화와 관련하여 라이파르트(Lijphart 1999)를 비롯하여 많은 연구들이 정치제도가 거버넌스의 질과 정치체제의 안정화에 미치는 영향에 대한 분석들을 시도해 왔다. 이들은 정치제도들의 조합 방

---

11) 소위 "수식어를 단 민주주의(democracy with adjectives)"에 대한 논의는 콜리어와 레빗스키(Collier & Levitsky 1997)를 참조할 것.

12) 번스(2000)는 엘리트의 역할뿐만 아니라 권위주의의 사회경제적·제도적·문화적 유산과 같은 "장기적 요인들," 경제적 성과, 시민사회의 형태, 사회 자본과 같은 "중기적 요소들," 마지막으로 민주주의 연합을 해체시킬 수 있는 국제적 환경과 국내적 위기 상황 등 "근접요인(proximate factors)" 등 다양한 요인들이 민주주의의 진로에 영향을 미친다고 보았다.

식에 의한 권력의 집중과 공유가 정치인들의 민주적 책임성(democratic accountability)을 변화시킨다고 보았으며, 대통령제, 단원제, 비연방제, 단순다수제, 양당제 등 다수제적(majoritarian) 제도들과 의원내각제, 양원제, 연방제, 비례선거제, 다당제 등 합의제적(consensus) 제도들의 영향에 초점을 두었다.

정치제도들 가운데 가장 많은 연구의 대상이 되었던 정치제도는 다름 아닌 대통령제였다. 라이파르트(1999)와 같이 합의제적 정치제도를 옹호해온 이들은 행정부와 의회의 권력균형이 아니라 행정부에 권력을 집중시키는 대통령제를 비판해 왔다. 호로이츠(Horowitz 1990)와의 논쟁에서 린쯔(Linz 1990)도 제기한 것처럼, 대통령제는 이중적 정당성(dual legitimacy)으로 인하여 의회와의 갈등을 해소하기 어려우며, 권력의 사인화(personalization)를 낳을 수 있다. 대통령제가 갖는 단점에 비해 의원 내각제는 의회의 다수당이 내각을 구성함으로써 책임성이 분명하며 민주적 거버넌스의 질을 높일 수 있다.

하지만 대통령제와 민주주의 공고화에 미친 영향은 경험적 연구를 통해 확인되지는 못하였다. 예를 들어, 가시오로브스키(Gasiorowski 2002)는 66개 민주주의 이행사례를 택하여 다양한 역사적·구조적 요인들이 민주주의의 심화와 공고화에 미친 영향을 분석하였다. 그는 두 번째 자유로운 선거의 개최여부, 정권 교체, 민주주의 체제의 지속 여부(12년 기준) 등을 민주주의 공고화의 지표로 삼아, 정당체제, 대통령제 등의 제도적 요인들과, 1인당 GDP, 인플레이션 등 사회경제적 요인들, 민주주의체제의 경험 등 역사적 요인들을 포함하는 독립변수들이 어떠한 영향을 미쳤는지 분석하였다. 그의 분석은 1인당 GDP, 인플레이션 등 사회경제적 변수들은 종속변수들에 각각 통계적으로 유의미한 영향을 미친다는 사실을 보여주었다. 하지만 대통령제가 민주주의 공고화에 유의미한 영향을 미친다는 가설을 입증하지는 못하였다.

2) 민주적 정치문화의 내면화

정치문화적 접근법을 취하여 민주주의의 공고화를 연구한 이들은 민주주의 체제를 공고화하는데 시민들과 정치적 엘리트집단이 원리적 차원과 실제적 차원에서 민주주의에 대해 갖는 신념과 행위가 중요하다고 보았다(Rose, Mishler, and Haerpfer 1998; Shin & McDonough 1999; Mishler & Rose 2001; Chu, Diamond, & Shin 2001; Linde & Ekman 2003). 다시 말하자면 이들은 이상적인 정치체제로서 민주주의에 대한 원리적 지지뿐만 아니라 그 체제가 얼마나 현실의 문제에 대한 해결책을 제시해줄 수 있느냐에 대한 평가가 체제의 안정성을 유지하는 데 결정적 요인으로 본 것이다. 이들은 신생민주주의를 대상으로 서베이를 수행하여 이들 국가들에서 이상적 체제로서 민주주의에 대한 지지(desirability), 권위주의체제와 대비되는 민주주의체제에 대한 선호(preference), 자국 정체로서의 적합성(suitability), 권위주의 체제로부터의 거리감(detachment) 등을 측정하여 공고화의 수준을 비교분석하였다(Shin & McDonough 1999; Mishler & Rose 2001).[13)]

흥미롭게도 최근의 서베이 분석 결과들은 경제적 요인들보다는 정치개혁에 대한 평가와 같은 정치적 요인이 시민들의 민주주의에 대한 지지에 더 결정적인 영향을 미친다는 사실을 보여주고 있다. 이를 근거로 다이아몬드(Diamond 1999)는 신생민주주의 국가에서 발생하는 낮

13) 각 서베이 결과는 2001년 "How People View Democracy"를 주제로 *Journal of Democracy* 12(1)에 발표된 논문들 참조할 것. 민주주의 공고화에 관한 정치문화적 접근법은 1) 엘리트 차원의 민주주의 지지에 대한 경험적 연구의 어려움, 2) 대중 또는 엘리트의 민주주의 지지수준을 측정하는 비교 가능한 지수와 차원에 대한 합의가 부재한 점 등에서 한계를 찾을 수 있다.

은 경제적 업적보다 정치개혁의 실패가 더 심각한 위협요인이라고 주장하였다. 그의 주장은 메인워링 외(Mainwaring & Hagopian 2005, 7)가 핵심적인 정치적 행위자가 민주주의에 대해 동의하지 않는다면 경제발전 수준이 높고 정부의 성과가 뛰어나다고 해도 민주주의는 위협받을 수 있다고 주장한 것과 일맥상통하는 것이다.

Ⅲ. 민주화 이론의 한국적 수용

지금까지 언급했던 민주화 연구의 성과들은 한국 정치학계에 다양한 형태로 수용되어 왔다. 한국을 비롯한 신생민주주의 국가들의 다양한 민주화 사례들에 대한 분석이 이루어졌으며, 이론적 적합성을 검증하고 새로운 이론적 발전에 기여할 수 있는 다양한 시도들이 이루어져 왔다. 권위주의 시절 전통적 근대화론에 근거한 분석틀에 머무르던 한국의 민주화 연구는 1980년대 학원가에 본격적으로 보급되었던 맑스주의의 영향을 많이 받았다. 당시 사회과학계를 강타했던 사회구성체 논쟁은 군부권위주의체제를 대체하기 위한 이행의 전략과 전술을 마련하기 위한 노력의 산물이었으며, 민주화의 지적 토양을 마련하는 데 많은 영향을 미쳤다고 볼 수 있다(손호철 1997). 탈냉전이 이루어진 1990년대의 민주화 연구는 이념적 성격을 벗어나 보다 실증적인 분석들이 주류를 형성하게 되었다고 볼 수 있다.

1. 민주화의 구조적 조건: 산업화와 경제발전

한국은 논란이 필요 없을 정도로 근대화 이론에 부합하는 가장 대표적인 사례로 알려져 왔다. 대부분의 연구자들은 근대화 이론이 제기한 것처럼 권위주의 체제하에서 한국경제의 급속한 성장이 지배자들의 의지와는 무관하게 도시화, 교육수준의 증대, 중산층을 양산함으로써 민주화의 사회적 기반을 형성할 수 있었다는 점을 지적해 왔다(최장집 1993). 하지만 다수사례분석을 통해 경제발전이 민주주의체제로의 전환에 미치는 영향에 대한 거시구조적인 연구가 한국정치학계에서 활발히 이루어졌다고 보기는 힘들다.

1980년대 이후 민주화 연구의 상당수가 역사-구조적 접근법의 전통을 따랐다. 예를 들면 마인섭(1993)은 "자본주의적 발전단계"에 따라 국가와 계급의 구조가 변화하며, 결과적으로 민주주의 정체의 등장과 몰락에 결정적인 영향을 끼칠 수 있다는 무어(Moore 1966)와 루쉬마이어 외(Rueschmeyer et al. 1992)의 주장을 따라 한국의 민주화에 대한 분석을 시도하였다.[14] 그는 한국의 산업화 단계를 수입대체산업화(1960년대 초반까지)-경공업 비내구성 소비재의 수출경제(1960년대)-중화학공업화(1970년대)-하이테크 산업화(1980년대)로 구분하고 각 단계마다 제한된 민주주의-관료적 권위주의-신군부권위주의-민주주의 체제가 조응한다고 보았다. 그에 분석에 따르면 1980년대 한국에서 진행된 경제자율화와 고도기술산업의 발전은 자본의 국가에 대한 의존성 약화, 노동계급의 양적 팽창, 신중간계층의 증가를 가져왔으며, 결과적으로 민주주의로 전환할 수 있는 구조적 기반을 형성하였다.

한국 정치학계에서 통계분석에 기초하여 경제발전과 민주주의체제로의 전환을 설명하기 위한 연구 또한 시도되었다. 마인섭(2002)은 1972~1992년 남미와 동아시아 29개국의 1인당 국민소득(IMF), 자유

14) 후발자본주의 국가들의 산업화 과정과 권위주의 체제의 등장에 대한 1970년대의 역사-구조주의적 방법론을 따르는 연구들과 1980년대 중반 이후 등장한 행위자-과정 모델 연구들에 대한 문헌의 리뷰는 마인섭(1993)을 참조할 것.

(Freedom House), 민주주의(Polity III) 수준 등을 포함하는 시계열 자료의 분석을 통하여 경제발전이 민주주의를 촉진한다는 근대화 이론의 핵심적 가설에 대한 검증을 시도하였다. 최근 김형철(2008)은 8개의 신생민주주의 국가들에 관한 패널데이터를 이용하여 경제발전이 민주주의 수준에 긍정적인 영향을 미친다는 점을 보여주었다.

하지만 한국에서는 여전히 통계분석을 이용하여 경제발전과 민주주의의 상관관계에 관한 주요 가설들을 검증하려는 시도들은 매우 제한되어 있다. 결과적으로 인과관계(causality)의 방향, 즉 경제발전이 민주주의를 촉발시키는지 아니면 민주주의가 경제발전을 촉발시키는지에 대한 논쟁을 비롯하여, 각 변수의 지표로 활용되는 자료들의 측정방식, 분석모델의 상이성, 분석 지역 및 시기 등이 미치는 영향을 둘러싼 정치학계의 논쟁에 주도적으로 참여하지 못하고 있다.

2. 민주화의 이니셔티브와 이행 전략

한국의 민주화 연구에서 구조주의적 시각을 벗어나 체계적으로 행위자 중심의 이론을 처음으로 제시한 것은 임혁백(1990, 1991)이었다. 임혁백(1991)은 경제위기, 부르주아지의 전략적 이해, 정통성의 상실, 지배세력 내부온건파의 집권 프로젝트 등으로 권위주의 체제의 붕괴와 민주화를 설명해 왔던 기존의 민주화 이론들을 비판하면서 "위로부터의 개방과 아래로부터의 압력"의 상호작용으로 민주화에 대한 설명을 시도하였다. 그의 주장에 따르면 "강력한 조직적 반대세력"의 등장으로 집권세력과의 "힘의 균형"이 발생했을 때 민주주의 체제로의 "전환의 게임"이 가능하다. 그리고 이 게임의 결과는 주도권을 누가 쥐느냐에 달려있으며, 죄수의 딜레마 게임처럼 지배집단과 시민사회간의 "대치의 정치"가 게임이 반복됨에 따라 극단적인 저항과 억압에 대한 부담으로 "협상의 정치"로 전환함으로써 "협약에 의한 민주화"가 이루어진다는 것이다.[15]

최장집(1993) 역시 민주주의로의 이행을 "불확실성을 제도화"하는 결정적 계기로 보고 "정치행위자들이 상호작용하면서 취하는 전략적 선택의 결과"로서 대만과 한국의 민주화과정을 설명하였다(p. 294). 그는 1970년대 한국과 대만이 이룬 경제성장과 같은 구조적 요인은 "왜 1980년대 중반이라는 특정국면에서 '정치적 개방(abertura)'이 이루어졌는지" 설명하지 못한다고 보고, 민주화는 정치적 반대세력의 요구에 의해 아래로부터 추동되었다고 설명한다. 그는 6.29선언을 "극도로 와해되고 약화된 권력블록과 … 매우 강화된 반대세력 사이의 힘의 교착"으로 인한 "잠정협정"으로 보았다. 아울러 이 선언이 민주주의 세력 가운데 "최대강령주의자들"을 약화시키고 "중간계급과 민중부문의 연합"을 깨뜨렸다고 보았다(p. 318). 그의 주장에 따르면 "민주화 세력의 분해와 약화"는 한국의 민주화가 과두적 또는 위임민주주의에 그치게 만드는 중요한 원인이었다(p. 373). 정대화(2007) 역시 한국의 민주화 과정에서 야당의 분열, 시민운동과 노동운동의 "분절"이 변형된 민주주의를 초래한 원인이라고 주장하였다.

한국의 민주화를 행위자들의 전략적 선택의 결과로 분석해왔던 이들의 주장에 대한 비판적 입장 또한 제기되었다. 박효종(1994)은 행위자

15) 김세중과 김종균(1992) 또한 민주화 과정을 "정부와 반대세력간의 게임에서 정부가 먼저 전략을 선택하고 반대세력은 이에 대응하는 "작용-반작용"(action-reaction) 과정"으로 정의한다. 민주화 과정에서 전략적 행위자들의 선택을 실증적으로 추적하는데 관심이 높았던 그들은 조선일보 사설을 이용하여 국민의 개혁요구 수준을 측정하고 시계열 분석한 결과를 토대로 정부의 비타협조치인 4.13호헌조치가 개혁요구를 증가시킨 반면, 타협조치인 6.29선언은 이를 감소시킴으로써 타협을 통한 민주화가 가능하게 되었다고 주장하였다.

모델이 갖는 여러 장점에도 불구하고 절차적 민주주의로의 이행을 지나치게 강조함으로써 실질적 민주주의의 측면에서 민주화 협약의 정당성에 대한 평가를 유보하고 있으며, 방법론적으로 엘리트 중심성에 빠지기 쉽다고 지적하였다. 그가 지적한 행위자 중심의 이론들이 갖는 규범적 또는 방법론적 차원의 근본적 한계들과 더불어, 한국의 민주화를 설명하는 과정에서도 이들의 적실성에 대한 의구심 또한 제기되어 왔다.

이갑윤과 문용직(1995)은 6.29선언은 "집권세력 및 민주세력간의 타협"이라고 볼 수 없다고 주장하였다. 그들의 주장에 따르면 정치세력간의 구체적 협상이 없었으며, 이 선언의 핵심인 대통령 직선제의 수용은 단지 야당 및 국민운동본부의 요구사항이었다는 것이다. 아울러 이들은 1987년의 여론조사 결과를 토대로 사회경제적 차원의 근본적 개혁으로 나아가지 못한 한국 민주주의의 한계는 중산층의 보수화, 후보단일화가 실패했기 때문이 아니라 "한국인의 대부분이 절차적 민주주의 그 이상도 이하도 원치 않았던 사실" 때문이라고 주장하였다.

손호철(1997, 380)은 "민중혁명적 방식"의 민주화가 갖는 위험성을 경고하는 임혁백의 주장이 "민주주의에 대한 자유주의적 정의"에 기초를 두고 있으며, "타협에 의한 민주화"만을 유일한 대안으로 제시하는 '보수성'을 가지고 있다고 비판한다. 아울러 그는 전략적 선택이론으로 한국의 민주화를 설명하는 것이 "사회 제세력간의 힘의 역관계," "구조적 조건의 제약"을 고려하지 못한다는 점에서 한계라고 지적하였다. 이갑윤 외(1995)와 유사하게 손호철(1997)은 한국의 민주화 과정에서 "위로부터의 민주화론"이 제기하는 지배세력의 분열이 없었으며, 위수령을 발동함으로써 시민사회의 저항을 강경 진압하는 것이 지배블록의 전략이었다는 점을 강조한다. 다만 이러한 전략은 미국의 압력에 의해 좌절되었을 뿐이라는 소위 '사회운동론'의 입장을 그는 따른다(p. 392).

지금까지 살펴본 한국의 민주화 과정에 대한 사례연구 이외에도 대만, 말레이시아, 인도네시아, 태국, 필리핀 등 아시아 국가들과 나이지리아, 남아프리카공화국, 모잠비크, 세네갈과 같은 아프리카 국가들, 멕시코, 브라질과 아르헨티나, 칠레와 같은 라틴 아메리카 국가들, 루마니아, 폴란드와 헝가리와 같은 동구권의 탈공산주의 국가들과 러시아의 민주화 과정에 대한 연구들 역시 한국의 정치학계에서 활발히 이루어져왔다. 한국과 비슷한 시기 민주화를 경험한 대만의 민주화과정을 행위자 중심으로 분석한 여러 논문들이 대표적인 예이다(안승국 2001; 김범석 2002). 안승국(2001)은 1986년 이후 대만에서의 정치적 개방 및 헌법개정을 둘러싸고 국민당 내부의 분열이 발생했으며, 국민당 개혁파와 온건파 반대 세력 사이의 타협의 산물로 대만의 민주화를 설명하였다.

해외의 민주화에 대한 연구들 가운데 상당수는 각국이 민주화를 성취할 수 있었던 역사적 배경과 이행시기의 전개과정에 대한 단순 서술을 넘어서 다양한 구조적 제약 속에서 행위자들의 전략적 선택에 따른 결과로서 민주화 과정을 설명하고, 신생민주주의 국가들에서 나타나는 특징들을 밝혀내고자 하였다. 하지만 이와 같은 행위자 중심의 연구에 대한 비판 또한 제기되었는데, 예를 들어, 이인성(1994)은 러시아의 민주화 과정을 분석하면서 "국가이념을 통한 사상적 독재 및 국가계획하의 경제적 독재에 기초"하고 있는 전체주의체제를 민주화하는 것은 권위주의 체제의 민주화와는 달리 "모든 정치제도와 사회규범, 경제원칙의 근본적 전환"을 이루는 대체(replacement)가 이루어져야 하기 때문에 성공하기 어려우며, 행위자 중심의 분석방법론은 구체제의 구조적 제약을 받는 탈공산주의 국가들의 민주화 과정을 설명하는 데 한계가 있다고 주장하였다. 하지만 이러한 입장에 대하여 임경훈(2003)은 탈공산주의 국가들의 민주화 과정에서 나타나는 구체제의 영향이 전략적 선택 이론과 같은 이행론의 보편적 적실성을 부정하는 근거가 될 수는 없다고 주장하였다.

3. 민주주의 공고화: 정치개혁과 정치문화

1987년 한국의 민주화 이후 한국에서 민주주의 공고화 연구는 하나회의 청산을 통한 군부의 위상 재정립과정을 거치면서 점차 권위주의 체제로의 회귀와 같은 부정적인 측면보다는 긍정적인 측면, 즉 민주주의의 심화 차원에 초점을 두게 되었다(양동훈 1994, 1996; Schedler 2001).[16] 이들은 한국의 제왕적 대통령, 후진적 정치정당, 심각한 부패, 인권에 대한 빈번한 위협, 사회경제적 양극화와 불평등의 증대 등 한국사회의 다양한 문제점들을 극복하기 위한 '민주화 이후의 민주화'의 필요성을 지속적으로 제기해 왔으며 다이아몬드(Diamond 1999)가 주장했던 것처럼, 최소주의적 선거민주주의(electoral democracy)를 넘어서서 군부의 권력제한, 수평적 또는 수직적 책임성 강화, 법치(rule of law)를 통한 정치적 다원주의의 실현을 위한 정치개혁방안에 대한 논의를 전개하였다(장

16) 민주주의 공고화 연구는 군부 쿠데타, 내전 등에 의해 권위주의 체제로 회귀할 가능성뿐만 아니라 시민들의 민주주의 세력에 대한 지지가 약화되고 선거를 통한 구권위주의 세력이 합법적으로 재집권할 가능성에 대한 우려를 제기해 왔다. 이한규(2001)는 아프리카 국가들의 구권위주의 세력이 선택한 입헌적 개혁, 국민의회 개최, 자유화 등 이행 경로를 중심으로 민주화의 유형을 구분하고, 각각의 이행 경로가 권위주의 세력의 재집권에 미치는 영향을 분석하였다. 그는 권위주의 세력이 주도한 입헌적 개혁이 그들의 재집권을 촉진하지만 아프리카의 민주화가 탈냉전에 의해 파생된 민주화라는 점에서 상이한 민주화의 유형이 재집권의 가능성을 "상호 배타적"으로 결정하는 것은 아니라고 주장하였다. 지병근(Jhee 2008)은 70여 신생민주주의 국가들의 정초선거(founding election)에 대한 분석을 통하여 정당을 통한 권위주의 체제의 유지와 경제적 성과가 이들에 대한 투표와 재집권을 촉진했다는 점을 경험적 분석을 통하여 보여주었다.

훈 1992; 이정진 2002; 전용주 2005; 최장집 2005, 2006; 강명세 2006).

민주주의 심화를 위한 정치개혁에 대한 논의뿐만 아니라 정치문화적 접근법에 기초한 이론적·경험적 연구들 또한 비교적 활발하게 진행되어 왔다. 신도철과 최명(1993)은 "민주적 정당성"을 상징적(민주주의에 대한 선호 및 민주화에 대한 지지), 도구적(민주주의 성취도, 만족도), 역사적 차원(권위주의 정권에 대한 상대적 만족도)으로 구분하여 개념화하고 설문조사(1991년)에 기초하여 한국인들의 민주주의에 대한 태도와 행위를 분석하였다. 그들은 민주주의의 상징적 역사적 차원의 정당성이 그다지 높지 않으며, 도구적 정당성은 매우 낮다는 점을 밝혔다. 신도철(Shin 2001) 역시 2001년 한국민주주의 바로미터(Korea Democracy Barometer)의 데이터를 분석하여 여전히 일부의 한국인들(약 10퍼센트)이 민주주의를 이상적인 정체로 생각하지 않고 있으며, 상당수(약 37퍼센트)가 특정한 국면에서 권위주의적 통치가 더 나을 수 있다고 생각하는 등 민주주의에 대한 회의적 시각이 존재한다는 점을 밝히고 한국 민주주의체제가 공고화되었다고 단언하기에는 어렵다고 주장하였다.

민주주의 지지에 대한 분석을 통해 민주주의의 공고화 수준을 평가하는 연구와는 별도로 민주적 가치체계의 변화를 추적함으로써 민주주의 공고화 가능성을 설명한 연구로는 세계가치 서베이(World Value Survey)를 이용하여 1990년 이후 한국인들의 가치체계를 분석한 어수영(2004)이 있다. 그는 탈물질주의적 성향과 민주적 관용성, 정치제도에 대한 비판적 평가, 항의형 정치참여경험 및 의지 사이에 높은 상관성이 있다는 점을 경험적 분석을 통해 밝히고, 한국에서 탈물질주의적 시민들이 늘어가는 추세라는 점에서 민주주의 공고화에 대한 낙관적인 전망을 제시하였다.

Ⅳ. 결론: 민주주의의 조건과 전망

이 논문은 지금까지 정치학계에서 제기되었던 민주화에 관한 주요 이론들을 검토하고 이들이 한국에서 어떻게 수용되어 왔는가를 살펴보았다. 이미 앞서 설명한 바와 같이 구조주의적 이론들과 행위자-과정 중심의 이론들은 각각 민주화의 사회 경제적, 문화적, 정치적 조건과 정치적 행위자들의 전략적 선택이 민주주의 체제로의 이행 패턴에 어떠한 영향을 미쳤는지에 대하여 다양한 설명들을 제시해 주었다.

한국 정치학계에서 이들을 수용하는 과정은 민주화이론을 양산한 미국에 대한 학문적 종속 문제를 제기해야 할 정도로 매우 적극적이었다. 한국사회가 군부권위주의체제로부터 민주주의체제로의 이행, 민주주의를 심화시켜가는 과정에서 민주화이론의 적극적인 도입과 활용은 학문적인 요구와 더불어 현실적인 요구에 부합하는 것이었다. 아울러 한국의 연구자들은 민주화에 관한 일반이론을 단순히 적용하는 것에 그치지 않고 비판적 접근을 시도해 왔다는 점에서 민주화 연구에 많은 기여를 해왔다.

그럼에도 불구하고 한국 정치학계의 민주화 연구에서 나타나는 몇 가지 한계들에 주목할 필요가 있다. 첫째는 소수사례 중심의 질적 연구가 활발히 이루어지고 있는데 반하여 다수사례연구는 거의 찾아보기 힘들다는 점이다. 물론 소수사례연구가 이론의 발전에 기여하는 바를 간과하는 것은 아니지만, 다수 사례분석에 기초하여 일반화를 추구하려는 노력 또한 필요하다. 둘째, 민주화에 대한 거시적 비교연구에 비해 미시적 연구가 아직까지 활발하게 진행되고 있지 못하다. 민주주의 공고화과정에서 정치문화의 중요성에 대한 상당한 공감대가 존재함에도 불구하고 일부의 학자들을 제외하면 여전히 이에 대한 연구가 충분히 이루어지고 있지 못하다. 아시아 바로미터(Asia Barometer)를 비롯해 최근 활성화된 지역서베이를 이용한 미시적 연구가 보완될 필요가 있다.

민주주의의 조건과 전망은 여전히 정치학의 핵심적 주제이며 민주주의체제의 보편성(아랍의 민주화 가능성과 실현 방법, 비민주주의적인 아시아적 가치와 민주화), 세계화가 민주주의의 공고화에 미치는 영향, 정치제도의 특성이 민주주의 공고화 또는 거버넌스의 질에 미치는 영향 등 다양한 현실적 이슈들을 중심으로 논쟁이 활발히 전개되고 있다. 그리고 민주화를 둘러싼 이러한 논쟁은 국내의 정치발전뿐만 아니라 미국의 이라크 점령과정과 아랍에 대한 정책의 수립과정에서 나타난 것처럼 대외정책에 직간접적인 영향을 미칠 수 있다는 점에서 한국정치학계가 보다 적극적인 참여가 필요하다.

위아르다(Wiarda 2004, 87)가 지적하고 있듯이 1960년대 중반 이후 불어 닥친 권위주의화의 물결과 지속은 민주화에 대한 비관적 전망을 양산하였으며 제3세계 국가들의 권위주의와 조합주의적 속성을 "불가피한" 것으로 여기도록 만들었다. 이와 유사하게, 최근 신생민주주의국가들에서 드러나는 여러 문제점들에 대하여 일부, 특히 '문명충돌론'을 제기했던 헌팅턴(Huntington 1993)과 같이 사회구조적 요인들의 영향을 강조하는 연구들은 민주화에 대한 비관적인 전망들을 제기하고 있다.[17] 하지만 이러한 비관적 전망들은 아랍지역을 비롯한 현존하는 권위주의체제의 자생적 민주화 가능성을 부정함으로써 이들 지역의 민주화를

17) 노리스와 잉글하트(Norris & Inglehart 2002)와 잉글하트와 노리스(Inglehart & Norris 2003)는 세계가치조사(World Value Survey)를 분석하여 헌팅턴의 이론처럼 문명이 중요한 것은 사실이지만 문명충돌의 핵심은 민주주의가 아니라 성(gender)에 관한 것이라고 주장한다.

지체시키거나, '민주주의의 수출'을 명목으로 제국주의적 개입을 시도하는 것을 정당화시킬 수 있다는 점에서 여전히 위험스럽다.

그러한 이유에서 최근 캐로더스(Carothers 2002a, 2002b, 2007a, 2007b)가 제기한 민주화 패러다임에 대한 논쟁은 주목할 만한 가치가 있다. 캐로더스는 체제전환의 패러다임의 종식(the end of transition paradigm)을 선언하면서 기존의 민주화론에서 제기되었던 여러 가정들의 오류 가능성을 제기하였다.[18] 캐로더스의 주장은 지나치게 일반화되어 왔던 민주화이론에 대한 수정의 필요성을 제기함으로써 민주주의 공고화의 어려움을 경고함과 동시에 민주주의 체제의 지역적 확산에 대한 낙관적 전망을 제시해 준다는 점에서 매우 중요한 의미를 담고 있다.

민주주의의 의미에 대한 보편성(universality) 문제 또한 현실적으로 매우 중요한 의미를 갖고 있다. 위아르다(Wiarda 2002)는 민주주의의 철학적 문학적 기초를 논하면서 민주주의는 "시대, 역사, 사회경제발전, 종교, 정치문화, 제도, 국제적 압력에 의존하는 매우 다양한 형태를 취한다"고 하였다. 하지만 민주주의의 다원성에 대한 강조는 문화적 상대성을 내세워 민주주의의 본질을 거부하는 주장의 논리적 근거가 되기도 한다. 아시아적 민주주의에 관한 논쟁은 하나의 예이다(강정인 2000; 서경교 2001; Hague and Harrop 2004, 48). 민주화는 여전히 지구상에 사라질 수 없는 과제이며, 이에 대한 연구 역시 지속될 것이다. 이 과정에서 한국 정치학계의 적극적인 참여와 기여를 기대해본다.

---

18) 케로더스(2002a)가 주목한 다섯 가지 주요 가정들은 다음과 같다: 1) 독제체제로부터의 이탈이 민주주의로의 이행을 의미한다; 2) 민주화는 일련의 단계를 거친다; 3) 선거는 결정적인 역할을 한다; 4) 민주화에는 경제적 발전, 정치사적, 제도적 유산이 갖추어져야 한다; 5) 일관되고 기능적인 국가에 기초하여 민주화가 이루어진다. 그는 민주화의 전제조건에 대한 이러한 가정들이 상상된 것이며, 현실로부터 어긋나 있다고 주장하였다.

꼭 읽어야 할 책

마인섭. 1993. “자본주의적 발전과 민주화.” 『한국정치학회보』 제26집 2호, 241-267.

임혁백. 1990. “한국에서의 민주화 과정 분석: 전략적 선택이론을 중심으로.” 『한국정치학회보』.

최장집. 1993. 『한국 민주주의의 이론』. 서울: 한길사.

Bunce, Valerie. 2000. Comparative Democratization. *Comparative Political Studies* 33(6/7), 703-734.

Diamond, Larry. 1999. *Developing Democracy: Toward Consolidation.* Johns Hopkins University Press.

Geddes, Barbara. 1999. “What Do We Know about Democratization After Twenty Years?” *Annual Review of Political Science* 2, 115-144.

Huntington, Samuel. 1991. *The Third Wave: Democratization in the Late Twentieth Century.* University Oklahoma Press.

Lijphart, Arend. 1999. *Patterns of Democracy: Government Forms and Performance in Thirty-Six Contries.* Yale University Press.

참고문헌

강명세. 2006. 『한국의 노동시장과 정치시장』. 백산서당.

강정인. 2000. “민주주의의 한국적 수용.” 『한국정치학회보』 제34집 2호, 69-86.

김범석. 2002. “갈라지는 민주화의 길.” 『국제정치논총』 제42집 2호, 237-262.

김세중, 김종표. 1992. “한국 민주화 과정의 계량적 분석.” 『한국정치학회보』 제25집 2호, 171-191.

김형철. 2007. “민주주의 수준에 대한 사회경제적, 정치제도 요인의 효과: 8개 신생민주주의 체제에 대한 경험적 비교연구.” 『한국정치학회보』, 123-282.

마인섭. 1993. “자본주의적 발전과 민주화.” 『한국정치학회보』 제26집 2호, 241-267.

______. 2002. “경제발전과 정치발전의 상관관계.” 『국가전략』 8집 1호, 77-103.

박효종. 1994. “민주화와 합리적 선택.” 『한국정치학회보』 제28집 1호, 297-330.

서경교. 2001. “민주화 논의의 쟁점들: 동아시아 사례를 중심으로” 『국제지역연구』 제5집 4호, 91-121.

손호철. 1997. 『현대한국정치: 이론과 역사』. 손호철 저. 서울: 사회평론.

신도철, 최명. 1993. “한국의 민주화에 대한 국민지지 성격에 관한 조사연구.” 『한국정치학회보』 제27집 1호, 137-160.

안승국. 2001. “대만의 민주화과정 분석 : 정치행위자의 전략과 선택을 중심으로” 『한국정치학회보』 제35집 2호, 283-299.

양동훈. 1994. “제3세계의 민주화과정 : 개념화의 문제.” 『한국정치학회보』 제28집 1호, 451-481.

양동훈. 1996. “민주화와 권위주의체제 유산의 청산문제.” 『한국정치학회보』 제30집 1호, 135-150.

어수영. 2004. “가치변화와 민주주의 공고화: 1990-2001년 간의 변화 비교연구.” 『한국정치학회보』 제38집 1호, 193-214.

이갑윤・문용직. 1995. “한국의 민주화 : 전개과정과 성격.” 『한국정치학회보』 제29집 2호, 217-232.

이인성. 1994. “비교정치발전론과 사회주의체제의 민주화과정.” 『한국정치학회보』 제27집 2호, 207-225.

이정진. 2002. “한국의 민주화와 대통령의 권력 변화.” 『한국정치학회보』 제36집 2호, 113-132.

이한규. 2001. “탈냉전 이후 아프리카 민주화 과정과 과제.” 『국제정치논총』 제41집 3호, 409-435.

임경훈. 2003. "비교 민주화 이행론과 러시아의 탈공산주의 이행." 『국제정치논총』 제43집 3호, 477-494.

임혁백. 1990. "한국에서의 민주화 과정 분석: 전략적 선택이론을 중심으로." 『한국정치학회보』.

______. 1991. "민주화연구 비교서설." 『한국정치연구』 제3집, 163-89.

장훈. 1992. "민주화와 시민-정당-정부의 민주적 연계." 『한국정치학회보』 제32집 4호, 389-398.

전용주. 2005. "후보공천과정의 민주화와 그 정치적 결과에 관한 연구." 『한국정치학회보』 제39집 2호, 217-236.

정대화. 2007. "민주화 과정에서 민간권력의 형성과 역할." 『민주사회와 정책연구』 제11집, 113-137.

최장집. 1993. 『한국 민주주의의 이론』. 서울: 한길사.

______. 2005. 『민주화 이후의 민주화』. 서울: 후마니타스.

______. 2006. 『민주주의의 민주화』. 서울: 후마니타스.

Bollen, K.A. and P. Paxton. 2000. Subjective Measures of Liberal Democracy. *Comparative Political Studies* 33, 58-86.

Bratton, Michael and Nicolas Van de Walle. 1997. *Democratic Experiments in Africa*. Cambridge University Press.

Bunce, Valerie. 2000. Comparative Democratization. *Comparative Political Studies* 33(6/7), 703-734.

Carothers, Thomas. 2002a. The End of the Transition Paradigm, *Journal of Democracy* 13 No.1, 5-21.

Carothers, Thomas. 2002b. A Reply to My Critics. *Journal of Democracy* 13 No.3, 33-38.

Carothers, Thomas. 2007a. Misunderstanding Gradualism. *Journal of Democracy* 18 No.3, 18-22.

Carothers, Thomas. 2007b. The "Sequencing" Fallacy. *Journal of Democracy* 18 No.1, 12-27.

Chu, Yun-han, Larry Diamond, and Doh Chull Shin. 2001. Halting Progress in Korea and Taiwan. *Journal of Democracy* 12 No.1, 122-136.

Collier, David and Steven Levitsky. 1997. *World Politics* 9 No.3, 430-451.

Dahl, Robert A. 1971. *Polyarchy: Participation and Opposition.* New Haven: Yale University Press.

Diamond, Larry. 1992. Economic Development and Democracy Reconsidered. *American Behavioral Scientist.*

Diamond, Larry. 1999. *Developing Democracy: Toward Consolidation.* Johns Hopkins University Press.

Doorenspleet, Renske. 2000. Reassessing the Three Waves of Democratization. *World Politics* 52, 384-406.

Gasiorowski, Mark J. 2002. Democracy and Macroeconomic Performance in Underdeveloped Countries: An Empirical Analysis. *Comparative Political Studies* 33 No.3, 319-349.

Gasiorowski, Mark J. and Timothy J. POWER. 1998. "The Structural Determinants of Democratic Consolidation." *Comparative Political Studies* 31 No.6, 740-771.

Geddes, Barbara. 1999. "What Do We Know about Democratization After Twenty Years?" *Annual Review of Political Science* 2, 115-144.

Gleditsch, Kristian S. and Michael D. Ward. 1997. Double Take: A Reexamination of Democracy and Autocracy in Modern Polities. *The Journal of Conflict Resolution* 41 No.3, 361-383

Hague, Rod and Martin Harrop. 2004. *Comparative Government and Politics: An Introduction* (6th edition).

Horowitz, Donald L. 1990. Comparing Democratic Systems. *Journal of Democracy* 1 No.4, 73-79.

Huntington, Samuel. 1991. *The Third Wave: Democratization in the Late Twentieth Century.* University Oklahoma Press.

______. 1993. The Clash of Civilization? *Foreign Affairs* 72 No.3, 22-49.

Inglehart, Ronald & Pippa Norris. 2003. The True Clash of Civilization. *Foreign Policy* March/ April, 63-70.

Jhee, Byong-Kuen. 2008. Economic Origins of Electoral Support for Authoritarian Successors. *Comparative Political Studies* 41 No.3, 362-388.

Lijphart, Arend. 1999. *Patterns of Democracy: Government Forms and Performance in Thirty-Six Contries.* Yale University Press.

Linde, J and J Ekman. 2003. Satisfaction with democracy: A note on a frequently used indicator in comparative politics. European Journal of Political Research 42 No.3, 391-408.

Linz, Juan J. & Alfred Stepan. 1996. Toward Consolidated Democracies. *Journal of Democracy* 7 No.2, 14-33.

Linz, Juan J. 1990. The Perils of Presidentialism. *Journal of Democracy* 1, 51-69.

Lipset, S. M. 1960. *Political Man: The Social Bases of Politics*, Baltimore: Johns Hopkins University Press.

Mainwaring, Scott and Frances Hagopian. 2005. Introduction. In Frances Hagopian eds. *The Third Wave of Democratization in Latin America: Advances and Setbacks.* Cambridge University Press.

Mishler, William & Richard Rose. 2001. Political Support for Incomplete Democracies: Realist vs. Idealist Theories and Measures. *International Political Science Review* 22 No.4, 303-320.

Moore, Barrington Jr. 1966. *Social Origins of Dictatorship and Dmocracy.* Boston: Beacon Press.

Munck, Gerardo L, Jay Verkuilen. 2002. Conceptualizing and Measuring Democracy: Evaluating Alternative Indices. *Comparative Political Studies* 35 No.1, 5-34.

Norris, Pippa & Ronald Inglehart. 2002. Islamic Culture and Democracy: Testing the 'Clash of Civilizations' Thesis. *Comparative Sociology* 1 No. 3-4, 235-263.

O'Donnell, Guillermo, Philippe C. Schmitter, and Laurence Whitehead, eds. 1986. *Transitions from authoritarian rule: Tentative Conclusions about Uncertain Democracies.* Baltimore: Johns Hopkins University Press

O'Donnell, Guillermo. 1994. Delegative Democracy? *Journal of Democracy* 5,

55-69.

O'Donnell, Guillermo. 2003. In Partial Defense of an Evanescent "Paradigm." *Journal of Democracy* 13 No. 3, 6-12.

Przeworski, Adam, and Fernando Limongi. 1997. Modernization: Theories and Facts. *World Politics* 49 No. 2, 155-183.

Przeworski, Adam, Michael E. Alvarez, Jose Antonio Cheibub, and Fernando Limongi. 2000. *Democracy and Development: Political Institutions and Well-Being in the World, 1950-1990*. Cambridge University Press.

Remmer, Karen L. 1991. "The Political Impact of Economic Crisis in Latin America in the 1980s." *American Political Science Review* 85 No.3, 777-800.

Rose, Richard and Dohc Shin. 2001. Democratization Backwards: The Problem of Third-Wave Democracies. *British Journal of Political Science*.

Rose, Richard, William Mishler, & Christian Haerpfer. 1998. *Democracy and Its Alternatives*. Johns Hopkins University Press.

Rueschemeyer, Dietrich, Evelyne Huber Stephens, and John D. Stephens. 1992. *Capitalist Development and Democracy*. Chicago: University of Chicago Press.

Schedler, Andreas. 2001. Measuring Democratic Consolidation. Studies in Comparative *International Development* 36 No.1, 103-122.

Shin, Doh Chull & McDonough. 1999. The Dynamics of Popular Reactions to Democratization in Korea. *Journal of Public Policy* 19, 1-32.

Shin, Doh Chull and Jaechul Lee. 2006. Unraveling the Cultural and Institutional Dynamics of Democratization, 1997-2004. Korea Observer 37 No. 2, 237-274.

Shin, Doh Chull. 2001. Democratic Consolidation in Korea: A Trend Analysis of Public Opinion Surveys, 1997-2001. *Japanese Journal of Political Science* 2 No.2, 177-209.

Vanhanen, Tatu. 2003. *Democratization: A Comparative Analysis of 170 Countries*. London and New York: Routledge

Wiarda, Howard J. 2002. *Comparative Democracy and Democratization*. Orlando,

FL: Harcourt College Publishers.

Wiarda, Howard J. 2004. *Political Development in Emerging Nations.* Canada: Wadsworth.

정치동학

CHAPTER 05

국가와 국가이론: 국가이론의 한국적 수용과 전망

차 문 석

Ⅰ. 서론: 국가론의 부침

오늘날 실체로서의 '국가' 그 자체가 황혼기에 접어들었다는 분석들이 제기되고 있다. 세계체제이론으로 잘 알려진 월러스틴(Wallerstein 1998)뿐 아니라, 최근까지 국가이론을 세련화시켰던 영국의 정치학자 제솝(Jessop 2000) 또한 국가간 체제의 소멸과 국가 그 자체의 공동화(空洞化)를 각각 주장하고 있다. 이들은 국가가 외적으로는 지구화로 인하여 근대 국가적 경계가 소멸하였으며, 내적으로는 국가 기능의 사영화와 지방화에 의해 내파(內波)되고 있다는 점을 그 근거로 내놓고 있다.

한편 국가의 명멸(明滅)에 대한 논의를 별도로 하더라도, 국가 그 자체에 대한 연구도 거의 실종되어 왔다. 이에 따라 제솝은 '국가이론은 죽었다'라고 질타했다. 국가론의 실종 상황은 한국에서도 마찬가지인데, 최근에 한국에서 국가이론에 대한 연구는 거의 진행되지 못하고 있다.

원래 국가는 전통적으로 정치학 연구의 중심 주제였는데, 주로 국가권력, 국가기구, 국가정책 및 국가간 관계 등 법적·제도적 측면을 중심으로 연구해 왔다. 하지만 제2차 세계대전 이후 세계자본주의 체제가 미국의 헤게모니 하에 재편됨에 따라 세계 사회과학도 이에 조응하여 과학주의와 행태주의로 급격히 전환하였다. 이에 따라 국가 연구는 정치학으로부터 자취를 감추기 시작했다.[1] 이후 주류 정치학은 '국가를 잊기 위한 긴 여정'(Poggi 1978, xiii)을 거쳐 '국가 이외의 모든 것을 공부하는 학문'(Krasner 1984, 223)으로 변화되었다.

국가가 사회과학의 주류 위치로 본격적으로 재등장하게 된 것은 1970년대였다. 특히 1973년에 본격적으로 진행된 밀리반드-풀란차스(Miliband-Poulantzas) 논쟁은 국가에 대한 관심을 영어권으로 폭발적으로 확산시키는데 기여했다.[2] 네오 마르크스주의자(neo-Marxist)인 이들의 논쟁은 2차 대전 이후 호황을 누리던 세계 경제가 구조적 불황기로 접어들면서 케인즈주의 이래로 자본주의 국가의 역할이 새롭게 문제시됨에 따라 이루어진 것이다.[3] 이에 따라 이른바 '국가론의 르네상스'가 도래

---

1) 미국학계의 행태주의 혁명은 정치학의 전통적인 주제였던 국가문제를 소홀히 하는 한편, 정치행태와 정치과정에 초점을 맞추면서 국가론 연구는 쇠퇴하게 된다(J.P.Nettl 1968, 560-563). 하지만 1960년대 후반부터 행태주의가 비판받으면서 국가는 제한적이나마 재등장하게 된다.

2) 이 논쟁은 밀리반드의 책(*The State in Capitalist Society*, 1969)에 대한 풀란차스의 비평과 밀리반드의 답변으로 개시되었다. 영역(英譯)된 풀란차스의 책(*Political Power and Social Classes*, 1973)에 대한 밀리반드의 논평이 추가되면서 논쟁이 활기를 띠게 되었고, 1975년 라끌라우(E.Laclau)가 논쟁에 개입하면서 국제적으로 논쟁이 전개되었다.

3) 크게 세 가지 요인을 지적할 수 있다. 첫째, 당시 케인즈주의 정책의 효율성에 의혹이 제기되면서 국가의 권능은 점차 하락해 가는데, 노동자계급의 세력은 오히려 성장함으로써 기존의 다원주의적 전통의 국가관으로는 설명하기 불가능했다. 둘째, 1960~70년대의 격렬한 사건들(프랑스 5월 혁명, 독일 학생운동, 미국 반전운동 등)로 인해 국가가 지닌 성격에 대한 통찰력의 개발이 시급했다. 셋째, 마르크스주의 내부에서 경제주의적 경향에 대한 비판이 고조됨으로써 국가에 대한 새로운 이론적 조명이 필요했다(임영일·이성형 1985, I-ii).

하게 되었다. 이후 '국가를 복귀시키기'(bringing the state back in)[4] 위한 노력에서부터 '국가의 제자리 찾기'(putting states in their place)에 이르기까지 국가론을 활성화시키려는 시도가 광범위하게 이루어졌다. 뒤이어 서독에서 진행된 국가도출논쟁, 이탈리아의 보비오(N. Bobbio) 논쟁[5] 등이 화려하게 전개됨으로써 국가론의 르네상스를 지속시켰다.

하지만 이러한 국가론 르네상스는 갑작스럽게 퇴조하게 되었는데, 현실적으로는 사회민주주의 복지국가의 위기와 신자유주의의 등장으로 인해 서구에서 전반적인 보수화가 진행되었기 때문이며, 더 근본적이고 이론적인 이유로는 네오 마르크스주의가 전후 자본주의와 계급구조의 역동적인 변화 과정에 대응하는 국가의 역할과 성격을 이론적, 경험적으로 풍부하게 해명해내지 못했기 때문이었다(Jessop 2000, 2-3).

그러다가 1980년대에 국가론은 다시 한번 르네상스를 맞이하게 되는데 이번에는 네오 베버리언(neo-Weberian)들에 의해서였다. 이것은 1970년대의 네오 마르크스주의 국가론에 대한 네오 베버리언들의 도전 형식으로 나타났다. 자유주의에 입각한 이들은 기존의 정치적 다원주의, 행태주의, 구조기능론 등의 사회중심적 이론들이 국가의 본질과 역할을 잘 설명해 주지 못한다고 비판했다. 그런 연후에 국가와 사회 그리고 국가와 경제의 관계를 중심으로 국가의 성격을 이해하기 위해서 새로운 국가이론인 네오 베버주의 국가론을 정립하게 되었다. 이들은 주어진 영토 내에서 정당한 폭력 행사의 배타적 독점을 국가의 핵심적 특징으로 보는 베버(M. Weber)의 국가 개념을 출발점으로 삼아 국제 체

---

4) 에반스(Evans 1985)가 대표적이며 커다란 관심을 끌었다.

5) 노르베르트 보비오(Norberto Bobbio)는 1975년에 '마르크스주의의 정치학의 부재'와 '국가 또는 민주주의의 부재'라는 테제를 중심으로 이탈리아 좌파 이행이론을 비판하면서 논쟁을 일으켰다. 그는 마르크스주의의 고전만을 가지고 사회주의 국가이론(프롤레타리아트 독재론과 국가 소멸론)을 정당화시킬 수 없다고 주장했다(구갑우 외, 1992).

계나 국내에서 행위자이자 제도적 총체로서의 국가 개념을 일반화하게 되었다(Krasner 1984).

하지만 1990년대 초반부터 국가이론은 다시 침체기로 접어들었으며 더 이상 부활하지 못하였다. 현재 국가 그 자체는 점점 부적절한 연구 대상으로 간주되고 있는 상황에 있다. 요컨대, 국가론은 지금까지 두 번 부활해서 르네상스를 구가하다가 세계적 규모에서 진행된 냉전의 해체와 함께 다시 침체기에 들어가게 되는 '진자운동'의 궤적으로 움직였던 것이다. 제솝(2000, 41)은 이러한 국가론의 역사를 마르크스의 담론—"루이 보나파르트의 브뤼메르 18일"(1852)—을 빌어 1970년대의 좌파 국가론은 '비극'으로, 1980년대의 국가중심적인 베버리언 국가론은 '희극'으로 끝났다고 보았다.

이 글은 2차 대전 이후 지금까지 진자운동 속에서 부침해 온 국가론의 흥망성쇠를 회고적으로 성찰하고, 향후 한국에서의 국가론의 활성화를 위한 발전적인 전망을 모색하고자 한다. 논의의 순서는 다음과 같다. 먼저 서론에서는 국가론의 부침(浮沈) 과정을 다룬다. 2절에서는 국가에 관한 다양한 일반적인 이론들을 분류하고 검토하고자 한다. 3절에서는 한국에서 지금까지 국가와 관련하여 논의되고 논쟁되어 왔던 다양한 흐름들을 정리한다. 마지막 결론에서는 한국에서의 국가 이론에 관한 전망과 발전적 의제를 제출하고자 한다.

Ⅱ. 국가이론들

정치학과 관련하여 가장 기초적이면서도 난해한 질문은 '국가란 무엇인가'라는 질문이다. 이는 모든 국가이론들이 직면하게 되는 최초의 질문이자 가장 근본적인 질문이다. 이러한 질문에 극단적인 반응을 보이는 이스튼(Easton 1981, 321-22)과 같은 체계이론가들은 국가가 지루한 논쟁과 개념적인 혼란만을 초래하기 때문에 정치학의 연구 주제에서 제외되어야 한다고 주장하기도 했다. 이는 그만큼 국가를 정의하는 것이 어려운 작업이라는 의미일 것이다.

국가를 어떻게 정의해야 하는지에 대해서 지금까지 합의된 것은 아무 것도 없다. 아마도 그 이유는 다음과 같은 두 가지 사실 때문일 것이다. 첫째, 실제로 존재하는 어떤 국가라도 다소 독특한 다기능적인 제도 및 조직들의 총체로 구성되어 있다. 따라서 어떤 것들을 일차적이며 결정적인 것으로 봐야 하는지가 불명확하다는 것이다. 둘째, 국가 개념이 정치생활 자체에서 중심적인 역할을 하고 있기 때문에 국가를 정의한다는 것은 현실에 너무 많은 영향을 미칠 수 있다는 것이다(Jessop 2000, 471).

게다가 국가 개념이 논쟁적이고 혼동적인 또 다른 이유는 국가를 관념적 관점, 기능적 관점, 조직적 관점이라는 다양한 차원에서 파악하려는 시도들이 혼합되어 있기 때문이다. 관념적 관점의 대표적인 학자는 헤겔(Hegel 1942)인데 그는 국가를 '보편적 이타주의'에 의해 지탱되는 윤리 공동체라고 생각했다. 이는 국가에 대한 무비판적인 숭배를 초래한다. 반면 기능적 관점에서 국가를 정의하는 입장은 국가를 질서와 사회 안정을 유지하는 제도적인 장치로 이해한다. 이 관점은 사회 질서를 유지하는 다른 제도(가족, 학교, 노동조합, 교회 등)와 국가 자체를 결합시키는 경향이 있다.[6] 마지막으로 조직적 관점에서는 국가를 정부

6) 물론 알뛰세(L. Althusser 1997)가 보기에 국가가 갖는 장치(국가장치)에는 억압적 국가장치와 이데올로기적 국가장치가 있으며, 이데올로기적 국가장치의 대표적인 것은 교회와 학교 등과 같은 제도이다. 이 경우 이데올로기를 통해서 지배를 관철시키는' 국가 기능을 확인해 주고 있다.

의 장치로 정의하고 있다. 국가는 다양한 정부 제도(경찰, 법정, 사회보장 등)를 포함하고 있다는 것이다(Heywood 2002). 하지만 이 관점은 과연 국가와 정부가 같을 수 있는가에 대한 의문을 낳는다. 어찌되었든 위에서 언급한 모든 이유들이 국가를 정의하는 데 어려움을 제공하고 있다. 결국 국가이론은 논쟁적인 것이며 현실적인 것이다.

이러한 어려움에도 불구하고 국가를 정의하려는 수많은 시도들이 이루어져 왔으며 이를 통해 현재까지 다양한 국가이론들이 생산되었다. 그 과정에서 매우 광범위한 논쟁과 상호 비판이 교차되었으며, 거기서 생산된 논의들을 일관되게 정리하기도 힘든 상황이다.

이하에서는 지금까지 제출되어 왔던 다양한 국가이론들을 비판적인 관점에서 소개하고자 한다. 소개를 위한 분류는 서술의 편의상 사회중심적 국가이론, 국가중심적 국가이론, 마르크스주의 국가이론, 제3세계 국가이론, 그리고 포스트 포드주의 국가이론을 포함한 현대 국가이론 등으로 나누어 소개한다.

1. 사회중심적 국가이론

사회중심적 국가이론 중에서 가장 대표적인 것은 다원주의적 국가이론이다. 이 국가이론은 자유주의 계통의 국가이론으로서 주류 정치학의 분석을 지배해 왔다. 다원주의적 국가이론은 정책과정 내의 조직집단들의 활동에 분석의 초점을 두고 있다. 이때 국가의 제도 및 조직들은 이러한 집단들의 경쟁 영역으로 제공된다고 보고 있다. 즉 국가를 중립적인 존재로 가정하는 것이다. 따라서 정책은 정책결정 과정에 효과적이고 조직적으로 참여한 집단들의 이해관계를 통해서 결정된다고 본다(Bentley 1980; Dahl 1961; Lindblom 1977). 요컨대, 다원주의 국가

이론에서는 국가를 자율적인 행위자로 보지 않는다. 그리고 사회성원들의 개인적인 이해관계를 초월하는 국가의 특정한 이익이란 존재하지 않는다고 보고 있다.

다음으로 엘리트 국가이론이 있다. 이 이론에서는 국가권력이 사회의 여러 집단에 분산되어 있는 것이 아니고 사회의 극소수 엘리트층에 집중되어 있다고 본다. 즉 정치, 경제, 군부의 엘리트 집단은 제도적 상호연관, 인적 유대, 사회적 배경 등을 통해 상호 유기적으로 결합되어 단일 지배 계급을 형성하고 국가권력을 행사하고 있다고 보고 있다(Mills 1956). 엘리트 국가이론은 조직·기관·제도상의 위계 질서적 지위를 권력의 기반으로 간주하고 있으며 이들을 '파워 엘리트'(power elite)라는 개념으로 구분하고 있다.

하지만 비교적 최근의 신다원주의론자들은 국가가 자신의 부분적 이해관계를 조작할 수 있으며 또 조작한다는 점을 수용하기에 이르렀다. 즉 국가 엘리트는 국가에서 자신이 속한 부서의 관료적 이익을 추구할 수 있으며 국가를 자신의 권리를 가지고 있는 정치 행위자로 간주한다. 이러한 점에서 노들링거(Nordlinger 1981)가 '민주주의 국가의 자율성'이라는 점에 기초해서 '국가중심적'인 자유주의 모델을 발전시켰다는 것은 그리 놀라운 일이 아니다.

2. 국가중심적 국가이론

베버리언의 국가 개념을 따르고 있는 국가중심적 국가이론들은 다음과 같은 요소들을 강조하고 있다. 첫째, 국가의 지정학적 위치와 그것이 국가의 행동 논리에 미치는 의미, 둘째, 현대국가의 발전에서 군대조직 및 전쟁의 역할, 셋째, 집단적 구속력을 가진 결정을 내리고 이

것을 집행할 수 있는 능력에 기초한 현대국가의 독자적인 권력, 넷째, 사회세력이나 제도의 특성을 결정할 수 있는 국가 특유의 본질, 다섯째, 국가관리자들의 독특한 능력 및 이해, 마지막으로 국가체제 및 정부 특유의 병리현상 등이다(Jessop 1989, 12-13; Block 1987; Nordlinger 1981; Skocpol 1985; 강민 1991, 188-89). 한편, 국가중심론자들은 두 가지 측면에서 국가를 설명하고 있다. 첫째, 국가는 자율적으로 자신의 정책 선호를 표출하고 집행할 수 있다는 것이다. 둘째, 국가의 조직적 구조는 개인이나 사회집단들의 이해 및 능력에 광범위하게 영향을 미치게 된다는 것이다(Ikenberry 1988, 26-27).

특히 국가중심론의 선두주자 중 한 사람인 크래스너(1978, 31)는 국가중심론을 옹호하면서 다원주의적 국가이론을 비판했는데, 무엇보다도 국내의 압력집단들이 적극적으로 표출하지 않은 목표를 추구하는 정책결정자들의 상황을 설명하기 힘들다는 것이다. 그는 사례 연구를 통해서 국가관리자들과 대기업들 간의 갈등을 분석하였고, 그 결과 공공정책에서 국가의 역할이 중요함을 주장했다.

그리고 국가의 광범위한 조직구조를 강조하는 입장들이 있다. 이들은 국가구조의 역동성 및 조직구조가 정책결과에 미치는 영향에 관심을 갖고 있다. 대표적인 학자는 스카치폴과 파인골드(Skocpol & Finegold 1982, 255-278)인데, 이들은 국가의 조직 구조가 사회집단 및 계급들의 이해와 능력을 결정한다고 주장했다.

하지만 홀(Hall 1986)은 국가중심적 국가이론이 가진 단점을 다음과 같이 정리했다. 첫째, 배타적인 국가구조에만 역점을 둠으로써 공적 행위자와 사적 행위자간의 중요한 상호관계를 애매하게 할 수 있다는 것, 둘째, 구체적인 정책을 결정하는 정치과정 및 개인들의 행태가 갖는 중요성을 흐리게 한다는 것이다. 이러한 단점을 극복하려는 의도에서 아이켄베리(Ikenberry 1988, 31)는 제도적 접근방법을 내놓았다. 그 핵심 내용은 사회중심적 국가론과 국가중심적 국가론을 단순히 대립시키지 않고 국가 조직의 특성, 행정부 관리들의 행동, 그리고 정치인들이 사회 및 국제적인 세력들을 중재하는 방법과 이들 변수들 간의 상호관계를 이해하고 평가하는 것이라고 한다.

3. 마르크스주의 국가이론

전통적인 마르크스주의에서는 기본적으로 국가를 '지배계급의 도구'로 간주한다. 즉 국가를 지배계급의 이익을 재생산하는 수단으로 보는 것이다. 이러한 기본적인 인식을 둘러싸고 벌인 논쟁이 바로 밀리반드-풀란차스 논쟁이다. 이 논쟁에서 국가에 대한 이해방식과 국가의 상대적 자율성(정치와 경제의 관계)이 주요한 쟁점으로 부각되면서, 밀리반드의 '도구주의적' 국가론과 풀란차스의 '구조주의적' 국가론이 격돌하였다.

물론 애초에 이 논쟁은 방법론과 국가에 대한 인식 문제를 둘러싸고 이루어진 것이었다. 밀리반드(Miliband 1969)는 국가를 '부르주아 지배계급의 이익을 대변하고 보호하는 수단'으로 보았다. 이는 국가를 '자본계급의 집행위원회'라고 규정하는 정통 마르크스주의를 따르는 것으로 국가가 지배계급에 종속되어 있음을 강조한다. 이에 대해 풀란차스(Poulantzas 1969, 67-78; 1973)는 국가의 상대적 자율성을 무시하고 국가를 지배계급의 수단으로 단순화시켰다고 비판했다. 즉 자본주의 국가가 자본축적과 서비스·복지배분 등의 상호 모순된 기능을 수행함으로써 자본주의 자체를 유지하고, 조세징수와 재정수입의 확보를 위해서 자본가를 보호하면서도 때로는 자본분파로부터 어느 정도 '상대적 자율성'

을 구조적으로 갖게 된다고 보았다.

어쨌든 이 논쟁은 국가론에 크게 두 가지 성찰을 제공했다. 풀란차스를 통해서 사회세력이 영향을 미치는 장(場) 혹은 제도의 앙상블로서 사회관계적 측면을 강조하는 국가관을 획득할 수 있었고, 밀리반드를 통해서 다원주의 국가론과는 달리 국가와 정치를 결합하려는 시도를 볼 수 있게 되었다.

마르크스주의 국가론에서 중요한 지위를 차지하는 또 하나의 이론으로 '국가도출론'이 있다. 일명 '자본논리학파'라고도 불리는 이들의 기본적인 문제의식은 본질적으로 계급 국가로서의 국가가 왜 또는 어떻게 권위를 누릴 수 있게 되었는가 하는 점이었다. 이 문제에 대해 기존의 마르크스주의는 무기력증을 드러내었다고 비판했으며, 국가 행동의 가능성과 한계를 이해하기 위해서는 반드시 국가와 사회(자본주의 생산양식)의 관계를 분석해야 한다고 주장했다. 따라서 국가와 사회의 관계를 분석하기 위해서는 자본주의 사회의 모순과 그로부터 도출되는 국가 형태를 이해해야 한다고 보았다.

대표적인 학자는 알트파터(Altvater 1973)와 히르쉬(Hirsch 1977)이다. 이들은 모두 마르크스의 『자본』에로의 회귀를 주장하면서 『자본』에서 국가의 개념을 도출한다. 알트파터는 '국가기능으로부터 국가형태를 도출'하고, 히르쉬는 '국가형태로부터 국가기능을 도출'하는 차이점이 있지만, 후기에는 대체로 '축적 위기'에 대한 억제력으로서의 국가를 중심으로 이해하고 있다. 하지만 국가도출론자들에 대해서 그들의 논의가 추상적이라는 점, 국가의 이데올로기적 기능에 대한 논의가 부재하다는 점, 그리고 자본주의 체제에 대해 아무런 대안을 제시하지 못하고 있다는 점이 지적되기도 했다(박상섭 1990, 132-137).

4. 제3세계 국가이론

제3세계 국가이론은 제3세계 국가가 지닌 특수성에 초점을 두고 도출된 이론들이며, 이후 한국의 국가를 설명하려는 시도에 지대한 영향을 미쳤다. 대표적인 제3세계 국가이론들은 다음과 같다.

가장 널리 알려져 있는 이론은 관료적 권위주의 이론(bureaucratic authoritarianism)으로 아르헨티나 정치학자 오도넬(O'Donnell 1973)이 남아메리카의 근대화와 권위주의적 군사정권의 대두를 설명하면서 제안한 이론이다. 오도넬은 자본주의 산업발전의 질적 수준의 변화를 의미하는 '산업 심화'(industrial deepening), 민중부문의 활성화와 정부의 수행능력 사이의 간극, 사회적 동요와 위기에 대한 새로운 정치적 지배 구조의 완성인 쿠데타 연합(군・관・민)[7]이라는 세 가지 변수를 통해서, 군사쿠데타 이후 관료적 권위주의 체제가 형성되는 경로를 분석했다.

두 번째 이론은 종속이론 및 세계체제이론이다. 카르도소(F. H. Cardoso), 프랭크(A. G. Frank), 산토스(D. Santos) 등 남미의 토착 학자들에 의해서 제기된 종속이론은 세계자본주의를 중심부와 주변부로 나누고 있다. 중심부 선진 자본주의 국가의 발전과 주변부 제3세계의 저발전은 서로 분리된 현상이 아니라 자본주의의 세계적 팽창과 그 역사적 전개과정에서 동전의 양면과 같이 서로 연관된 부분이라는 것을 강조한다. 이 이론은 주변부의 경제와 이를 토대로 한 정치적 지배 양식은 중심부로부터 나오는 외적 제약에 의해 일차적으로 규정된다고 보고 있다. 반면 월러스틴(1974)의 세계체제이론은 중심부와 주변부 사이에 반(半) 주변부를 설정하면서 주변부에서 반주변부, 반주변부에서 중심부

7) 에반스의 경우에는 국가, 국내자본, 외국자본간의 '3자 연합'(triple alliance)을 중심으로 관료적 권위주의가 형성된다고 보았다(Evans 1979).

로의 도약 가능성(그 반대의 가능성도 마찬가지)을 주장했다.

세 번째 이론은 국가 코포라티즘(state corporatism)이다. 남아메리카 국가들을 사례로 삼아 스테판, 슈미터, 위아르다 등이 만든 국가이론이다(Stepan 1978; Schmitter 1974; Wiarda 1973). 코포라티즘은 사회세력들의 참여에 개방적인 사회적 코포라티즘과 국가가 사회세력을 선택하여 국가 주도적으로 연계하는 국가 코포라티즘이 있다. 후자의 경우 노동부문 등 민중부문이 억압되어 제3세계에 권위주의 체제가 나타난다고 보았다.

네 번째 이론은 과대성장 국가론(over-developed state)이다. 알라비(Alavi 1972)가 파키스탄과 방글라데시의 사례를, 알라비의 성찰을 이용한 사울(Saul 1979)이 탄자니아 사례를 각각 분석하여 이론화한 것이다. 脫식민지국가가 시민사회의 형성이 미약한 상태에서 독립하게 될 때, 탈식민지 사회는 국가부문이 과대하게 발전된 국가 기구와 그것의 제도화된 관습을 물려받는다. 이후 국가 자신이 경제 발전을 촉진한다는 명목으로 경제적 역할까지 떠맡는다. 이때 지배계급 자체의 분열·재편 등이 제3세계에서 국가의 과잉 비대화를 초래한다고 보고 있다.

마지막으로 보나파르티즘(bonopartism) 국가이론이다. 이 이론은 보나파르티즘으로 상징되는 군부 쿠데타를 통한 자율성 국가의 등장 원인을, 적대적 계급이 대치한 상태에서 어느 한편도 다른 한편에 대해 헤게모니를 행사하지 못하고 힘의 평형상태를 유지함으로써 파국으로 치닫는 파국적 평형상태 내지 사회적 교착상태에서 찾고 있는 마르크스의 이론(특히, '브뤼메르 18일')에서 유래한다. 제3세계의 경우 강력한 해외 독점자본의 존재에서 연유하는 토착자본가 계급의 취약성과 그에 따른 이들의 헤게모니 부재, 또한 여전히 미성숙한 노동자계급의 취약성 때문에 사회적 교착상태가 구조화되고 따라서 보나파르티즘 정권이

'정상'국가의 형태로 제도화된다고 주장한다.

5. 현대 국가이론

비교적 최근에 제기된 국가이론들에는 포스트 포드주의(post-Fordism) 국가이론과 제숍의 전략관계적(strategic relational) 국가이론, 그리고 역시 제숍이 최근에 제기한 체계-네트워크적 국가이론 등이 있다.

먼저 포스트 포드주의 국가이론을 살펴보자. 포드주의적 생산 방식에 의한 기술 혁신으로 조성된 경제력에 기반해서 케인즈주의적 복지국가의 수립이 가능했지만, 1970년 및 1980년대에 걸쳐서 포드주의 국가는 위기를 맞이하게 되었다. 히르쉬(Hirsch 1991)에 따르면, 포드주의 사회체제의 위기는 포드주의적 생산방식이 효율적인 생산성 향상에 더 이상 기여하지 못하게 되고 복지국가의 개입주의 정책이 갖고 있던 효율성이 상실되면서 나타났다고 보았다. 특히 사회복지국가 체제가 우월했던 유럽의 경우에는 관료적 · 중앙집권적 · 담합적으로 통합된 노동조합 체제와 제도화된 사회보장 체제가 생산성 수준을 넘어서는 사회적 비용의 증대를 요구했기 때문에 포드주의적 사회체제에 막대한 부담으로 등장하기 시작했다.

포드주의적 복지국가의 위기에 대응하기 위한 헤게모니 전략의 일환으로서 결국 포스트 포드주의적 권위주의 국가 형태가 출현하게 되었다. '약한 국가'(weak state)를 내세우는 신자유주의적인 이데올로기와는 정반대로 극도로 무장화된 형태의 '강한 국가'(strong state)가 등장하게 되었다. 이 권위주의 국가는 첫째, 자본주의 선진국 내에서 내연하는 사회 분쟁과 이중화되고 분절화된 사회 구조의 위험에 맞서 자본주의 체제를 유지해야 하고, 둘째, 세계시장에서 배타적이고 점증하는 경쟁에서 생존하기 위해서는 대중의 저항을 물리치면서, 셋째, 생산의 국제화와 산업 구조의 현대화를 국가가 지속적으로 수행해야 한다는 필요성에 상응해서 등장한 것(Hirsch 1991, 29-31)이라고 보았다.

제솝의 국가론은 풀란차스와 같은 네오 마르크스주의적 입장을 따르면서도 거기에 조절이론을 접목시키고 있다. 제솝은 국가를 더욱 더 밀고 나가 이해 세력·집단·계급 사이에서 투쟁이 일어나는 영역으로 간주하였다. 그는 국가를 계급 갈등이라는 기만을 통해 자본주의를 영속화시키는 수단으로 간주하는 것이 아니라 '정치적 전략들의 결정화'(the crystallisation of political strategies), 즉 제도의 집합으로 간주했다. 제솝(2000)에 따르면, 경쟁하는 집단과 이해 세력은 이러한 제도의 집합을 통해 지배와 헤게모니를 장악하기 위해서 투쟁한다. 따라서 '전략관계적 국가이론'에서 볼 때, 국가는 어떤 주어진 시기에 사회 내의 힘의 균형을 반영하는 하나의 동태적인 존재이며, 결국 진행 중인 헤게모니 투쟁의 산물이라고 보았다.

국가이론의 지속적인 '현대화'에 힘을 쏟아 온 제솝은 1990년대 후반에 상당히 변화된 국가이론을 제시했다. 즉 전략관계적 국가론을 넘어서 거버넌스(governance)와 투명성(transparence)을 중심으로 새로운 국가론인 '체계-네트워크적 국가론'을 개진하고 있다(Jessop 1997; 1999; 2000, 24-25; 손호철 2002, 150). 이러한 입장 변화의 근저에는 국가형태와 정치형태에서 발생한 세 가지 변화가 존재하고 있다. 첫째, 국가의 탈국민화 경향이다. 이는 이 글의 서론에서도 언급한 '공동화' 현상 때문이다. 둘째, 정치체제의 탈국가화 경향이다. 공식적, 준국가적, 비정부적 조직들 간의 파트너십이 증가함으로써 기존의 관료적 권위형태가 작동할 수 없도록 유연성을 제공한다는 것이다. 셋째, 정책체제의 국제화 경향이다. 정책체제에 존재하는 행위자들이 더욱 확대되어 초영토적 또는 초국민적 요소와 과정들을 포괄하게 되었다는 것이다.

1990년대 말에 제솝 등에 의해 생산된 국가이론들은 아직 그 후계 이론들을 보지 못하고 있으며, 적어도 현재까지는 '국가론의 마지막 노래'가 되고 있다. 나아가 현재 국가이론에 관한 학술적 의사소통도 이루어지지 않는 상황에 있다. 최근에 미국을 중심으로 고전적 자유주의에 기반하여 국가에 대해 근본적 불신을 갖고 있는 신우파(new right)적 흐름[8]이 지속되고 있는 것도 국가론의 재등장을 막는 하나의 요인이 되고 있는 것으로 보인다.

Ⅲ. 국가이론의 한국적 수용과 전개

서구와는 달리 1980년대 이전까지 한국의 정치학계에서는 여전히 행태기능주의가 지배적 패러다임(paradigm)이었고 그에 따라 정치문화, 근대화론, 선거 및 투표행태에 관한 연구가 주를 이루고 있었다. 하지만 1980년대 중반부터 국가와 관련된 연구가 정치학을 주도하게 되면서 국가론 연구는 폭발적으로 증가했다. 한국에서 이른바 국가이론의 르네상스가 도래한 것이다. 하지만 이러한 국가론의 전성기는 오래가지 못했고 곧바로 쇠퇴의 길로 접어들었다. 이러한 면에서 한국에서의 국가이론은 '급성장과 때 이른 퇴조'(최장집 1993)라고 불릴 만했다.

8) 신우파(new right)는 고전적 자유주의에 입각해서 국가를 레비아탄(Leviathan)과 같은 괴물로 간주한다. 신우파는 국가가 개인의 자유와 경제적 안전을 위협하는 기생적인 존재라고 보고 있다.

1. 한국에서 국가론의 전개 과정

한국에서 국가론이 관심의 대상이 된 학술적인 계기를 특정(特定)할 수 있다면 그것은 밀리반드-풀란차스 논쟁이었다. 물론 이 논쟁이 한국에서 계기가 될 수 있었던 것은 당시 한국이 처한 특수한 상황 때문이었다. 이미 한국 사회과학 분야에서는 1970년대 말과 80년대 초에 국가에 대하여 초보적이나마 문제를 제기하고 있었으며, 1980년의 광주항쟁, 제5공화국의 등장과 권위주의 체제 강화는 국가의 본질과 자본과의 관계 등에 대한 근본적인 질문을 제기할 수밖에 없는 상황을 만들었고 지식인계에서는 이를 설명하기 위한 모델에 목말라 하고 있었다.

한편, 1980년 이후 그간 서구 주류 이론을 무비판적으로 수용한 보수 일변도의 사회과학 패러다임에 대항하여 한국 사회의 구조적 모순을 파헤치고 극복하기 위한 진보적 패러다임이 형성되면서 한국 국가의 본질에 관한 연구가 주요 쟁점의 하나로 부상하였다. 1980년대 중반 이후부터 이러한 분위기는 젊은 사회과학 연구자들에 의해 주도되었고 한국의 주류 정치학회에서도 국가에 대한 체계적인 연구에 돌입하기에 이른다(김석준 1991, 44-45). 이 같은 연구 분위기는 결과적으로 국가 문제를 정치학의 주요 쟁점으로 위치시키는 데 크게 기여했다.

하지만 이러한 연구 작업들이 커다란 의미를 지님에도 불구하고, 한국 사회의 현실과는 괴리된 채 제1세계 내지 제3세계 네오 마르크스주의자들의 국가론을 한국 상황에 기계적으로 적용시켰다는 한계를 갖고 있었다. 이 같은 한계에 대한 자성과 함께 1980년대 중반에 이른바 한국사회구성체 논쟁이 본격화되면서 한국 국가론 논쟁은 한국 사회의 변화 및 실천적 과제와 유기적으로 연관된 한 단계 높은 수준의 국가론 논쟁으로 진행되었다(손호철 1991, 200). 이에 따라 마르크스주의 전반의 국가론 논의로 시야를 확대하는 계기가 되었으며, 여기에는 한국 사회의 민주화를 목표로 한 진보적 지식인들의 이론적 실천 운동이 크게 기여한 것으로 보인다.

이 시기 한국에서 진행된 국가에 대한 연구는 학술적 논의 지형을 넘어서 지식인 일반의 관심영역으로 확대되었다는 데 커다란 특징이 있다. 게다가 국가에 관한 일반 이론을 넘어서 '한국의 국가'에 대한 논쟁적 이론화를 촉발하였으며, 이를 통해서 '한국의 국가와 국가이론'을 정립하는데 크게 기여했다. 또한 정치학 영역에 한정되지 않고 경제, 사회, 역사학계 등이 대거 참여하여 다양한 학제간 입장들을 통해 국가가 분석되었다는 데 큰 의의가 있었다.

한국에서 국가이론에 관한 연구는 거칠게 정리하자면 크게 두 가지 흐름을 갖고 있었다. 하나는 주류 정치학계의 국가론 연구이다. 당시의 기성 정치학자들에 의해 국가가 연구되었으며 보다 학술적인 측면에서 국가이론을 연구하였다. 이들은 국가이론을 국가중심적 시각, 사회중심적 시각, 절충주의적 시각으로 분류하는 한편, 이론적 정향에 따라 마르크스주의, 베버주의, 절충주의 등으로 나누었다(김석준 1991, 45-46). 주류 정치학계는 이후에 주로 '절충 이론'을 중심으로 국가이론을 발전시켜 나가게 되는데, 결국 1990년대에 들어와 세계화와 국가경쟁력 담론에 급격하게 흡수되어 산업정책론으로 경도하면서 국가 연구로부터 이탈하게 되었다.

다른 하나는 국가론을 사회 변화를 위한 논의로 전환시킨 이른바 사회구성체 논쟁(한국의 국가성격 및 사회성격 논쟁)이다. 이러한 국가론 연구 흐름은 주로 소장 정치학자들에 의해서 주도되었다. 이들은 자신들을 비주류로 인식하고 주류 정치학계를 비판하면서, 당면한 한국 사회의 민주화라는 과제에 대한 이론적 실천에 천착하면서 한국 국가의 성격을 연구했다. 특히 주류학계의 非계급적 시각과 비주류 학계의 계급적 시각을 구별하면서 계급적 시각에 중점을 두고 국가이론을 연구하였다. 하지만 소련과 동유럽이 붕괴하고, 한국사회에서 민주화가 진척됨에 따라 이들의 비판적 국가연구는 갑작스럽게 논의에서 사라져 버렸다.

2. 한국의 국가를 설명하는 주요 국가이론들

1) 서구의 주요 이론과 적용

먼저, 한국의 자본주의 산업화와 국가의 관계를 중심에 놓고 서구이론을 적용한 사례들로서 크게 세 가지 사례가 존재했다. 첫째, 한국에서 국가론이라는 새로운 분야를 개척하는 데 기여한 가장 영향력 있는 이론 중의 하나는 오도넬의 '관료적 권위주의' 이론이다. 이 이론이 한국에 적극적으로 수용될 수 있었던 것은 1980년대 초의 한국의 정치경제적 상황 때문이었다. 라틴 아메리카와 유사하게 한국도 압축적 산업화를 경험했고 그에 따른 노동문제와 사회 계급 및 계층 분화의 '심화'(deepening)라는 사회적 문제에 직면하고 있었다. 당시 한국의 군부독재에 대한 비판과 민주화 열망은 기존의 지배 패러다임이었던 근대화론과 발전이론을 거부하게 만들었다. 이른바 이론의 공백 상태에서 관료적 권위주의 이론은 커다란 환영을 받았다. 이 모형을 한상진(1983)과 강민(1983)이 처음으로 한국 사회에 적용했는데 '왜 유신체제가 성립했는가'라는 문제제기를 통해 한국의 자본주의 산업화가 정치체제의 변화에 미친 영향을 규명하려고 했다. 이후 소장연구자들을 중심으로 이 모델을 적용한 연구들이 대거 쏟아져 나오면서 국가론 분야의 중심적 흐름의 하나를 이루게 되었다.

둘째, 종속이론 및 세계체제이론 또한 한국의 국가이론에 중요한 기여를 했다. 당시 종속이론은 군사정권에 의해 금기시 되었지만, 염홍철의 『제3세계와 종속이론』(1980) 등을 통해서 꾸준히 소개되었다. 1960년대 이후 한국의 경제발전을 종속적 발전으로 해석한 임현진의 연구(Lim 1985) 이래 이 이론들은 사회과학 전반으로 확대되었다. 세계체제이론을 적용한 김성국(1984)은 한국의 성장은 미국의 정치적·전략적 이해관계가 일차적으로 작용했으며 이로 인하여 "초청에 의한 상승"(promotion by invitation) 전략이 가능했다고 분석하기도 했다.

셋째, 제도적 접근으로서 근대화 또는 자본주의 경제성장을 성취하는데서 '강력한 국가'(strong state)의 역할을 중심변수로 삼는 정치경제적 접근이다. 이것은 '국가의 자율성'이라는 개념을 중시하는데, 주로 국가의 정책수립과 정책수행 능력을 의미하는 '국가능력'을 핵심개념으로 삼고 있다. 장달중(1985)은 이 이론틀을 가장 명시적으로 적용하여 한국의 1960~80년대의 경제성장과 정치변화 사이의 관계를 분석했다. 한배호(1984)는 효율적 국가관료기구와 개발 엘리트 형성의 중요성을 강조했다.

그리고 코포라티즘 이론도 한국의 국가이론에서 한 영역을 차지했다. 슈미터의 코포라티즘 이론이 한국 현실에서 설명력을 가졌던 까닭은 한국에서의 강력한 권위주의 국가의 발전과, 억압과 희생이 강요되는 그리고 체제에 저항하는 조직 노동자와의 관계가 권위주의 정치체제의 성격과 그 변화의 중심적인 동인이 될 수밖에 없다는 사실 때문이었다. 이 모형은 최장집(1983; 1988) 등이 한국에 적용하여 설명을 시도했다. 코포라티즘 이론이 국가론에 기여했던 점은 국가와 시민사회를 매개하는 대표 체계와 복합적인 관계 구조를 분석할 수 있는 틀을 제시하였다는 점이다.

다음은 네오 마르크스주의 국가이론인데, 관료적 권위주의 이론 및 코포라티즘 이론이 한국에 소개된 이후에 급속히 수용되고 확산되면서 한국의 국가이론 분야에 결정적인 역할을 하게 된다. 김홍명이 독일 국가론에 초점을 둔 네오 마르크스주의 국가이론을, 최장집이 그람시(A. Gramsci)의 이론을, 그리고 박상섭이 밀리반드-풀란차스 논쟁을 소개하면서 중요한 역할을 담당했다(김홍명 1984; 최장집 1984; 박상섭 1984). 하지만 이러한 국가이론을 경험적 연구에 적용한 경우는 다른 국가이론에 비해 매우 적은 편이다. 이성형(1985)의 연구는 특기할만한데, 그는 한국의 1972년 8·3조치를 사례로 하여 그 정책의 내용, 결정과정과 정책의 계급적 성격을 분석했으며, 그 결과 국가는 자본가 계급의 이익에 결정적으로 영향을 받는다는 사실을 지적하였다.

마지막으로 역사적 구조적 접근을 통해 한국 국가의 역사적 형성을 중심적으로 다룬 국가이론이 있다. 일제 하의 식민지 국가에서 근대국가로 진행되는 한국의 일련의 국가 형성 과정을 역사구조적인 접근으로 분석한 브루스 커밍스(B. Cumings)의 『한국전쟁의 기원』과 함자 알라비의 '과대성장 국가' 이론이 대표적이다. 특히 과대성장 국가 이론은 최장집(1985)이 한국에 적용하여 식민통치 외에도 미군정, 6·25전쟁, 5·16군사쿠데타 등의 사건이 한국국가의 과대성장을 가져왔다고 주장했다.[9)]

2) 한국국가의 성격 논쟁과 국가론

1985년경부터 본격적으로 논의되기 시작한 한국 사회구성체 논쟁은 민주화의 전망을 둘러싼 연구자들의 실천적 관심을 촉구하는 방향에서

9) 위에서 언급한 국가이론들을 차용하거나 변용한 기타 이론들로는 김석준의 '신중상주의 안보국가론', 김광웅의 '관료적 발전주의', 박광주의 '집정관적 신중상주의', 이국영의 '관료적 발전사회' 등이 있다.

시작되었으며, 이 논쟁의 일환으로 전개된 한국 국가 성격 논쟁은 한국에서 국가론 연구를 한 단계 높은 수준으로 끌어 올렸다. 특히 한국 국가의 성격을 그 토대인 사회성격과 유기적으로 결합시켜 총체적이고 일관되게 설명하고자 했다는 점이 돋보인다. 이 논쟁은 한국 사회의 내재적 모순구조를 해부하여 민주화에 대한 함의를 도출하려는 실천적 의미를 포함하고 있었고, 종국적으로는 국가론뿐 아니라 사회과학 연구를 활성화시키는 데 도움을 주었다.

이 논쟁에서는 한국의 국가권력 성격을 어떻게 파악하느냐에 따라 결과가 다르게 나타나기 때문에 국가권력의 성격 문제가 주요한 쟁점이 되었다. 한국 사회구성체 논쟁은 크게 두 가지 축의 대립 구도 속에서 진행되었다. 한 축은 식민지반봉건사회론(식반론) 혹은 식민지반자본주의론(식반자론)이고, 다른 한 축은 신식민지 국가독점자본주의론(신식국독자론)이었다. 따라서 이들 두 축에서 주장하는 상부구조의 성격, 즉 한국 국가의 성격도 각각 매판군사 파시즘론과 신식민지 파시즘론으로 대립하였다.

먼저, 식민지 반봉건사회론은 한국 사회 성격을 식민지성과 반봉건성이 결합되어 있으며 이중 식민지성(민족모순)이 규정적인 사회로 이해한다. 논쟁 와중에 반봉건성이 설득력을 상실하자 식민지 반자본주의론으로 수정되었다. 이들은 한국경제의 자본주의화를 인정하면서도 그 자본주의적 경제관계가 제국주의에 의해 기형적으로 이루어져 매판성과 전근대성을 가진 반(半)자본주의에 불과하다고 보았다. 그리고 이에 조응하는 상부구조, 즉 국가성격은 매판군사 파시즘이라고 보았다.

반면에 신식민지 국가독점자본주의론은 1970년대 이후에 제시된 국가독점자본주의 이론에 기반하고 있었다. 즉 국가 권력과 독점 권력이 단일 메커니즘으로 융합되어 있다고 본다. 국가독점자본주의가 독점자본주의 내에서도 그 발전단계가 고도화된 사회에서만 가능하다는 통념을 깨고 제3세계라는 신식민지 지역에서도 나타날 수 있다고 주장했다. 따라서 한국사회는 신식민지적 특수성을 갖고 있음에도 불구하고 독점자본의 지배력이 관철되어 있고 국가권력과 독점 권력이 단일 메커니즘으로 융합된 신식민지 국가독점자본주의 사회라고 보았다. 그리고 이에 조응하는 상부구조, 즉 국가성격은 신식민지 파시즘이라고 보았다(한국정치연구회 1989, 30-46).

손호철(1991, 217-220)은 전자에 대해서 첫째, 상부구조 우위론적인 국가론에 기초하고 있다는 점, 둘째, 국내 독점자본의 실체와 지배력을 부정하는 '제국주의 만능주의'적 제국주의관에 의지하고 있다는 점, 셋째, 구식민지와 신식민지의 차별성을 인정하지 않는 '색맹 제국주의론'이라는 문제점, 마지막으로 파시즘이란 원래 자본주의 국가의 국가형태, 특히 독점자본주의를 전제로 해야 한다는 점을 지적하면서 비판하고 있다.

최장집(1993, 129-132)은 후자에 대해서 '신식민지'라는 개념을 부정하고 자신이 가진 종속적 국가독점자본주의라는 입장에서 비판하고 있다. 그는 한국, 라틴 아메리카, 여타 지역을 한데 묶는 '신식민지'라고 하는 유개념(generic concept)이나 범주화만으로 한국의 현상을 과학적으로 설명하기 어려우며, 나아가 파시즘의 개념 사용에도 반대하고 있다. 그 근거로 '군부', '신식민지', '네오'(neo) 등 그 접두사가 어떠하든 유럽의 고전적 파시즘을 떠나서는 생각할 수 없으며 국가의 폭력성을 강조하고 있는 동안 사회경제적 구조의 변화와 이데올로기 동원에 의해 헤게모니를 확대해가는 변화의 측면을 간과하게 만든다는 것이다.

한국국가의 성격을 둘러싼 논쟁은 1980년대 말과 1990년대 초에 한국에서 일정정도의 민주화의 진척과 문민정부의 등장, 소련과 동유럽

등 현실 사회주의의 붕괴, 새로운 유형의 이슈(환경, 여성 등)의 등장과 시민사회 운동의 다변화 등으로 인해 부지불식간에 사라져 버렸다.

3) 1990년대의 국가론 연구 경향

1980년대 말 이래 한국의 국가론 분야에서 이전과는 다른 형태의 국가이론이 진행되기 시작했다. 전체적으로 개관했을 때 1990년대 국가론의 연구 방향은 한편으로는 정책 연구적이었으며, 다른 한편으로는 거시적 구조에 대립하는 미시 분석적 연구 경향을 가지고 있었다(최장집 1993, 61-76).

먼저, 국가중심이론의 연구경향으로서 경제정책 연구가 주가 되었다. 이러한 연구 경향을 주도했던 것은 앞에서 살펴보았던 '절충주의' 이론의 연구자들이었다. 이들은 '국가능력'을 중립적인 개념으로 사용하면서 한국의 국가 또는 국가기구가 갖는 구조적 특성과 제도적 능력을 경제정책 분야에서의 수행 능력과 기능적 또는 인과적으로 연계시키려고 했다. 대표적인 연구자는 김석준(1991)인데, 그는 국가능력이라는 개념을 사용하여 한국과 대만의 산업화 정책을 논의하였다.[10] 당시 많은 학자들이 국가능력 개념을 통해 자유화, 민영화, 안정화, 금융정책, 산업정책 등 정책 분야에서의 국가의 경제정책 수행 능력에 관한 분석과 평가를 주제로 하는 연구를 시도했다.[11] 결국 산업정책 연구를 활성화시키면서 국가이론으로부터 탈출하게 된다.

다음으로 미시경제이론 또는 신고전파 경제이론을 통해서 국가이론을 재조명하려는 연구경향이 대두했다. 임혁백(1990, 172)의 '분석적 마

---

10) 김석준은 1992년에 쓴 『산업화국가론』에서 자신이 주장하는 '신중상주의 안보국가'라는 개념 틀에 따라 국가능력과 산업화 정책을 분석하였다.

11) 대표적인 연구자들로는 『국가와 공공정책』의 공동저자 중 손호철과 강민을 제외한다면, 김석준, 김형국, 최병선 등이 속한다.

르크스주의'(analytical Marxism)를 통한 분석이 대표적이다 원래 분석적 마르크스주의의 주목적은 국가, 사회, 계급, 자본주의, 사회변화에 관한 거시적 구조이론의 '미시적 기초'를 밝히는 것이었다. 임혁백은 국가는 그 자체가 계급간 타협의 제3의 당사자로서, 이러한 계급간 타협에 의해 창출된 특정 형태의 일련의 정치적 관계를 실현하기 위하여 각 계급을 타협의 틀 속으로 구속하며 타협이 보장될 수 있도록 하는 것을 그 중심적 역할로 한다고 보았다.

3. 국가론의 쇠퇴

1990년대에 들어와 국가론이 사회과학 분야, 특히 정치학 영역에서 세계적으로 쇠퇴하게 되는 배경에는 다음과 같은 몇 가지 요인이 존재한다. 첫째, 동유럽과 소련에서 사회주의 체제의 해체, 서구에서 신자유주의의 상승, 그리고 거대 담론에 대한 포스트모더니즘적 거부가 그것이다. 이러한 요인들은 마르크스주의 사상이 갖고 있던 일반적인 매력을 감소시켰다. 둘째, 사회과학자들과 지식인들이 자본주의 특수성, 담론과 문화연구(가령, 대중문화, 정체성의 정치, 정보사회, 사이버 스페이스 등)로 관심을 전환했다. 셋째, 신사회운동과 정체성의 정치(identity politics)가 증대하면서 국가에 대한 전통적인 관심이 퇴보한 반면 국가 논쟁에서 소홀히 다루었던 다양한 이슈들이 제기되기 시작했다(Jessop 2000, 15). 이리하여 정치학은 자신의 분야를 더욱 확장시킬 수 있었지만, '국가' 그 자체는 점차 부적절한 탐구 대상으로 간주되게 되었던 것이다. 이 글의 서론에서도 언급했지만 국가의 황혼기를 묘사하는 담론들이 등장한 것도 사실상 이 시기부터이다.

다음으로 1990년대 이후 한국에서 발생한 국가론의 상황에 대해서 정리하고자 한다. 국가론 자체가 1980년대에 한국에 수용될 때의 '우호적인' 상황[12]과 마찬가지로 쇠퇴에 우호적인 상황들이 존재했다. 첫째, 세계적인 규모에서 세계화 담론과 국가경쟁력 담론의 범람은 한국에서 국가 이론에 대한 관심을 고루한 것으로 만들기 시작했다. 둘째, 1980년대 말과 1990년대 초에 소련과 동유럽 사회주의가 갑작스럽게 붕괴함으로써 국내외의 비판적 국가이론 진영 또한 더 이상 국가이론을 개진할 의지를 상실했다. 셋째, 한국의 정치적 상황의 변화이다. 1980년대 말부터 한국사회가 일정정도 민주화로 진입하면서 더 이상 국가를 중심으로 한 비판적 연구의 필요성을 느끼지 못하는 분위기가 팽배해졌기 때문이다.

이러한 가운데 정치학 내부에서, 특히 국가론에서 새로운 경향들이 등장하였다. 이에 대해 몇 가지 현상들을 설명할 것이지만, 이러한 현상들이 국가론 쇠퇴의 이유라고는 할 수 없다. 다만 쇠퇴의 경향을 가속화시키는 데 기여했다는 것은 확실해 보인다.

먼저 1990년대 이전의 국가이론들이 한국 사회에 대한 비판적 입장을 견지했다면 이후에는 국가능력, 국가강도, 국가자율성을 기반하는 (산업) 정책 연구가 지배적인 경향으로 진행되었다. 이러한 경향은 국가이론의 연구 영역을 정책 분야에 좁게 한정함으로써 국가이론이 퇴조하는 데 기여했다(최장집 1993, 78). 이는 서구에서 국가이론이 퇴조할 때 '국가중심론'이 지배적인 패러다임이었다는 사실을 연상시킨다.

그리고 기존의 국가이론에 분석적 마르크스주의 이론이 첨가되고 거

12) 1980년대에 한국에는 군부독재 정권이 존재하고 있었으며, 이를 극복하려는 사회과학적 인식론의 필요성이 강력하게 요구되고 있었기 때문에 비판적 국가이론의 도입은 급물살을 탈 수 있었다. 한국 사회구성체 논쟁을 통해서 알 수 있듯이 정치학계뿐 아니라 지식인 일반을 포괄하는 움직임으로 확산되었던 것도 이러한 한국적 상황이 갖는 특수성 때문이었다.

기에 신고전파 경제이론들이 첨가되는 등 방법론과 인식론에서 무작위적인 절충주의적 시도들이 크게 나타났으며, 도식적이고 기계적인 이론화가 주를 이루는 현상들이 나타났다. 이것은 당시 한국의 사회 상황을 일정정도 반영하는 것이기는 하지만, 결국에는 비판적 계기들을 상실함으로써 국가이론의 존재 이유를 심각하게 침해하는 결과를 낳았다.

또 하나 지적할 수 있는 현상은 정치학에서의 시민사회론의 대두였다. 시민사회론의 대두 그 자체는 정치학에서 일종의 발전적 계기라고 볼 수 있지만, 당시의 구도에서는 국가를 밀어내는 역할을 하고 있었다. 당시에 시민사회론이 유행함으로써 국가는 매우 부정적인 인식을 얻게 되었는데, 국가는 독재의 근원이고 시민사회는 민주주의의 보루라는 통념이었다(손호철 1995, 45). 이에 더하여 국가는 더 이상 '해결책'이 아니라 '문제'이며 오히려 시민사회가 '해결책'이라고 보는 견해들도 나타났다.13)

요컨대, 이렇듯 다양한 국내외적인 요인들에 영향을 받아 1990년대 초반 이후 국가이론은 한국에서 더 이상 정치학의 핵심 주제로서의 지위를 차지하지 못하게 되었다. 그리고 이른바 '국가 없는' 십수 년을 경과하고 있는 것이다. 따라서 한국의 정치학계는 국가론의 '르네상스 되불러오기'(bringing the Renaissance back in)를 목표로 삼아 향후 과제와 전망을 모색해야 할 단계에 직면해 있는데, 이 글의 결론에서는 초보적이긴 하지만 이것을 주제로 다루고자 한다.

13) 당시 스탈린주의의 억압적 국가에 대한 폭로와 복지국가의 위기 등 신자유주의적 담론에 포섭되면서 진보학계에까지도 그러한 담론이 광범위하게 확산되었다(손호철, 1995: 46).

Ⅳ. 결론: '르네상스 되불러오기'

이 글에서는 먼저 지난 20세기에 서구 사회과학 분야에서 생산되었던 다양한 국가이론들을 검토하였고, 그 다음으로 한국에서 국가이론이 어떻게 수용되고 유통되었는지, 그리고 한국뿐 아니라 세계적 범위에서 왜 국가 이론이 정치학의 주제로부터 쇠퇴해 갔는지를 살펴보았다. 이하에서는 이러한 검토를 기반으로 해서 한국 정치학에서 장차 국가이론이 나아가야 할 과제와 전망에 대해서 정리해 보고자 한다.

1970년대에 네오 마르크스주의자들에 의해 주도되었던 제1차 국가론 르네상스와 1980년대에 베버리언들에 의해 주도되었던 제2차 르네상스를 통해서 정치학 분야에서 국가이론은 그 내용이 더욱 깊어지고 그 범위가 더욱 넓어졌다. 서구의 국가이론은 한국에도 급속하고도 광범위하게 소개되고 적용됨으로써 한국의 국가이론 정립에 지대한 영향을 미쳤으며, 그 결과 국가이론을 위한 방법론과 국가에 대한 인식론을 확장시켰다. 특히 제3세계 국가이론들은 소장파 연구자들에 의해 한국의 국가를 비판적으로 이해하는데 크게 기여했다. 나아가 1980년대의 진보적 학자들에 의해서 주도되었던 한국 사회구성체 논쟁은 비록 상이한 역사적 조건에서 생산된 생경한 개념의 적용에도 불구하고 한국에 국가이론의 토착화를 진행시키는 데 기여했다.

그럼에도 불구하고, 한국에서 국가이론은 매우 짧은 '르네상스' 이후 매우 긴 휴지기를 가지게 되었다. 서구 국가이론과 제3세계 국가이론이 한국에 소개되고 적용되는 데는 약간의 시차가 존재했지만, 국가론의 쇠퇴는 거의 동시적으로 진행되었다. 이것은 한국 정치학계의 국가이론에 대한 접근이 지나치게 학술적 유행에 민감했다는 사실과, 나아가 국가 연구를 지속시킬 수 있는 내재적 자생력을 갖추지 못했다는 한계를 적나라하게 보여주는 것이었다.

국가와 국가이론을 정치학 내부로 복귀시키는 작업은 현 시기 국내외의 많은 학자들에 의해서 요구되고 있는 바이다. 제솝은 '국가이론은 죽었다'고 했지만, 국가는 과거와 마찬가지로 살아 있고 살아 갈 것이기 때문에 국가와 함께 국가이론은 끊임없이 재발명 되어야 함을 역설하고 있다. 에반스(Evans 1992, 141) 또한 "국가를 해체하는 것이 해답은 아니다. 이를 재구성하는 것이 문제"라고 하였다. 최장집(1993, 76-77)은 특히 한국에서 국가이론은 '때 이르게 퇴조'했지만, 국가이론이 수행할 수 있는 비판적 기능은 여전히 크게 요청되고 있음을 강조하고 있다.

마지막으로 한국의 정치학계에 국가론과 관련되어 요청되는 과제들을 다음과 같이 몇 가지로 요약해 본다. 첫째, 이 글의 2장 서두에서 '국가란 무엇인가?'라는 문제를 던졌다. 이제 우리는 다음과 같은 문제를 던져야 한다. '한국의 국가란 무엇인가?' 한국 정치학계가 이 문제에 답변하기 위해서는 무엇보다도 국가에 대한 보다 세련되고 토착화된 방법론과 개념 생산이 필요할 것이다. 이러한 방법론과 개념은 '한국의 국가'라는 연구 대상으로부터 도출될 것이다.

둘째, 국가이론이 일련의 위기를 거쳐 종국적으로 쇠퇴의 길로 접어들 수밖에 없었던 것은 국가에 대해 가졌던 기존의 정태적인 인식에 기인하는 바가 크다. 즉 기존에는 국가를 변화하지 않고 선험적인 속성이 부여된 그 무엇으로 취급하면서 구체화하고 본질화해 왔다. 하지만 국가는 사회적 관계이며, 현존하는 제도이며, 자신을 둘러싼 정치경제적 환경에 적응하는 '동태적 실체'이다. 따라서 21세기에 여러 형태로 탈바꿈을 시도하고 있는 국가들에 대한 새로운 이슈들이 생산되고 분석되어야 할 것이다.

셋째, 비록 21세기에 우리가 존재하고 있는 정치적 환경이나 지적 유행이 이전과는 판이하게 달라졌다고는 하지만 지난 20세기 후반에 국가 논쟁들에서 제기되었던 중요한 주제들의 적실성은 여전히 사라지지 않았다. 따라서 21세기에 정치학은 국가를 재발견해야 하는 과제와 재발견된 국가에 대한 이론을 재발명해야 하는 과제를 수행해야 할 것이다.

넷째, 근대 국가의 형성은 복수의 근대 국가가 처음부터 하나의 체제를 이루면서 출발했기 때문에 국가는 상호 경쟁적이고 배타적이며 또 생존을 위해서 상호 모방적이라는 사실이다. 따라서 향후 국가이론은 사회, 국가 및 국제관계라는 세 가지 차원에서 분석될 필요가 있는데, 국가는 이 세 가지 차원이 서로 연계되고 착종되는 현상 속에서 존재하기 때문이다.

되풀이되는 언급일 수 있겠지만, 이러한 과제들을 보다 발전적으로 수행하기 위해서는 무엇보다도 국가를 다시 정치학의 연구 주제로 되불러 와야 한다. 한국의 국가는 여전히 동태적으로 존재하며, 사라진 것은 한국 국가에 대한 이론, 즉 국가론일 뿐이다. 제3의 국가론 르네상스는 이러한 과제를 수행하는 과정에서 출현하게 될 것이다.

꼭 읽어야 할 책

강민 외. 1991. 『국가와 공공정책』 서울: 법문사.

박상섭. 1984. 풀란차스-밀리반드 국가론논쟁고. 한국정치학회 편. 『한국정치학회보』 18집.

박상섭, 1990. 『자본주의국가론』 서울: 한울.
손호철. 1991. 『한국정치의 새구상』 서울: 풀빛.
최장집. 1993. 『한국민주주의의 이론』 서울: 한길사.
한국정치연구회. 1989. 『한국정치론』 서울: 백산서당.
한국정치학회. 1987. 『현대한국정치와 국가』 서울: 법문사.
Jessop, Bob 저. 유범상 역, 2000. 『전략관계적 국가이론』 서울: 한울아카데미.
O'Donnell, Guillermo A. 1973. *Modernization and Bureaucratic-Authoritarianism: Studies in South American Politics*. Berkeley: Univ. of California Press.

참고문헌

강민 외. 1991. 『국가와 공공정책』 서울: 법문사.
강민. 1983. 관료적 권위주의의 한국적 생성. 한국정치학회 편. 『한국정치학회보』 제17집.
김성국. 1984. 세계체제와 한국의 정치경제. 변형윤 편. 『한국사회의 재인식1』 서울: 한울.
김홍명. 1984. 마르크시즘과 국가이론. 한국정치학회 편. 『한국정치학회보』 18집.
박상섭. 1984. 풀란차스-밀리반드 국가론논쟁고. 한국정치학회 편. 『한국정치학회보』 18집.
박상섭, 1990. 『자본주의국가론』 서울: 한울.
손호철. 1991. 『한국정치의 새구상』 서울: 풀빛.
손호철. 1995. 『해방50년의 한국정치』 서울: 새길.
손호철. 2002. 『근대와 탈근대의 정치학』 서울: 문화과학사.
이성형. 1985. 국가, 계급 및 자본축적: 8·3조치를 중심으로. 최장집 편. 『한국자본주의와 국가』 서울: 한울.
임영일외. 1985. 『국가란 무엇인가』 서울: 까치.
임혁백. 1990. 산업사회에서 국가, 자본, 노동의 관계. 『산업사회와 한국정치의 과제』 서울: 한국정치학회.
장달중. 1985. 경제성장과 정치변화.『사상과 정책』 제2권 4호.
최장집. 1984. 그람시의 헤게모니개념. 한국정치학회 편.『한국정치학회보』 18집.
최장집. 1985. 과대성장국가의 형성과 정치균열의 구조.『한국사회연구3』 서울: 한길사.
최장집. 1988.『한국의 노동운동과 국가』 서울: 열음사.
최장집. 1993.『한국민주주의의 이론』 서울: 한길사.
한국정치연구회. 1989.『한국정치론』 서울: 백산서당.
한국정치학회. 1987.『현대한국정치와 국가』 서울: 법문사.
한배호. 1984.『한국의 정치』 서울: 박영사.
한상진. 1988.『한국사회와 관료적 권위주의』 서울: 문학과지성사.

Alavi, Hamza. The State in Postcolonial Societies: Pakistan and Bangladesh. *New Left Review*, no.74(July-August).
Althusser, L 저. 이진수 역. 1997.『레닌과 철학』 서울: 백의.
Altvater, Elmar. 1973. Notes on Some Problems of State Interventionism. *Kapitalistate*, 1: 96-108.
Bentley, Artur F. 1980. *The Process of Government*. Chicago: Univ. of Chicago Press.
Block, Fred. 1987. The Ruling Class Does Not Rule: Notes on the Marxist Theory of the State. F.Block(ed.). *Revising State Theory*. Temple Univ. Press.
Bobbio, Norberto 저. 구갑우 · 김영순 역. 1992.『마르크스주의 국가이론은 존재하는가』 서울: 백의.
Dahl, Robert A. 1961. *Who Governs?*. New Haven: Yale Univ. Press.
Easton, D. 1981. The Political System Besieged by the State. *Political Theory*, 9(3): 321-22.
Evans, Peter. 1979. *Dependent Development: The Alliance of Multinational, State and Local Capital in Brazil*. Princeton: Princeton Univ. Press.
Evans, Peter. 1985, *Bringing the State Back In*. London: Cambridge Univ. Press.
Evans, Peter. 1992. The State as Problem and Solution. Stephan Haggard et al.

(eds.). *The Politics of Economic Adjustment.* Princeton: Princeton Univ. Press.

Hall, Peter. 1986. *Governing the Economy: The Politics of State Intervention in Britain and France.* New York: Oxford Univ. Press.

Hegel, G. W. F. 1942. *The Philosophy of Right.* Oxford: Clarendon Press(trans. T.M.Knox).

Heywood, A 저. 조현수 역. 2002. 『정치학』 서울: 성균관대출판부.

Hirsch, Joachim. 1977. Elements of a Materialist Theory of the State. *International Journal of Politics.* 7(20): 9-82.

Hirsch, Joachim. 1991. Fordism and Post-Fordism: The Present Social Crisis and its Consequences. Werner Bonefeld & John Holloway(ed.). *Post-Fordism & Social Form.* London: MacMillan Academic and Professional LTD.

Hyun-chin, Lim. 1985. *Dependent Development in Korea, 1963-1979.* Seoul: Seoul National Univ. Press.

Ikenberry, G.John. 1988. *Reasons of State: Oil Politics and the Capacities of American Government.* Ithaca: Cornell Univ. Press.

Jessop, Bob 저. 유범상 역, 2000. 『전략관계적 국가이론』 서울: 한울아카데미.

______. 1989. Putting States in their Place: State System and State Theory. 경남대 극동문제연구소 편. *Marxism and the New Global Society*(국제회의 기고문).

______. 1997. The Governance of Complexity and the Complexity of Governance. A. Amin, et al., eds., *Beyond Market and Hierarchy.* London: Edward Elger.

______. Jessop, Bob. 1999. The Dynamics of Partnership and Governance Failure. Gerry Stocker, ed., *The New Politics Local Governance in Britain.* London: Oxford Univ. Press.

Krasner, Stephen D. 1978. *Defending the National Interest: Raw Materials Investments and U.S. Foreign Policy.* Princeton: Princeton Univ. Press.

______. 1984. Approaches to State: Alternative Conceptions and Historical Dynamics. *Comparative Politics* 16(2).

Lindblom, Charles E. 1977. *Politics and Markets*. New York: Basic Book.

Miliband, Ralph. 1969. *The State in Capitalist Society*. New York: Basic Books.

Mills, C. W. 1956. *Power Elite*. Oxford: Oxford Univ. Press.

Nettl, J. P. 1968. The State as a Conceptual Variable. *World Politics* 10(4): 560-563.

Poggi, G. 1978. *The Development of the Modern State*. Stanford: Stanford Univ. Press.

Nordlinger, Eric. 1981. *On the Autonomy of the Democratic State*. Cambridge, MA: Harvard Univ. Press.

O'Donnell, Guillermo A. 1973. *Modernization and Bureaucratic-Authoritarianism: Studies in South American Politics*. Berkeley: Univ. of California Press.

Poulantzas, Nicos. 1969. The Problems of the Capitalist State. *New Left Review*. 58: 67-78.

______. 1973. *Political Power and Social Classes*. London: New Left Books.

Saul, John. 1979. *The State and the Revolution in Eastern Africa*. New York: Monthly Review Press.

Schmitter, Philippe. 1974. Still the Century of Corporatism. *Review of Politics*, 36(1): 85-131.

Skocpol, Theda & Finegold, Kenneth. 1982. State Capacity and Economic Intervention in the Early New Deal. *Political Science Quarterly*, Vol. 97: 255-278.

Skocpol, Theda. 1985. Bringing the State Back in. Evans et al.(eds.). *Bringing the State Back in*. London: Cambridge Univ. Press.

Stepan, Alfred. 1978. *The State and Society: Peru in Comparative Perspective*. Princeton: Princeton Univ. Press.

Wallerstein, Immanuel 저, 백영경 역. 1998. 『유토피스틱스』 서울: 창작과비평사.

Wiarda, Howard. 1973. Forward a Framework for the Study of Political Change in the Iberic-Latin Tradition: the Corporative Model. *World Politics*, 25(2).

CHAPTER 06

이익집단정치: 다원주의와 조합주의

전 용 주

Ⅰ. 들어가며

권력 추구는 모든 정치체계의 보편적 현상이다. 권력행사의 결과, 특히 정부의 정책결정행위는 그 사회에서 특정 개인이나 집단에게는 혜택을 부여하는 동시에 다른 개인과 집단에게는 비용을 부담지운다. 즉 정부에게 부여되어 있는 정치권력의 행사는 곧 '승자'(winner)와 '패자'(loser)를 만들게 되는 것이다. 따라서 개인이나 집단은 권력을 행사할 수 있는 정부의 선출직을 획득하거나 혹은 권력에 의한 정책결정에 영향을 미치기 위해 경쟁한다. 이것이 이른바 '정치동학'(political dynamics)이다. 이 같은 정치동학의 과정에서 시민사회의 개인들은 '정당'(political parties)이나 '이익집단'(interest groups)을 통해 자신들의 정치적 이익과 요구를 정치체제에 반영시킨다.

물론 민주주의 정치체제는 시민사회 대중들의 요구를 대표하는 헌법상 대의제도를 운영한다. 선거를 통해 '의회'를 구성하거나 행정부의 수장(대통령)을 선출하는 것이 그것이다. 그러나 이러한 공식적 제도들은 시민사회의 모든 요구를 정치체제에 반영하기에 불충분하다. 따라서 보조적 장치로서 '정당'과 '이익집단'을 매개로 한 '이익대표'(interest representation)를 통해 대의정치가 완성되는 것이다.

특히 유사한 이념이나 신념, 그리고 정치적 이익을 가진 개인들은 '이익집단'(interest groups)을 조직하여 그들의 요구를 더욱 효과적으로 표현하고자 한다. 트루먼에 의하면 '이익집단'은 "공통의 신념, 가치, 태도에 기초하여 자발적으로 구성된 조직으로서 공통의 정책적 목표를 달성하기 위해 정치과정에 영향을 미치려고 노력하는 집단"으로 정의된다(Truman 1951, 33). 이들에 의한 정치적 신념, 가치, 태도의 표현과 '소통'(communication), 그리고 정치적 요구의 과정은 이른바 '이익표출'(interest articulation)과정이며 정치체제의 대의과정에서 중요한 역할을 하게 된다.

이 같은 '이익집단'에 의한 '이익표출'과 집단 간 갈등은 '정치동학'을 형성하며 그 형태는 국가별로 상이하게 나타난다고 할 수 있다. 따라서 이러한 '정치동학'에 관한 국가별 비교 분석은 특정 국가의 정치체제가 어떻게 작동하고 있는지, 그리고 그 사회의 권력분배가 어떻게 이루어져 있는가에 대한 통찰력을 제공해준다고 할 수 있다. 민주주주의 체제하에서 이익집단의 형성과 이익표출 형태, 즉 이익집단 정치를 바라보는 시각은 크게 두 가지이며 그것은 바로 '다원주의 모형'(pluralist model)과 '조합주의 모형'(corporatist model)이다. 이 장에서는 이 두 모형의 주요 내용, 그리고 한국 사례에 대한 적용에 대해 정리하고 소개하기로 한다.

Ⅱ. 이익집단정치에 관한 두 모형: 다원주의와 조합주의

1. 이론적 모형으로서의 다원주의와 조합주의

이익집단정치를 바라보는 두 시각, 즉 '다원주의 모형'과 '조합주의 모형'은 각기 다른 학문적 전통과 특정 국가의 특수한 상황에 반응해서 나타났다. 그러나 다원주의나 조합주의라는 개념은 수많은 의미로 정의되고 논의되어져 온 것이 사실이다. 예를 들어 국가의 정치체제 혹은 경제체제의 형태를 의미하는 것으로도 사용되어져 오거나 혹은 거의 모든 형태의 정치적 현상을 포괄하는 일반화된 이론, 즉 '거시이론'으로도 사용되어 온 것이다. 그러나 학자들의 여러 차원의 개념 혼용은 그 내용에 모호함뿐만 아니라 실증적으로 검증할 수 있는 이론의 지위를 상실하게 될 가능성까지 초래했다.

따라서 이 글에서는 다원주의와 조합주의를 국가와 시민사회의 관계에서 시민사회의 정치적 이익을 대표하는 형태와 성격, 즉 이익집단정치의 형태와 성격이라는 좁은 의미의 개념으로 사용할 것이다. 이러한 사용은 두 이론을 '중범위이론'(middle-range theory)으로 위치시키는데 보다 더 유용할 것이기 때문이다. 이 같은 이론적 지위 조정을 통해 다원주의와 조합주의는 이익집단정치의 각기 다른 대칭적 형태를 보여주는 이론으로 명확히 구별될 수 있을 것이다.

이 같은 관점에서 두 이론의 핵심적 내용을 간략히 요약하면 다음과 같다. 먼저 '다원주의적 모형'에 의하면 한 사회의 특수한 이익에 기초한 집단들 — 예를 들어 경제단체, 노동조합, 직능단체 등등 — 은 '자율성'(autonomy)을 누리면서 자유롭게 활동하고 경쟁한다. 그들의 목적은 정치적 이익의 최대한 보장받기 위한 것이며 이를 위해 선거나 정책결과에 영향력을 미치고자 한다. 물론 한 집단의 승리는 다른 집단의 패배를 의미하기 때문에 상호 경쟁은 매우 치열하나 집단 간 '협상'(bargaining)과 '타협'(compromise)도 예외적인 현상은 아니다. '정부'(government)는 이익집단 간 상호 '경쟁'과 '타협' 과정에 반응하면서 그 사회의 '공공선'(public goods)인 '정책'(public policy)을 만들어내게 된다. 결국 정부의 정책은 시민사회의 특수한 이익의 '합'(sum)이라고 할 수 있다.

'조합주의적 모형'은 '다원주의적 모형'이 바라보는 사회의 모습을 배격한다. 이 이론은 '다원주의적 모형'이 묘사하고 있는 이익집단 간 경쟁은 '공공선'에 해가 된다고 가정한다. 따라서 이익집단 간 경쟁과 갈등은 국가에 의해 조정되고 감독되어야 한다. 이익집단들은 '자율성'이 없으며 '자유롭게' 정치적 이익을 요구하는 것도 허용되지 않는다. 단 국가의 이념적 목적과 국가가 방향을 정한 공동의 목적에 의해 이익집단 간의 관계는 조직화되고 구조화된다. 즉 다원주의가 이익집단 간의 경쟁을 강조하고 있다면 조합주의는 국가에 의해 통제되는 독점적 이익집단의 존재에 주목한다.

물론 이 같은 '모형들'은 현실에서 순수한 형태로 존재하지 않는다. 대다수 민주주의 국가에서 이익집단 형성과 이익대표, 그리고 국가와의 관계는 두 모형의 혼합된 형태로 나타난다고 할 수 있다. '모형'은 이상적 모습을 그리고 있으며 완전한 형태의 다원주의일 경우 혹은 완전한 형태의 조합주의일 경우 어떤 모습인가를 '기술적'(descriptive)으로 표현하고 있다. 그리고 때로는 '규범적'(normative) 의미를 갖기도 한다. 어떤 형태가 바람직하며 그러한 방향으로 발전하기 위해서는 어떠해야 하는가 하는 문제가 그것이다.

〈그림 1〉 다원주의와 신조합주의의 스펙트럼적 분류

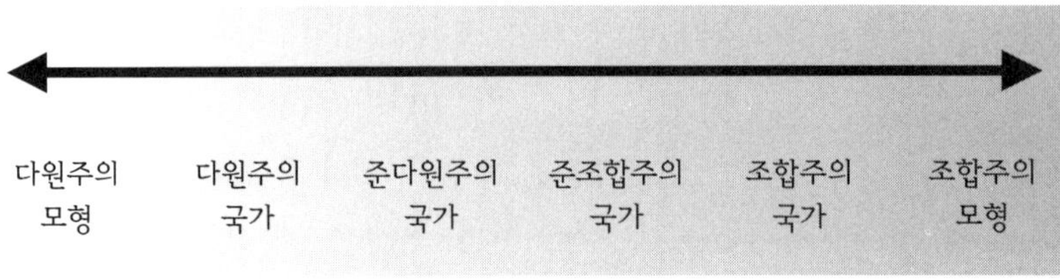

무엇보다도 '모형'은 복잡한 현실을 이해하는 데 도움이 되는 지적 도구로 활용될 수 있다. 첫째, 모형을 이루고 있는 요인들이 변화할 경우 어떤 일이 발생할 것인가에 대한 '상상'을 할 수 있다. 예를 들어 이 두 모형에서는 '경쟁', '자율성,' '국가개입' 등등이 그것이다. 둘째, 사례별로 비교를 가능하게 해준다. 즉 주요 요인들이 개별 국가에서는 어느 정도로 현실에 존재하는지를 측정하게 함으로써 이익대표의 공통성과 상이성을 파악하게 해준다. 따라서 '다원주의적 모형'과 '조합주의적 모형'은 이상적으로는 상호배타적이지만 현실에서는 그렇지 않다고 생각하는 것이 유용하다. 즉 하나의 '스펙트럼적 분류'로 사고하는 것이 현실적이며 이를 기초로 '비교'가 가능해진다(그림 1 참조). 예를 들어 'A라는 국가는 아직 덜 다원주의적'이라든지, 혹은 'A국가가 B국가보다 더 조합주의적'이라는 분석을 가능하게 해주는 것이다. 물론 한 국가 내에서 어떤 정책분야는 다원주의적 모형의 특성을, 또 다른 분야는 조합주의적 특성을 보여주는 사례도 다수 발견할 수 있다.

2. 다원주의모형의 주요 내용

다원주의모형은 '자유주의'(liberalism)의 전통이 확립된 '영・미계'(Anglo-American)의 전통에 뿌리를 두고 있다. 다원주의에 의하면 국가는 그

사회의 많은 집단 중 하나로 간주된다. 이익집단의 '다원성'(plurality)을 전제로 국가는 시민사회의 수많은 집단들이 재화를 추구함에 있어 필요한 자유와 사회질서, 즉 '게임의 법칙'(rule of game)을 유지하는 기능을 수행할 뿐이다. 미국의 대표적 다원주의자들, 예를 들어 벤틀리(Arthur Bentley), 리프만(Walter Lippmann), 트루먼(David Truman)과 달(Robert Dahl) 등은 다원주의를 시민사회의 이익집단 간 '경쟁'과 '세력균형'에 의한 간접민주주의의 한 형태로 본다.

이익집단의 역할에 주목한 가장 대표적인 학자는 트루먼이다. 트루먼에 의하면 수많은 정치적 집단의 조직화와 등장은 자연스러운 사회적 현상이다. 그의 이른바 '소요이론'(disturbance theory)에 의하면 사회적·경제적 분화와 전문성의 심화로 인해 다양한 정치적 이익이 새롭게 생겨나고 이는 집단 결성에 우호적인 환경을 조성하게 된다. 그리고 이와 같이 조직되고 상호 경쟁하는 집단들은 사회에서 일종의 힘의 '균형상태'(equilibrium)를 형성한다(Truman 56-62). 만일 특정집단의 과도한 영향력 행사로 이러한 균형상태가 파괴될 경우 집단 간 견제와 균형에 의해 자연스럽게 치유된다. 왜냐하면 균형파괴에 대항하여 '잠재적 집단'(latent groups)이 조직화되고 동원됨으로써 다시 균형이 회복되기 때문이다.

폴스비(Polsby 1964)는 이익집단들이 추구하는 '자원'(resources)의 관점에서 '세력균형'을 설명한다. 그에 의하면 이익집단들이 추구하는 자원들의 대표적인 예가 경제적 자원, 사회적 지위, 권위적 자원이다. 시민사회의 집단들에게 권력을 부여할 수 있는 자원과 기회는 매우 다양하기 때문에 이익대표체계로부터 소외되는 집단은 거의 없게 된다. 즉 이익집단들의 '정치적 영향의 평준화'(political levelling)가 다원주의의 핵심이다.

이익집단정치에 관한 다원주의의 연구경향은 크게 두 가지로 요약될 수 있다. 첫째, '정치적 요구의 집합'(demand aggregation)과 관련된 주제이다. 이는 '왜 인간은 집단을 형성하는가?'라는 내용이다. 둘째, '집단 영향력'(group impact)에 관한 연구이다. '이익집단들은 정책결정과정에 있어서 어떻게, 그리고 어느 정도의 영향력을 행사하는가?'라는 주제와 관련이 있다.[1)]

첫째, '정치적 요구의 집합'과 관련하여 가장 중요한 주제는 바로 '집단은 어떻게 조직되는가?' 혹은 '인간은 왜 집단에 참여하는가?'이다. 이 주제는 집단 결성에 있어 '자연발생성'을 강조한 트루먼의 다원주의적 해석과 그에 대한 올슨(Olson 1965)의 '합리적 선택'(rational choice)이론에 근거한 비판적 연구들이 대표적이다.

전술한 바와 같이 트루먼은 이익집단들의 자연발생적인 '동원'(mobilization)과 '대항동원'(counter-mobilization)에 의한 지속적인 '균형'의 유지를 강조한다. 그러나 올슨(Mancur Olson)은 '합리적인 경제적 인간'(rational economic man)형에 근거하여 이러한 트루먼의 주장을 비판한다. 올슨에 의하면 인간은 공통된 이해가 있다하더라도 반드시 집단에 참여하지 않는다. 왜냐하면 바로 '무임승차'(free-rider)의 문제가 개인의 집단참여를 방해하기 때문이다. 즉 합리적인 인간은 집단참여로 인해 발생하는 비용이 혜택을 초과할 경우 참여를 회피하게 될 것이라는 것이다(Olson 1965, 5-65). 그렇다면 왜 인간은 집단에 참여하는가? 올슨은 이에 대해 '유인이론'(incentive theory)으로 답한다. 이 이론에 의하면 개인이 집단에 참여하고 활동하는 이유는 집단 구성원이기 때문에 얻을 수 있는 혜택, 즉 '선택적 유인'(selective incentives)이 제공되기 때문이다.

---

1) 이하에서 정리되고 있는 다원주의 이론에 근거한 연구경향의 내용은 전용주(2007)의 논문에서 발췌, 요약한 것이다.

샐리스베리(Salisbury 1969)는 '선택적 유인들'을 세 가지로 유형화한다. 그는 올슨이 강조한 물질적 유인(material incentives)과 더불어 '연대적 유인'(solidary incentives), 그리고 '표현적 유인'(expressive incentives)으로 분류한다. '연대적 유인'은 집단에 참여함으로써 느낄 수 있는 동료애, 즐거움, 자부심과 같은 것이며 '표현적 유인'은 집단이 추구하는 이념이나 특정 목적에 동조하는 신념과 같은 것으로 정의된다. 샐리스베리는 이익집단형성을 설명함에 있어서 '정치적 기업가'(political entrepreneurs)라는 개념을 도입한 '교환이론'(exchange theory)도 발전시킨다. 이 이론은 집단이 활용할 있는 자원을 선택적 유인으로 효과적으로 전환하여 구성원들에게 제공하거나 정치적 의제를 적절히 설정함으로써 구성원들의 집단참여를 유도할 수 있는 정치적 기업가의 능력이 집단결성과 참여에 매우 중요하다는 내용이다.

올슨의 주장은 많은 학자들에 의해 지지를 받아왔다. 그러나 비판도 적지 않게 제기되어 온 것이 사실이다. 그 비판의 주된 내용은 집단 참여에 대한 개인의 동기를 지나치게 강조할 경우 다른 환경적 요소들, 즉 집단의 지도자나 정부, 체제적 요소, 그리고 사회변화들의 역할을 제대로 이해하지 못한다는 것이다. 예를 들어 워커(Walker 1991)는 집단결성에 있어서의 '후원자'(patron)의 역할에 주목한다. '잠재적 집단'을 조직화하여 동원할 수 있었던 가장 중요한 요인은 수많은 정부 정책 프로그램의 창출과 집행이며 이때 정부는 '무임승차' 문제를 해결하고 집단형성을 가능하게 한 이른바 '후원자'(patron)로 기능하였다는 것이다. 그레이와 로워리(Gray and Lowery 1996)는 개인의 집단참여 동기에 대한 사회 체계적 요인들의 영향력을 강조하고 있다. 그들에 의하면 집단의 생성은 그 체제의 경제적 다양성, 경제적 부, 경체체제의 크기와 밀접한 관련을 갖는다.

둘째, 다원주의 모형에 입각한 연구의 두 번째 주제는 바로 이익집단들의 '정치적 영향력'에 관한 것이다. 이 주제를 연구하는 접근 방법과 주제는 크게 네 가지로 분류된다. '정책 접근방법'(policy approach), '집단 접근방법'(group approach), '정치자금'(political money), 그리고 '로비'(lobby)의 형태에 관한 연구가 그것이다. 먼저 '정책 접근방법'은 이익집단들이 정책결정과정에 참여하는 모습을 주목하면서 여러 개념들을 발전시킨다. 대표적인 예로 '정책하위체제'(policy subsystem), '하위정부'(subgovernment), 혹은 '철의 삼각동맹'(iron triangle) 같은 개념을 들 수 있다(Heclo 1978; Berry 1989). 이 개념들은 이익집단들이 의회 상임위원회나 관료기구와의 '공생관계'(symbiotic relationship)를 형성하면서 정치적 영향력을 행사한다고 설명한다. 이 관계는 매우 폐쇄적이며 안정적으로 묘사된다. 이러한 관계를 형성하고 있는 이익집단의 영향력 정도는 그들이 외부 — 예를 들어 다른 이익집단 — 의 개입을 차단하고 그 체제를 어느 정도 보호하고 있는가에 달려 있다. 헤클로(Heclo 1978)는 이보다는 더 개방적인 형태의 '이슈 네트워크'(issue network)라는 개념을 발전시킨다. 폐쇄적이고 자율성이 보장된 '하부정부'에 비해 '이슈 네트워크'는 더 많은 집단과 행위자들이 참여하는 개방적이고 유동성이 높은 정책결정구조다. 여기서는 집단 간 경쟁적인 '연합'이 형성되며 어느 특정집단이 정책에 대한 지배적 영향력을 행사할 수 없는 균형상태, 즉 다원주의적 모형에 가까운 질서를 형성한다.

두 번째는 '집단 접근방법'(group approach)이다. 이 방법은 정책결정구조보다는 그 결정과정에서의 이익집단들의 행태와 역할에 주목한다. 이는 정치적 목적을 달성하기 위한 집단들의 로비 형태와 그 결과라는 주제와 밀접한 관련을 갖는다. 예를 들어 샷슈나이더(1935)는 미국 관세정책을 연구하면서 이익집단들이 여론을 형성 혹은 조작하고 의원들을

'설득'하는 로비방법을 동원하였고 그 결과도 매우 성공적이었다고 주장한다. 그러나 다른 학자들은 이익집단 로비는 정책결정자들을 '설득'하는 것이 아니라 주로 정책과 관련한 '정보'를 제공하는 데 그치며 따라서 이익집단의 역할은 매우 수동적이고 그 영향력도 미미하다고 주장한다(Bauer, Pool, and Dexter 1963; Milbrath 1963). 이 같은 상반된 결론은 결국 연구자 별로 서로 다른 정책 사례 혹은 같은 사례의 경우에도 각기 다른 시기를 연구대상으로 하고 있기 때문이라고 할 수 있을 것이다. 이 접근방법에 근거한 사례연구들을 종합해보면 다음과 같은 결론이 도출될 수 있을 것이다. 즉 정책결정과정에서의 이익집단들의 역할과 영향력은 정책의 종류, 정책에 대한 사회적 관심, 정책을 둘러싼 갈등정도와 정책의 가시성(salience)의 차이 등 다양한 변수들에 의해 영향을 받는다는 것이다(Baumgartner and Leech 1996; Hansen 1991; Hayes 1978).[2)]

셋째, 이익집단의 선거자금 혹은 정치자금제공과 그 결과에 관한 연구를 들 수 있다. 특히 미국의 경우 '정치활동위원회'(PACs)[3)]의 정치자금 제공과 의원들의 입법과정에서의 활동 간의 관계에 주목한 연구들이 많다(Grenzke 1989; Langbein 1993; Quinn and Shapiro 1991; Wright 1990). 그러나 이 연구들도 두 요인 간의 뚜렷한 상관관계를 발견하지 못하고 있다. 그 이유는 앞서 집단적 접근방법의 한계에서 지적한 바와 유사하다고 할 수 있다. 즉 연구마다 상이한 집단과 사례를 연구대

2) 예를 들어 정보통신정책이나 외교정책 혹은 국방정책과 같이 전문성과 정보가 필요한 정책분야의 경우 일반인들이 이해하기 힘들고 보안이 필요하기 때문에 이와 같은 정책분야와 관련된 이익집단들의 영향력은 커질 수 있다. 반면 사회적 관심이 높거나 갈등 정도가 높은 정책 쟁점의 경우 일반인들의 관심도 높아지고 따라서 상대적으로 이익집단이 영향력을 행사할 수 있는 여지가 좁아질 수 있다.

3) '정치활동위원회'(Political Action Committees)는 미국에서 이익집단들이 정치자금을 모금하고 정당이나 후보자들에게 그것을 기부할 수 있도록 하게 하는 법적으로 규정된 조직이다.

상으로 하고 있기 때문이다. 이 주제에 관한 연구들을 정리한 스미스(Smith 1995)는 다음과 같은 결론을 내린다. 즉 이익집단의 영향력 행사 방법으로서의 정치자금기부와 의원들의 입법 활동과의 관계는 '맥락적 변수'(contextual variables)들에 의해 규정된다는 것이다. 예를 들어 쟁점의 가시성과 기술성, 정책과 관련한 비용과 혜택의 정도, 정당갈등의 정도, 대중의 인지 정도, 반대조직의 활동과 그 강도 등의 조건에 따라 정치자금제공의 영향력은 상이한 결과를 가져온다는 것이다.

이익집단들이 활용하는 '로비의 형태'도 연구의 관심대상이었다. 이익집단들은 의회 청문회에서의 '증언', 의원과 행정부 관료 등 정책결정자들에 대한 직·간접 '접촉', 정책에 대한 연구결과의 발표, 타 집단과의 연합형성, 대중매체의 활용, 소송, 입법초안과정에의 참여 등과 같은 다양한 로비방법을 동원한다(Berry 1977; Heinz et al. 1993). 또한 로비방법의 선택은 '집단의 특성' 즉 가용한 자원이나 회원들의 선호, 그리고 '정치적 환경' 즉 쟁점의 가시성, 갈등정도, 정책결정자들의 입장과 같은 요인들에 달려 있다(Berry 1977; Goldstein 1999).

3. 조합주의모형의 주요 내용

'조합주의'(corporatism)의 어원은 중세 가톨릭 중심 사회에서의 '길드'(Guild)개념에 근원을 두고 있다. 길드는 서유럽 중세사회에서의 도시 발전과정에서 중요한 역할을 한 상공업자들의 '동업조직'을 일컫는다. 길드의 기능적 단체였던 '조합'(corporation)과 중상주의적 사상의 결합은 조합주의 개념에 대한 서로 다른 정의와 논의의 원인을 제공한다. 예를 들어 어떤 학자들은 조합주의를 자본주의나 사회주의와 구별되는 대등한 '경제체제'(economic system)의 한 형태로 정의하기도 한다. 반면 어떤 학자들은 하나의 국가형태 혹은 정치체제(political system)의 형태로서 의회주의적 정치체제나 파시즘과 같은 수준의 개념으로 정의하기도 한다. 그러나 이 장에서 소개되고 있는 '이익집단정치'의 한 형태로서의 조합주의는 제2차 대계대전 이후 학자들이 정리하고 발전시킨 '신조합주의'(neo-corporatism)라는 개념에 기초하고 있다.

'신조합주의'는 전후 자본주의의 제도화 과정에서 사회의 '안정'(stability)과 '통제'(control)의 한 형태로 나타났다고 할 수 있다. 이 당시 시민사회에서의 기업 활동 그리고 이익집단의 형성과 활동이 개인의 자유와 시장경제의 발전에 부정적 역할을 미칠 것이며 '정치적 통합'(political unity) 또한 해칠 것이라는 우려가 나타난다. 이러한 우려에 대한 대안으로서 등장한 것이 신조합주의라고 할 수 있다.

'신조합주의' 개념은 슈미터(Schmitter 1974)가 가장 잘 정리하고 있다. 그에 의하면 '신조합주의'는 이익을 대표하는 하나의 체계로 정의된다. 이 체계를 구성하는 단위들은 '제한된 수'의 단위들로 구성되어 있다. 단위들은 기능에 따라 분류된 영역 내에서 단 하나만이 존재하며, 조직에의 가입이 의무적이며 상호간에는 경쟁을 하지 않는다. 단위 내에서는 '위계질서'(hierarchy)가 형성되어 위로부터 지시를 받는다. 단위를 대표하는 이익집단은 국가에 의해 설립되지는 않지만, 인정을 받거나 또는 '허가'(licensing)를 받는다. 이익집단은 자신들의 지도자들을 선출하거나 요구를 표출하며, 국가에 대한 지지를 표명하고 국가로부터 제약을 수용하는 대가로 자기 자신들의 영역에서 '독점적 대표권'을 부여받는다(Frank Wilson, 신명순 역 1994에서 재인용). 이와 같은 이유로 신조합주의 이론가들은 '이익대표'라는 개념보다는 '이익중개'(interest intermediation)라는 개념을 선호한다.

신조합주의 모형의 핵심적 내용은 다음과 같이 몇 가지로 정리할 수 있다. 첫째, 국가의 개입과 주도적 역할이다. 국가는 이익집단들의 행태와 '이익중개' 기능을 '허가'(licensing)한다. 둘째, 이익집단 간의 관계는 구조적으로 '위계적'(hierarchical)이다. 국가로부터 독점적 이익중개의 위치를 허가받은 특정 집단은 그 구성원들에 대한 지도력을 확보하며 그들에게 국가와의 협의된 사항에 대해 '순종'(compliance)할 것을 요구한다. 셋째, 이익집단들은 공공정책 집행과정에서 다양한 역할을 수행한다. 특히 특정 공공정책의 '집행'(implementation)과 그 '규제'(regulation) 과정에서 일정 정도 역할을 수행한다. 국가로부터 그와 같은 권한을 위임받은 이익집단일수록 그 규제에 영향을 받는 대상들은 그 집단에 거의 강제적으로 회원이 된다. 이러한 방식으로 그 이익집단은 구성원뿐만 아니라 비구성원들에 대한 통제력을 획득한다. 넷째, 이러한 신조합주의적 구조는 경제, 개별 산업, 그리고 개별 기업에 대한 '국가 개입'(state intervention)을 의미한다. 마지막으로 신조합주의는 '정치적 이중성'(political dualism)을 갖는다고 할 수 있다. 즉 특정 이익집단들 — 특히 주요 산업의 이익집단들 — 은 권력에의 특권적 접근을 확보하는데 이는 다른 이익집단들의 접근을 차단하고 그들의 이익에 피해를 주는 대가이기 때문이다.

이 같은 신조합주의의 '형태'는 국가 개입의 정도에 따라 여러 가지로 나타난다. 그 대표적 형태가 '국가조합주의'(state corporatism)와 '사회조합주의'(social corporatism) 혹은 '자유주의적 조합주의'(liberal corporatism)이다. 권위주의적 정치체제가 강하게 형성되어 있는 국가들 — 아시아나 남미 — 의 경우 국가조합주의가 일반적이다. 국가조합주의는 국가가 공식적으로 인정한 이익집단 혹은 조합을 통해 정치과정에서의 대중 참여를 제한하고 시민사회의 이익대표를 통제하는 형태이다. 이 형태에서는 국가가 지역이나 시민사회의 특정이익영역을 대표하는 하나의 조합 혹은 이익집단만을 인정하며 이익대표나 정책결정과정에의 참여도 한정된 수의 집단에게만 허용한다. 정책집행 또한 국가 이익이라는 목적을 위해 행해진다. 반면 서구사회에서 나타나는 사회조합주의 혹은 자유주의적 조합주의는 국가와 이익집단 간의 관계가 상호의존적이며, 다양한 이익집단의 참여와 그들 간의 이익의 교환관계가 성립하는 특징을 갖고 있다(Lehmbruch 1979). 특히 국가 및 기업집단, 그리고 노동조합 간(tri-partite)에 경제정책에 관한 합의과정이 대표적이다.

이익집단정치에 관한 신조합주의적 연구경향은 크게 세 가지로 분류된다. 첫째, 신조합주의적 이익집단정치의 '발생조건'에 대한 연구이다. 둘째는 신조합주의가 어떻게 이익집단의 활동을 규정하고 또 그 집단에 돌아가는 혜택을 어떻게 보장하는가하는 문제에 대한 연구이다. 셋째는 신조합주의가 국가의 통치능력에 미치는 영향에 관한 연구이다.

첫째, 신조합주의적 이익집단정치 형태의 발생조건에 대한 연구들은 다양한 관점에서 이 문제에 접근하고 있다. 먼저 '역사적 기원'에 주목하는 연구들은 특정 국가의 독특한 문화적 특성이 신조합주의적 이익집단정치의 발생에 우호적인 조건을 제공했다고 주장한다. 특히 이베리안(Iberian) 반도 지역—스페인과 포르투갈—과 남미 지역의 경우 서구 민주주의 국가와는 다른 정치·경제적 발전경로를 밟아 왔고 그 결과 독특한 정치문화가 형성되었다는 점에 주목하여 이러한 특수한 상황이 신조합주의가 발생하는 여건이 되었다고 주장한다(Rogowski and Wasser- spring 1971; Wiarda 1978). 이들 지역은 서구 민주주의 국가들의 역사적 경험, 예를 들어 종교개혁, 계몽철학의 발현, 자본주의의 발흥, 부르조아지의 등장, 그리고 견제와 균형의 정치체제가 등장했던 경험이 없었다. 반면, 로마법과 그에 기초한 정부체계, 중세철학(Thomist), 길드체계 등과 같은 중세적 전통이 지속되었던 것이다. 그 결과 이들 국가에서는 절대주의와 신성권력, 그리고 위계적이고 수직적인 사회구조에의 의존 경향이 여전히 지배적 정치문화의 특성으로 남아 있게 되었다. 이러한 상황에서 국가는 사회적 질서를 유지하는 중앙집권화된 실체로 인식되었으며 따라서 이 국가들에서 신조합주의적 이익집단정치의 형태가 자리잡을 조건이 충족된 것이다.

물론 20세기 이후 출현한 신조합주의적 이익집단정치는 나라마다 그 발생조건이 다르다고 할 수 있다. 학자들도 개별국가의 사례만을 연구함으로써 아직 일반화된 결론에는 이르지 못하고 있다(Anderson 1970; Erikson 1977; Schmitter 1971; Pike and Stritch 1974; Malloy 1977). 그러나 학자들의 개별 사례연구결과를 종합해 보면 신조합주의 이익집단정치의 출현 조건은 다음과 같이 요약할 수 있다. 첫째, 불안정한 자유민주주의 정치체제와 권위주의적 성격을 가진 국가의 경우, 둘째, 한 국가 내에서 지배적인 지배 엘리트들이 존재하고 대중의 정치참여가 제한되고 있는 경우, 셋째, 경제의 산업화가 아직 진전되지 않았으며 농업부분이 국가의 지배적인 생산력을 담당하고 있는 경우, 넷째, 거대자본가들도 '미성숙'된 상태로 국제적인 경쟁력을 가지지 못하며 여전히 국가의 보조에 의존적이며 기업조직과 노사관계도 후진적인 경우, 다섯째, 그럼에도 불구하고 현대적인 거대 규모의 산업자본가들이 등장하고 있는 경우가 그것이다. 이러한 조건에서 신조합주의적 형태를 가진 이익집단정치가 발현할 가능성이 높다고 할 수 있다.

이 밖에도 신조합주의 출현에 우호적인 국가 내부의 '미시적 조건'에 주목하고 있는 연구들도 있다. 그들이 주목하고 있는 조건들은 우선 '노동조합의 조직화'정도이다. 노동조합은 기업집단에 대한 협상력을 높이기 위해 조직화되고 통합되면서 소속구성원들은 점차 노동조합 지도자들과 기업엘리트들의 협상결과를 받아들이게 된다는 것이다(프랭크

윌슨, 1983, 신명순 역). 또한 신조합주의 출현의 미시적 조건으로 '정당체제의 성격변화'를 지적한 연구도 있다(Wilensky 1976). 즉 노동자계층의 이익을 대변하는 정당의 등장과 이들의 집권연합 포함가능성이다. 이러한 가능성이 높을수록 신조합주의적 이익대표형태가 자리잡을 가능성 또한 높아진다는 것이다.

두 번째 연구주제는 신조합주의가 이익집단에 미치는 영향에 관한 것이다. 이와 관련한 첫 번째 쟁점은 이익집단 내부조직의 특성이다. 스트리크(Streeck 1983)의 독일 기업집단 연구에 의하면 독일에서 신조합주의적 이익중개 형태가 자리잡게 되면서 독점적 권한을 승인받은 이익집단의 지도자들과 스태프들은 정부 관료들과의 협상과정에서 '정보'와 '전문성'이 필요하게 된다. 이러한 필요성은 결국 이익집단을 중앙집권화시키고 전문화시키게 되고 이는 집단 구성원들로부터 지도자들과 스태프들을 '이탈'(detachment)시키는 결과를 가져온다는 것이다. 즉 독점적 지위를 승인받은 이익집단이 국가와 가까워질수록 그 구성원들부터는 멀어짐으로써 정책결정과정에서 구성원들이 배제시키게 된다는 것을 의미한다. 이러한 현상은 구성원의 이익이 적절하게 대표되지 못한다는 의미로도 해석될 수 있는 것이다. 반면 그랜트(Grant 1983)는 이와는 상반된 주장을 한다. 그에 의하면 이익집단 구성원이 정책 협상이나 결정과정에 배제되었다고 해서 구성원들의 '동의'가 결여된 것은 아니며 집단 지도자들의 권위나 자원동원을 통해 정책에 대한 '순응'을 이끌어 낸다는 것이다.

신조합주의가 이익집단에 미치는 영향에 관한 두 번째 쟁점은 이익집단의 '공적 지위'(public status)에 관한 것이다. 이는 주로 이익집단이 국가로부터 '허가'를 받는다는 것이 무엇을 의미하는 것인가라는 내용이라고 할 수 있다. 오페(Offe 1981)는 이를 네 가지 차원으로 구분하여 분석하고 있다. 첫째는 '자원 지위'(resource status)로서 이익집단이 국가로부터 공급받는 자원의 정도이다. 둘째는, '대표 지위'(representation status)로서 이익집단이 대표하는 이익이 정책에 반영되는 정도이다. 셋째, '조직 지위'(organization status)로서 집단내부의 일반구성원과 지도부간의 관계가 규제되는 정도이다. 마지막으로 '절차적 지위'(procedural status)로서 정책의 기획, 결정, 집행과정에 이익집단이 국가로부터 승인받아 참여하는 정도이다. 이 네 가지 차원에서 긍정적 지위를 얻는 집단은 다른 집단에 비해 상대적으로 혜택을 누리게 되는 것이며 이것이 바로 국가로부터 '허가'를 받는다는 의미라는 것이다.

세 번째 연구주제는 신조합주의적 이익중개의 '결과'와 관련된 것이다. 앞서 설명한 바와 같이 이익중개에 있어 독점적 역할을 부여받는 이익집단이 존재한다는 것은 국가가 경제나 시장에 '직접' 개입할 가능성을 최소화시킨다는 것을 의미한다. 국가는 독점적 이익집단으로 하여금 특정 분야의 정책결정과 집행을 대신하도록 하기 때문이다. 이러한 형태를 스트리크와 슈미터는 '사적 이익 정부'(private interest governments: PIGs)라고 명명한다(Streeck and Schmitter 1985a). 그렇다면 이러한 '사적이익정부'의 존재는 어떤 결과를 가져왔는가? 이에 대해서는 세 가지 쟁점이 있다고 할 수 있다. 첫째는 민주주의적 '대표성'과 관련된 쟁점이다. 다수의 학자들은 신조합주의적 이익중개의 형태가 민주주의 대표성에 부정적 영향을 미친다는 점에 대해 동의하고 있다. 구성원들의 참여가 배제되고 그들의 이익도 국가와 이익집단지도자들에 의해 결정되고 강요되기 때문이다. 두 번째는 '정치적 안정성'에 관한 쟁점이다. 그랜트(Grant 1985)는 신조합주의적 이익중개를 통해 경제 관리가 '비제로섬 게임'(no zero-sum game)으로 전환됨으로써 정치적 안정이 제고되고 결국 사회의 모두에게 혜택을 줄 수 있는 체제가 자리잡게 된다고 주장한다.

마지막 쟁점은 정책결정과 집행의 '효율성'과 관련된 내용이다. 스트리크과 슈미터는 많은 정책분야에서 신조합주의적 이익중개형태가 다원주의적 혹은 자유시장적 이익대표형태보다 정책결정과 집행의 효율성에서 더 우월하기 때문에 사회에 혜택을 가져다 줄 수 있다고 주장한다(Streech and Schmitter 1985b, 28). 그러나 몇몇 학자들은 정책분야별로 국가의 직접적 개입과 '자기규제'(self-regulation)의 효과가 다르게 나타난다고 주장하기도 한다. 예를 들어 상품의 질과 안정성에 대한 기준, 상품가격과 시장점유에 관한 규제와 같은 분야는 국가의 감시가 용이하기 때문에 신조합주의적 이익중개보다는 국가의 직접개입이 더 효율적이다. 반면 광고기준, 환경문제를 유발하는 화학물질의 통제, 약품가격규제, 회계기준의 수립과 규제 등과 같은 분야에서는 국가의 직접개입보다는 '자기규제', 즉 신조합주의적 이익중개형태가 더 효율적이 작동할 수 있다는 것이다(Cawson 1985; Streeck and Scmitter 1985a).

Ⅲ. 다원주의와 조합주의 모형의 한국적 적용

한국에서의 이익대표체계와 이익집단에 관한 연구는 매우 미흡하다고 할 수 있다. 그 이유는 여러 가지로 지적되고 있다(정상호 2006). 첫째, 산업화과정에서 국가에 의한 재벌특혜와 같은 한국적 상황이 이익집단에 대한 일반인들의 부정적 인식을 자리잡게 했다는 점을 들 수 있다. 둘째, 장기간에 걸친 권위주의체제의 존재로 시민사회에서의 이익표출과 이익집단의 형성이 억제되어 온 점을 들 수 있다. 셋째, 역시 한국의 특수한 경험으로서 민주화 이전부터 학생운동, 노동운동, 농민운동 등 시민사회의 이익표출방식이 '사회운동'(social movement)형태로 나타났고 이러한 경험으로 인해 시민사회에서의 사적 이익(private interest)보다는 공적 이익(public interest)을 강조하는 현상이 지속되었다는 사실이다. 이러한 이유로 인해 시민사회의 사적 이익의 표출에 대한 거부감이 강하게 형성되어 왔고 사적 이익의 조직화도 발달되지 못하게 된 것이다. 그 결과 이 분야에 대한 연구도 상대적으로 빈약할 수밖에 없었다.

그러나 1987년 한국사회의 민주화 이후 시민사회의 이익분출과 조직화 현상은 이에 대한 학문적이고도 체계적인 분석의 필요성을 제기했고 실제로 미흡하나마 이익집단정치에 대한 연구들이 진행되어 왔다. 다음에서는 다원주의와 조합주의 모형에 기초한 한국적 사례 연구 현황과 그 주요 내용을 정리하도록 하겠다.

1. 다원주의모형의 한국적 적용

다원주의모형에 입각한 한국 사례 연구는 주로 이익표출 방식과 그 결과에 관한 것이었다. 즉 특정 이익집단이 생겨난 배경, 이익집단 조직의 특성, 그리고 영향력 행사 방식과 그 결과가 주된 주제였던 것이다. 이에 대한 최초의 연구는 윤형섭(1975)의 '대한교육연합회'에 관한 논문이다. 그는 이익집단의 영향력 행사 방식을 두 가지, 즉 권력수준의 '직접행동'과 대중을 대상으로 한 '간접행동'으로 나누고 대한교육연합회의 활동은 전자에 치중되었다는 점을 밝힌다. 그리고 그 원인은 한국적 특수한 상황, 즉 행정부의 압도적 우위와 권위주의적 속성이라고 주장한다.

윤형섭의 논문은 연구주제나 분석방법에 있어서 이후 진행되었던 한국 이익집단 연구에 큰 영향을 미친다. 특히 기업 혹은 사업자 이익집단이나 노동자 이익집단의 이익표출 양태 분석의 출발점이 되었던 것이다. 대표적으로 윤형섭·김영래(1989)와 김영래(1990)는 유신체제하에서의 전국경제인연합회, 대한교육연합회, 그리고 한국노총의 활동과 그 결과를 분석한다. 그들 연구에 의하면 세 단체의 활동은 주로 대중을 상대로 한 활동보다는 권력과의 관계에 초점을 두었으나 그 영향력 정도는 미미했다고 할 수 있다.

그러나 1987년 민주화는 이익집단의 활동패턴, 즉 영향력 행사방식에 큰 변화를 가져오며 학자들도 이러한 현상에 주목하게 된다. 예를 들어 이병화(1992)는 민주화 이후 전경련, 한국노총, 중소기업연합의 이익표출 양태를 분석한 결과 언론과 대중을 대상으로 한 활동이 증가하는 모습을 보이고 있다고 주장한다. 안병영(1999)도 민주화 이후 한국노총 연구에서 그 활동양식의 변화에 주목한다. 그에 의하면 민주화 이후 첫째, 대중을 대상으로 한 활동이 증가하고 있으며, 둘째, 행정부뿐만 아니라 의회나 정당에 대한 이익표출현상이 증가했다는 점을 밝히고 있다. 또한 이정희(1990)는 공익단체, 즉 소비자단체, 환경보호단체, 여성단체 등을 연구한 결과 민주화 이후 이들의 이익표출활동이 매우 활성화되고 있다고 주장한다.

김왕식(1995)은 전문가집단의 이익표출활동과 영향력 행사방식을 분석하고 있다. 민주화 이후 대한변호사협회와 대한의사협회의 활동을 분석한 이 연구는 전문가 집단의 경우 대중 활동보다는 권력을 대상으로 한 활동에 집중하고 있다고 결론내린다. 그 이유로는 첫째, 중앙집권적이고 권위적인 한국정치체제의 특성, 둘째, 그들이 추구하는 목표가 성격상 매우 '전문적'인 영역이기 때문이라는 점을 들고 있다. 이정희(1994)는 이익집단 구성원들의 참여 동기를 분석한다. 그는 설문결과를 토대로 사용자집단, 노동자집단, 전문가집단, 그리고 공적 집단의 구성원들의 참여 동기와 형태들이 각기 상이하다는 점을 밝힌다. 또한 이들 이익집단들이 이익표출의 매개체로서 제대로 기능하지 못하고 있다고 주장한다.

다원주의적 모형의 주된 연구주제인 '정책 접근방법'을 동원한 연구들도 있다. 김순양(1994)은 1982년부터 1984년 사이의 의약분업사례와 1993년 한약조제권 분쟁사례를 연구대상으로 선정하여 두 사례에서 이익집단 간 경쟁, 정부에 대한 이익표출과 정부와의 갈등, 그리고 그러한 갈등의 결과로서 나타난 정책형성과 정책결정과정을 비교분석하고 있다. 배응환(2002)도 '정책접근방법'을 동원하여 1999년부터 2000년 사이에 발생하였던 의약분업을 둘러싼 정책논란을 연구하였다. 그는 정부와 의사협회, 약사협회와 같은 전문이익집단 간에 일종의 '정책네트워크'가 형성되어 있었고 그 결과 전문이익집단의 특수이익이 공익에 침투하는 일종의 변형된 다원주의가 발견되었다고 주장한다. 조영재(2001)는 '게임이론'(game theory)을 적용하여 2000년 의사협회와 약사협회간의 의약분업파동문제를 분석한다. 그는 이 들 두 단체와 정부 간 3자 협상과 갈등과정에 주목하면서 다원주의적 관점에서 이 문제가 장기화된 원인을 찾고 있다.

이와 같이 다원주의 모형에 근거한 한국 사례 연구들은 주로 이익집단들의 활동패턴과 그 영향력 정도를 주된 주제로 연구하고 있는 것이다. 그들 연구결과의 공통점은 민주화 이전의 권위주의체제에서는 이들이 주로 권력을 대상으로 한 활동에 치중해 왔으며 그 영향력은 미미했다는 점, 그리고 민주화 이후에는 대중을 대상으로 활동이 증가해 왔다는 사실을 규명하고 있다는 점이다. 또한 이익집단들의 영향력은 집단별로 그리고 정책쟁점별로 다르다는 점도 밝히고 있다.

2. 조합주의적 모형의 한국적 적용

한국에서의 권위주의적 정치체제의 존재는 다원주의 모형의 적실성보다는 신조합주의적 이론의 적실성을 밝히는 연구가 더 활발하게 진행되어온 결과를 초래했다. 예를 들어 장달중(1985)은 한국 산업화의 특성, 즉 국가 주도적인 산업화과정이 이익집단의 이익표출활동의 환경을 매우 규제적인 것으로 만들어 왔다고 주장한다. 특히 국가만이 정통성을 가진 '공익'(public interest)을 결정하고 독점하는 것으로 간주되었고 산업화를 위해 규제적인 사회제도를 유지시킴으로써 사적이익 표출에 매우 비우호적인 환경을 조성해왔다는 것이다. 대표적으로 최장집(1989)은 박정희 정권시기에 있어 노동조합이 어떻게 국가에 의해 통제받으면서 이익표출을 제한받아 왔는지를 밝히고 그 형태는 '국가조합주의'적 형태에 가까웠다고 주장한다. 박종주(1986)도 그의 농민단체 연구에서 이 분야 역시 국가조합주의적 이익중개형태가 발견된다고 주장한다.

김영래의 저서인 『한국의 이익집단: 국가조합주의의 시각을 중심으로』(1987)는 매우 의미가 있다. 그는 신조합주의적 시각을 동원하여 한국에서의 이익집단정치를 유형화하여 '비교연구'의 가능성을 열게 하였다. 먼저 그는 한국에서의 이익집단 성장과정을 네 가지 유형으로 분류한다. 종속적 협력형, 종속적 갈등형, 자율적 협력형, 자율적 갈등형이 그것이다. 각 유형의 대표적 예로 종속적 협력형의 경우 전경련, 종속적 갈등형은 한국노총, 자율적 협력형은 대한의사협회, 자율적 갈등형은 한국기자협회를 들고 있다. 김영래는 연구 당시 국내에서 활동하고 있는 대부분의 이익집단들은 그 성장과정이 종속형에 가깝기 때문에 국가조합주의적 설명이 보다 적실성 있다고 주장한다. 그 이유로서는 남북분단과 반공이념, 대외의존적 경제구조와 성장을 목표로 했던 국가에 의한 사회의 동원, 사회적 갈등과 사회세력의 미발달, 그리고 유교주의적 정치문화를 들고 있다.

그러나 다원주의 모형에 근거한 연구결과들과 마찬가지로 신조합주의 모형을 선호한 학자들도 민주화이후 한국에서의 이익집단정치의 성격이 변화하고 있다는 점에 동의한다. 즉 민주주의 체제로 이행하면서 국가우위나 국가조합주의에서 탈피하고 있다는 것이다. 우선 국가와 기업가 단체에 있어서 후자의 영향력이 증대하고 있다는 현상을 발견한다. 예를 들어 김시윤(1996)은 제3공화국에서 제5공화국까지의 전자산업에 대한 연구에서 이 분야에서 '전자공업진흥회'라는 독점적 이익연합체가 형성, 발전되어 왔고 이 단체가 유일한 이익중개조직으로서 국가와 기업 간 대표적 채널로 작동하고 있었다는 점을 밝힌 바 있었다. 그러나 이러한 전자산업분야에서의 신조합주의적 이익중개는 1980년 들어서면서 여러 단체가 경쟁하는 일종의 '사회 조합주의' 혹은 '다원주의적 형태'로 변화하고 있다는 사실을 발견한다(김시윤 1998).

또한 김의영(1999a)은 섬유산업관련 기업 단체의 역할을 분석한 결과 '섬유산업연합회'가 정부정책의 변화를 이끈 주체로서 정치적 영향력을 행사했다고 주장한다. 그 원인으로서는 첫째, 섬유업계의 위기상황이 섬유산업연합회를 중심으로 한 구성단체들의 조직화를 가능하게 했고, 둘째, 연합회의 리더십이 효과적이었으며, 마지막으로 이 분야의 기업 수가 작아 집단행동에서의 무임승차 가능성을 차단했다는 점을 들고 있다.

다른 연구들은 민주화 이후 국가와 노동단체 간의 관계도 변화하고 있다는 점을 밝히고 있다. 권위주의적 체제하에서는 국가와 노동단체 간 관계가 비자발적 동원과 규제라는 '국가조합주의적 성격'이 강했다. 그러나 민주화 이후 노동자들의 의식수준이 높아지고 기존의 이익중개

단체인 '한국노총'과 이에 대항하는 단체들—특히 '민주노총'과 같은 진보적 단체들—이 조직화되면서 경쟁이 발생하게 되어 국가조합주의적 이익중개형태를 탈피하고 있다는 것이다(이강로 1999).

박동(2001)의 연구는 한국의 조합주의적 노동통제가 노동조합 조직에 어떤 영향을 미쳤는지를 분석하고 있다. 그에 의하면 한국 노동단체의 조직 특성은 집단 지도부가 하부 구성원이나 단위에 자율성을 갖지 못하는 '중앙집권문제'로 요약될 수 있는데 그 이유는 두 가지이다. 먼저 거시적 요인으로 국가와 기업의 권위주의적 노동통제와 이에 대한 대응의 산물이라는 점을, 그리고 미시적으로는 노동단체들이 기업별로 조직화되었다는 점을 들고 있다. 그는 이러한 사실이 노동단체 지도부의 대표성을 약화시키고 정부나 기업가 단체와의 협상력을 약화시키는 결과를 초래했다고 주장한다.

1997년 한국의 IMF사태 이후 김대중 정권의 출발과 함께 시도되었던 위기관리체계로서의 '노사정위원회'에 대한 신조합주의적 분석도 빼놓을 수 없다. 선학태(2002)는 노사정위원회가 자본가집단과 노동자집단 사이의 진정한 타협을 위한 것이 아니라 '신자유주의적 정책'이라는 정권의 목표를 실현하는 기제로 활용되었다고 주장한다. 강민・김욱경(2002)은 한 발 더 나아가 '노사정위원회'가 노동자집단뿐만 아니라 자본가집단에게도 신자유주의적 세계화와 구조조정이라는 국가목표를 강제하는 장치로서 그 역할을 했다고 주장한다.

다원주의 모형과 신조합주의 모형을 활용한 한국의 이익집단정치 연구를 종합하면 한국에서도 두 모형이 동시에 적실성을 갖는 '혼재된 이익대표형태'가 자리잡고 있다고 할 수 있다. 따라서 김의영(1999b)의 다음과 같은 결론은 적절하다고 할 수 있다.

"사업자단체, 노조, 시민단체, 지역단위의 시민결사체 등 다양한 유형의 이익집단들로 이루어진 것이 이익집단정치이다. 이들의 이익대표체계(interest representation system)와 이익추구활동 양상 또한 다양하다. 가령 사업자단체의 경우 많은 부분 특별법에 기반한 법정단체로서 국가조합주의적 틀 안에 있지만 전경련과 같은 임의단체는 다원주의적 이익대표체계에 속해 있다고 할 수 있다. 노조의 경우 정상노조를 중심으로 사회조합주의적 협의의 정치가 시도되고 있지만 단위노조로 내려가면 더욱 경쟁과 갈등의 다원주의적 양상을 보인다. 시민단체의 경우 조직과 운영상 다원주의적 원칙에 서 있지만 최근의 제2건국운동은 참여민주주의적 이익집단정치에 일정정도의 조합주의적 요소를 가미하려는 시도라고 볼 수 있다"(김의영 1999, 155).

3. 다원주의와 조합주의의 처방적 대안에 관한 연구

지금까지 요약한 연구들은 한국에서의 이익집단정치, 즉 이익집단들의 이익대표 혹은 이익중개의 형태에 관한 내용들이었다. 즉 현상에 대한 '기술적'(descriptive) 분석이었다고 할 수 있다. 다른 한편으로는 다원주의와 신조합주의에 근거하여 이익집단의 폐해나 부작용을 최소화하고 정치체제의 민주성이나 효율성을 제고할 수 있는 대안을 제시하는 이른바 '처방적'(prescriptive) 연구들도 있다.

첫째, 다원주의적 모형에 입각한 대안을 제시한 연구로서는 이정희(1990)의 논문이 있다. 그는 공적이익집단의 이익표출활동을 분석하면서 보다 다원주의적 이익표출기능이 활성화될 필요성이 있다고 주장한다. 이를 위해서는 로비활동의 대상과 방법도 다양화되어야 하며 특히 전문로비스트 양성의 필요성을 강조한다. 앞서 요약한 이익집단 연구 중 다원주의적 시각을 견지한 대부분의 '기술적' 연구들도 결론 부분에서는 대부분 '규범적' 처방을 내놓고 있다. 처방에 있어서도 이들 연구들은 한국적 상황이 이익집단의 이익표출기능을 약화시켜 왔으며 따라서 이익집단의 이러한 기능을 활성화하고 각 부분에서의 자율성과 경쟁을 보장하는 방향으로 나아가야 한다는 다원주의적 해법을 강조하고 있는 것이다.

둘째, 김영래·정영국·문태훈·김혁래(1995)는 이익갈등조정제도 비교연구에서 신조합주의적 이익집단정치의 정착을 통해 극단적 집단이기주의나 사적 이익추구로부터 공적 이익을 보호해야 한다는 입장을 취하고 있다. 그들은 국가의 적절한 개입과 이익집단의 자율적 갈등해소를 혼합한 형태, 즉 오스트리아나 스웨덴의 '사회조합주의'를 가장 이상적인 갈등조정모형으로 보고 있다. 흥미롭게도 그들은 연구 당시 상황이 다원주의적 이익집단정치의 제도화가 미흡한 상태이며 따라서 사회조합주의적 방식이 도입되기 이전에 먼저 다원주의적 이익집단정치가 제도화되어야 한다고 주장한다. 즉 순차적 이익갈등조정제도로의 전환을 주장한 것으로 이 과도기적 과정을 통해 우선 이익집단의 활성화가 이루어져야 하고 이익집단 내부의 의사결정이 민주화되어야 한다는 것이다. 그리고 이 과정에서 이 집단들의 협상과 타협을 가능하게 하는 공정한 공적 중재기구 역할의 필요성도 강조한다. 선학태(2007)의 경우도 한국과 스페인의 국가-자본-노동 간 '사회협약' 비교연구에서 삼자간의 '사회협약'(social contract)이 민주주의 공고화에 긍정적 역할을 할 것으로 보고 있다. 성공적인 '사회협약' 정치를 위해 신뢰와 관용과 같은 사회적 자본(social capital)의 제고, 사회경제적 분야에서의 시민들의 권리확대 등이 전제되어야 한다고 주장한다.

마지막으로 '결사체 민주주의'(associational democracy)의 정착을 통한 이익갈등해소 방안을 제시하는 연구들도 있다. 즉 다원주의나 신조합주의적 모형에 입각한 이익대표형태가 국가와 시민사회를 충분히 매개해 주지 못하고 정치의 공공성도 회복시키지 못했다고 비판하면서 그 대안으로서 '결사체주의'를 제시하고 있는 것이다(안승국 1997; 김의영 2005). 이들은 시민결사체의 형성과 역할 강화는 여러 가지 점에서 긍정적 측면을 갖는다고 주장한다. 예를 들어 다원주의나 신조합주의적 처방에서 소홀히 하고 있는 일반시민들의 덕성과 비판능력이 '시민결사체'(civic association)를 통해 배양될 수 있다는 것이다. 또한 시민결사체는 일반시민들의 공익적 요구를 대표하고 기득권 세력에 저항하는 조직으로도 기능할 수 있다는 점을 들고 있다. 그리고 시민결사체들이 공적 역할을 위임받아 시민들의 활발한 조직참여를 유도하고 그를 통해 시민들이 자기규제를 가능하게 함으로써 궁극적으로는 참여민주주의가 정착될 것이라고 주장한다. 결국 공공영역에서의 '시민결사체들'의 역할을 강화하고 그를 통해 이익갈등 조정과 집단 간 협력을 이끌어 냄으로써 국가의 민주적 정통성을 확보할 수 있다는 처방을 제시하고 있는 것이다(김의영 2005). 이 같은 '결사체적 규제'는 다원주의적 요소와 신조합주의적 요소가 결합된 처방이라고 평가받고 있다.

Ⅳ. 나오는 말: 두 모형의 한계와 한국적 적용의 과제

전술한 바와 같이 이익집단정치와 관련한 다원주의와 신조합주의는 매우 다의적으로 정의되어 왔다. 물론 이 두 개념은 현실세계에 존재하지 않는 일종의 가설적 '이념형'(ideal type)이라는 공통점을 가지며 실제로는 한 국가에서 동시에 공존하거나 혼합된 형태가 존재할 가능성이 높다. 한국적 상황에도 마찬가지임이 다수의 연구에 의해 증명되었다.

두 모형은 이익집단정치의 형태와 그 결과를 이론적으로 설명하고 경험적 연구를 가능하게 하는 대칭적 '중범위 이론'(middle-range theory)으로 위치지워 질 수 있다. 그러나 두 모형 모두 분명히 한계를 가지고 있으며 따라서 많은 비판을 받아왔다. 우선 다원주의적 모형에 관한 비판의 내용은 다음과 같이 몇 가지로 요약할 수 있다. 첫째, 다원주의의 핵심 내용인 '균형'(equilibrium)개념의 문제이다. 이익집단 간 균형의 유지는 다분히 공정하고 바람직한(fair and desirable) 상태라는 '규범적 의미'를 지니고 있다. 따라서 다원주의는 바람직하지 못한 불균형 상태에 대한 처방의 제시 혹은 '현상유지'(status quo)를 옹호하는 하나의 '이념'(ideology)으로서 자리잡고 있다는 비판을 받아 왔다. 이러한 규범적 시각을 유지한 채 현상을 분석할 경우의 연구의 편향성을 초래할 가능성이 높다는 것이다.

둘째, 다원주의 모형이 '경험적 · 실증적 연구'를 가능케 하는 이론적 모형인가에 대한 의문도 제기된다. 특히 다원주의에서 사용되는 중요 개념들은 그 정의에 대한 합의가 없기 때문에 학자들마다 다른 의미로 정의하고 있는 것이 문제라는 비판이다. 이와 같은 개념정의에 대한 학자들 간의 합의부재는 경험적 연구를 위한 가설의 설정과 조작화에 있어서 문제를 초래할 수 있다. 예를 들어 같은 주제라도 연구자마다 각기 다른 개념정의와 지표의 사용하게 되면 연구 성과의 축적을 통한 일반화가 불가능하기 때문이다. 셋째, 다원주의가 묘사하고 민주주의도 많은 비판을 받고 있다. 대표적 비판은 특정 이익집단이 다른 집단에 비해 상대적으로 과도하게 영향력을 행사함으로써 '과대대표' 될 수도 있는 것이 현실이라는 것이다. 특히 샷슈나이더(Schattschneider 1960)와 바흐라흐와 바라츠(Bachrach and Baratz 1962)는 집단이 보유한 자원에 의해 이익이 과대대표되거나 과소대표될 수 있다는 비판을 제기하고 있다. 만약 현실이 이와 같다면 다원주의가 묘사하고 있는 집단 간 경쟁과 갈등을 통한 정치체제의 대표성 제고는 한계를 가질 수밖에 없을 것이다. 마지막으로 다원주의에서 국가를 바라보는 시각에 대한 비판을 들 수 있다. 다원주의에서는 국가의 역할을 무시하고 이익집단과 같은 지위에 위치시킴으로써 정치현상이나 권력현상의 전체적이고 본질적 모습을 보지 못한다는 것이다.

신조합주의 모형 역시 많은 문제점을 가지고 있다. 신조합주의에 대한 비판의 주요 내용을 요약하면 다음과 같다. 첫째, 다원주의 모형과 마찬가지로 일반화에 실패하고 있다는 것이다. 신조합주의 모형을 활용한 연구들은 대부분 특정 국가 혹은 특정정책사례를 중심으로 진행되어 온 것이 사실이다. 특히 국가-기업-노동조합 3자간 관계에 대한 연구에 집중되어온 반면 시민사회에 있어서 다른 영역의 이익집단정치에 대한 이론적 논의와 경험적 연구가 매우 부족하다는 점은 문제이며 이는 일반화의 문제를 더욱 악화시키고 있는 것이다. 이러한 문제점은 신조합주의 형태가 등장하는 조건에 대한 경험적 분석, 실제로 존재하고 있는 신조합주의적 관계의 내용적 특성, 그리고 조합주의적 이익대표형태가 정치적 안정이나 경제발전에 미치는 영향에 관한 모든 연구에서 문제점으로 드러난다. 둘째, 신조합주의 모형에서 설명하고 있는 국가 개념의 모호함도 비판의 대상이다. 이익집단의 구성이나 지도자의 선택, 그리고 특정 정책영역의 대표기관으로서의 '하나'의 이익집단의 인정 등과 같은 국가의 역할에 대해 구체적이고도 실증적 연구가 거의 없다고 할 수 있다. 또한 국가가 구체적으로 무엇을 의미하는지도 합의가 없는 상태이다.

이러한 두 모형의 한계를 고려한다 하더라도 이익집단정치에 관한 한국 정치학계에서의 연구는 매우 미진한 상태이다. 특히 연구주제가 다양하지 못하다는 점은 다원주의적 모형과 조합주의 모형 모두 해당된다고 할 수 있다. 그러나 전술한 바와 같이 두 모형에 근거한 연구주제들은 매우 다양하다. 다원주의의 경우 이익집단 구성원들은 왜 참여하는지, 이익집단들은 어느 상황에서 어떠한 전략을 구사하고 또 어떠한 전략이 효과적인지, 어떤 정책분야의 '하위정부구조' 혹은 '정책네트워크'에서 어떤 이익집단이 어떤 형태로 참여하고 그 역할은 무엇인지, 이익집단들이 선거과정에서 어떤 역할을 하고 있고 그 효과는 무엇인지, 이익집단과 정당간의 관계는 무엇인지 등등 무한한 연구 질문의 제기와 연구가 가능하다. 신조합주의의 경우도 마찬가지이다. 어떤 정책부분에서 신조합주의적 이익대표형태가 관찰되는지, 그리고 그 형태가 자리잡게 된 조건과 원인은 무엇인지, 신조합주의적 이익중개형태에서 정부와 대표이익집단간의 관계는 어떤 성격을 띠고 있는지, 그 상호작용과 영향력 — 예를 들어 국가권한의 위임 정도 — 은 어떻게 나타나는지 등은 흥미로운 주제가 될 것이다. 또한 신조합주의적 이익중개의 정치적 결과는 무엇인지, 예를 들어 국가와 이익집단의 관계가 이익집단 구성원들에게 어떤 영향을 미치는지, 신조합주의적 이익중개형태와 정치체제의 민주성이나 정책집행과정의 효율성과의 관계는 어떠한지 등도 중요한 연구주제가 될 것이다.

마지막으로 시민사회의 이익대표체계 연구의 확장을 위해서는 이른바 '사적이익집단'(private interest group)과 '공적이익집단'(public interest group) 연구에 있어서의 통합된 이론의 구축과 적용이 필요하다는 점이 강조될 필요가 있다. 현재까지 한국정치학계에서는 기업집단, 노동집단, 전문가 집단 등 사적이익집단 연구와 시민단체나 NGO와 같은 공익적 목적을 추구하는 공적이익집단에 대한 연구가 분리되어 진행되어 왔다. 그러나 이들 모두 시민사회에서 형성된 '이익집단'이라는 점에서 공통점을 가지며 따라서 이 장에서 논의한 다원주의 모형이나 조합주의 모형의 문제의식이 공통적으로 적용될 수 있을 것이다. 그러한 노력을 통해 통합된 이론의 발전과 연구 성과의 축적이 가능할 것이다. 요약하면 이익집단정치에 대한 학문적 관심의 제고, 연구주제의 다양화, 그리고 시민단체 및 NGO 연구와의 이론적 통합과 연구 성과의 축적을 통해 한국에서의 이익집단정치에 대한 총체적이고 객관적 분석을 필요하다고 할 것이다.

참고문헌

강민 · 김욱경. 2002. "국가의 변혁능력을 위한 정책 네트워크." 『한국정치학회보』. 제36집 1호.

김순양. 1994. "정책결정과정에서의 이익대표체계의 변화에 관한 연구: 아익대표체계의 구조, 활동, 반응의 측면을 중심으로." 서울대학교 박사학위논문.

김시윤. 1996. "전자산업의 발전과 메조 코프라티즘." 『한국정치학회보』. 제29집 3호.

______. 1998. "정책패러다임, 산업구조 그리고 정책변화: 전자산업부문의 사례." 『한국정치학회보』. 제32집 1호.

김영래. 1987. 『한국의 이익집단: 국가조합주의적 시각을 중심으로』. 서울: 대왕사.

______. 1990. 『한국이익집단과 민주정치발전』. 서울: 대왕사.

김영래 · 정영국 · 문태훈 · 김혁래. 1995. "이익갈등 조정제도의 비교연구." 『국제정치논총』. 제35집 1호.

김왕식. 1995. "한국의 정부-이익집단의 관계패턴." 안병준 외. 『국가, 시민사회, 정치민주화』. 서울: 한울아카데미.

김의영. 1999a. "사업자단체와 정책변화의 정치." 『한국정치학회보』. 제32집 4호.

김의영. 1999b. “한국 이익집단 정치의 개혁방향.” 『사상』. 제41호.

______. 2005. “결사체 민주주의에 대한 소고.” 『한국정치학회보』. 제39집 3호.

박 동. 2001. “한국 노동조합의 ‘중앙집권문제’에 관한 연구.” 『한국정치학회보』. 제35집 3호.

박종주. 1989. “한국근대화와 국가코포라티즘의 통제: 제3·4공화국을 중심으로.” 서울대학교 행정대학원 박사학위논문.

배응환. 2002. “정부와 전문이익집단의 정책이해, 정치행태, 그리고 이익대변모형.” 『한국정치학회보』. 제36집 1호.

선학태. 2002. “신생민주주의 공고화의 가능성과 한계.” 『한국정치학회보』. 제36집 4호.

______. 2007. “사회협약정치와 민주주의 공고화.” 『민주주의와 인권』. 제7권 2호.

안병영. 1999. “이익집단.” 김운태 외. 『한국정치론』. 서울: 박영사.

안승국. 1997. “결사체민주주의와 정치공동체.” 『한국정치학회보』. 제31집 3호.

윤형섭. 1975. “대한교육연합회의 구조와 이익표출에 관한 연구.” 『사회과학논총』. 연세대학교 사회과학연구소. 제7권.

윤형섭·김영래. 1989. “한국이익집단의 정치참여에 관한 연구.” 『한국정치학회보』. 제23집 1호.

이강로. 1999. “한국에서 진보적 노동운동의 성장과 민주주의 공고화의 진행: 1990-1999.” 『한국정치학회보』. 제33집 3호.

이병화. 1992. “한국의 경제입법과 이익집단: 경제입법 및 정책에 대한 이익집단의 이익표출활동분석을 중심으로.” 『한국과 국제정치』. 제8권2호.

이정희. 1990. “한국공익집단의 이익표출구조와 로비활동.” 『한국정치학회보』. 제24집 1호.

______. 1994. “이익집단 구성원의 정치의식과 정치행태.” 『한국정치학회보』. 제27집 2호.

장달중. 1985. “산업화와 이익집단.” 『한국정치학회보』. 제19집.

전용주. 2007. “미국 이익집단정치연구의 현황과 쟁점.” 『세계지역연구논총』. 제25집 3호.

정상호. 2006. “한국의 이익집단 연구의 분석적 개괄.” 『한국정치학회보』. 제40집 1호.

조영재. 2001. “한국 민주화와 이익정치: 의약분업갈등에 대한 2차원 게임이론의 적용.” 고려대학교 박사학위논문.

최장집. 1989. 『한국의 노동운동과 국가』. 서울: 열음사.

Anderson, C. 1970. *The Political Economy of Modern Spain*. London: University of Wisconsin Press.

Bachrach, Peter, and Morton Baratz. 1962. “The Two Faces of Power.” *American Political Science Review*. Vol. 56.

Bauer, Raymond, Ithiel de Sola Pool, and Lewis Dexter. 1963. *American Business and Public Policy: The Politics of Foreign Trade*. New York: Atherton Press.

Baumgartner, Frank, and Beth Leech. 1996. “The Multiple Ambiguities of ‘Counteractive Lobbying’.” *American Journal of Political Science*. Vol. 40.

Bentley, Arthur. (1908) 1967. *The Process of Government*. Cambridge, Mass.: Belknap Press of Harvard University Press.

Berry, Jeffery. 1977. *Lobbying for the People: The Political Behavior of Public Interest Groups*. Princeton, N. J.: Princeton University Press.

Cawson, A. ed. 1985. *Organized Interests and the State*. London: Sage.

Crouch, C. 1983. “Pluralism and the New Corporatism: A Rejoinder.” *Political Studies*. Vol. 31.

Dahl, Robert A. 1961. *Who Governs?* New Haven. Conn.: Yale University Press.

Erikson, K. P. 1977. *The Brazilian Corporative State and Working Class Politics*. London: University of California Press.

Heclo, Hugh. 1978. “Issue Networks and the Executive Establishment.” In *The New American Political System*, ed. Anthony King. Washington, D.C.: American Enterprise Institute.

Heinz, John, Edward Laumann, Robert Nelson, and Robert Salisbury. 1993.

The Hollow Core: Private Interests in National Policymaking. Cambridge: Harvard University Press.

Hansen, John Mark. 1991. *Gaining Access: Congress and the Farm Lobby, 1919-1981*. Chicago: University of Chicago Press.

Hayes, Michael. 1978. "The Semi-Sovereign Pressure Groups." *Journal of Politics*. Vol. 40.

Goldstein, Kenneth. 1999. *Interest Groups, Lobbying and Participation in America*. New York: Cambridge University Press.

Grant, W. 1983. "Representing Capital: The Role of the CBI." in R. King ed. *Capital and Politics*. London: Routledge and Kegan Paul.

Gray, Virginia, and David Lowery. 1996. *The Population Ecology of Interest Representation*. Ann Arbor: University of Michigan Press.

Grenzke, Janet M. 1989. "PACs and the Congressional Supermarket: The Currency is Complex." *American Journal of Poltical Science*. Vol. 33.

Key, V. O. 1964. *Politics, Parties, and Pressure Groups*. New York: Crowell.

Langbein, Laura. 1993. "PACs, Lobbies and Political Conflict: The Case of Gun Control." *Public Choice*. Vol. 75.

Lehmbruch, Gerhard. 1979. "Liberal Corporatism and Party Government." in Philippe C. Schmitter and Gerhard Lehmbruch eds. *Trends Toward Corporatist Intermediation*. London: Sage.

Lowi, Theodore. 1969. *The End of Liberalism*. New York: Norton.

Malloy, J. eds. 1977. *Authoritarianism and Corporatism in Latin America*. Pittsburgh, PA.: University of Pittsburgh Press.

Milbrath, Lester. 1963. *The Washington Lobbyists*. Chicago: Rand McNally.

Offe, C. 1981. "The Attribution of Public Status to Interest Groups: Some Observations on the West German Case." in S. Berger ed. *Organizing Interests in Western Europe*. Cambridge: Cambridge University Press.

Olson, Mancur. 1965. *The Logic of Collective Action: Public Goods and Theory of Groups*. Cambridge: Harvard University Press.

Philippe C. Schmitter. 1981. "Interest Intermediation and Regime

Governability in Contemporary Western Europe and North America." in Suzanne Berger ed. *Organizing Interests in Western Europe: Pluralism, Corporatism and the Transformation of Politics.* New York: Cambridge University Press.

Philippe C. Schmitter. 1982. "Reflections on Where the Theory of Neo-Corporatism Has Gone and Where the Praxis of Neo-Corporatism May Be Going." In Gerhard Lehmbruch and Philippe C. Schmitter, eds. *Patterns of Corporatist Policy Making.* London. Sage.

Pike, F. B. and T. Stritch eds. 1974. *The New Corporatism.* London: University of Notre Dame Press.

Polsby, Nelson W. 1964. *Community Power and Political Theory.* New Haven. Conn.: Yale University Press.

Quinn, Dennis, and Robert Shapiro. 1991. "Business Political Power: The Case of Taxation." *American Political Science Review.* Vol. 85.

Rogowski, R. and L. Wasserspring. 1971. *Does Political Development Exist? Coporatism in Old and New Societies.* London: Sage.

Salisbury, Robert. 1969. "An Exchange Theory of Interest Groups." *Midwest Journal of Political Science.* Vol. 13.

Schattschneider, E. E. 1935. *Politics, Pressures and the Tariff.* New York: Prentice Hall.

______. 1969. *The Semi-Sovereign People.* New York: Holt, Rinehart and Winston.

Schlozman, Kay Lehman and John Tierney. 1986. *Organized Interests and American Democracy.* New York: Harper and Row.

Schmitter, P. C. 1971. *Interest Conflict and Political Change in Brazil.* Stanford: Stanford University Press.

Schneider, V. 1985. "Corporatist and Pluralist Patterns of Policy-Making for Chemicals Control: A Comparison Between West Germany and the USA." in A. Cawson ed. *Organized Interests and the State.* London: Sage.

Smith, Mark. 2000. *American Business and Political Power: Public Opinion, Elections, and Democracy*. Chicago: University of Chicago Press.

Smith, Richard. 1995. "Interest Group Influence in the U. S. Congress." *Legislative Studies Quarterly*. Vol. 20.

Streeck, W. 1983. "Between Pluralism and Corporatism: German Business Associations and the State." *Journal of Public Policy*. Vol. 3.

Streeck, W. and P. C. Schmitter eds. 1985a. *Private Interest Government: Beyond Market and State*. London: Sage.

Streeck, W. and P. C. Schmitter. 1985b. "Community, Market, State and Associations? The Prospective Contribution of Interest Governance to Social Order." in W. Streeck, and P. C. Schmitter eds. *Private Interest Government: Beyond Market and State*. London: Sage.

Truman, David. 1951. *The Governmental Process: Political Interests and Public Opinion*. New York: Alfred A. Knopf.

Walker, Jack. 1991. *Mobilizing Interest Groups in America*. Ann Arbor: University of Michigan Press.

Wiarda, H. 1978. "Corporatist Theory and Ideology: A Latin American Development Paradigm." *Journal of Church and State*. Vol. 20.

Wilensky, H. L. 1976. *The New Corporatism, Centralization and the Welfare State*. London: Sage.

Wilson, F. L. 1983. "Interest Groups and Politics in Western Europe: The Neo-Corporatist Approach." *Comparative Politics*. Vol. 16. no. 1. 신명순 역. "이익집단과 정치: 신조합주의적 접근." 김수진 외. 편역. 『비교정치론강의 3: 서구의 정치제도, 정치과정 및 공공정책』. 서울: 한울아카데미. 1994.

Wright, John. 1990. "Contributions, Lobbying, and Committee Voting in the U.S. House of Representative." *American Political Science Review*. Vol. 84.

CHAPTER 07

거버넌스와 사회자본

박 재 욱

Ⅰ. 이론적 내용

1. 거버넌스

거버넌스(governance)는 여러 가지 용어로 번역되고 있는데, 국내에서는 "국정관리"(정용덕 외 역 1998), "통치양식", "지배구조", "통치와 공치", "동반자적 통치"(강명구 1997) 등 다양하게 번역되고 있어 아직 개념에 대한 통일적 합의가 이루어지지 않고 사용되고 있다.[1] 즉, 거버넌스 개념과 유형이 아직까지 합의된 실체로 존재하기보다는 학자들마다 나름대로 관찰한 기준에 따라 다양하게 분류되고 있고 각각 그 유형에 맞는 사례에 의해 입증해 나가는 귀납적 절차를 거듭하고 있다는 점이다. 하지만 그 의미에 있어서 국가의 직접적 역할이 조정자로서의 역할로 바뀌는 한편, 시장과 시민사회집단의 참여적 관계에 근거한 협력과 경쟁을 지향하는 새로운 패러다임이라는 점만은 일치하고

1) 일본 등지에서는 원어를 바로 쓰거나 "협치(協治)"로, 중국에서는 "치리(治理)"로 일반적으로 번역해 사용한다.

있다.

(1) 개 념

거버넌스 개념에 대해 학자들마다 매우 상이하게 정의가 내려지고 있다. 첫째, 공공목적을 달성하기 위해 기존 행정체제의 보완 개념으로 사용하는 경우이다. Rhodes(1996)는 거버넌스를 기존의 정부체제를 대체하는 개념으로 공식적 권위보다는 공유하는 목적을 수행하기 위한 활동으로 이해한다. 전통적 정부의 계층적이고 공식적 권위를 바탕으로 하는 업무수행방식에서, 중앙정부, 지방정부, 시민단체, 시장 등의 다양한 사회주체가 네트워크를 구성하여 공동으로 목적을 달성하는 방식으로의 전환을 말하는 것이다.

둘째, 거버넌스를 네트워크식 국정관리체계로의 전환으로 이해하는 경향도 많다(Goss 2001; Kichert 1997; Kooiman 2003). 이들에 의하면 거버넌스의 가장 중요한 특징은 각 계층의 정부, 시장, 사회단체, 주민단체 등의 다양한 구성원들의 자발적 참여로 이루어진 네트워크식 국정관리체계를 의미한다.

셋째, Jessop(1997)은 거버넌스를 시장의 무정부 상태(anarchy)와 명령통일의 계층제적 정부(hierarchy) 사이의 엄격한 양극화를 거부하고 시장, 국가, 시민사회 등 상호의존적 행위자들 간의 수평적 자율조직인 복합조직(heterarchy)이란 개념으로 구체화하고 있다.

일반적으로 거버넌스라는 개념은 정부의 역할, 운영체제, 또는 사회문제 해결방식 등의 변화를 의미한다. 광의의 의미에서 거버넌스는 정부와 사회구성원 간에 공통의 문제를 해결하기 위한 해결기제로서 구성원의 권한과 의무를 제한하는 방법으로 정의되며(이명석 2002: Rhodes 2000), 이는 본질상 정치적인 성격으로 이해하는 것이며 거버넌스를 다양한 참여자의 상호작용의 결과로 보는 것이다. 한편 협의의 정의로는 거버넌스를 법적·공식적 통제권한 없이 소기의 목적을 달성하고 구성원 단위간의 갈등을 해결하는 기능을 수행하는 능력을 의미한다. 여기서 가장 중요한 특징은 네트워크이다. 이러한 네트워크는 정부와의 협상의 결과 형성되며 공식적 파트너십과는 뚜렷이 구별되는 것이다.

(2) 이론적 배경과 발전 경로

주지하듯이 거버넌스라는 개념 자체는 정부 실패(government failure)와 시장 실패(market failure)라는 역사적 경험을 극복하기 위한 대안적 개념으로 등장하였다. 이른바 제3의 영역(third sector)으로서 시민사회의 등장과 이에 따른 정부-시장-시민사회 3자의 협치(協治) 혹은 공동통치와 공존을 모색하는 틀로서 거버넌스가 등장하게 된 것이다. 이와 같은 거버넌스가 등장하게 된 이론적 배경과 발전경로를 살펴보자.

무엇보다 우선, 거버넌스는 정부실패의 따른 대안적 패러다임을 모색하는 과정에서 제시되었다. 이는 전통적 행정패러다임의 한계로 인한 국가 기능의 한계에서 비롯되었는데, 거버넌스 개념의 발전에 영향을 준 가장 중요한 계기는 1970년대의 오일파동을 시점으로 생성된 정부실패이론이다. 전후 복지국가, 규제국가의 추구에 따른 재정부담의 팽창, 시장기능을 저해하는 과도한 규제기능의 증대 등으로 인해 1929년 대공황 이후 시장실패에 따른 정부개입의 정당성에 대한 비판이 제기되면서 정부와 시장 및 다양한 민간부문간의 협력적 관계를 위한 국정관리의 개혁을 추구하게 되었다. 거버넌스는 이러한 배경에서 논의가 확대되고 발전되기 시작하였다.

둘째, 기업가주의적 관리기법으로의 전환의 결과이다. 이전의 관리기법이 조직의 성장을 추구한 패러다임이었다면, 70년대 오일파동 이후의 관리기법은 구조조정을 통한 최소의 자원 투입으로 최대의 효과를 목표로 하게 되었다. 내부적으로는 계층적 구조에서 수평적 구조로의 상대적 전환이 이루어졌으며, 타 조직이나 기업과의 협력이 강조되었다. Salamon(2002)은 이러한 현상을 새로운 환경에서의 정부의 역할을 계층이나 통제보다, 민간과 정부간의 복잡한 네트워크를 협력적으로 운영하고 조절하는 다양한 정부의 도구(tools of government)를 활용하는 것으로 표현한다.

셋째, 신자유주의의 대두와 확산이다. 전후 진보주의가 강세를 보이던 1950~60년대에는 크게 주목받지 못했던 신자유주의가 비대해진 정부규모와 운영에 대한 반발로 다시금 부각되는 양상을 보이게 되었고, 더욱이 1980년대의 사회주의국가들의 몰락은 신자유주의를 지배적 이념으로 자리잡게 하였다. 이와 같이 신자유주의가 정부실패에 따른 반작용으로 등장함에 따라, '작은 정부론'으로 대변되는 국가역할의 축소는 불가피하게 되었다. 결과적으로 국가역할의 축소는 간접적 대의제 민주주의보다 직접적 참여민주주의, 시장에서의 네트체계와 유사한 국정관리체계, 그리고 작은 정부와 시장경제에 대한 정부의 규제완화 등의 요구로 나타났으며, 이에 대한 대안으로서 거버넌스라는 새로운 개념과 기제가 출현하게 되었다.

넷째, 세계화와 다원화의 영향이다. 현대 사회에 있어서 전통적 국민국가의 역할을 전환시키는 가장 중요한 환경은 세계화일 것이다. 세계화는 실질적으로 경제적 세계화를 의미하며, 자본과 기업의 국제 간 유동성이 커지면서 국가 간 장벽이 낮아짐으로써 국민국가는 전통적인 중앙집권적 형태를 유지할 수 없게 되었고, 시장 및 민간부문의 협력과 네트워크식의 국정관리체계를 필요로 하지 않을 수 없게 되었다.

(3) 유 형

거버넌스의 유형 역시 학자들마다 다양하게 논의되어지고 있음을 발견하게 된다. 대표적인 유형들을 소개하면 다음과 같다. 일반적으로 거버넌스는 분석의 수준과 차원에 따라 세계화의 물결과 함께 국가간 협력과 문제해결을 지향하는 글로벌 거버넌스(global governance); 인접국가간 지역공동체를 중심으로, 또는 그러한 지정학적 한계를 초월하여 현안문제들을 해결하고자 하는 리저널 거버넌스(regional governance); 개별국가 내부에서 새로운 국정운영 방안을 찾기 위한 내셔널 거버넌스(national governance); 지역공동체에서 시민참여와 지역발전을 모색하는 로컬 거버넌스(local governance); 그리고 가상공간을 통해 형성되고 운영되는 사이버 거버넌스(cyber governance) 등으로 나누어 살펴볼 수 있다. 그 외 대상과 이슈에 따라 green governance, techno governance, internet governance, digital governance, cyber governance, NGO governance 등과 주체에 따라 국가중심 거버넌스, 시장중심 거버넌스, 시민사회중심 거버넌스 등과, 그리고 내용에 따라 기업지배구조(corporate governance), 좋은 거버넌스(good governance), 네트워크 거버넌스(network governance) 등으로 구분되기도 한다(오수길 외 2004).

이외에도 Peters(1997)의 경우는 ①시장모형, ②참여모형, ③신축모형, ④탈내부규제모형 등 4가지로 거버넌스 유형을 분류하고 있다. 그리고 Pierre(2000)는 ①신공공관리에서의 관리를 강조하는 관리적 거버넌스, ②다양한 이익집단의 참여를 강조하는 조합주의적 거버넌스, ③파트너십을 통한 발전을 강조하는 성장지향적 거버넌스, ④중앙-지방정부간의 네트워크를 통한 재분배를 강조하는 복지거버넌스 등 4가지 유형으로 분류하고 있다.

이상의 거버넌스 유형 중에서 보다 부연 설명이 필요한 주요 유형들을 제시하면 다음과 같다. 우선, 좋은 거버넌스란 World Bank에서 제시한 개념으로서 효율적인 공공서비스 공급, 독립적인 사법체계와 계약(contract)을 강제하는 합법적 구조, 공공자금에 대한 책임성 있는 행정, 입법부에 대한 독립적 공공감시, 모든 수준의 정부에서의 법과 인권의 존중, 다원주의적 제도 운영과 출판의 자유와 관련된다. 그리고, 네트워크 거버넌스는 일반적으로 신(뉴)거버넌스로 통칭되며, 정책과정에서 집단 간 관계를 네트워크방식으로 이해하는 것이다. 신제도주의적 관점에서 볼 때 거버넌스는 국가, 지역성, 정책분야에 따라 그 유형을 달리하며, 네트워크의 중요성(the importance of network), 통제에서 영향력으로(from control to influence), 사적자원과 공적자원의 혼합(blending public and private resources), 다중 정책수단의 활용(use of multiple instrument) 등이 핵심적 요소라고 할 수 있다(Peters and Pierre 2000).

(4) 방법론

거버넌스의 개념론과 정책분야별 거버넌스 논의 적용에 관한 수많은 논문들이 쓰여지고 있고, 그 논의방식도 매우 다양해지고 있다. 예를 들어 정보화, 환경정책, 보건복지정책, 지방행정, 과학기술정책 등의 분야에서 전통적 권력의존방식이나 정부주도 방식에서 벗어나 다양한 네트워크와 이해관계의 연결망에 의한 문제해결 방안이 모색되고 있다. 그럼에도 불구하고 네트워크나 관계설정의 전제가 되는 현상의 근저를 해명하고자 하는 이론적 기반들에 대한 논의는 그다지 체계적이지는 못하는 실정이다. 다시 말해, 여전히 모호한 채로 거버넌스가 왜 형성되는지, 어떻게 형성되는지, 그리고 거버넌스가 실재한다고 볼 수 있는지, 실재하는 현상으로 이해하려면 어떠한 관점으로 이해하여야 할 것인지에 대한 방법론적 접근이 엄밀하게 이루어지지 못하고 있으며(이종원 2005), 이는 개념의 추상성과 유형들이 지니고 있는 방법론적 엄밀성(methodological rigidity)의 결핍으로 지적된다.

이러한 문제점을 극복하기 위해 비교적 최근에 통합적 접근(integrated approach)을 주창하고 나선 DiGaetano and Strom(2003)의 논의 역시 구조적 변수와 문화적 변수 그리고 행위자들의 역학관계를 연결시키는 분석의 틀을 제공하고 있지만, 정작 이를 통해 자신들이 분류한 거버넌스의 유형을 구체적으로 확인하는 실증적 사례분석 작업은 성공적으로 이루어지지 못하고 있다. 대신 자신들이 제안하고 있는 통합접근을 이용한 사례분석을 후속연구의 과제로 결론짓고 있는데, 이는 결국 모델의 유용성을 입증받기 위한 귀납적 연구의 필요성을 인정하고 있는 셈이다. 즉, 연역적 모델의 검증작업보다는 귀납적 사례연구들의 축적을 통한 일반적 유형화가 필요하다.

(5) 이론적 유용성

거버넌스 이론과 체제는 한국에서 다음과 같은 효용을 지닐 수 있을 것이다. 첫째, 거버넌스 체제는 새로운 국정운영 패러다임이 될 수 있다. 정부주도형 국정운영체제였던 기존의 발전행정적 모델은 효용의 한계에 달했다. 이를 대체할 만한 새로운 국정운영 패러다임이 필요한 시기이고 거버넌스 체제는 시민참여와 이에 따른 협치, 분권화 등을 중요한 요소로 하고 있기 때문에 새로운 패러다임으로서의 역할을 할 수 있을 것으로 기대된다. 사실 발전행정적 모델에 입각한 국정운영은 국가의 경제성장을 주도하여 가시적 성과를 보였지만 국가 하위체제들 간에 있어서 불균형성장이론을 근거로 한 것이었기 때문에 각 부문 간의 균형있는 발전이 되지 못하였다. 거버넌스적 국정운영은 한국 국가의 이러한 불균형상태를 시정할 수 있는 새로운 패러다임으로서 그 의의를 지닌다(강성철 외 2008).

둘째, 거버넌스 체제는 국가(정부)부문에 비하여 상대적으로 위축되었던 시민사회와 시장(기업)등의 활성화에 기여할 수 있어서 균형을 이룩할 수 있을 것이다. 특히 서구에 있어서 거버넌스론은 정부실패와 이에 대한 대안으로 나타난 신자유주의, 또한 신자유주의 성향의 세계화 등이 배경으로 논의되고 있지만(조성한 2005; 주성수 2000) 한국의 경우 거버넌스체제는 그동안 발전되지 못하였던 시민사회 부분의 성장을 자극할 수 있는 요인으로 작용될 수 있을 것이다.

셋째, 거버넌스 체제는 한국사회에서 빠른 속도로 증가하고 있는 시민들의 의사표출이나 수요를 합리적이고 제도적으로 수용할 수 있을 것으로 기대된다. 최근 발생하고 있는 대규모 집단민원이나 집회, 시위 등을 통한 원색적 의사표출은 시민들의 의사와 이익, 수요 등을 담아내어 공공정책으로 반영할 수 있는 메커니즘의 부재에 기인하는 것이다.

넷째, 특히 로컬(지역) 거버넌스 체제는 분권화에 의해서 성립되기도 하지만 분권화를 강화하기 위한 방편이 될 수도 있을 것이다(Gates 1999). 지역 거버넌스 체제는 지역민들의 폭넓은 정책형성에 대한 참여를 불러일으킬 수 있을 것이며, 이로써 지방정부의 민주성을 증가시킬 수 있는 효용성을 지닌다.

2. 사회자본

(1) 개 념

사회자본에 대한 개념정의 역시 거버넌스와 마찬가지로 학문분야에 따라 또 학자에 따라 다양하게 나타나고 있으나, 사회자본이란 의미가 처음으로 사용되기 시작한 것은 프랑스의 정치사상가인 알렉스 토크빌(Tocqueville)이 1835년 미국사회를 분석하면서부터이다. 당시 그에게는 미국사회 구성원 개개인이 단체를 구성하여 서로의 필요를 충족시켜 주고 공공의 이익을 추구하는 성향이 있다고 보았는데 이를 토크빌은 사회자본이라 칭하였다. 즉, 그에게 있어 사회자본이란 사회내의 공동체정신, 사회규범, 공동의 문제에 대한 자발적 참여, 공공재에 대한 책무와 기회주의의 배격 등을 의미했던 것이다(이종수 2001).

사회자본의 개념은 두 주요한 사회과학자들, 즉 부르디외(Bourdieu 1986)와 콜만(Coleman 1988, 1990)에 의해 학문적으로 정리되었다(Paxton 1999, 92). 많은 학자들도 이 용어를 사용한 바 있으나 부르디외와 콜만이 이 개념을 대중화하기 전까지는 상당히 애매한 개념으로 남아 있었다. 대체로 사회자본 개념은 다음과 같이 크게 두 가지 차원에서 이해된다.

첫째, 사회자본을 관계 개념에서 파생되는 네트워크, 상호규범, 신뢰에 초점을 두는 경우이다. 퍼트남(Putnam 2000)은 사회자본을 개인 사이에 맺어진 관계이며 여기서 사회적 네트워크, 상호규범, 그리고 신뢰가 형성된다고 한다. 사회자본이 축적되어 있는 사회 또는 공동체에서는 시민들의 참여네트워크가 구성원 상호간의 신뢰를 증진시키고, 호혜성의 배양을 용이하게 한다. 또한 이러한 네트워크는 의사소통, 조정을 활성화함으로써 집단행위를 통한 문제해결을 용이하게 한다는 것이다.

둘째, 사회자본을 무엇인가 산출할 수 있는 능력(capacity)으로 이해하는 경우이다. 콜만(1988, 98)은 사회자본을 '집단과 조직 내에서 공동목적을 위해 함께 일할 수 있는 사람들의 능력'이라고 정의하면서, 사회 자본을 '행위자 속에 존재하는 것이 아니라 인간관계 내에 존재하는 가치로서 조직의 생산성을 증가시키며 특정한 목표의 성취를 가능하게 하는 것'이라고 규정하고 있다. 콜만에게 있어서, 사회자본개념은 어떤 집단의 사회구조가 그 집단의 구성원들을 위한 자원으로서 어떻게 기능할 수 있는지를 설명해 주고 있다. 그는 사회자본은 행위자들 사이의 관계 구조 속에 내재해 있다고 주장한다.

(2) 이론적 배경과 발전 경로

엄밀한 학술적 용어로 사회자본(social capital)이란 개념이 사용된 것은 1916년 Judson Hanifan에 의해서이다(DeGraaf 2003, 20). 그는 민주주의와 개발을 지속시키기 위해서는 지역사회가 적극적으로 관여해야 할 필요성 및 중요성에 대해 주목했다. 그는 이웃다움(neighborliness)과 시민관여의 종말에 대해 언급하면서 이러한 현상들이 가족의 고립과 지역사회 정체를 야기하게 되었다고 주장한 바 있다. 이후 많은 분야의 학자들이 이 사회자본 개념을 사용하게 되었는데 이는 주로 현대도시에서 비공식적인 지역사회 유대의 집단적인 가치를 강조하기 위해서였다.

실제로 저명한 사회자본 연구가인 Putnam(1993; 2000)은 이탈리아 지역을 대상으로 삶의 질 및 행정의 수준 차이를 사회적 자본의 차이로 설명하고 있다. 그는 사회자본에는 그 구성요소로서 신뢰가 가장 중요하며 신뢰가 지역사회 속에 형성되어 있는가 하는 문제는 공공기관의 운영, 행정제도의 집행, 정책집행 등에 걸쳐서 큰 영향을 미칠 수 있다고 주장한다. 그는 경험적 연구를 통해 이탈리아의 특정 지역에서는 '공동체'(community)성으로 인하여 개인들이 다른 사람들에 대해 협조적(cooperative)인 반면에 상대적으로 '공동체'성이 부족한 지역에서는 그 반대현상이 나타나고 있다고 지적한다.

최근 사회자본은 다양한 수준에서 공유된 사회 네트워크의 발전,

시민참여를 비롯한 다양한 집단의 참여를 촉진하는 거버넌스 과정을 발전시키기 위해 사회과학 분야의 관심을 끌고 있다. 시민참여의 네트워크와 사회적 신뢰에 관한 퍼트남의 연구(1993; 1995; 1996)와 사회관계의 구조에 관한 콜만의 연구(1988)에 의해 집중 관심을 받고 있는 사회자본에 관한 연구는 사회자본이 지역사회의 경제성장과 관련이 있다는 사실 등에 초점을 맞추고 있다. 사회자본의 근본적 전제는 사회자본이 사회적 하부구조로서 시민사회의 건전성을 결정하고, 지역사회의 개인과 집단 및 조직 간의 협동적이며 집단적인 관계에 있어서 문제해결을 위한 집단행동을 장려한다는 것이다. 기본적으로 사회자본은 공공재와 같은 사회단위의 특성을 나타내며, 본질적으로 강화되기도 하고 축적되는 성질을 갖는다(Coleman 1988; Putnam 1993).

(3) 유 형

DeGraaf(2003, 23-24)는 사회자본의 형태를 네 가지로 구분하면서 사회자본의 특성을 살피고 있다.

첫째, 공식적 사회자본과 비공식적 사회자본이다. 공식적 사회자본은 클럽이나 협회와 같이 구성원의 조건, 회비, 규칙적 모임 등을 인정하고 있는 조직들과 관련되는 것이며 비공식적 사회자본은 일회적인 야구경기나 우연히 같은 술집에서 만나는 사람들의 모임같은 비공식적 모임과 관련되는 것이다.

둘째, 강한 사회자본(thick social capital)과 약한 사회자본(thin social capital)이다. 강한 사회자본은 함께 보내는 시간이 많은 사람들과 같이 밀접히 상호 연결되어 있는 관계를 의미하며 이는 접촉의 빈도와 밀접성 측면에서 정의될 수 있다. 이에 반해 약한 사회자본은 면식도가 낮은 사람들 사이에서 존재하는 관계성을 의미한다.

셋째, 내부지향적 사회자본(inward-looking social capital)과 외부지향적 사회자본(outward-looking social capital)이다. 내부지향적 사회자본은 구성원들의 물질적, 사회적 또는 정치적 이해를 증진시키는 경향(예: 사적인 골프 클럽)이 있는 반면에 외부지향적 사회자본은 공동의 선(예: 환경운동)과 같은 공공재를 추구하는 경향이 있다.

넷째, 연결적 사회자본(bridging social capital)과 결합적 사회자본(bonding social capital)이다. 이 구분은 내부지향적과 외부지향적 사회자본 구분과 유사하다. 구체적으로, 연결적 사회자본은 개인 상호 간을 연결시켜 주는 사회적 네트워크와 관련되며 반면 결합적 사회자본은 보다 다양한 측면에서 동일한 속성(즉, 인종, 성, 종교, 사회경제적 지위 등)을 지니고 강력한 이해관계를 지닌 개인 간을 결집시켜 주는 관계이다.

요컨대, 비공식적 사회자본, 약한 사회자본, 외부지향적 사회자본 및 연결적 사회자본은 상호 친화성이 있는 반면, 공식적 사회자본, 강한 사회자본, 내부지향적 사회자본 및 결합적 형태의 사회자본 역시 상호 친화성을 지니고 있다고 볼 수 있다.

(4) 방법론

사회자본 개념을 이용한 다양한 연구들은 사회자본에 대한 서로 다른 개념정의를 이용하는 경우가 허다하며, 따라서 이러한 서로 다른 정의를 통하여 사회자본 수준을 측정하는 경우가 많다(Rohe 2004, 158). 따라서, 사회자본이 지역사회개발, 로컬 거버넌스 등 지역정책과 관련하여 무엇보다 우선, 사회자본의 필수적인 구성요소들에 대한 합의를 해야 하며 구성요소들에 대한 측정을 하기 위해 신뢰할 수 있는 측정지표를 개발해야 할 필요성이 제기된다. 또한, 더욱 발전적 논의를 위해서는 사회자본이 지역사회에서 어떻게 발전될 수 있는지 그리고 지역사회발전에서 어떤 역할을 할 수 있는지에 대해서도 보다 심층적인 논의가 요구된다. 이에 관해 대표적 학자인 Rohe는 사회자본를 상호이익을 위하여 조정과 협력을 용이하게 하는 네트워크, 규범, 사회적 신뢰와 같은 사회조직으로 정의하면서 이러한 핵심적인 구성요소들이 시민관여(civic engagement), 개인 간 신뢰(interpersonal trust) 및 효과적인 집단활동(effective collective action)의 개념들을 상호 연결시켜 주는 것으로 이해하고 있다. 즉, Rohe는 사회자본 수준의 측정지표를, 첫째, 지역사회 주민들의 관여수준 측정, 둘째, 지역사회 네트워크의 특성 측정, 셋째, 지역사회 주민들 간의 신뢰수준의 측정, 넷째, 지역사회 조직 인프라의 정도 및 효과성의 측정 등으로 구체화하고 있다.

한편, Paxton(1999)은 사회자본은 두 가지 구성요소, 즉 개인들 사이의 객관적 연대와 주관적 유대형태를 포함하고 있다고 주장한다. 객관적 연대(objective association)란 개인들을 연결해 주는 객관적인 네트워크 구조로서 실제 사회생활 속에서의 개인 간 상호연결성을 의미한다. 주관적 유대형태(subjective type of tie)는 상호적이고 신뢰적인 감정을 의미한다. 이러한 감정들은 행동을 위한 능력을 증가시킨다. Paxton은 사회자본의 이러한 두 가지 구성요소들을 이용하여 사회자본 측정지표를 구성하고 있는데 두 가지 차원, 즉 신뢰와 연대를 구성하고 각 차원별로 구성개념들을 포함시키고 있다. 신뢰(trust)차원에는 개인에 대한 신뢰와 기관에 대한 신뢰로 다시 나누어진다. 개인에 대한 신뢰에는 사람들은 남을 도울 수 있는지, 신뢰할 수 있는지, 공정한지 어떤지 느끼는 정도가 포함된다. 기관에 대한 신뢰는 종교기관, 교육기관, 행정기관 및 입법기관에 대한 신뢰정도가 포함되는데 이러한 개인 및 기관에 대한 신뢰정도가 높을수록 사회자본수준이 높다고 보고 있다. 한편, 연대(association)차원에는 이웃에 있는 사람과 저녁시간을 보내는 빈도, 지역사회 밖의 친구와 저녁시간을 보내는 빈도, 가입되어 있는 자발적 조직의 수 등의 지표가 포함된다. 이러한 지표들을 이용하여 Paxton은 1975년부터 1993년까지의 미국의 사회자본 수준을 측정한 바 있다.

(5) 이론적 유용성

사회자본 이론이 공공문제를 해결하는데 있어 유용한 점은 첫째, 집단행동의 딜레마의 극복과 공공성의 창출이란 점을 지적할 수 있다. 사회자본 연구자들의 공통된 주장은 사회자본의 활성화가 협동행위를 유발하여 집단행동의 딜레마와 관련된 무임승차의 문제를 해결하여 사회의 정치·경제적 번영과 인간의 행복한 삶을 가져다 줄 수 있는 밑바탕이 될 수 있다는 것이다(주성수 2000). 모든 인간사회는 집단행동의 딜레마에 직면해 있다. 협력하면 상호간에 보다 나은 결과를 낳는 데도 불구하고, 비용을 지불하지 않으면서 협력의 편익을 향유하려는 무임승차의 동기에서 인간행동은 비협력으로 귀착되는 경우가 많다.

둘째, 사회자본은 경제적 활동의 효율성을 제고해 줄 수 있다. Putnam(1993, 38)에 따르면, 사회자본은 세계 어느 국가이든지 간에 경제발전을 위한 필수적인 요소이며, 동아시아의 급속한 경제성장은 사회네트워크를 비롯한 사회자본이 형성되어 있기 때문이라고 주장하고 있다. 이러한 경제적 활동과 관련하여 사회적 자본의 주요한 기능 중의 하나는 신뢰를 통해 거래비용을 감소시키는 효과라고 할 수 있다. 모든 거래는 공식적 혹은 비공식적 계약을 통해 이루어진다. 경제학적으로 이야기하자면, 사회자본이 거래비용을 줄여줌으로써 경제적 효율성을 높여주는 것이다(Fukuyama 1995, 27).

셋째, 정치의 효율성 확보 및 행정비용의 감소에도 사회자본은 유용한 역할을 수행할 수 있다. 사회자본은 규범, 혹은 효과적인 사회적 제재력으로 기능한다. 따라서 사회자본이 풍부한 사회의 정부는 각종 규제적 제도를 고안하고 유지하는 데 드는 비용과 노력을 절감하여 좀 더 발전적인 방향으로 전환할 수 있다. 또한 사회자본이 정치적 영역에서 수행하는 역할의 중요한 하나는 공직자의 부정부패를 방지한다는 것이다(Boix and Posner, 1998).

넷째, 사회자본은 지역사회 거버넌스의 구축과 지방정부의 대응력 강화에도 기여한다. 지역사회 거버넌스는 공공선을 성취하기 위해 정보 및 자원을 공유하고, 의사결정 및 집행의 일상적 과정에서 일련의 협동을 증진하기 위한 지방정부 및 다른 공공기관, 비영리단체와 영리기관들이 연결된 네트워크라 할 수 있다(박희봉 · 김명환 2000). 사회자본은 참여를 통한 수평적 네트워크를 강조함으로써 신뢰에 기초한 시민사회를 구축할 뿐만 아니라 지역사회의 개인과 집단 및 조직 간 협동적이고 집단적인 행동을 장려함으로써 지역사회 거버넌스를 형성하고, 지역사회 문제해결을 위한 시민의 능력을 제고시킨다. 그러므로 사회자본은 지역사회 거버넌스의 강화를 위한 필수적인 요소이다.

Ⅱ. 국내 연구동향과 평가

1. 거버넌스

서구에서 관찰되는 거버넌스 양식의 변화에 부응하여 우리나라의 경우에도 전통적으로 활용된 관료적 계층제를 개혁하려는 노력이 김대중 정부 이후부터 본격화되어 왔다. 전반적인 국정개혁의 방향은 계층제의 요소를 완화하면서 시장 및 네트워크의 특성을 강화하는 쪽이다.

우선 김대중 정부는 외환위기를 극복하는 과정에서 정부의 효율성과 생산성을 높이기 위해 신공공관리의 처방을 통해 공공부문의 구조조정에 나섰다. 그리고 노무현 정부에서는 행정서비스헌장의 강화, 개방형 직위제도의 확대, 성과중심적 인사제도 및 예산운영의 강화를 통해 시장 거버넌스의 요소를 강화하는 동시에 네트워크 거버넌스의 요소를 도입하려는 노력이 진행되었다.

본고에서는 거버넌스의 분석대상과 수준을 기준으로 세계적 차원의 글로벌 거버넌스, 지역적 차원의 리저널 거버넌스, 국정관리나 운영에 초점을 맞추는 네트워크 방식과 신공공방식의 거버넌스, 그리고 지방이나 도시차원에서의 도시거버넌스로 분류하여 국내에서 진행 중인 각 거버넌스에 관한 연구동향의 내용과 특징을 살펴보고, 이에 대해 평가해보고자 한다.

(1) 글로벌 거버넌스

글로벌 거버넌스에 관해서는 전통적으로 타 사회과학분야에 비해 정치학 분야에서 주로 연구가 이루어졌다. 우선, 정보화시대의 외교 개념의 변화라는 측면에서 김상배(2002)는 정보화시대 외교분야의 혁명(RDA, Revolution in Diplomatic Affairs) 연구를 통해, 인터넷의 확산은 외교과정에서 기술과 정보와 지식이 갖는 의미를 재고케 하였으며 더 나아가 외교의 내용과 형식을 양적·질적으로 변화시킴으로써 근대 외교의 기본전제들을 변화시킬 조짐이 나타나고 있다고 강조한다.

한편, 글로벌 지식체계의 진전에 따라 과학기술 분야나 정보통신 분야에 초점을 둔 연구들이 2000년 이후 두드러지게 나타나고 있다. 배영자(2004)는 과학기술과 국제정치 간 관계에서 소위 수평 및 수직적 질서가 혼합된 이중적 구조, 혹은 중심화된 확산(concentrated dispersion),

강력한 통제와 권력분산이라는 형태의 거버넌스가 역설적이게도 동시에 진행될 수 있음을 강조하였다. 유현석(2005) 역시 최근 형성되고 있는 정보통신 분야의 글로벌 거버넌스 형성 과정은 글로벌 거버넌스론자들 그리고 초국가적 관계를 강조하는 견해들과는 달리 아직도 주권국가들이 국가이익을 바탕으로 핵심적 역할을 하는 전통적 국제관계의 측면이 강하다는 점을 지적하고 있다.

전통적으로 행정학에서는 국제적 관심사가 희박한 편이며, 국내적·지방적 차원의 분석이나 연구가 주된 영역이다. 이러한 경향에 반발하면서, 국제행정이란 차원에서 김선혁(2004)은 국제행정론이 현재의 주변성을 극복하기 위해서는 세계 거버넌스와 지역 거버넌스를 양대 축으로 하는 초국가 거버넌스론(supranational governance)으로 변모해야 하는 한편, 세계화시대 오히려 국가는 특정 전략을 선택, 구성, 추진함으로써 시장경제의 유형과 민주주의의 질, 정부개혁의 수준과 내용을 결정할 수 있는 상대적인 독자성을 가지고 있음을 역설한다(김선혁 2008).

(2) 리저널 거버넌스

글로벌 경제의 확산은 전 세계적 단일체제로의 통합 이전에 EU, NAFTA 등 지역별 경제블럭의 창설과 공고화 경향을 더욱 가속화시키는 흐름을 보여주고 있다. 우리의 경우도 예외가 아니라서 참여정부 등장 이후 동북아 중심국가론, 동북아 공동체 구상 등이 제시되면서 리저널 거버넌스에 대한 연구들이 최근 시도되고 있다.

우선, 김의영(2006a)은 동아시아 지역 거버넌스에 있어 시민사회의 참여와 역할이 요구되고 있다고 주장하면서 그 잠재성에 대해 희망적인 기대감을 보이고 있다. 또한, 그는 동아시아 거버넌스에 관한 국내 문헌을 리뷰하면서 동아시아 거버넌스의 이론적 적실성과 유용성이 가능하다는 주장을 펴고 있다. 거의 모든 연구들이 과거 위계적 · 국가중심적 모델만으로는 오늘날의 동아시아를 이해할 수 없다는 점에 동의하고 있으며, 바로 이러한 동태적인 변화를 포착하기 위해 거버넌스의 개념을 사용하고 있다고 본다. 특히 중국과 러시아 같은 '보다 어려운 사례(hard case)'에서도 거버넌스 패러다임이 적용 가능하며, 거버넌스적 전환이 이루어질 수 있다는 전망을 조심스럽게 제기하고 있다(김의영 2000b). 다만, 이 연구는 주제와 분석수준별 경향에 관한 서지학적 고찰에 머무르고 있어 실제 국내연구의 이론검증작업이나 분석결과에 대한 논의는 소홀히 다루어지고 있다는 한계를 지적할 수 있다.

김의영의 이러한 연구가 총괄적 · 원론적 수준에서 논해지고 있다면, 유현석(2007)은 동아시아 지역안보 거버넌스란 각론적 차원에서 접근하면서, 김의영의 앞서 연구와는 약간 배치되는 전망을 제시하고 있다. 즉, 동아시아지역에서 지역안보 거버넌스에 대한 시민사회의 참여 및 역할은 매우 초기적인 상태인데, 이는 전통적 안보이슈가 압도하고 있는 동아시아 안보환경의 특수성, 그리고 지역협력체가 미성숙하기 때문에 시민사회의 참여를 제도화해줄 수 없는 환경 때문이라고 본다. 진시원(2008)은 보다 규범적인 입장에서 동북아 지역거버넌스와 공동체 문제에 접근하고 있다. 동북아 지역 거버넌스와 동북아 공동체를 건설하기 위해서는 장기적이지만 효율적인 방법인 동북아 공동체 교육과 동북아 시민교육을 중등교육과정에서 확충하고 강화해야 한다고 강조한다.

박재욱 등(2006)은 앞서 연구들과는 분석단위에서 차이를 보인다. 분석범주에서는 동일한 동북아 지역을 대상으로 하면서도 분석 단위에서는 부산, 오사카, 상하이 등 동북아 도시들을 대상으로 하기 때문이다. 이들 세 도시들은 90년대 전반에 걸쳐 도시성장의 위기에 봉착한 경험을 공유하고 있으며, 성장을 위한 지역혁신전략과 도시거버넌스 구축을 모색해 왔다는 공통점을 지니고 있다고 전제하면서, 이들 세 도시들이 보여준 경제적 위기상황의 극복 과정과 그 과정에서 나타난 도시거버넌스의 특징에서 드러나는 차이점에 주목하고 있다. 이러한 비교연구 이후 그의 후속연구들(2006; 2007)은 오사카, 베이징 등 동북아 주요도시들의 거버넌스 특성에 초점을 맞추고 있다.

(3) 국정관리 1: 네트워크 방식

1) 거시적 분석

거시적 차원에서 국가-사회관계가 자유주의 모형으로 전환되어 정부와 시민단체들 간에 협조적 동반자관계가 수립되기 위해서는 자율적인 시민사회의 출현이 필수적인 요건이라 할 수 있다. 그러나 시민사회의 공고화가 덜 진행된 현 상황에서 비정부조직이 자율적으로 성장할 수 있는 여건은 불비할 수밖에 없다. 이러한 관점에서 본다면 정부-시민단체의 관계가 거버넌스모델이 상정하는 모습으로 형성될 것이라고 기대하는 것도 현재로서는 다소 무리라고 보아야 할 것이다. 이러한 관점에서 이연호(2002)는 지난 김대중정부 시절 정부와 비정부조직 간 관계를 분석하면서, 시민단체가 누리는 자율성과 국가-사회관계의 평등성이 이 모델의 핵심적인 개념이라고 할 때 현실적으로 나타나는 한국에서 김대중 정부와 비정부조직 간의 관계는 이와는 현격하게 다른 속성을 갖고 있었다고 주장한다.

장훈(2002)의 연구는 대통령제도의 안정성 여부는 거버넌스 구축여부와 관련이 있다고 보고, 한국의 대통령제 정부가 안정적인 거버넌스를 창출하지 못하고 지속적으로 불안정한 양상을 보이는 결정적인 이유의 하나는 잦은 분점정부의 등장에 있다고 지적한다. 한편, 민주적 거버넌스 구축에 있어 토의는 필수불가결한 요소인가 하는 의문에 대해 설한(2005)의 연구는 이에 대해 이론적·개념적으로 답하고 있다.

김선혁(2003)은 다른 사회과학 분야에 비해 비교적 뒤늦게 시민사회에 관심이 증대되고 있는 행정학 분야를 중심으로 시민사회론의 함의를 이론적으로 고찰한다. 그는 행정학 분야에서 지금까지 진행되어 온 시민사회 연구가 주로 집중해 온 핵심적 주제들을 분석하고, 행정학적 시민사회론의 중심적 내용은 정부와 시민사회 간의 동반자 관계(partnership), 그리고 그러한 동반자 관계의 제도화로서의 거버넌스체계를 근간으로 한 정부-시민사회 관계론이 되어야 한다고 주장한다.

2) 미시적 분석

미시적 차원에서 거버넌스 실태를 분석한 기존 연구 중 유재원·소순창의 연구(2005)는 중앙정부, 광역자치단체, 단체장, 지방의회, 정당, 언론, 이익집단, 경제엘리트, 일반주민 등의 다양한 외부행위자들이 지방정책에 미치는 영향력의 구조를 분석함으로써 한국 지방정부의 거버넌스 양식이 네트워크 보다는 계층제에 가깝다고 결론짓고 있다. 이는 한국 거버넌스의 실태를 분석한 최초의 체계적인 분석이라는 점에서 그 의미를 둘 수 있으나, 시장을 제외한 채 계층제와 네트워크만을 분석의 대상으로 한정하고 있고, 계층제와 네트워크적 특성을 공무집행 과정이 아닌 결과적인 지방정책의 영향력 구조만을 분석함으로써 우회적인 경로를 통해 한국 거버넌스 실태를 진단하고 있다는 한계를 지적할 수 있다.

다른 일군의 연구들은 개별적 사업들에 대해 네트워크식 국정관리 시스템인 거버넌스의 형태가 한국에도 존재하고 있다는 것을 사례로 밝히기 위한 논문들이다(김근세 외 2005; 배응환 2003; 전영평·이곤수 2005). 대부분 지방자치단체에서의 개별적 사업들을 사례로 들어, 사업주체들의 연계관계가 네트워크식의 거버넌스를 이루고 있음을 설명하고자 하는 것이다. 그러나 대부분의 논문들이 실질적으로 완벽한 형태의 거버넌스를 보여주지 못하고 있으며, 거버넌스의 가장 핵심에 해당되는 신뢰나, 협력체계, 권력자원의 배분 등에 있어서 미흡하다는 점을 지적하고 있다. 따라서 이 연구들은 한국의 국정관리시스템도 거버넌스적 요소를 보여줄 수 있다는 가능성을 제시하는 정도로 그치고 있다.

한승준(2006)은 기존의 계층제를 벗어나 문제 해결에 필요한 각종 자원을 활용하여 상호의존적으로 문제를 해결하는 현상을 새로운 네트워크 체계라 정의하고, 수도권교통조합의 사례를 중심으로 지방정부간 관계의 거버넌스 구축 방안을 검토하였다. 그리고 이곤수・최원삼・전영평 등(2005)은 포항시를 사례로 하여 지역혁신 거버넌스의 실태를 실증적으로 분석하였다. 이는 지역혁신분야에 대한 산업경제학적 접근의 한계를 보완하고 지방정부와 NGO 관계 분석에 치중한 로컬거버넌스의 실증적 연구를 확장시켰다는 점에서 의미를 가진다.

이현출(2001) 역시 NGO가 의약분업 거버넌스의 일원으로 참여하게 된 배경 및 NGO의 참여가 공공재 공급에 기여한 역할과 한계를 고찰하여 '참여의 확대'와 '효율성의 강화'라는 척도를 통해 분석하였다. 문병주(2004)는 또한, 복지NGO의 실상을 파악함으로써 정부와 복지NGO의 파트너십 형성 가능성에 대한 분석하였는데, 한국적 상황에서 복지NGO의 역할과 그것의 정부와의 관계가 어떻게 형성되는 것이 바람직한가 하는 문제는 정부가 복지NGO의 사회적・경제적・행정적 역할을 긍정적으로 수용하느냐의 여부가 관건이라고 보았다.

정보통신 분야에서의 거버넌스 논의도 활발하게 진행되고 있는데, 김상배(2002)의 논문은 정보기술에 적합한 관리양식으로서의 탈집중 네트워크 등장의 인과적 조건을 구체적으로 설명한 점이 특이하며, 조화순(2003)의 연구는 1990년대에 걸친 한국의 이동통신시장의 자유화과정에서 정부가 전략적인 계획자(strategic planner)로서 이동통신시장의 발전 방향과 자유화의 속도를 조절하는 탈집권적 관리양식을 창출하였다고 주장한다.

(4) 국정관리 2: 신공공관리 방식

일반적으로 거버넌스의 모호성은 신공공관리(New Public Administration: NPM)와의 관계에 있어서 가장 잘 나타난다. 신공공관리와 거버넌스는 1970년대 이후의 서구사회의 행정개혁을 총칭하는 대표적인 전문용어라고 하겠다. 신공공관리는 신자유주의적 이념을 바탕으로 둔 행정관리시스템의 전환을 의미한다. 정부내부에 시장적 경쟁개념을 도입하려는 시도, 관리자체의 효율성을 위한 민간경영기법의 도입, 정부업무에 대한 평가를 가능하게 하기 위한 조직적·제도적 변화, 정부정책 및 집행에 대한 민간부문 및 시장의 참여 등이 대표적 신공공관리적 혁신기법을 나타내준다. 반면에 거버넌스는 앞서 설명한 바와 같이, 신공공관리까지 포함하는 새로운 정부관리행태를 정치적인 것까지 포함하는 광의로 해석이 되기도 하고, 네트워크식의 국정관리시스템의 형태만을 의미하는 최소의 개념이 되기도 한다. 따라서 신공공관리와 거버넌스는 꼭 구분해야 할 이론적 대립관계는 아니며, 이 두 개념을 인위적으로 구분하려는 노력은 오히려 거버넌스의 개념을 더욱 모호하게 만드는 결과를 가져오게 할 것이다.

대표적인 논의로서는 지방정부의 민간위탁과 계약공급을 통한 쓰레기 수거의 거버넌스 구조 결정요인을 분석한 김재훈의 연구(2007), 지방정부의 공공서비스 전달에 있어서 거버넌스 구조가 성과에 미치는 영향을 분석한 김인의 연구(2006) 등이 있다. 후자의 경우, 지방정부의 공공서비스 전달에 있어서 거버넌스 구조가 서비스 성과에 미치는 영향을 전국 30개 도시를 대상으로 실증적으로 분석하여, 전반적인 거버넌스 수준의 정도는 환경보호서비스, 사회복지서비스, 주차서비스의 순이며, 서비스유형에 따른 차이는 없고, 서비스에 따라 그 수준에 차이가 나고 있다는 연구결과를 밝히고 있다.

또한, 이상철·성도경(2002)은 우리 나라 지방공기업의 책임경영 정착을 위해서 가장 요구되는 성공요인을 지방공기업의 새로운 거버넌스 정립이라는 관점에서 실증적으로 분석하면서, 관련 당사자 간의 자율적 협력관리체계(cooperative management system)를 정립하는 데에 있다고 보았다. 박상주(2003)는 경찰서비스가 종래 오직 경찰조직에 의한 관료적 독점적 공급구조에서 벗어나 민간부문과 비영리부문을 포괄하는 다양한 참여자가 등장하고 상호간의 관계망이 형성되고 있다는 점에 주목한다.

(5) 도시거버넌스와 파트너십: 지방정부, 시민사회, NGO

1990년대 이후 무성하게 나타났던 거버넌스 이론 자체에 대한 규범적 논의에 비해 의외로 도시정치의 거버넌스 구조에 관한 구체적인 실증연구는 많지 않다. 대부분은 도시정부와 지역 NGO간의 파트너십에 관한 연구를 통해 거버넌스체제의 특성을 살피려는 시도가 이루어지고 있는데, 엄밀히 보아 이러한 유형의 연구가 거버넌스 이론에서 이야기하고 있는 3자의 역학관계를 정확히 그려주고 있다고는 보이지 않는다. 기업의 영향력이나 도시 및 NGO와의 관계는 대부분 분석에서 제외되고 있거나 효율적으로 기술되지 않고 있기 때문이다. 또한 거버넌스이론에서 중시되는 중앙정부와의 역학관계나 도시 고유의 정치·문화적 특성 역시 심층적으로 분석되지 않고 있다.

그러나 일단 파트너십과 관련된 일련의 사례연구에서 발견되는 흥미로운 사실은 도시정부와 NGO의 역학관계가 도시마다 그리고 정책사례마다 무척이나 다양하고 엇갈린 모습으로 나타나고 있다는 점이다. 갈등구조나 지배종속관계가 그려지고 있는가 하면(이민창 · 김정부 2002; 옥원호 2002; 이희태 2002; 김상구 · 이원일 2005), 한편으론 협력적 관계가 나타나고 있기도 하다(오길수 2003; 배응환 2002, 2003; 김창수 2005; 소순창 · 유재원 2005; 유재원 · 홍성만 2005; 김도희 · 정준금 2006). 이러한 엇갈린 발견은 결국 우리나라 도시정치의 통치양식이 정책사례는 물론 도시별로 다원화되어 가고 있는 추세를 반증해주는 것이라고도 평가될 수 있다. 강문희 외(2006)는 서구의 지방정치과정론을 준용한 국내연구의 동향을 조망하고 있는데, 주로 엘리트론과 성장기구론 그리고 도시거버넌스론에 초점을 맞추고 있다.

2. 사회자본

(1) 국가와 시민사회

장수찬(2002)의 논문에 주목하는 점은 한국사회에서는 일반적 선진민주주의체제와 달리 정치참여 수준과 교육 수준이 높고, 사회계급이 높은 수준에 속한 사람일수록 국가기관에 대한 불신임이 높고 따라서 정치만족도가 낮다는 사실 때문이다. 그는 한국사회가 민주변혁과정에서 정치공간의 확장으로 사회 · 정치참여는 늘어났음에도 불구하고 오히려 사회자본(신뢰)은 하락하였으며, 후진 사회에 존재하는 사회 · 정치참여와 대인 신뢰도 혹은 정부신뢰 사이에 존재하는 악순환의 사이클(vicious circle)의 덫에서 아직 벗어나지 못하고 있다고 본다. 박종민과 김왕식(2006)이 사회자본의 핵심요소인 사회신뢰, 특히 일반화된 대인신뢰의 생성과 관련하여 시민사회와 국가제도의 역할을 미시수준에서 탐구한 결과, 공식단체든 비공식모임이든 집단가입이 사회신뢰에 주는 영향은 미미하거나 거의 없었고, 국가기관의 공정성, 정부정책의 비편파성, 공직사회의 정직성 및 정치제도의 민주성에 대한 인식이 사회신뢰에 주는 영향은 상당함을 보여준다. 이러한 결과는 한국의 경우 사회신뢰의 형성에 있어 국가제도의 역할이 시민사회보다 상대적으로 중요할 수 있음을 시사한다.

(2) 지역사회와 사회자본

오랫동안 사회자본에 대한 논의가 진행되어 왔지만 지난 10년 동안 사회자본에 사회과학계가 다시 주목하게 된 것은 바로 국가나 지역사회의 성과가 상당부분 사회자본의 차이와 관련이 있다는 연구가 나오면서부터이다(Putnam 1993; Fukuyama 1995). 특히 Fukuyama의 『*Trust*』와 Putnam의 『*Making Democracy Work*』가 출판된 후 서구와 국내 사회과학계는 사회자본의 역할에 깊은 관심을 가져왔다(김명숙 2004; 박희봉 2002; 배응환 2002; 이종원 2002; 이재열 1998; 유석춘 · 장미혜 · 배영 2002 등). 사회자본은 경제성장, 민주화, 정치와 행정의 불신, 정치사회적 갈등의 잠재적 해결사로 주목받고 있는 것이다. 왜냐하면 일반적으로 사회자본은 지역사회 발전에 여러 가지 유익한 효과를 제공하기 때문이다. 이러한 논의의 흐름을 크게 몇 갈래로 나누어 정리하면 다음과 같다.

첫 번째 흐름은, 사회자본의 개념정의와 구성요소에 관한 연구이다. 대표적으로 소진광(2004)은 사회자본 개념은 다의적이어서 개념정의를 내리기는 어렵다고 보고, 개념정의 대신에 여러 학자들의 사회자본 논의과정 중에 구성요소로서 포함되어 있는 개념요소를 정리하는 방식을 택하고 있다. 그는 사회자본의 개념요소를 신뢰, 참여, 연계망(네트워크),

제도 및 규범, 이타주의 등 5개 요소로 구분하고, 각 개념요소의 표현 인자를 제시하고 있다. 또한, 김승현(2008)은 사회적 자본의 구성요소와 그들 간의 상관관계에 관한 연구를 통해 인과적 설명을 시도하였는데, 그에 의하면 근본적인 요인구조는 기존연구에서 이미 밝혀진 바와 같지만 개념간의 상관관계는 한국적 특수성을 보여주고 있다고 본다. 특히 사적 신뢰와 사회적 신뢰의 상관관계는 지극히 낮은 편이라 보고, 서구의 연구에서 개발된 문항이나 한국사회조사에 쓰이는 문항들의 문제점을 지적한다.

두 번째 흐름은, 경험적 연구경향으로서 사회자본의 지표들이 실제로 행정대응성과 지역사회능력에 미치는 효과성을 검증하는 연구경향이다. 이 분야의 대표적 연구자인 박희봉과 김명환(2000)은 사회자본의 개념을 측정하기 위해 규범, 신뢰, 의사소통채널 등으로 나누어 이러한 지표가 행정대응성과 문제해결을 위한 지역사회능력에 어떠한 영향을 미치는지를 분석하였다. 지역사회 거버넌스는 지방정부와 민간조직, 지역주민을 포함한 각 지역사회 주체가 공동목표를 달성하기 위한 제반 노력과 협력이라고 할 수 있다. 지역사회 거버넌스는 협동 및 상호학습을 위해 다른 사람들에 대해 개방을 강조하는 정치·사회적 상호작용을 장려함으로써 사회자본의 구축에 이바지한다. 그리고, 시민참여 네트워크는 일반화된 상부상조의 확고한 규범을 배양하고, 다른 사람에 대한 신뢰를 증진하며, 지역사회내 공동선을 성취하기 위한 조정과 협동 노력을 촉진한다는 것이다(박희봉·김명환 2000). 그리고, 박희봉(2001)은 조직내 사회자본(신뢰, 규범, 네트워크)은 조직내의 민주적 과정, 고객만족 등 업무환경에 영향을 미치는 것으로 보고 있고, 지역사회내 사회자본 역시 지방정부 생산성, 내부 정치적 효능성, 외부 정치적 효능성 등 지방정부 효과성과 관계가 있음을 보여 주고 있다.

(3) NGO와 시민운동

Putnam(1995, 67)의 지적처럼 시민연대의 네트워크는 일반화된 호혜주의를 조장하고 사회신뢰의 형성을 고무한다. 네트워크는 조정과 의사소통을 촉진시키고 사람들의 신뢰성에 대한 정보를 증폭시켜 집단행동의 딜레마를 해결하도록 허용한다. 정치, 경제, 사회적 거래가 밀도 높은 사회적 상호작용의 네트워크 속에서 이루어질 때 기회주의적 동기가 줄어든다. 이와 동시에 시민연대의 네트워크는 과거의 성공적인 협력경험을 내면화하며 미래의 협력을 위한 문화적 발판이 된다. 하지만, 오늘날 우리나라 NGO가 안고 있는 가장 큰 비판은 시민 없는 시민단체라는 사실이다. 즉 소수의 명망가에 의하여 운동이 주도되어 시민 없는 시민운동이라는 비판을 받고 있다. 시민 없는 시민단체는 시민의 관심과 참여를 원천적으로 봉쇄할 수 있으며 스스로 권력화 되어간다는 문제점을 야기시킨다(김택 2000).

또한, 사회문제의 해결이나 서비스의 제공은 전문적인 지식을 필요로 하는 경우가 많다. 사회가 복잡해지면서 NGO 등 비영리단체의 활동에도 점점 더 전문성이 요구되고 있다. 그러나 도덕적·종교적 신념에 바탕을 둔 자원봉사나 일반적 도움은 한계가 있다. 법률가 또는 관련분야의 전문가의 자발적인 참여나 자원봉사로 부분적인 서비스는 공급할 수 있으나 자발적 조직의 부족한 재원으로는 필요한 전문성을 지속적이고 충분하게 확보하기 어려운 것도 사실이다(이근주 1999). 이것은 사회자본의 생산자로서 NGO가 자발적 조직으로서의 활동을 위축시키며 이에 따라 사회자본의 확산을 어렵게 한다는 것을 의미한다.

하지만, 김태룡(2006)의 연구는 시민단체가 사회자본의 형성에 미치는 영향력을 고찰하여 사회자본을 형성하는데 있어 시민단체의 역할이 대체적으로 긍정적인 영향을 미치고 있다고 주장한다. 그는 사회자본에 영향을 미치는 사회 배경적 변인이나 시민단체의 영향요인들도 획일적인 것이 아니라, 사회자본의 구성요소나 사회자본의 수준 또한 차원별로 다르게 나타나므로, 사회자본 형성을 위한 대안으로서 영향력을 달리하는 변인들의 기여도를 고려하여 기여도가 높은 시민단체의 내부전략요인들과 개인적 요인들을 극대화할 수 있는 전략을 모색하는 방향으로 나가야 한다고 본다. 따라서 사회자본의 형성 전략은 획일적인 방식이 아니라, 사회자본을 구성하는 요인별로 다양하게 마련되어야 할 것이다.

Ⅲ. 향후 연구과제

1. 거버넌스

최근 거버넌스에 대한 한국 사회과학계의 관심은 무척 높아지고 있지만, 거버넌스의 개념을 탄생시킨 앵글로-아메리카 국가들도 명확한 개념을 제시하지 못하고 있는 상황에서, 한국의 정치학, 행정학 등 사회과학 연구의 각종 사례에 거버넌스의 개념을 적용시키는 과정에서 발생하는 문제점도 적지 않다. 실제로 거버넌스 연구의 분석대상이 되는 각 사례들은 외형적인 수준에서만 네트워크의 모습을 갖추고 있지만, 실제로는 연계성이 매우 낮거나, 정부주도적인 경우가 대부분이다. 대부분의 연구자들 역시 자신들의 분석사례에 대해 강한 자신감을 표출하기보다는 단지 한국에서도 거버넌스적 국정관리체제를 갖출 수 있는 가능성을 제시하는 정도에 그치고 있다.

본고는 서구의 환경에서 개발된 거버넌스에 관한 이론적 논의를 정리해 보고, 실제 이들의 이론적 모델이 한국적 상황에서 어떻게 적용되고 있는지를 대표적인 국내연구들에 한정하여 개관해 보았다. 이상의 개관을 통해 얻을 수 있는 잠정적인 결론은 두 가지다. 하나는 방법론의 확대 재구성의 필요성이며 다른 하나는 이론구성을 위한 보다 많은 사례연구의 현실적 필요성이다. 이를 좀 더 부연해 보면 다음과 같다.

첫째, 서구의 기존 이론 모델들이 이미 경험하고 있는 방법론상의 한계와 이론적 가정의 한계에 대한 일반적 비판내용은 여전히 국내연구에서도 유효하다. 즉, 이론의 적실성을 사례에 맞추어 해석하기보다는 사례의 독특성에 집중한 새로운 발견을 통해 이론적 설명의 능력을 확장해야 한다는 것이다. 거버넌스를 이루는 환경적 요인에서 독특한 역사와 문화, 그리고 정치적 구조와 특성 등에 대한 정확한 이해와 분석은 이론 모델에 대한 성급한 검증작업에 앞서 반드시 선행되어야 할 분석과제라고 할 수 있다. 왜냐하면 이론 모델의 가설들은 일반화된 상황을 기초로 하고 있어 분석대상의 특수한 상황을 자칫 지나치게 단순화시킬 수 있는 오류를 범할 수 있기 때문이다. 또한 구조주의적 관점에서 제기되고 있는 외연적 변수의 거버넌스 구조에 대한 영향력은 정치과정론의 모델을 확대 재구성해야 할 필요성도 제기하고 있다.

둘째, 아직까지 국내 거버넌스에 관한 연구는 보다 많은 검증과 확인의 과제를 남겨두고 있다는 사실이다. 기존의 정치과정론적 거버넌스 이론 모델들의 한국적 적용은 한국적 현실과 맞지 않는다는 부정적 결론이 한 축을 이루는가 하면 보다 심층적인 연구를 촉구함으로써 이론적 설명의 가능성을 시사해주고 있기도 하다. 그러나 부정적 결론을 내리고 있는 연구들의 경우 역시 여전히 새로운 연구대상이나 사례를 통해 번복될 수 있는 여지는 남아있다고 판단된다. 예컨대 거버넌스 구조에 대한 분석연구들은 부정과 확인 및 수정논의가 엇갈리는 연구

결과의 상충성을 보여주고 있는데, 이러한 상충성은 단순히 이론 모델의 한계로 일축될 것이 아니라 좀 더 정밀한 연구설계와 새로운 사례의 발굴을 통해 검증되어야 할 과제를 남겨두고 있다는 것이다.

2. 사회자본

사회자본 구축과 이를 통한 거버넌스체제의 활성화를 위한 대안 마련을 위해서는 다음과 같은 지적 사항에 대한 보다 심층적인 탐색과 고민이 뒤따라야 할 것이다.

첫째, 로컬 거버넌스의 확대 강화와 맞물려 있는 사회자본의 구축이다. 앞으로 사회자본의 구축을 위해서는 현재의 대의적 민주주의와 달리 시민들의 직접적인 참여를 통해 이루어지는 협력적인 지역사회 거버넌스가 더욱 강화되지 않으면 안 된다. 이를 위해서는 사회자본 생산자인 지방의 시민단체 및 자발적 조직들이 더욱 강력한 정책투입과 정책참여 네트워크 및 연대를 형성하여야 한다(전영평 2002).

둘째, 주민자치활동과 시민단체에 대한 적극적 지원책이 필요하다. 시민참여 네트워크는 일반화된 상부상조의 확고한 규범을 배양하고, 상호 간에 신뢰를 증진하며, 지역사회내 공동선을 성취하기 위한 조정과 협동 노력의 촉진을 전제로 한다(박희봉 · 김명환 2000). 그 중에서도 가장 중요한 것은 지방정부의 재정지원이라고 할 수 있다. 정부로부터의 보조금은 폐단이 많은 직접지원형식을 지양하고 정부출연에 의한 '시민운동지원재단'을 설립하여 민간인이 독자적으로 운영하도록 하는 것이 바람직하다(이승종 1996).

셋째, 사회자본의 육성을 위해 시민교육의 강화와 새로운 도시공동체 운동의 적극적인 전개가 요구된다. 시민교육은 지역사회로 하여금 시민생활을 위해 필요한 가치와 규범을 획득하게 하고 지역사회의 응집된 정체성을 제공한다. 또한, 사회적 자본은 개인주의적 이데올로기보다는 공동체 이데올로기 혹은 규범이 강하게 형성되어 있는 사회에서 형성되기가 더욱 쉽다(박찬웅 2000). 따라서 전통적인 공동체의 미덕을 되살려 내려는 도시공동체운동을 지원함과 더불어 그간 배타적인 사리추구의 집단규범으로 변질된 사적신뢰를 시민적 덕목으로 바꾸어 가기 위한 각종의 정치사회화과정을 지원하는 일에 중점을 두어야 한다.

넷째, 자원봉사 문화의 정착이다. Olson은 집단의 규모가 대규모인 경우 개별 구성원들은 자신들의 기여에 따른 적절한 보상으로서의 편익이 없는 경우에는 그 집단을 위한 집합재의 공급에 자발적으로 기여할 유인을 갖지 못하게 된다고 지적한 바 있다(Olson 1965, 17). 이러한 측면에서 보더라도 현재 자원봉사활동에 참여하지 않고 있는 잠재적 자원봉사자들을 자원봉사활동 현장에 참여시키고 지속적으로 자원봉사활동을 하도록 유인하는 제도적 창안이 무엇보다 중요하다고 볼 수 있다(허용훈 2003).

꼭 읽어야 할 책

강문희·박재욱. 2006. "도시의 지배구조와 통치양식: 이론모형의 한국적 적실성 탐색." 『21세기정치학회보』 제16권 3호.

김의영. 2006b. "동아시아 거버넌스에 대한 문헌연구." 『한국과 국제정치』 제22권 3호.

박희봉. 2001. "우리나라 지역사회의 사회자본 증진에 관한 연구: 사회자본 측정과 분석을 위한 시도." 『한국정치학회보』 제34집 4호.

유현석. 2007. “동아시아 지역안보 거버넌스의 모색: 다자안보협력, 지역기구, 지구시민사회의 다층적 거버넌스.” 『한국과 국제정치』 제23권 3호.

이명석. 2002. “거버넌스의 개념화: ‘사회적 조정’으로서의 거버넌스.” 『한국행정학보』 제36권 4호.

이종원. 2005. “방법론적으로 재해석한 거버넌스의 이해.” 『한국행정학보』 제39권 1호.

DiGaetano, A. and Elizabeth, Strom. 2003. “Comparative Urban Governance: An Integrated Approach.” *Urban Affairs Review*, Vol. 38 no.3: 356-395.

Peters, Guy B. 1997. *The Future of Governing: Four Emerging Models.* 정용덕 외 역. 1998. 『미래의 국정관리』. 서울: 법문사.

Putnam, Robert D. 1993. *Making Democracy Work: Civic Traditions in Modern Italy.* N. J.: Princeton University Press.

참고문헌

강명구. 1997. “지방자치와 도시정치: 행위자 중심적 해석을 위한 시론적 연구.” 『한국정치학회보』 제31집 3호.

강문희 · 박재욱. 2006. “도시의 지배구조와 통치양식: 이론모형의 한국적 적실성 탐색.” 『21세기정치학회보』 제16권 3호.

강성철 · 박영강 · 문유석 · 김상구 · 허철행. 2008. “거버넌스 구축을 위한 시민사회단체지원방안에 관한 연구: 부산광역시를 중심으로.” 신라대 부산학연구센터 한일심포지움 발표논문.

김근세 · 이경호 · 김철. 2005. “한국 고용지원서비스의 거버넌스에 관한 연구.” 『한국행정학보』 제39권 2호.

김도희 · 정준금. 2006. “울산지역 로컬 거버넌스(Local Governance)의 성과와 한계: 주민참여예산제와 주민배심원제의 정책사례를 중심으로.” 『한국정책학회보』 제15권 3호.

김명숙. 2004. “지역 사회자본의 지방정치에 대한 효과.” 『한국지방자치학회보』

제16권 3호.
김상구·이원일. 2005. "현단계 우리나라 지방정부와 NGO간의 관계유형: 부산광역시 복지 NGO와 환경 NGO를 중심으로." 『지방정부연구』 제9권 1호.
김상배. 2002. "정보화시대의 거버넌스: 탈집중 관리양식과 국가의 재조정." 『한국정치학회보』 제36집 4호.
______. 2003. "정보화시대의 외교: 개념화의 모색." 『한국정치학회보』 제37집 3호.
김선혁. 2003. "시민사회론과 행정학: 행정학적 시민사회론의 모색." 『한국행정학보』 제37권 4호.
______. 2004. "국제행정과 초국가 거버넌스." 『한국행정학보』 제38권 2호.
______. 2008. "세계화와 행정: 이론적 성찰과 정책적 함의." 『한국행정학보』 제42권 1호.
김승현. 2008. "사회적 자본의 구성요소와 상관관계에 관한 연구." 『한국정치학회보』 제42집 2호.
김의영. 2006a. "시민사회와 동아시아 거버넌스: 한국시민사회의 역할 모색을 위한 예비적 고찰." 『신아세아』 제13집 1호.
______. 2006b. "동아시아 거버넌스에 대한 문헌연구." 『한국과 국제정치』 제22권 3호.
김 인. 2006. "지방정부의 공공서비스 전달에 있어서 거버넌스 구조가 성과에 미치는 영향: 서비스 유형별 비교분석." 『한국행정학보』 제40권 4호.
김 택. 2000. "한국 NGOs의 행정부패 감시기능." 한국행정학회 기획세미나 발표논문.
김태룡. 2006. "시민단체가 사회자본의 형성에 미치는 영향에 관한 연구." 『한국행정학보』 제40권 3호.
김재훈. 2007. "시장 혹은 정부?: 쓰레기수거의 거버넌스 구조 결정요인 분석." 『한국행정학보』 제41권 1호.
김창수. 2005. "관료와 시민사회 협력의 성공조건: 부산광역시 온천천 복원사례를 중심으로." 『지방정부연구』 제9권 1호.
문병주. 2004. "NGO의 구조적 특성과 대정부관계 인식에 대한 경험적 연구."

『한국정치학회보』 제38집 5호.

박상주. 2003. “경찰서비스의 거버넌스에 관한 연구: 청소년 범죄예방 네트워크를 중심으로.” 『한국행정학보』 제37권 1호.

박재욱・강문희・정해용. 2006. “동북아 도시의 성장전략과 거버넌스 비교연구: 부산, 오사카, 상하이를 중심으로.” 『한국과 국제정치』 제22권 3호.

박재욱. 2006. “일본 오사카 대도시권의 도시혁신과 거버넌스: 도시재생전략을 중심으로.” 『국제정치논총』 제46권 호.

______. 2007. “세계화 시대 중국의 도시혁신과 거버넌스.” 『지방정부연구』 제10권 4호.

박종민, 김왕식. 2006. “한국에서 사회신뢰의 생성: 시민사회와 국가제도의 역할.” 『한국정치학회보』 제40집 2호.

박찬웅. 2000. “사회적 자본, 신뢰, 시장:시장에 대한 사회학적 접근.” 한국사회학회 춘계 특별심포지움 발표논문.

박희봉・김명환. 2000. “지역사회 사회자본과 거버넌스 능력: 서울 서초구와 경기 포천군 주민의 인식을 중심으로.” 『한국행정학보』 제34권 4호.

______. 2001. “우리나라 지역사회의 사회자본 증진에 관한 연구: 사회자본 측정과 분석을 위한 시도.” 『한국정치학회보』 제34집 4호.

배영자. 2004. “과학기술의 국제정치학을 위한 시론: 글로벌 거버넌스 개념을 중심으로.” 『한국정치학회보』 제38집 3호.

배응환. 2002. “지역거버넌스 네트워크, 사회자본 그리고 지역정책.” 『정부학연구』 제8권 2호.

______. 2003. “거버넌스의 실험: 네트워크조직의 이론과 실제: 대청호살리기 운동본부를 중심으로.” 『한국행정학보』 제37권 3호.

설 한. 2005. “민주주의, 토의, 정당성.” 『한국정치학회보』 제39집 1호.

소진광. 2004. “사회적 자본의 측정지표에 관한 연구.” 『한국지역개발학회지』 제16권 1호.

오길수. 2003. “파트너십 거버넌스의 가능성과 한계: 지방의제21 추진과정의 경험.” 『한국행정논집』 제15권 2호.

오수길・곽병훈. 2004. “사회자본-정부-거버넌스의 연계에 관한 시론적 모색.” 『한국행정학보』 제38권 6호.

옥원호. 2002. “로컬거버넌스를 위한 지역NGO의 과제.” 『지방정부연구』 제6권 3호.

유석춘 · 장미혜 · 배영. 2002. “사회자본과 신뢰: 한국, 일본, 덴마크, 스웨덴.” 『동서연구』 제14권 1호.

유재원 · 소순창. 2005. “정부인가 거버넌스인가? 계층제인가 네트워크인가?” 『한국행정학보』 제39권 1호.

유재원 · 홍성만. 2005. “정부의 시대에서 꽃핀 Multi-level Governance: 대포천 수질개선 사례를 중심으로.” 『한국정치학회보』 제39권 제2호.

유현석. 2005. “글로벌 거버넌스에서 국가와 지구시민사회: WSIS 사례를 통해서 본 글로벌 거버넌스의 가능성과 한계.” 『한국정치학회보』 제39집 3호.

______. 2007. “동아시아 지역안보 거버넌스의 모색: 다자안보협력, 지역기구, 지구시민사회의 다층적 거버넌스.” 『한국과 국제정치』 제23권 3호.

이근주. 1999. 『정부와 NGO간의 파트너쉽에 관한 연구』. 한국행정연구원.

이명석. 2002. “거버넌스의 개념화: ‘사회적 조정’으로서의 거버넌스.” 『한국행정학보』 제36권 4호.

이민창 · 김정부. 2002. “자치시대 NGO의 네트워크화 결정요인에 관한 연구.” 『한국지방자치학회보』 제14권 2호.

이상철 · 성도경. 2002. “지방공기업의 책임경영을 위한 성공요건 분석: 뉴거버넌스의 관점에서.” 『한국행정학보』 제36권 4호.

이승종. 1996. “정부의 민주화와 정치교육.” 『사회와 교육』 제23집.

이연호. 2002. “김대중 정부와 비정부조직 간의 관계에 관한 연구.” 『한국정치학회보』 제35집 4호.

이종수. 2001. “정부에 대한 신뢰와 그 결정요인.” 『사회과학논집』 제32집.

이종원. 2002. “사회자본과 행정: 정부형성과 거버넌스-이론적 연결고리의 탐색 및 지방거버넌스에서의 적용-.” 『정부학연구』 제8권 1호.

______. 2005. “방법론적으로 재해석한 거버넌스의 이해.” 『한국행정학보』 제39권 1호.

이현출. 2001. “거버넌스와 NGOs: 의약분업 사례를 중심으로.” 『한국정치학회보』 제35집 3호.

이희태. 2002. “지방정부의 비영리민간단체 지원사업의 평가와 정책과제.” 『한국지방자치학회보』 제14권 4호.

장수찬. 2002. “한국사회에 나타난 악순환의 사이클: 결사체 참여(civic engagement), 사회 자본(social capital), 그리고 정부신뢰(confidence in political institutions).” 『한국정치학회보』 제36집 1호.

장 훈. 2002. “한국 대통령제의 불안정성의 기원: 분점정부의 제도적, 사회적, 정치적 기원.” 『한국정치학회보』 제35집 4호.

전영평. 2002. “지방정부의 거버넌스 모형구축: 공익형 NGO의 형성정도와 정책참여수준을 중심으로.” 한국지방정부학회 추계학술대회 발표논문집.

전영평 · 이곤수. 2005. “지역혁신 거버넌스에 대한 실증 분석.” 한국행정학회 하계학술대회 발표논문.

조성한. 2005. “거버넌스 개념의 재정립.” 한국행정학회 동계학술대회 발표논문.

조화순. 2003. “국가독점에서 거버넌스로: 한국 이동통신시장 자유화의 원인과 성격.” 『한국정치학회보』 제37집 5호.

주성수. 2000. 『시민사회와 제3섹터』. 서울: 한양대학교 출판부.

진시원. 2008. “동북아 영토분쟁, 중등교육에서 어떻게 가르칠 것인가?: 간도분쟁 사례를 중심으로.” 『한국정치학회보』 제42집 2호.

한승준. 2006. “지방정부간 관계의 거버넌스 구축에 관한 연구: 수도권교통조합을 중심으로.” 『한국행정학보』 제40권 4호.

허용훈. 2003. “사회자본의 구축과 지방정부의 역할.” 부산시의회 연구보고서.

Boix, Carles and Daniel N. Posner. 1998. “Social Capital: Explaining Its Origins and Effects on Government Performance.” *British Journal of Political Science*, Vol.28: 686-694.

Bourdieu, P. 1986. “The Forms of Capital.” in J. G. Richardson ed. *Handbook of Theory and Research for the Sociology of Education*: 241-258. New York: Greenwood.

Coleman, James. 1988. “Social Capital in the Creation of Human Capital.” *American Journal of Sociology*, Vol. 94: 95-120.

______. 1990. *Foundations of Social Theory*. Cambridge, MA: Harvard University Press.

DeGraaf, Don. 2003. "Social Capital." *Parks and Recreation*, Vol. 38 no.12.

DiGaetano, A. and Elizabeth, Strom. 2003. "Comparative Urban Governance: An Integrated Approach." *Urban Affairs Review*, Vol. 38 no.3: 356-395.

Fukuyama, Francis. 1995. *Trust: The Social Virtues and the Creation of Prosperity.* New York: Free Press.

Gates, C. 1999. "Community Governance." *Futures*, Vol.31 no.2: 519-525.

Goss, S. 2001. *Making Local Governance Work: Networks, Relationships and the Management of Change.* Houndmills: Palgrave.

Kickert, W. J. M., E.-H. Klijn., and J. Koppenjan. eds. 1997. *Managing Complex Networks: Strategies for the Public Sector.* London: Sage.

Kooiman, J. 2003. *Governing as Governance.* London: Sage Publications.

Jessop, B. 1997. "The Governance of Complexity and the Complexity of Governance: Preliminary Remarks on Some problems and Limits of Economic Guidance." in Ash Amin and Jerzy Hausner eds. *Beyond Market and Hierarchy: Interactive Governance and Social Complexity*: 95-128. Lyme, U.S.: Edward Elgar.

Olson Jr, Mancur. 1965. *The Logic of Collective Action.* New York: Schocken Books.

Paxton, P. 1999. "Is Social Capital Declining in the Unities States?: A Multiple Indicator Assessment." *The American Journal of Sociology*, Vol. 105 no.1.

Pierre, J. 2000. *Debating Governance.* Oxford University Press.

Peters, Guy B. 1997. *The Future of Governing: Four Emerging Models.* 정용덕 외 역. 1998. 『미래의 국정관리』. 서울: 법문사.

Pierre, Jon and Peters, B. Guy. 2000. *Governance, Politics and the State.* 정용덕 외역. 2003. 『거버넌스, 정치 그리고 국가』. 서울: 법문사.

Putnam, Robert D. 1993. *Making Democracy Work: Civic Traditions in Modern Italy.* N. J.: Princeton University Press.

______. 1995. "Bowling Alone: America's Declining Social Capital." *Journal of Democracy*. Vol.6 no.1: 65-78.

______. 1996. "The Strange Disappearance of Civic America." *The American Prospect.* no. 24.

______. 2000. *Bowling alone: The collapse and revival of American community.* New York: Simon and Schuster.

Rhodes, R. A. W. 1996. "The New Governance: Governing without Government." *Political Studies*, Vol.44: 652-667.

Rohe, W. 2004. "Building Social Capital through Community Development." *Journal of the American Planning Association*, Vol.70 no.2.

Salamon, Lester M. 2002. *The Tools of Government: A Guide to the New Governance.* New York: Oxford Press.

CHAPTER 08

선거와 정당 체계

박 명 호

I. 서 론

“정당을 빼놓은 현대 민주주의는 생각할 수 없다”(Schattschneider 1942)는 지적처럼 정당 없는 정치는 불가능하다. 현대 대의민주주의에서 정당은 시민 사회와 정부를 연결하는 핵심적 매개 구조이기 때문이다(Sartori 1976). 정당은 참정권의 확대와 더불어 발생하고 의회 민주주의의 발전과 더불어 성장했다. 동시에 정당은 의회 밖과 안에 정치적으로 지속되는 조직을 필요로 했던 정치인의 요구와 필요를 반영한 조직이다(Scarrow 2006).

정당에 대한 연구는 두 차원으로 구분된다. 하나는 개별 정당에 대한 연구이고 다른 하나는 정당 체계에 대한 연구이다. 개별 정당에 대한 연구는 정당 내부의 조직구조와 정책결정과정 등을 주목한다(Key 1964; White 2006). 그런데 정당은 그 자체로서 이해되기 어렵다. 복수의 정당(pluraity of parties)이 존재할 때 진정한 정당이라고 할 수 있기 때문이다(Neumann 1956). 이는 개별 정당에 대한 이해보다 여러 개의 정당이 어우러져 일정한 형태로 나타나는 정당 체계에 대한 이해가 중요하다는 것을 의미한다. 정당 체계에 대한 이해를 통해 우리의 정당에 대한 이해의 폭을 넓힐 수 있다는 것이다(Eckstein 1968).

왜냐하면 (개별)정당은 경쟁하는 정당(들)의 존재 여부, 성격, 정치환경과 역사 그리고 제도적 여건 등에 따라 서로 다른 모습을 보일 가능성이 높기 때문이다. 따라서 (개별)정당에 대한 이해는 개별 정당 차원에서 설명되고 이해되어야 하는 것이 아니다. 개별 정당과 개별 정당, 개별 정당과 정당 군(群)(set of parties), 개별 정당과 환경 그리고 정당과 정치환경 등의 종합적 차원에서 설명되어야 한다. 따라서 정당 체계에 대한 이해는 정당 간 정치적 경쟁의 질과 성격 나아가 민주주의 정치 과정의 작동 과정과 원리를 이해하기 위한 강력한 이론적이면서 동시에 경험적 개념이다(Klingerman 2005; Lihphart 1999; Powell 1982, 2000; Taagepara and Shugart 1989). 이 때 정당 체계에 대한 연구는 정당에 대한 연구 수준 중 유권자 속의 정당(party in the electorate)에 해당한다. 유권자 속의 정당은 선거를 통해 유권자의 요구와 이해(利害)를 수용하여 정치 과정에 반영하기 위해 시민들의 의견을 수렴하고 시민들의 정치 참여를 활성화하는 역할을 한다. 즉 정당과 시민 사회의 관계에 초점을 두는 것이다(Key 1964; White 2006).

그렇다면 한국에서의 정당 체계에 대한 연구는 어떻게 진행되어 왔을까? 빈번한 정당의 탄생과 소멸 그리고 이합집산의 반복에도 불구하고 과연 정당체계로 볼 수 있을까? 만약 한국에 일정 형태의 정당 체계가 존재한다면 그것은 어떤 모습일까? 본 장은 위와 같은 질문에 답하는 것을 그 목적으로 한다. 이를 위해 아래에서는 정당 체계에 대한 기존 이론을 검토한 다음 1987년 민주화 이후의 한국 정당 체계에 대한 다양한 분석을 정리하고자 한다. 마지막으로 향후 정당 체계에 대한 연구는 어떻게 이뤄져야 하는지에 대해 검토하고자 한다.

Ⅱ. 정당 체계에 대한 이론적 배경

정당 체계란 무엇일까? 정당 체계(party system)는 여러 정당들의 단순한 합(set of parties)은 아니다(Eckstein 1968). 왜냐하면 여러 정당들의 단순한 합으로 정당 체계를 이해하는 경우 각 정당은 여타 정당과 상관없이 자유롭게 활동하기 때문이다. 이 경우 개별 정당은 오로지 한 정치 체제가 갖는 물리적 한계에 의해서만 활동을 제한받는다. 물론 여러 정당들의 단순한 합으로서의 정당 체계도 복수 정당의 존재(existence of a plurality of parties)를 전제로 한다(Sartori 1976).

하지만 정당 체계는 여러 정당들의 합으로서 존재하는 것이 아니다. 정당 체계는 '한 정치 체계에서 조직화된 양식으로 작동하는 정당 군(群)'을 말한다(Lane and Ersson 1999). 이 때 정당 체계는 과학적 연구를 위한 '체계(system)'로서의 조건을 충족시켜야 한다(Sartori 1976). 그것은 체계가 그 체계를 구성하고 있는 여러 요소 간의 유형화된 상호 작용(patterned interactions)의 결과물이며, 이에 따라 한 체계의 경계선을 이루게 된다는 것이다. 따라서 "정당 체계는 정당 간 경쟁(inter-party competiton)에 의해 형성된(정당 간) 상호 작용 체계"라고 정의할 수 있다(Sartori 1976: 43-44).

그 동안 많은 학자들이 다양한 기준과 방식에 의해 정당 체계를 정의하고 분류했다. 하나의 정당 체계는 기본적으로 복수의 정당을 전제로 한다. 물론 한 개의 정당으로 구성된 정당 체계도 존재할 수 있다. Sartori가 지적한 일당 체계(one party system)다. 일당 체계는 정당이 한

개 존재하므로 정당 국가 체계(party state system)화 될 가능성이 매우 높다. 하지만 일당 체계에서도 정당이 갖는 본질적 속성은 존재하며, 따라서 국가와 정당이 구분되고 정당이 독자적 정책결정능력을 갖고 있다는 점에서 하나의 정당 체계로 이해될 수 있다는 것이다(Sartori 1976).

하지만 일당 체계는 지극히 예외적인 현상이며 민주적 정치 체제가 아닐 가능성도 매우 높다. 따라서 우리가 정당 체계를 논할 때 그것은 복수의 정당이 존재하고 있음을 전제로 해야 한다. 이렇게 보면 정당 체계를 분류하는 가장 기본적 방식은 정당의 수(數)에 따른 분류라 할 수 있다. 예를 들면 Duverger(1963)가 정당 체계를 양당 체계(two party system)와 다당 체계(multi-party system)로 분류하는 방식이다.

한 정당 체계 내의 정당 수는 중요한 문제이다. 내각책임제의 경우 의회 내 정당이 몇 개냐에 따라 정권 구성 과정과 결과가 달라진다. 정권 구성 이전에도 선거에 참여한 모든 정당과 선거에서 유의미한 득표를 한 정당의 수를 이해하는 것은 중요하다. 반면 대통령제에서는 의회 내 정당 수가 중요하다. 왜냐하면 남미 대통령제 민주주의 사례에서 보듯 의회 정당의 파편화 정도가 대통령제의 안정적 운영에 결정적 영향을 미치기 때문이다(Jones 1995).

정당의 수(number of parties)는 논쟁적 개념이다. 학자들은 어떻게 정당의 수를 산정(counting parties)할지에 대해 합의하지 못하고 있다. 이는 무엇보다도 전문가들이 서로 다른 크기와 적실성(relevancy)를 가진 각 정당들을 어떻게 계량(weight)할지에 대해 공통된 의견을 갖고 있지 않기 때문이다. 나아가 정당의 수 산정 방식에 대한 학계의 다양한 의견은 우리들이 한 정치 체계의 가장 역동적이 핵심적인 부분이 어디냐에 대해 합의된 견해를 갖고 있지 않기 때문이기도 하다(Webb 2000).

이렇게 보면 정당 수 산정 방식은 단순한 기술적 문제가 아니다. 그것은 정당의 개념과 관련된 보다 심오한 문제이다. 나아가 정당 수 산정 방식은 우리가 정당을 어떻게 이해하며 정치 과정의 어떤 측면을 중시하느냐에 따라 다양하게 정의되고 산출될 수 있는 것이다. 예를 들면 Lijphart(1999)는 영국을 보수당과 노동당이 의회를 지배한다는 의미에서 양당제로 보았지만, Dunleavy(2005)는 선거에서 나타난 득표수를 기준으로 하여 영국을 다당제 국가로 분류한 것이 대표적이다. 이는 Lijphart가 의회를 중시하고, Dunleavy는 선거를 중시한 차이 때문에 나타난 것이다.

크게 보아 정당 수 산정 방식은 두 가지로 대별된다.[1] 질적 방식(qualitative)과 계량적 방식(quantitative)이 그것이다(Blau 2008). 가장 단순한 질적 방식은 이항분류(binary)이다. 이에 따르면 정당은 적실성(relevancy) 있는 정당과 그렇지 않은 정당으로 구분된다. 이 방식은 Sartori(1976)가 제안한 것으로 Duverger(1964)의 연구를 보완하려는 시도였다. Sartori는 어떤 정당이 정권 구성에 참여할 가능성(coalition potential) 또는 야당화 가능성(blackmail potential)이 있으면 그 정당을 '적실성 있는 정당(relevant party)'으로 분류했다. 이 때 정권 구성 참여 가능성은 해당 정당이 정부 구성을 통해 권력을 장악할 가능성이 있다는 것을 의미한다. 반면, 야당화 가능성은 해당 정당이 정권 구성에 참여할 가능성이 있는 정당의 전술과 선택에 영향을 줄 수 있다는 것을 의미한다. 따라서 Sartori의 정당 체계 분류는 정부 정당 체계(governmental party system)에 초점을 둔 것이다. 즉, 정부 구성을 위해 경쟁하는 정당들 간의 상호 작용(interaction)을 중요시 했다.

1) 물론 질적·양적 방식의 중간에 해당하는 경우도 있다. 이에 따르면 정당 체계에서 중요한 것은 정당의 수가 아니라 정당 체계를 구성하는 개별 정당의 상대적 크기라는 주장한다(Blonder 1968).

하지만 이와 같은 Sartori의 정당 체계 분류는 목적론적이며 개념적 문제를 안고 있다. 우선 목적론적 차원에서 보면 정당 체계 내의 정당 중 어떤 정당이 야당화 가능성을 갖고 있는지 구별하기 어려운 문제가 있다. 즉 정권 구성에 참여할 정당과 그렇지 않은 정당을 분류하기가 어렵다는 것이다. 물론 이 문제를 해결하는 현실적 방법이 있다. 그것은 야당화 가능성을 무시하는 것이다(Katz 1997). 이에 따르면 정당 체계 내의 모든 정당을 정권 구성에 참여할 가능성이 있는 정당으로 간주한다.

사실 Sartori 정당 분류의 가장 큰 문제는 개념적 차원의 문제이다. 즉 그의 정당 분류는 이분법적(dichotomous)이라는 것이다. 그의 분류 기준에 따르면 모든 정당은 정권 구성 과정에서 중요하냐 아니면 그렇지 않느냐에 따라 분류된다. 따라서 양 극단 사이에 존재하는 정당은 적어도 이론적으로는 없다. 하지만 정권 구성에 참여하는 정당과 야당화 정당의 사이에 존재하는 정당이 현실적으로 있다. 이러한 문제에 대한 해결책의 하나는 '반(半)정당'의 개념을 사용하는 것이다(Blondel 1968; Epstein 1964). 즉 모든 정당을 동등하게 취급하는 것이 아니라 개별 정당의 정권 구성 과정에서의 적실성(relevancy) 또는 중요성의 차원에서 서로 다르게 취급해야 한다는 것이다.

동시에 정당 체계를 이해하는 데 있어 정당 체계의 이데올로기적 양극화(polarization)와 파편화(frantionalization)의 개념도 중요하다. 전자가 정당 체계의 질적 측면을 강조한다면, 후자는 하나의 정당 체계를 구성하는 정당의 수를 중요시 한다. 정당 체계의 파편화와 양극화는 정당 체계를 어떻게 이해해야 하느냐의 문제에 대해 서로 다른 주장을 해 왔고, 이는 정당 체계 내 정당의 수를 어떻게 산정할 것이냐의 문제에서도 마찬가지였다.

질적 방식에 반대되는 방식이 계량적 방식이다. 정당 수 산정을 위한 계량적 방식은 한 정당 체계 내 개별 정당을 0과 1이라는 연속적 기준위에서 파악한다. 가장 많이 알려진 계량적 지수화 방식은 Laakso와 Taagepera(1979)의 '유효 정당 수(effective number of parties)'이다. 현재 가장 널리 사용되는 이 방식은 '득표수(votes)'에 기초한 유효 정당 수와 '의석수(seats)'에 기초한 유효 정당 수로 나누어진다. 전자를 '선거 유효 정당 체계'로, 후자를 '의회 유효 정당 체계'로 부르기도 한다. 계량적 지수화 방식은 특정 시점에서 개별 정당이 차지한 득표수 또는 의석수의 상대적 가치를 중심으로 한 정당 체계 내의 정당 수를 산정한다. 한 정당이 차지한 의석수 또는 득표수는 하나의 의회 또는 선거 정당 체계를 구성하는 과정에서 발휘하는 기여 정도에 따라 평가되는 것이다. 따라서 이 방식에서는 작은(큰) 정당은 작은(큰) 정당만큼의 가치를 인정받게 된다.

정당 체계 이해를 위한 계량적 지수화 방식의 가장 큰 장점은 여러 사례에 쉽게 공통적으로 사용될 수 있다는 점이다. 이 방식을 통한 국가 간 비교가 가능하다. 동일한 기준을 사용한 정당 체계 내 정당 수 산정 방식이기 때문이다. 하지만 약점도 당연히 있다. 무엇보다도 계량적 지수화 방식은 동일한 득표수 또는 의석수를 가진 정당들의 서로 다른 정치적 가치를 알 수 없는 단점이 있다. Lijphart(1999)는 Sartori의 정당 체계 분류가 정당 체계 내 정당 간의 이데올로기적 병립 가능성(ideological compatibility)을 지나치게 강조하여 개별 정당의 크기(득표수 또는 의석수)를 무시했다고 비판한다. 하지만 계량적 지수화 방식에서는 반대의 상황이 나타난다. 즉 Sartori(1994)는 계량적 지수화 방식이 군소 정당을 근본적으로 배제하는 경향이 있다고 지적했다. 하지만 유효 정당 지수 산정 과정에서 제외된 군소 정당이 정치적으로는 실질적 역할을 담당할 수도 있다는 것이다. 예를 들면 거대 정당 사이에서 연정 구성의 키를 가지고 있었던 독일의 자유민주당(FDP)이 대표적이다. 따라서 득표수와 의석수는 정권을 향한 정치적 경쟁의 한 측면을 설명할 뿐이라는 것이다. 결국 계량적 방식은 득표수와 의석수에 기초하여 하나의 정당 체계 내에 존재하는 정당의 수를 산정하기 때문에 권력에 대해서는 언급하지 않는다고 비판된다(Blau 2008).

계량적 지수화 방식의 단점을 극복하고자 하는 노력은 계속 이어졌다(Dunleavy and Boucek 2003; Molinar 1991; Taagepara 1999, 2004, 2005). 대부분의 개선 시도는 정권 구성 경쟁에 상대적으로 더 가까운 정당의 가치를 기존의 계량적 지수화 방식에서 보다 더 배려하려는 방향이다. 동시에 계량적이면서도 입체적으로 정당 체계를 이해하려는 시도이다. 또한 정당체계 연구가 지나치게 정당의 수에 집착하고 있음을 비판하며 정당의 수를 중요하게 고려하는 이유가 정부 구성, 즉 정권 참여라는 정당의 핵심 목표를 달성하는 것이므로 이에 주목해야 한다는 주장도 있다(Mair 1997).

나아가 "의회 영향력(legislative power)와 내각 영향력(cabinet power)"을 통해 정당 체계를 이해하고자 하는 시도도 있다(Blau 2008). 이 방식에 따르면 2005년 이후 영국에서는 3.5개의 선거 정당, 2.5개의 의회 정당, 1.5개의 의회 영향력 정당 그리고 1개의 내각 영향력 정당이 존재했다. 물론 개선 노력 대부분은 나름의 기술적 문제를 안게 되었다. 계량적 지수화 방식 자체가 이미 계량화하는 기술적 방식에 의존하고 있기 때문이다. 하지만 계량적 지수화 방식의 근본적 한계를 넘어서기는 어려웠다. 계량적 지수화 방식은 권력 분배 상황에 대한 간접적 정보를 제공하는 데 그치고 있다. 한마디로 계량적 지수화 방식은 비교 연구를 위한 기초를 제공했지만 계량화(quantification)에 따라 불가피하게 나타나게 되는 단순화의 위험성을 여전히 안고 있다.

최근에는 유권자들의 개별 정당에 대한 상대적 인식과 평가에 기초하여 정당 체계를 설명하려는 것이다(Dalton 2008). Dalton은 정당 파편화(party fractionalization)와 이데올로기적 정당 양극화(party polarization)을 구별하고 정당 양극화가 정당의 정치적 경쟁의 질(quality of party competition)을 이해하는 데 결정적인 요소라고 주장한다. 즉 유권자들이 인식하는 정당 간의 이데올로기적 양극화 정도를 통해 정당 체계의 성격을 이해할 수 있으며 이는 유권자들의 투표 성향과 투표 참여 여부를 설명하는 데도 유효하다는 것이다. 따라서 정당 체계를 이해하는 데 중요한 것은 단순히 정당의 수가 아니라 특정 정당 체계에서 나타나는 정당 간 정치적 경쟁의 질이다. 이는 정당 체계의 양극화 정도(degree of party system polarization)는 해당 정당 체계의 정당 간 이데올로기적 차이(ideological differentiation)를 반영하기 때문이다(Sartori 1976). 이 때 한 정당 체계의 정당 간 이데올로기적 양극화는 이데올로기적 연속선상 위에서 해당 정당 체계의 정당들이 얼마나 산재되어(dispersed) 있는가를 의미한다. 따라서 이는 단순히 한 정당 체계에 정당이 몇 개 있느냐가 아니라 정당이 대표하는 이데올로기적 선택지(枝)의 범위를 중요시 한다.

Ⅲ. 한국 정당 체계에 대한 설명

한국의 정당 체계에 대해 그 동안 많은 연구가 진행되어 왔다. 한국 정당 체계에 대한 다양한 연구는 우선 한국 정당 체계의 경쟁성 여부에 대한 논의를 들 수 있다. 복수 정당의 존재를 전제로 하는 정당 체계에 대한 연구에서 정당 체계의 경쟁성 여부에 대한 논란이 있다는 것은 해당 정치 체제의 민주성 여부에 대한 논란이라도 할 수 있다. 한국의 경우 민주화 이전에도 복수의 정당이 분명히 존재했지만 정당 체계의 경쟁성은 상대적으로 낮았다고 할 수 있다. Sartori(1976)의 정당 체계 분류의 기준 중 하나는 정당 정치의 경쟁성이었다. 이에 따라 정당 정치는 비경쟁적(non-competitive) 정당 체계와 경쟁적(competitive) 정당 체계로 구분된다. 민주화 이전 한국의 정당 체계는 비경쟁적이었다. 즉 1987년 이전에는 비경쟁적 요소가 강했다. 하지만 이후의 정당 정치는 완벽할 정도로 경쟁적이라고 할 수 있다. 나아가 1997년과 2007년의 정권 교체는 이러한 한국 정당 체계의 경쟁성을 더욱 강화시킨 사례로 볼 수 있다(김용호 2007).

민주화 이후 한국의 정당 체계가 경쟁적 성격을 갖고 있다면 그 다음 의문은 과연 한국의 정당 체계는 어떤 성격을 갖고 있느냐이다. 구체적으로 보면 이 의문은 두 개로 나누어진다. 하나는 한국의 정당 체계가 그 동안 일관된 체계성을 갖고 있었느냐의 문제이고, 다른 하나는 한국의 정당 체계는 과연 어떤 체계였느냐이다.

한국 정당 체계의 체계성 여부와 관련하여 보면, 한국 정당은 정당 지도자의 정치적 생명의 변화와 함께 탄생했다가 소멸하는 하루살이 정당이었다. 이러한 현상은 민주화 20여 년 동안 지속되어 한국의 정당과 정당 정치는 높은 유동성을 그 특징으로 한다는 것이다. 따라서 민주화 이후 한국에 정당은 많았지만 일정한 체계로서 인정할 수 있는 정도의 정당 체계는 존재하지 않는다고 이들은 주장 한다(김수진 1996; 김용호 2001). 한마디로 한국의 정당 정치는 무정형(formlessness) 상태라는 것이다(김용호 2001). 물론 안정된 정당 체계의 확립은 현대 민주정치 발전의 핵심적 요소이다(Sartori 1976; Mainwaring et al., 1992). 그러나 한국의 정당정치는 1987년 민주화 이후 현재에 이르기까지 격심한 조직적 이합집산을 거듭해 오고 있는 것이 사실이다. 따라서 한국의 정당 정치는 아직 '정당 체계(party system)'라든지 소위 '양당제', '다당제' 등과 같은 분석적 개념을 적용시킬 수 있는 단계에 이르지 못했다고 할 수 있다(김수진 1996).

그렇다면 왜 한국의 정당 체계는 체계적이지 못할까? 한국 정당의 이합집산은 기본적으로 선거에서의 승리를 위한 파벌 간의 갈등과 협상의 결과이다.[2] 구체적으로 보면 제도적 차원에서 5년 단임 대통령제의 취약한 대표성과 책임성 그리고 대통령 정당화(化)와 당내 통제력 약화에 따른 불안정성, 선거 전문가 정당, 마지막으로 당내 파벌의 태생적 존재에 따른 수직적 통합의 불가능성 등이 정당체계의 변화를 가져왔다고 주장 한다(곽진영 2007).

반면, 한국 정당 체계의 비(非)체계성에 대한 반론도 존재한다. 이 주장에 따르면 민주화 이후 한국 정당의 탄생과 소멸이 반복되었고 정당 간 끊임없는 이합집산이 계속되었지만 정당 체계의 본질적 경쟁 구도는 변화하지 않았다고 한다(강명세 2006; 곽진영 2003; 박명호 2003; 장훈 2003; Reilly 2007). 즉 선행 정당과 후속 정당 간 구성원에 큰 차이를 발견하기 어렵고 정당 중심 세력의 연속성을 확인할 수 있기 때문에 정당 체계가 일정한 연속성을 가진 것으로 보아야 한다는 것이다. 민주화 이전 권위주의 체제하의 당시 집권당과 야당(민주정의당과 신민당)은 민주화 이행 이후에 종종 분당과 합당 혹은 당명 변경을 경험했다. 하지만 본질적으로는 양당의 연합체 혹은 여러 분파들이 한국의 정당체계를 구성하는 핵심 요소이기 때문이다(장훈 2003).

2) 1990년 3당 합당을 분석한 김희민(1995)의 연구도 유사한 결론을 내리고 있다. 즉 정당은 자신의 이익을 최대화하기 위한 합리적 행위자라는 것이다.

한국의 정당 체계가 일정한 체계성을 갖고 있다면 그것은 어떤 모습일까? 한국 정당 체계의 체계성에 동의하더라도 그 성격과 관련해서 보면 다양한 논의가 존재한다. 우선 한국 정당 체계의 정당 수와 관련하여 보면 Reilly(2007)는 한국의 정당 체계가 비록 초기 단계의 성격을 갖지만 양당제화 하는 경향을 보인다고 주장한다. 반면 한국 정당 체계는 2~3개의 보수 정당과 1개의 중도 좌파 정당이 경쟁하는 온건 다당제 경향이라는 주장도 있다(장훈 2003).

다음으로 한국 정당 체계의 성격을 지역 정당 체계로 인식하는 시각이 있다(강명세 2006; 박명호 2003). 이에 따르면 민주화 이후 한국의 정당 체계는 지역주의 정당 체계로서 거의 고착 단계에 이르렀다고 한다. 따라서 지역적 기반을 갖지 못하고 이념 또는 계급 등을 기반으로 한 정당의 정당 체계 진입은 사실상 불가능할 정도로 지역 정당 체계는 구조화되었다(강명세 2006). 또한 민주화 이후에도 한국의 정당들은 정치 지도자를 정점으로 하는 인물 중심의 정당이면서 해당 지도자의 출신 지역에서 집중적 지지를 받는 지역 할거 정당이었다(정진민 1998; 최장집 2008). 나아가 이러한 지역 정당 체계는 선거 승리를 위해 합종연횡을 거듭하기 때문에 정당 체계는 계속해서 불안정성할 수밖에 없다는 것이다.

한국 정당 체계의 지역주의적 성격은 구조적으로 불가피한 현상으로 설명된다(최장집 2002; 2008). 이에 따르면 한국의 민주화 이행과정의 특징, 즉 민주화의 보수적 종결의 결과물이 바로 지역 정당 체계라는 것이다. 한국 민주화의 보수적 종결은 민주화가 정치 체제 내외의 보수적 정치 엘리트에 의해 이뤄졌으며 권위주의 시절 끊임없이 민주화를 요구했던 이른바 운동 세력은 민주화 과정에서 사실상 배제되었다는 것을 의미한다. 이 때 민주화의 보수적 종결은 한국 정치에 지역 정당 체계를 가져온 구조적 요인 중의 하나다. 이외에도 냉전과 분단 그리고 전쟁에 따른 냉전적 반공주의에 따른 이데올로기적 협소성, 그리고 권위주의적 산업화와 운동에 의한 민주화 등도 지역 정당 체계로 연결된 요인으로 지목되고 있다. 이에 따라 민주화 이후의 정당 체계는 보수적 정치 엘리트가 주도하는 보수 정당 위주의 독과점 체제로 귀결될 수밖에 없었다는 것이다. 이는 결과적으로 한국의 정당 체계가 대표하는 사회 균열의 범위와 기반은 매우 협소하지만 정당 간 갈등의 강도는 매우 격렬하게 나타나는 근본 요인으로 작용했다.

한국 정치에서 지역주의의 영향력은 그 동안 막강했다. 모든 선거 결과를 결정짓는 중요한 요소가 바로 지역주의였기 때문이다. 민주화 이후 4차례의 대통령 선거 결과를 보아도 이 점은 분명하다. 즉 한나라당은 영남, 그리고 민주당은 호남 지역에서 정치적 지지의 강도가 상대적으로 강했다(곽진영 2007). 따라서 지역 정당 체계는 앞으로도 상당 기간 동안 한국 정치를 지배하는 구조적 요소가 될 가능성이 매우 높다. 영남과 호남을 지역 배경으로 한 정당 구도 위에 이념적 요소가 가미되어 한국의 정당 체계가 지속될 가능성이 크다는 것이다.

최근에는 한국 지역 주의 정당 체계의 해체 가능성에 주목하는 연구도 등장했다(정진민 2008). 특히 세대 효과에 주목한다. 1960년대 이후 출생하여 물질적으로 풍요로운 탈냉전 시기에 성장했으며 정보 통신 기술에 익숙한 세대가 상대적으로 지역주의의 영향력을 덜 받는다는 것이다. 이들은 대신 자신들의 일상 생활에 직접적으로 영향을 미치는 실질적인 쟁점과 삶의 질을 중시하는 탈물질주의(post-materialist)가치를 우선한다. 이와 같은 유권자 성향의 변화와 세대 교체는 궁극적으로 정당 체계의 재편으로 이어질 가능성이 매우 높다고 하겠다.

한편, 한국 정당 체계의 체계성을 인정하며 그 성격을 구조적 차원에서 설명하려는 시각이 있다. 그것은 한국의 정당 체계를 카르텔 정당 체계로 이해하는 것이다(곽진영 2001; 장훈 2003). 이 시각에 따르면 기존 제도권 정당들의 국고 보조금의 독과점, 공영 방송 선거 캠페인의 독과점, 신규 진입 장벽이 높은 선거 제도와 선거법을 통해서 나타나고 있다는 것이다(박명호 2005). 사실 이러한 현상은 서구에서 기성 정당들이 사회적 지지 기반의 약화에 대응하면서 나타나기 시작했다. 특히 정당들이 재정적으로 국가에 대한 의존을 확대하며 정당 간 정치적 경쟁 구조를 폐쇄적 방향으로 유도하는 각종 제도적 장치들이 활용되며 정당 체계의 카르텔적 성격은 더욱 강화되었다(Kats and Mair 1995).

이렇게 보면 한국의 경우 "권위주의 세력과 제도권 야당은 선택과 온존이라는 두 가지의 방식을 통해서 권위주의 시대의 계승 정당들이 민주화 개방 이후에도 정당 정치를 독과점적으로 지배할 수 있는 제도적 질서를 구축하였다. 한편으로 단순 다수제를 통한 단임 임기의 대통령 선거와 소선거구제를 중심으로 한 선거 제도의 선택은 새로운 세력의 진입이 어려운 다수제적 질서를 구축하였다. 다른 한편으로는 권위주의 시대의 정당법, 정치 자금법, 노동 관계법 등을 그대로 유지함으로써 새로운 세력의 성장과 진입을 억제하는 높은 진입 장벽을 구축하였다고 할 수 있다"(장훈 2003: 54)는 것이다.

결국 한국 정당 체계의 성격을 둘러싼 논쟁은 지역과 카르텔 정당 체계로 구분할 수 있다. 하지만 양 시각은 일맥 상통하는 측면이 있다. 왜냐하면 한국 정당 체계의 카르텔적 성격을 강조하는 시각은 지역 정당들의 일종의 담합적 성격에 초점을 두고 있기 때문이다. 결국 지역 정당의 담합 성격이 카르텔 정당 체계로 이어지고 있는 것이다. 이에 따라 지역 정당 강조 시각과 함께 새로운 진보정당, 계급정당 혹은 이념정당이 주요 정당으로 등장할 가능성이 거의 없다는 점을 지적하고 있다(김용호 2007).

한편, 유권자의 이데올로기적 정당 위치 파악을 통한 한국의 정당 체계를 설명하려는 시도도 있다(Dalton 2008). 그에 따르면 한국의 정당 체계 양극화 정도는 2000년 총선에서 1 이하였다. 하지만 2004년 총선에서 한국 정당 체계의 양극화 정도는 3.55로 다시 높아졌다. Dalton은 이를 2000년 총선에서 당시 김대중 대통령이 총선 승리를 위해 보수정당인 새천년민주당을 창당한 때문으로 설명한다. 이 경우 유권자들이 인식하는 정당 간 이데올로기적 거리가 상대적으로 증가했다는 것을 의미한다.

그렇다면 민주화 이후 한국의 정당 체계는 어떻게 변해왔을까? 아래의 표는 민주화 이후 치러진 6번의 국회의원 총선 결과를 보여준다. 표에서 나타나듯 민주화 이후 한국의 정당 체계는 정당의 탄생과 소멸을 거듭해온 유동적 모습이다. 4년마다 이어진 총선에서 연속적으로 등장한 정당의 수보다 새로 창당된 정당의 수가 상대적으로 더 많은 상황이었다. 1988년 총선에서 14개의 정당이 등장했고, 1992년 총선에서는 6개, 1996년 총선과 2000년 총선에서는 11개, 2004년 총선에서는 25개 그리고 2008년 총선에서는 15개의 정당이 정치적 경쟁을 벌였다. 2004년 총선과 2008년 총선에서 상대적으로 등장 정당의 수가 증대된 것은 1인 2표제 시행의 효과로 보인다. 총선 결과 의회에 진출하여 의석을 획득한 정당은 1988년 총선에서 4개 정당, 1992년 총선에서는 3개 정당, 1996년 총선에서는 4개 정당, 2000년 총선에서는 5개 정당, 2004년 총선에서는 6개 정당 그리고 2008년 총선에서는 6개 정당이었다. 정당 투표에 의해 비례 대표 의석을 배분하는 제도에서 상대적으로 의회 진출 정당의 수가 증가하는 모습이 나타났다.

민주화 이후 한국의 정당 체계-국회의원 총선을 중심으로

선거	정당명	의석수	득표율	정당명	의석수	득표율
13대	민정당	125	33.96	국민당	0	0.33
	민주당	59	23.83	민중당	0	0.33
	평민당	70	19.26	사회당	0	0.02
	공화당	35	15.59	정의당	0	0.13
	신한당	0	0.24	제3세대	0	0.08
	민한당	0	0.17	한주의	0	0.02
	한계레	1	1.28	기독성민당	0	0.01
14대	민자당	149	38.49	신정당	1	1.79
	민주당	97	29.17	공명당	0	0.10
	국민당	31	17.37	민중당	0	1.55
15대	신한국당	139	34.52	한독당	0	0.01
	국민회의	79	25.30	전국연합	0	0
	민주당	15	11.23	기독당	0	0
	자민련	50	16.17	한국당	0	0
	대한당	0	0.02	친민당	0	0
	국민연합	0	0.90			
16대	한나라당	133	38.96	기독성민당	0	0
	민주당	115	35.87	민주노동당	0	1.18
	자민련	17	9.84	번영당	0	0
	민국당	2	3.68	청년진보당	0	0.66
	한국신당	1	0.41	한국당	0	0
	공화당	0	0.02			
17대	한나라당	121	35.77	호국당	0	0
	민주당	9	7.09	기독당	0	1.08
	열린우리당	152	38.27	노권당	0	0.17
	자민련	4	2.82	녹색당	0	0
	국민통합21	1	0.56	녹색사민당	0	0.49
	민국당	0	0	대통당	0	0
	희망2080	0	0.15	민주노동당	10	13.03
	가정당	0	0	민화당	0	0.19
	개혁당	0	0	복민당	0	0
	공화당	0	0	사회당	0	0.22
	구국총연합	0	0.11	새신당	0	0
	복지당	0	0.04	번영당	0	0
	국민행동	0	0			

선거	정당명	의석수	득표율	정당명	의석수	득표율
18대	통합민주당	81	25.17	문화예술당	0	0.19
	한나라당	153	37.48	시민당	0	0.10
	자유선진당	18	6.84	신미래당	0	0.07
	민주노동당	5	5.68	직능연합당	0	0.09
	창조한국당	3	3.80	진보신당	0	2.94
	친박연대	14	13.18	평화통일가정당	0	1.05
	국민실향안보당	0	0.54	한국사회당	0	0.20
	기독당	0	2.59			

자료: 중앙선거관리위원회

위의 표를 보면 선거에 참여한 정당의 수는 많지만 의석을 차지한 정당의 수는 상대적으로 적게 나타난다는 것을 알 수 있다. 특히 원내 교섭 단체를 구성할 정도의 의석을 보유한 정당의 수는 더욱 적다. 이는 선거에서 나타난 유권자 표의 분포에 따라 정당 파편화 정도가 결정되기 때문이다. 이러한 맥락에서 오랫동안 연구되어온 주제가 선거 제도의 정당제 유형에 대한 영향력이다. 이 경우 뒤베르제의 법칙(Duverger's Law)에서 지적하듯, 소선거구+다수제(single member simple plurality)의 선거 제도가 정당 체계 내에 과연 구심적(centripetal) 영향을 주느냐가 핵심 주제이다(Siavelis 1997). 이와 같은 제도적(institutionalist) 시각에서 국회의원 선거에서 나타나는 정당제 유형에 영향을 미치는 요인으로 주목받아온 것이 대통령 선거와 지방 선거였다. 한국의 경우에도 이러한 시각을 적용하려는 노력이 있었다. 특히 그 동안 한국 정당 체계에 대한 연구가 주로 전국 단위에서 파악되는 정당 체계에 대한 연구라는 점에서 한 정체 내에서 다양하게 나타날 수 있는 정당 체계에 대한 연구로 영역을 확장했다는 의미가 있다.

한국의 경우 특히 지방 선거에서 나타난 정당 체계와 총선에서의 정당 체계와 관련성에 주목 한다(박명호 2003, 2007). 이 시각에 따르면 지방 선거에서 나타난 지역별 정당제 특성이 총선에서 나타나는 정당 간 경쟁 유형을 설명하는데 더 적절하다는 것이다. 더욱이 우리나라와 같이 소선거구+다수제 선거 제도를 통해 의원을 선출하는 경우 개별 선거구 단위의 정당 간 경쟁 유형은 지역에 따라 다르게 나타나는 것이 일반적이다. 따라서 전국 단위에서 나타나는 정당제 유형과 지역 그리고 개별 선거구 단위에서 나타나는 정당제 유형은 서로 상이하다. 전국 단위의 정당제 유형은 지역 또는 선거구 단위 정당제의 집합이기 때문이다. 따라서 이 시각은 정당 체계에 대한 입체적 이해 시도이며 동시에 종합적 이해 노력이기도 하다.

특히 정당 체계에 대한 지역구 단위 설명 시도는 매우 중요한 의미를 띤다. 왜냐하면 한국과 같은 선거 제도에서 정당 간 정치적 경쟁의 기본 단위는 개별 지역구이기 때문이다. 하지만 대통령 선거를 중심으로 한 기존 연구의 가장 큰 맹점은 분석단위(unit of analysis)의 문제이다. 대통령 선거는 전국을 하나의 선거구로 하여 치러진다. 반면 소선거구+단순 다수제의 국회의원 선거는 개별 지역구 단위의 선거구에서 치러진다. 따라서 대통령 선거에서 나타난 정당 간 선거 경쟁의 유형은 전국 단위의 정당제 유형으로 이해해도 큰 문제가 없다. 이와 달리 '소선거구+단순 다수제 국회의원 선거'의 경우, 전국 단위에서 나타난 정당제 유형은 지역 선거구 단위 나아가 지방 단위에서 나타난 다양한 정당 간 선거 경쟁 유형의 '복합체(aggregation of local party systems)'라 할 수 있다. 따라서 소선거구+단순 다수제 국회의원 선거에서 나타나는 지역구별 정당 간 선거 경쟁의 유형에 대한 이해가 필요하며 이를 위해 지역 선거구 단위 관찰이 요구된다.

사실 총선에서 나타나는 정당제 유형을 설명하기 위해 대통령 선거 결과에 주목하는 것은 '전국 단위(national level)'에서 전개되는 정당 간 선거 경쟁의 유형을 이해하기 위한 것이다. 하지만 개별 선거구 단위에서 전개되는 총선에서의 정당 간 선거 경쟁은 전국 단위 요인뿐만 아니라 '지방 단위(local level)' 요인에도 영향을 받게 된다. 특히 지방 선출직 선거에서 나타난 정당 간 선거 경쟁 유형이 총선의 각 선거구별 정당 경쟁 유형에 결정적 영향을 미칠 수 있다(Kernell, and Jacobson 1981). 이는 연방제 또는 분권화된 단방제(decentralized unitary system)라는 제도적 요인이 한 나라 안에 지역에 따라 다른 정치/사회적 다양성의 존재를 전제하고, 나아가 강화시키는 경향이 있기 때문이다. 따라서 지역에 따라 다양한 형태의 정당제 유형이 한 나라 안에 동시적으로 존재할 가능성이 있다. 이 경우 전국 단위에서 나타난 정당제 유형과 각 지방의 정당제 유형은 서로 다르게 된다. 이런 의미에서 대통령 선거보다 지방 단위의 정당제 유형을 보다 잘 보여줄 수 있는 것은 지방 선거에 나타난 정당제 유형이 되는 것이다.

따라서 총선에서 나타나는 정당제 유형을 설명하기 위해 지방 선거가 새롭게 주목받기에 이르렀다. 하지만 국회의원 선거에서 나타나는 정당 간 선거 경쟁의 정도(degree of electoral partisan competition)에 영향을 미치는 지방 선거에 대한 연구는 주로 연방제 상황(federalist context)에 초점을 맞추었다(Samuels 2000). 이들 연구에 따르면 주지사 선거(한국의 경우 도지사 선거), 특히 총선과 동시에 실시되는 주지사 선거가 해당 주의 여러 지역 선거구에 걸쳐 나타나는 정당 간 선거 경쟁의 유형에 결정적 영향을 미친다. 즉, 지방 단위 나아가 개별 선거구 단위의 정당제 유형을 이해하는 수단으로서 지방 선거가 중요하다는 것을 경험적으로 확인할 수 있었다.

하지만 소선거구+단수 다수제 국회의원 선거에서 나타나는 정당 간 선거 경재의 유형에 대한 기존의 연구에서 주목받지 못한 부분이 있었다. 이는 바로 분권화된 제도적 상황(decentralized unitary institutional context)에서 이뤄지는 소선거구+단순 다수제 국회의원 선거의 지역구 단위 정당 간 선거 경쟁의 정도에 대한 지방 선거의 영향력이다. 앞서 언급했듯 소선거구+단순 다수제 국회의원 선거에서 기본적으로 정당 간 선거 경쟁이 발생하는 단위는 개별 지역구(local electoral district)이다. 따라서 국회의원 선거에서 나타나는 정당 간 선거 경쟁의 정도를 설명하려면 각각의 선거 단위인 지역구 단위에 초점을 맞추어야 한다(Chhibber and Kollman 1998). 이는 지방 선거에서 나타나는 지방 또는 지역구 단위의 정당제 유형(local/district level partisan characteristics)이 소선거구+단순 다수제하의 국회의원 선거에서 지역구별로 나타나는 정당 간 선거 경쟁의 정도를 결정하는 중요한 요인이라는 것을 의미한다.

동시에 연방제 이외에도 지방적 또는 지역적 다양성(sub-natioanl diversity)을 가져오는 제도적 요인은 여러 가지가 있다. 한 국가 내에 현실적으로 존재하는 지방 단위의 사회/정치적 이질성(social/political heterogeneity along regional lines)과 선출직 지방 권력의 다양성은 분권화된 단방제(decentralized unitary system)에서도 발견되기 때문이다. 따라서 지방 단위, 나아가 지역구 단위에서 다양한 유형의 정당제가 나타나게 되며 이것이 결국 국회의원 선거에서 나타나는 개별 지역 선거구의 정당 간 선거 경쟁의 정도와 유형에 영향을 미칠 것이라는 추론이 가능하다.

이러한 맥락에서 볼 때 한국의 경우는 중요한 이론적 명제를 검증할 수 있는 중요한 사례이다. 왜냐하면 한국은 1988년 이후 소선거구+단순 다수제의 국회의원 선거 제도를 운용하고 있다. 또한 한국은 여러 가지의 지방 권력을 구성하기 위해 다양한 단계별 지방 선거를 실시하고 있기 때문이다. 물론 한국의 경우는 연방제와 같은 수준의 분권화라고 하기 어렵다. 하지만 시, 도지사, 시장, 군수, 구청장 그리고 광역 및 기초의 지방의원을 주민의 직접 선거로 선출하여 상당 수준의 지역 자율성(local autonomy)을 허용하고 있는 것이 사실이다. 나아가 1987년 민주화 이후의 한국 정치는 지역주의 정치(regionalist politics)와 지역 정당의 중심의 정당 체계(regionally based party systems)로 알려져 있기 때문이다.

한국에서는 총선이 치러지는 개별 선거구 단위마다 서로 다른 정당 체계가 형성되어 왔다. 전국 단위의 정당 체계는 이와 같은 개별 지역구 나아가 권역별 정당 체계의 합이다. 나아가 지방 선거에 나타난 정당 체계는 지역별·권역별 정당 체계의 성격을 가장 잘 표현하는 지표라 할 수 있다. 이와 같은 지역별·권역별 정당 체계의 성격은 해당 지역과 권역의 정당 체계 성격을 규정하는 결정적 요소라 할 수 있다(박명호 2003, 2007). 따라서 한국의 정당 체계는 전국적으로는 지역 정당 체계로서 지역과 권역에 따라 다양한 모습을 보이는 복합적 정당 체계라 할 수 있다.

Ⅳ. 한국 정당 체계 연구의 향후 과제

한국 정당 체계에 대한 연구는 그 동안 과연 한국에 정당 체계라고 칭할 수 있을 정도의 체계성을 갖고 있느냐의 문제는 넘어섰다고 할 수 있다. 따라서 한국 정당 체계가 어떤 성격을 갖고 있느냐의 문제로 관심이 이어져야 한다. 한국의 정당 체계는 지역 정당 체계이며 동시에 카르텔 정당 체계이다. 카르텔 정당 체계의 지속은 기존 정당의 이익을 우선하게 된다. 하지만 국민의 다양한 의견을 정치 과정에 적절하게 반영하여 대의 민주주의의 건강성을 유지하는 측면에서는 부정적으로 작용할 수 있다. 따라서 기존 정당 체계의 안정성을 해치지 않는 범위에서 새로운 정치 세력의 제도권 진입을 위한 환경도 갖춰져야 할 것이다. 이를 위한 제도 개선 방향에 대한 관심도 계속되어야 할 것이다.

동시에 한국의 지역 정당 체계에 대한 입체적 이해 노력이 필요하다. 지역 정당 체계는 분석 단위에 따라 다양한 정당 체계의 모습을 보이고 있다. 지방 선거, 총선 그리고 대통령 선거의 정당 체계가 서로 다를 수 있는 것이다. 특히 지방 선거의 경우 정당 체계는 더욱 다양할 가능성이 매우 높다. 나아가 지역구와 권역별로 나타난 각각의 정당 체계는 개별 선거구 단위에서 정당 간 정치적 경쟁이 벌어지는 총선의 정당 체계에 유의미한 영향을 미치고 있다. 지역 정당 중심의 한국 정치에서 전국 단위의 정당 체계는 지역과 권역별로 존재하는 정당 체계의 집합체이다. 따라서 지역, 권역 나아가 전국 단위 정당 체계에 대한 종합적이며 입체적인 분석이 필요하다.

다음으로 향후 한국의 정당 체계에 대한 연구는 규범적 차원에서 어떤 정당 체계가 민주주의의 이상 실현에 도움이 되는지 검토해야 한다(최장집 2008). 특히 사회적 균열 구조를 대표하는 정당 체계와 능력 있는 민주 정부를 위한 바람직한 선거 제도의 방향은 무엇인지 연구되어야 할 것이다.

마지막으로 한국의 정당 체계에 대한 연구는 정치 과정의 다양한 측면에 대한 비교 연구의 차원으로 전환되어야 한다. 정치 과정의 어떤 한 부분을 중심으로 한 연구가 아닌 복합적 차원의 연구가 되어야 한다. 정당 체계에 대한 연구는 선거 제도, 내각 안정성, 정책 그리고 행정권 등 정치 체제의 다양한 측면과 더불어 종합적으로 이뤄져야 하기 때문이다. 이를 통해 우리는 한국 정당 체계에 대한 이해는 물론 정당과 정당 체계에 대한 일반론적 이해가 가능할 것이다.

참고문헌

강명세. 2006. 한국의 노동시장과 정치시장. 서울: 백산서당.

곽진영. 2001, "한국 정당체계의 민주화," 의정연구 제 11호.

______. 2003. "정당체계," 심지연(편). 현대 정당정치의 이해. 서울: 백산서당.

______. 2006. "민주화이후 한국사회와 정당체계: 결빙 아니면 변화?" 의정연구 제 12권 2호.

______. 2007. "대통령 선거와 정당 체계의 변화: 정당의 이합집산과 정당체계의 불안정성," 2007 한국정치학회 춘계학술회의 발표논문.

김수진. 1996, "민주이행기 한국정당정치의 비판적 분석," 의정연구 2권 1호.

김용호. 2001. 한국 정당정치의 이해. 서울: 나남출판.

______. 2007. "한국의 정당정치," 한국정치학회(편). 한국정치. 서울: 법문사.

김일영. 2004. "17대 총선의 역사적 의미와 정당체계 재편 전망," 한국동북아논총 32집.

박명호. 2005. "국고보조금 제도의 개선과 선거공영제의 검토," 한국정당학회보 제4권 제 1호.

______. 2007. "국회의원선거의 선거구별 정당경쟁유형 결정요인에 관한 연구," 세계지역연구논총 제25집 제3호.

장훈. 2003. "카르텔 정당체제의 형성과 발전: 민주화이후 한국의 경우," 한국과 국제정치 제19권 제4호.

정진민. 1998. 후기 산업사회 정당정치와 한국의 정당발전. 서울: 한울.

______. 2008. 한국의 정당정치와 대통령제 민주주의. 서울: 인간사랑.

최장집. 2002. 민주화 이후의 민주주의. 서울: 후마니타스.

______. 2008. 한국 민주주의 무엇이 문제인가? 서울: 생각의 나무.

Bardi, Luciano and Peter Mair. 2008. "The Parameters of Party Systems," *Party Politics*.

Blau, Adrian. 2008. "The Effective Number of Parties at Four Scales: Votes, Seats, Legislative and Cabinet Power." *Party Politics*.

Blondel, Jean. 1968, 'Party Systems and Patterns of Government in Western Democracies,' *Canadian Journal of Political Science* 1: 180-203.

Chhibber, Pradeep and Ken Kollman, 1998, "Party Aggregation and the Number of Parties in India and the United States" *American Political Science Review* 92.

Dalton, Russell. 2008. "The Quantity and the Quality of Party Systems: Party System Polarization, Its Measurement and its Consequences." *Party Politics*.

Dunleavy, Patrick and Francoise Boucek. 2003, "Constructing the Number of Parties," *Party Politics* 9: 291-315

Duverger, Maurice. 1964, *Political Parties*, 3rd ed. London: Methuen.

Eckstein, Harry. 1968, "Parties, Political: Party Systems," *International Encyclopedia of the Social Sciences*, vol. 11, pp. 436-53. New York: Crowell, Collier & Macmillan.

Epstein, Leon. 1964, "A Comparative Study of Canadian Parties," *American Political Science Review* 58: 46-59.

Jone, Mark. 1995, *Electoral Laws and the survival of Presidential Democracies*. Notre Dame: University of Notre Dame Press.

Katz, Richard. 1997, *Democracy and Election*. Oxford: Oxford University Press.

Katz, Richard and Peter Mair. 1995, "Changing Models of Party Organization and Party Democracy: The Emergence of the Cartel Party," *Party Politics*, vol. 1(1): 5-28.

Kernell, Samuel and Gary C. Jacobson. 1981. *Strategy and Choice in Congressional Elections*, New Haven, CT: Yale University Press.

Kim, HeeMin. 1995. "Building a New Party System: The Case of Korea," Asian Perspective v. 19, n. 1.

Key. V. O. 1964. *Politics, Parties and Pressure Groups*. New York: Crowell.

Klingemann, H. 2005. "Political parties and party systems." In J. Thomassen (Ed). *The European voter: A comparative study of modern democracies*(pp. 22-63). Oxford. UK: Oxford University Press.

Lane, Jan-Erik and Svante Ersson. 1999. *Politics and Society in Western Europe.* London: Sage.

Lijphart, Arend. 1999. *Patterns of Democracy: Government Forms and Performance in Thirty-Six Countries.* New Haven, CT: Yale University Press.

Mainwaring, Scott et al.(eds.). 1992, *Issues in Democratic Consolidation: The New South American Democracies in Comparative Perspective*, Notre Dame: University of Notre Dame Press.

Mair, Peter. 1997, *Party System Change: Approaches and Interpretation.* Oxford: Clarendon Press.

Molinar, Juan. 1991, "Counting the Number of Parties: an Alternative Index," *American Political Science Review* 85: 1383-91.

Newmann, Sigmund. 1956. *Modern Political Parties: Approaches to Comparative Politics*, Chicago: University of Chicago Press.

Park, MyoungHo. 2003. "Sub-national Sources of Multipartism in Parliamentary Elections: Evidence from the Korean Case," *Party Politics* Vol. 9 No. 3.

Powell, G. B. 1982, *Contemporary democracies: Participation, stability and violence.* Cambridge, MA: Harvard University Press.

Powell, G. Bingham. 2000, *Elections as Instruments of Democracy: Majoritarian and Proportional Vision.* New Haven, CT: Yale University Press.

Reilly, Benjamin. 2007. "Electoral Systems and Party Systems in East Asia," *Journal of East Asian Studies* Vol. 7.

Samuels, David. 2000. "The Gubernatorial Coattail Effects: Federalism and Congressional Elections in Brazil," *Journal of Politics* 62.

Sartori, Giovanni. 1976, *Parties and Party Systems: A Framework for Analysis*, Cambridge: Cambridge University Press.

Scarrow. Susan. 2006. "The 19th Century Origins of Modern Political Parties:

The Unwanted Emergence of Party-based Politics," Richard Katz and William Crotty. Eds. *Handbook of Party Politics*. London: Sage.

Schattschneider, E. E. 1942. *Party Government in the United States*. New York: Rihehart.

Siavelis, Peter, 1997, "Continuity and Change in Chilean Party System: on the Transformational Effects of Electoral Reform," *Comparative Political Studies* 30.

Taagepera, Rein and Matthew Soberg Shugart. 1989, *Seats and votes: The Effects and Determinants of Electoral Systems*. New Haven, CT: Yale University Press.

Taagepera, Rein. 1999, "Supplementing the Effective Number of Parties," *Electoral Studies* 18: 497-504.

Taagepera, Rein. 2004, "Extension of the Nagayama Triangle for Visualization of Party Strengths," *Party Politics* 10: 301-6

Taagepera, Rein. 2005, "Conservation of Balance in the Size of Parties," *Party Politics* 11: 283-98.

Webb, Paul. 2000, *The Modern British Party System*. London: Sage.

White, John. 2006. "Definition of Party," Richard Katz and William Crotty. Eds. *Handbook of Party Politics*. London: Sage.

CHAPTER 09

투표행태론: 투표결정 요인과 유권자의 합리성

황 아 란

Ⅰ. 서 론

투표는 정치참여의 가장 보편적인 행위이며, 심지어 투표를 통해서만 유일하게 정치에 참여하는 사람들도 많다. 선거가 민주주의의 핵심 요건이라 말하는 것은 국민이 정부를 선택할 수 있도록 하며, 정치 지도자들이 재선의 가능성을 높이도록 행동하게끔 통제하는 기능을 하기 때문이다. 주기적인 선거로 인해 현직자들은 정치행위에 대한 책임성을 의식하게 되고 국민의 요구에 부응하는 정책을 시행하게 된다. 그런데 선거가 정부의 권위를 정당화시키는 방법이고 국민의 의사와 정부 정책을 연결하는 중요한 수단이라는 교과서적인 관점은 유권자가 합리적인 판단으로 후보를 선택한다는 가정이 전제될 때 가능한 것이다. 이는 또 유권자의 투표행태를 설명하고 이해할 수 있다고 보는 입장의 매우 중요한 전제조건이기도 하다. 선거 결과에 대하여 해석이 가능하다는 것은 바로 이런 합리성의 가정에서 비롯될 수 있기 때문이다. 물론 모든 유권자가 충분한 정보를 지니고 있다고 주장하는 것은 아니라 해도, 이는 전체적으로 유권자들이 투표에 필요한 정보를 갖고 신중한 결정을 한다고 볼 때 가능한 입장인 것이다.

그러나 유권자의 합리성을 가정하는 것은, 다른 한편으로 몇몇 소수의 사람들만이 후보에 대해 충분히 알고 제대로 된 선택을 한다는 반대의 시각에서 볼 때 매우 비현실적인 것일 수 있다. 즉 선거란 다분히 상징적인 성격을 지니는 것으로서 민주제의 의례적인 행사에 불과하며, 투표는 유권자들 자신이 국가 통치에 참여자로 간주하게끔 만드는 데 의미가 있다고 보는 관점이다. 유권자는 비록 그들이 지닌 한 표가 선거결과에 미치는 영향이 거의 없으며, 선거결과가 정말로 미래의 정부 정책을 바꾸게 하는 것은 아닐지라도 투표를 통해 민주시민의 의무를 수행한다고 느낀다는 것이다. 그런데 유권자가 후보들에 대해 거의 알지 못하고 유권자가 알고 있는 것도 대개 통치와 무관한 것들이라면 선거 결과는 해석할 수 없다는 입장을 취할 수밖에 없을 것이다.

결국 투표와 선거 기능에 대한 이러한 논란은 선거의 실제 효과들이 무엇인가를 경험적으로 살필 필요가 있는 문제라 하겠다. 일단 지금까지 많은 연구들이 보여주었듯이 집권 정당에 따라 정책의 차이나 정책 결과의 차이가 존재한다는 것은 선거의 정책적 효과를 말해준다. 즉 투표를 통해 유권자들은 결과가 달라질 수 있는 선택에 직면한다는 것이다. 또한 유권자들이 후보의 능력을 보고 이를 기준으로 투표하는 경향을 나타낸다는 것은 만약 정부 정책이 좋은 결과를 가져오지 못할 때 유권자들은 선거를 통해 원하는 지도자 혹은 적어도 원치 않는 후보들을 거부한다는 것을 뜻한다. 그 점에서 선거는 여전히 그것이 정책적 결과이든 지도자의 선택이든 민주주의에 중요한 기능을 유지한다고 할 수 있다. 요컨대 선거는 결과의 차이를 가져오는 의미 있는 행사이며, 유권자는 그러한 차이에 기초하여 투표 선택을 하는 것이라 할 수 있다.

그렇지만 아직까지 투표와 선거에 대한 완전한 이해가 이루어진 것은 아니다. 물론 지난 수십 년간 이 분야에 대한 연구는 크게 발전되어 왔으며 그에 대한 이해 역시 달라져 왔다. 투표행태 연구 분야의 가장 중요한 특징은 역동적인 과정을 밝혀내면서 발전해 왔다는 데 있다. 사실 투표행태 연구는 다양한 정치적 집단들(예: 정당, 후보, 이익집단, 언론, 대중, 동맹국이나 적대국 등)에게 중요한 관심사일 뿐 아니라 사람들이 지닌 정치적 의식체계와 태도, 가치, 소양, 후보에 대한 인상과 평가 등을 이해하는 데도 그 중요성이 더해 가고 있다.

이 글에서는 유권자의 투표행태를 설명하는 주요 이론과 연구 동향을 소개한 후 민주화 이후 한국 투표행태의 주요 특징을 논의하고자 한다. 투표행태 연구 분야에 중요한 공헌을 한 이론의 선별 기준으로는 첫째 투표행태에 대해 구체적인 설명과 함께 경험적으로 입증할 수 있어야 하며, 둘째 후속 연구들이 잇따르는 계기가 될 수 있는 것이어야 하며, 셋째 투표행태의 핵심 연구 분야에 지속적으로 중요한 공헌을 한 것일 필요가 있다. 개괄적으로 투표행태의 연구동향을 시대적 흐름으로 먼저 정리하면, 콜롬비아 학파가 주도했던 사회학적 모형에서 출발하여 미시간학파가 중심이 된 사회심리학적 모형, 그리고 로체스터 학파가 이끌었던 합리적 유권자 모형과 이에 대한 보완으로 제시된 최근의 인지심리학적 모형까지 다양한 이론들이 미국 학계의 주도로 전개되어 왔다고 할 수 있다. 투표행태에 관한 연구들은 투표 결정요인이 무엇인가에 대한 논의로부터 시작해서 어떤 조건에서 어떤 요인이 더 결정적인 영향을 미치는지를 구체화하는 노력이며, 그 목적은 궁극적으로 유권자의 투표행태를 보다 잘 설명하고 예측하려는 데 있는 것이다.

Ⅱ. 투표행태 이론과 연구동향

1. 사회학적 모형

투표행태에 대한 초창기 연구를 주도하였던 콜럼비아 학파는 유권자의 사회적 집단 요인이 투표선택의 차이를 대부분 설명할 수 있다는 주장의 사회학적 모형을 제시하였다. P. Lazarsfeld, B. Berelson, H. Gaudet가 저술한 『국민의 선택(The People's Choice, 1944)』은 1940년 미국 대통령 선거에 대한 오하이오 주의 이리(Erie) 카운티 사례연구를 통해 투표결정의 과정을 탐구한 것이다. 이 연구는 유권자의 개인적인 사회경제적 지위(학력, 수입, 성, 계층)와 종교, 거주 지역(도시, 농촌)이 투표 선택에 매우 밀접한 관련이 있다는 것을 발견하였는데, 예컨대 농촌에 사는 사회경제적 지위가 높은 신교도들은 공화당에 투표할 가능성이 매우 높다는 것이다.

콜럼비아 학파는 이 연구를 통해 사회적 집단 요인으로 정치적 성향을 나타내는 지표(Index of Political Predisposition)를 개발하여 투표의 차이를 설명하였으며, 특히 성, 종교, 거주지 등 투표행태에 미치는 이러한 사회학적인 요인들이 유권자의 정치 인식을 형성하고 오랜 시간 지속되는 것으로 간주하였다. 또한 선거기간 투표결정을 바꾼 사람들의 유형을 연구하여 내린 결론은 “선거운동 기간 동안 지지 정당을 바꾼 사람들이 선거 이슈에 의한 것이란 생각은, 그래서 그러한 사람들이 주로 이성적이고 사려 깊은 진지한 사람들이란 생각은 완전히 틀린 것"이며, 선거운동의 효과는 무관심한 사람들을 자극시키고 기존의 정당지지자들이 지닌 태도를 강화시키며 망설이는 사람들을 변심시키는 효과가 있는 것이라 주장하였다.

또한 1948년 후속 연구로서 B. Berelson, P. Lazarsfeld, W. McPhee가 저술하였던 『투표(The Voting)』는 뉴욕 주의 엘미라(Elmira) 사례 조사에 의한 것으로 사회학적 모형에 기초하여 집단 행태의 관점에서 투표를 분석한 것이다. 즉 유권자들은 집단적인 배경에서 대안을 선택하며, 그 집단적인 배경은 사회적인 조건에 의해 형성된다는 것이 주요 내용이었다. 다시 말해 투표 결정은 개인이 지닌 사회경제적 지위, 인종, 가족 전통, 개인적인 유대관계, 현안에 대한 태도, 공식적인 조직의 회원 등과 같은 몇몇 사회적인 조건이나 영향에 의한 결과물이라 주장하였다.

그러나 사회학적 모형은 왜 신교도들이 구교도들보다 공화당에게 투표하는지는 설명하려고 하지 않았으며, 무엇보다 선거가 지닌 정치적 측면을 고려하지 않았다는 점에서 큰 한계를 지적할 수 있다. 또한 사람들의 사회적 특성이 그리 잘 바뀌지 않는데도 불구하고 다른 정당이 집권하는 선거결과의 변동을 설명하는 데 유용하지 않은 모형이기도 하다. 다시 말해 사회학적 모형이 주장한 집단 투표의 중요성에 대한 강조는 그 밑바탕에 시간이 지나도 집단 소속이 잘 바뀌지 않는다는 가정에 기초를 둔 것이다. 그러나 예컨대 미시간 학파가 이들 지표를 1948년 선거에 적용해 보았을 때 예상한 대로 투표한 경우는 동전 던지기보다 조금 나은 61%에 불과한 것이었다. 결국 『국민의 선택』은 선거가 지닌 정치적 성격을 무시하고 있을 뿐 아니라 선거 결과의 변동을 설명하지 못한다는 반론과 함께 1940년 이리(Erie) 카운티 사례를 설명하는 데 유용했을 뿐 1948년의 전국적인 경우나 특히 1952년 대통령 선거에는 맞지 않는다는 비판을 받게 되었다.

종합하면, 투표행태의 초기 연구들은 사회집단의 소속이 투표선택의 결정 요인이라는 결론을 내리고 있으며, “사람은 사회적인 존재이듯이 정치적으로 생각한다. 사회적인 성격들이 정치적 선호를 결정하는 것”이라고 주장하였다(Lazargeld et al. 1944, p.27). 그러나 일반적으로 사회학적 모형은 크게 세 가지 측면에서 비판을 피하기 힘들었다. 첫째, 사회학적 모형은 사회적 결정론과 다름없기 때문에 그에 따르면 유권자의 결정에 선택이란 거의 없는 것이다. 둘째, 사회학적 모형의 저자들은 사회적 요인에만 집중함으로써 투표에 미치는 정치적 영향을 거의 제로에 가깝게 줄인 결함 있는 모형을 제시한 것이다. 셋째, 사회학적 모형은 투표 선택의 요인으로서 후보와 이슈에 대한 평가를 무시한 것이다. 요컨대 사회학적 모형은 투표행태를 설명하는 데 불충분하다는 것을 뜻한다. 유권자들을 사회적 집단에 따라 나눌 수 있는 것은 사실이지만, 사회 집단의 소속이 투표의 유일한 결정 요인은 아닌 것이기 때문이다. 그럼에도 불구하고 콜롬비아 학파의 사회학적 모형은 어떻게 사람들이 투표하는가의 문제가 아니라 왜 그러한 투표결정을 하는가에 중점을 둠으로써 투표행태 연구에 큰 분기점을 이루었던 것이라고 평가된다.

2. 사회심리학적 모형

투표행태 연구의 고전으로 확고히 자리매김을 한 A. Campbell, P. E. Converse, W. E. Miller, D. E. Stokes의 『미국의 유권자(The American Voter, 1956)』는 미국의 1952년, 1956년 대통령선거에 대한 광범위한 설문조사에 바탕을 둔 연구로서 개인의 투표 동기를 결정하는 요인에 대한 분석을 가능하게 만들었던 저술이다. 그로 인해 투표행태 연구 분야에서 조사 연구에 대한 가치를 높였으며, 과거 선거구나 선거결과의 구획으로 단순히 나누는 것으로 선거를 해석하는 경향에서 벗어날 수 있게 하였다. 대신 미시간 학파의 사회심리학적 모형은 투표행태를 심리적 요인들의 결과로서 보게 하였으며, 특히 정당과의 일체감 개념을 개발하고 이를 보통 다른 심리적 요인들에 앞서는 요인이지만 다른 심리적 요인들에 의해 변화되기 쉬운 것으로 제시하였다.

『미국의 유권자』는 A. Campbell, G. Gurin, W. E. Miller가 미국의 1952년 대통령선거에 대해 먼저 저술하였던 『유권자의 결정(The Voter Decides)』에 기초를 둔 연구라 할 수 있다. 앞서 소개하였던 콜롬비아 학파의 『국민의 선택』이 사회적 구조 변수에 기초를 둔 연구인 반면에 『유권자의 결정』은 사회적 구조로부터 독립된 태도에 중점을 둔 연구라는 점에서 차별성을 지닌다. 즉 미시간 학파는 집단 성격에 덜 관심을 두는 대신 세 가지 심리적인 측면에 대한 태도-정당 소속감, 이슈에 대한 인식, 후보에 대한 태도를 강조하였다. 이 때 제시한 주요 가정은 하나 이상의 요인이 유권자의 투표결정에 관계되며 유권자가 특정한 방식으로 행동할 가능성은 그에 영향을 미치는 긍정적인 요인들의 수에 비례한다는 것이다.

사회심리적 모형이 투표행태를 설명하는 데 있어 세 가지 주요 심리적 요인들에 중점을 두었다는 점은 마침내 정치적 변인이 정식으로 투표모형에 포함되는 전기를 마련하였다는 점에 큰 의미가 있다. 특히 개인이 지닌 정당성향의 심리적 뿌리와 비교하면 집단의 영향들은 사소한 것에 지나지 않는다는 것을 보여줌으로써 심리적 요인의 중요성에 주목하기 시작하였다. 즉 정당일체감이 투표모형의 핵심적인 요인이며, 정당일체감이 후보와 이슈에 대한 태도에 영향을 미친다는 것이다.

미시간 학파는 투표에 미치는 이들 변인의 영향이 어떻게 상호 관련을 맺는가에 대한 사회심리학적 모형의 이론적 틀로서 '인과성 깔때기(Funnel of Causality)' 개념을 도입시켜 유권자의 투표결정 과정을 설명하고자 하였다. 즉 인과성 깔때기의 축은 시간이며 투표는 깔때기의 끝에서 이루어지는 것이지만, 투표결정은 그 이전에 발생한 여러 가지 요인들에 달려있다고 본 것이다. 다시 말해 다양한 요인들은 일련의 인과적인 고리로 연결되어 깔때기 관의 넓은 주둥이로부터 좁은 끝, 즉 투표행위까지 이어지게 된다고 비유하였다. 깔때기의 넓은 주둥이 쪽에는 사회학적인 배경(민족적 배경, 인종, 지역, 종교 등)과 사회적 지위(교육, 직업, 계층) 및 부모의 특성(계층, 정당성향)이 위치하며, 이 모든 요인들은 깔때기 관의 다음 항목인 정당일체감의 선택에 영향을 주게 된다. 정당일체감은 또 그 다음에 위치한 후보와 이슈에 대한 평가에 영향을 미치고, 그 다음은 선거운동 기간에 발생하여 언론에서 보도된 사건들이, 그리고 깔때기 끝으로 더 가까운 부분에는 선거 관련 가족과 친구와 나눈 대화가 위치하는 것으로 그려지고 있다. 요컨대 미시간 학파의 투표모형은 깔때기의 주둥이 앞쪽에 위치한 사회적 성격이나 깔때기 끝에 가까운 커뮤니케이션 네트워크보다는 그 중간의 정당, 후보, 이슈에 중점을 두고 있지만, 그 이전에 발생한 요인들 각각이 투표에 영향을 미친다고 봄으로써 투표행태의 종합적인 요인을 연계시켜 고려하는 인과모형을 제시하였다.

물론 사회심리적 모형의 핵심은 정당일체감의 개념이라 할 수 있으며, 사회학적인 배경 특성에 의해 결정되는 정당일체감이 인과성 깔때기의 시간 축을 지나면서 후보와 이슈에 대한 태도에 깊은 영향을 준다고 가정하고 있다. 또한 유권자 개인의 투표결정에 영향을 주는 모든 변수들은 시간의 흐름에 따라 깔때기의 좁은 끝을 향해 나아가는 과정에서 발생하는 것으로 간주되면서 그 끝에 다다르게 될 때 사건들은 보다 개인적이고 정치적으로 관계되는 것이라 보았다. 그 때문에 투표결정에 가까운 시기의 태도에 주요 관심을 모으고 깔때기의 좁은 끝에 있는 그 시기에는 최소한의 변수들만을 고려한 것이다. 그러나 주목할 점은 투표결정에 가장 가까운 변수와 깔때기 뒤편의 변수들 간의 관계를 인식하고 있다는 점이다. 현 시점에 펼쳐지는 일들이 바로 인접한 과거에서 비롯된 결과로 간주된다는 사실은 심리적인 측면에서 인과성 요인을 찾아 태도의 결과로서 투표행위를 해석하고, 궁극적으로 심리적인 요인들이 투표 결정에 미치는 장기적 효과를 연구한 것이라 할 수 있다.

종합하면, 캠벨 등 미시간 학파에 따르면, 국내·외 이슈나 집단의 이해 문제뿐만 아니라 정당과 후보에 대한 유권자의 태도가 투표행태에 영향을 미치는 중요한 심리적인 동인이라는 것이다. 정당일체감은 장기적인 요인인 반면, 선거 때마다 바뀌는 이슈와 후보는 단기적인 요인이라 할 수 있는데, 사회심리학적 모형은 투표의 주요 결정 요인으로 장기적인 정당일체감에 중점을 둔 것이었다. 즉 정당일체감이 투표에 직접적으로 영향을 미치며, 투표결정의 또 다른 요인들인 후보와 이슈에 대한 태도에도 직접적인 영향을 미친다는 인과모형을 내포하고 있는 것이다.

그러나 미시간 학파가 제시한 사회심리학적 모형은 1952년, 1956년 미국 대통령 선거를 잘 이해할 수 있게 하는 데 기여했지만, 이 역시 사회적 결정론으로 간주될 수 있는 한계를 지닌 것이라 할 수 있다. 정당일체감은 부모의 정당일체감과 같은 정치사회화의 기능으로 취득된다는 점에서 볼 때, 대부분의 사람들이 정치적 이슈에 대한 관심이 없이 맹목적으로 정당을 따를 뿐 정치적으로 무지한 것으로 비춰지기 때문이다. 또한 정당일체감이 상당히 안정적인 장기적 요인에 해당된다는 점에서 집합적 정당일체감의 분포 역시 안정적일 것이고 따라서 선거의 결과는 이를 반영하여 안정적이어야 하지만, 실제 그렇지 않다는 현실은 정권교체의 선거변동을 설명하지 못하는 한계를 드러내는 것이다. 이러한 유형의 접근은 당연히 여러 방면에서 즉각 반격을 받게 되었으며, 특히 정치적 이슈가 유권자의 투표결정에 매우 중요하다고 여기는 입장들로부터 공격의 대상이 되었다.

3. 합리적 유권자 모형

합리적 유권자 모형은 A. Downs의 『민주주의의 경제이론(An Economic Theory of Democracy, 1957)』을 통해 그 이론적 기초가 확립되었다. 경제학의 합리적 결정이론을 적용하여 선거와 민주주의의 작동을 설명한 다운스의 경제학적 접근법은 정치학 전반의 영역에 패러다임의 변화를 가져오는 전기를 마련하였다. 특히 선거와 관련하여 경쟁하는 정당간의 관계, 정당과 유권자의 선택 등을 공간모형을 통해 설명한 이 저서는 투표를 할 것인가에 대한 결정과 어떤 후보를 선택할 것인가에 대한 결정이 합리성의 기초에서 이루어진다고 보았다. 즉 의사결정은 어떤 행위가 유권자 개인에게 더 큰 기대 편익을 제공하는가에 달려 있다는 것이다. 유권자는 투표에 드는 비용(주로 시간)보다 투표로부터 얻는 편익이 크다고 볼 때만 투표를 하며, 유권자는 자신의 이슈 입장과 가장 가까운 정당 후보를 선택한다고 가정한다. 경제학적 접근의 가장 큰 공헌은 다른 접근보다 투표결정에 대해 보다 명확하고 정교한 이론적 기초를 제공하고 분석할 수 있도록 하였다는 데 있다.

유권자가 합리적이라고 가정한다면 특정한 상황에서 유권자가 어떻게 행동할 것인가에 대한 예측이 가능해 질 수 있다. 따라서 합리적 유권자 모형은 다른 어떤 모형보다 외부적인 상황의 변화가 유권자의 투표행태에 미치는 효과를 예측할 수 있게 해 주는 장점은 지닌다. 특히 합리적 유권자 모형이 가장 크게 기여한 바는 다른 모형과 달리 선거에서 쟁점이 되는 이슈의 역할을 강조해 왔다는 데 있다. 이는 또 정당일체감에 대해 평가적 개념을 보완하여 합리성을 내재한 태도로서 정당일체감의 중심적 역할을 재해석하였다는 점에서 중요한 의미를 지닌다.

V. O. Key, Jr.는 『믿을 만한 선거인(The Responsible Electorate, 1966)』을 통하여 선거 결과의 변동은 행정부의 성과에 대한 만족 또는 불만족에 기인한 것이라 주장하였다. 유권자는 결코 바보가 아니며 이슈에 기초해서 합리적이고 책임감 있게 투표를 하는데 특히 행정부에 대한 만족 여부에 따라 투표를 한다는 것이다. 물론 정책 이슈는 정당(후보)간 입장의 차이가 있을 때에만 중요한 것일 수 있다. 따라서 대안의 선택이 제공되는가에 따라 유권자들은 반응한다는 공명효과(echo chamber effect)를 논의하면서, 정책투표가 이루어지지 않는 현실은 유권자의 책임이 아니라 이슈에 대한 선택을 제공하지 않는 정당시스템의 잘못이라 주장하였다.

M. Fiorina의 『회고적 투표(Retrospective Voting in American National Elections, 1981)』 역시 유권자들은 현직자의 공직 수행에 대한 과거 업적을 투표 선택의 판단 기준으로 삼는다는 점에서 이슈의 중요성을 강조한 것이었다. 피오리나가 제안한 유권자의 투표선택 모형은 유권자가 정당의 약속과 성과를 주의 깊게 살피면서 정당일체감이라 불리는 요약된 판단을 형성한다는 주장에 따른 것이다. 정당일체감은 처음에는 정치사회화의 효과일 수 있으나 시간이 지나면서, 다시 말해 유권자들

이 정치를 경험하면서 정당일체감은 점점 더 세상을 드러내는 사건들을 반영하게 된다(p. 90). 유권자들은 과거 경험의 중요한 핵심으로서 정당일체감을 통해 현재의 사회적 상황에 대한 책임성을 평가하고 불확실한 미래를 다루는 정당의 모호한 입장도 판단할 수 있게 된다. 요컨대 회고적 투표모형에서 정당일체감은 정치적 경험과 사건들을 증류해낸 정수라 할 수 있으며, 합리성을 내재한 요약된 평가로 간주된다.

특히 회고적 투표모형이 가정하는 정책 투표는 정당들의 입장을 비교해 상대적인 선호를 간단히 평가하는 것으로, 공간모형에서 상정하는 것과 같이 단순한 공간 모형에 회고적인 요소를 추가하는 것이다. 회고적 투표는 다운스가 『민주주의의 경제이론』에서 주장하였듯이 유권자가 의사결정에 비용을 절감할 수 있는 구성 요소라 할 수 있다. 과거 업적에 대한 지식은 다른 정보보다 얻기 더 쉽고 믿을만한 정보일 뿐 아니라 과거의 정부 성과는 현직자들이 지닌 미래의 역량과 입장을 예상할 수 있는 유용한 지표로 삼을 수 있기 때문이다.

또한 회고적 투표모형은 유권자의 투표 선택에서 현직자의 성과가 편향된 판단으로 이루어진다고 본다. 일정한 편향(bias)이 현직자의 성과에 대한 유권자의 판단에 직접적으로 개입된다고 보는 것이다. 그 점은 특히 회고적 투표가 객관적 합리성이 아닌 유권자의 주관적 합리성에 기초한다는 것을 의미한다. 그런데 초기 회고적 투표모형은 기회비용, 즉 도전 후보들이 어떻게 할 것인가에 대한 문제를 간과한 것이었다. 그에 대해 피오리나는 기존의 모형을 수정하여 투표선택에 대한 가정을 추가하였는데, 유권자들은 현직자의 성과를 주시하며, 현직자의 대안으로서 도전자의 정책입장은 도전자의 가상적인 과거 성과를 상상한다는 것이라 하였다(p. 74).

물론 피오리나의 모형은 근본적인 공리(axiom)에서 연역적으로 도출된 강력한 정리(theorem)로 구성된 것은 아니다. 이는 본질적으로 정당의 복잡한 차이를 계산하기 위해 요구되는 방법이라 볼 수 있다. 왜 유권자가 그런 식으로 정당을 평가하는가를 설명하기보다는 사람들이 정당을 어떻게 평가하는가의 문제를 다루는 노력이라 할 수 있다. 따라서 회고적 투표모형에 대한 옹호는 경험적으로만 입증될 수 있는 문제라 하겠다.

종합하면, 합리적 유권자 모형 가운데 보상과 처벌에 대한 견해로서 V. O. Key가 제시한 회고적 투표는 과거 정치적 성과에 대한 일종의 국민투표로 간주할 수 있다. 그에 따르면 회고적 투표는 유권자가 정책 입장을 반드시 인식할 필요는 없으며, 정책이 아니라 지도자에 대한 판단으로 대신 결정할 수 있는 것이다. 한편, 다운스의 관점을 취하는 입장에서는 투표가 정책적 함의를 지니는 것을 의미한다. 회고적 투표이론의 주장은 집권한 정당이나 정치인들의 과거 성공이나 실패를 기준으로 유권자가 여러 명의 후보들 중에 선택하는 것이 앞으로의 약속 이행이나 기대효용, 즉 전망 투표와 아주 밀접한 관련이 있는 것이다. 요컨대 합리적 유권자 모형의 회고적 투표는 상세한 지식을 덜 요구한다는 점에서 민주이론의 교과서적인 시민상이 지닌 함정을 피할 수 있는 장점을 지닌 것이라 하겠다.

4. 인지심리학적 모형

현대 인지과학의 창시자라 일컫는 H. Simon의 '제한된 합리성(bounded rationality)' 개념은 합리적 유권자 모형과 심리적 모형의 한계를 극복하고 접목시키는 데 중요한 역할을 하였다. 1990년대 전후의 인지과학에 근거한 투표행태 연구들은 인지심리학적 모형을 통해 투표

결정의 인지과정을 분석대상으로 삼고 있다. 이는 정치적 정보나 대상이 어떠한 과정을 통해 인지되고 유권자의 태도를 형성하는지에 관심을 둔 모형이라는 점에서 심리학적 전통의 계승, 발전으로 분류된다. 또한 유권자의 제한된 합리성을 인지과정의 주요 전제로 삼고 있다는 점에서 합리적 유권자 관점의 수정 모형이라 할 수 있다.

인지심리학적 모형은 경제학적 접근의 합리적 결정 이론이 전제하고 있는 인간 이성의 합리성에 대한 가정들이 부정확하고 비현실적이라는 비판과 심리학적 접근법이 주장하는 '무지한 유권자'의 관점에 대한 반론을 수렴시키는 대안적 접근법으로서 주목 받고 있다. 심리학적 모형은 유권자가 정당이나 후보의 정책이나 정치적 사실에 대한 지식이 매우 빈약하다는 점에 근거하여 유권자들이 업적과 성취에 근거한 합리적 투표를 기대할 수 없다는 입장을 취하였다. 그러나 인지심리학적 접근, 즉 인간의 제한된 합리성을 전제로 한 인지과학의 온라인 모형과 기억의 쇠퇴를 정치적 정보 수집과 회상에 적용시키는 연구에서는 유권자의 투표행태가 심리적 접근에서 주장하는 것처럼 무지한 것도 그리고 경제적 접근에서 주장하는 것처럼 비현실적인 합리성을 가정하는 것도 아니라는 점을 강조하고 있다. 대표적으로 M. Lodge와 동료들(1995)은 획득한 정보의 구체적인 내용들은 시간이 지나면 향후 회상과정에서 사라지게 되지만, 그 정보에 대해 갖고 있던 긍정적, 혹은 부정적 판단 내용들은 남아 있어서 이후 정치적 결정 과정에 반영된다는 점을 입증하였다. 정치적 사실에 무지한 것이 투표의 비합리성을 뒷받침하는 증거가 될 수 없다는 점을 강조함으로써 심리적 접근의 '무지한 유권자'상은 오류라 주장한 것이다.

투표행태 연구에 인지과정의 중요성이 인식되면서 인지과정에서의 차이가 유권자의 상이성을 연구하는데 중요한 부분을 차지하게 되었다.

먼저 유권자의 인지과정에 대한 심리학적 접근(Campbell et al. 1960; Converse 1964)은 새로운 정보가 주어질 때 그 정보의 내용보다 정보의 대상에 대해 기존에 갖고 있던 호불호의 태도에 의해 정보가 편향된 방법으로 선택적인 수용과 조정의 과정을 거친다고 본다. 이와 비교해 다운스를 비롯한 합리적 결정 이론가들은 주어진 정보를 유권자가 체계적이고 종합적으로 분석하여 기존에 갖고 있던 선호를 조정하는 '합리적' 방법의 인지과정을 거친다고 전제한다. 이러한 차이는 기본적으로 유권자가 정치적 정보를 수집하는 동기와 그에 수반되는 인지과정이 정확성과 효율성의 상반된 두 차원에서 결정되기 때문일 것이다. 정치적 판단을 위해 정확성을 추구하는 유권자는 합리적 결정이론에서 가정하듯 가능한 모든 정보를 수집하고 이를 체계적이고 종합적으로 분석하는 인지과정을 거쳐 판단에 이른다. 반면, 심리학적 접근에서 무지한 유권자상으로 비춰지는 사람들은 효율성을 추구하는 유권자들로서 이들은 보다 쉽게 얻을 수 있는 정보와 두드러진 특징(예: 정당, 인종, 첫인상, 주위 평판 등)에 의존하여 판단을 내리게 된다.

합리적 행위 이론(Rational Action Theory)이나 정보통합 이론(Information Integration Theory)에 의하면 사람들은 꽤 합리적인 기초 위에 결정을 하는 것으로 기술되며, 후보나 선거 이슈에 대한 정보를 지니고 있고 그러한 정보를 이용해 투표 결정에 이른다는 것을 발견하였다. 사실 합리적 이론은 기술적인 행태이론보다 규범적인 행태이론에 속한다고 할 수 있으며, 일반 유권자가 알고 있는 정보의 양과 유형의 지식에 크게 의존하는 모형인 것이다. 그러나 이론적으로도 경험적으로도 유권자는 획득하기 어렵고 대개 모호한 정보의 불완전한 세상에서 투표를 결정하게 되는 것이 사실이다. 인지심리학의 초창기 연구는 바로 이러한 인간의 정보처리능력의 한계를 이해하려 노력한 것이었다.

투표행태와 후보 평가에 대한 사회심리학의 인지일치이론(Cognitive Consistency Theory)은 대인 관계나 인지 또는 생각과 마음, 행동의 내적 불일치를 최소화하려는 쪽으로 행동하는 경향을 설명하면서, 인지적 구두쇠로서 유권자 투표행태를 이해하고자 하였다. 예컨대 유권자가 특정 쟁점에 호불호의 선호를 지니고 있다면, 그 쟁점과 관련된 새로운 정보는 기존의 선호에 부합되는 경우에만 수용되어 결국 새로운 정보가 선호를 바꾸기보다 강화시키는 데 기여한다는 것이다(Lau 1982; Lodge and Hamill 1986).

또한 인지심리학에서는 스키마(schema)란 개념을 개발하여 인지과정의 효율성을 설명하는 데 기여하였다. 스키마는 불확실성과 복잡함에 대처하는 간편한 추론방식으로서 과거의 경험을 이용해 새로운 상황을 해석하고 이해하도록 도와주는 일종의 사고틀을 의미한다. 똑같은 정보에 사람마다 다르게 반응하는 시각의 차이는 스키마의 차이에서 비롯되는 것이라 하겠다. 스키마는 새로운 정보의 의미를 이해할 수 있게 도와주고, 일정한 틀 안에서 새로운 정보를 정리하고 간직하게 하는 기능을 한다. 또한 부족한 정보를 메워주는 추론의 역할을 함으로써 새로운 상황에서도 의미를 지닐 수 있게 하고, 어떻게 적절히 반응해야 하는지 안내자 역할을 하여 인지적 한계를 극복하는 데 중요한 역할을 한다.

종합하면, 인지심리학적 접근의 투표행태 모형은 투표결정의 과정 즉, 유권자가 마주하는 정보가 어떤 인지과정을 거쳐 투표결정에 이르는가를 탐구하는 데 중점을 둔 연구이다. 정보처리의 효율적인 인지구조로서 스키마, 그리고 새로운 정보가 선택적으로 수용과 조정되는 온라인 정보처리 과정 등에 대한 논의들은 정치정보의 자극과 투표결정의 반응 사이에 블랙박스로 존재하였던 투표결정의 과정을 인지과학으로 접목하여 규명하려는 노력이라 하겠다. 이는 유권자의 태도와 투표 결정 과정을 이해하는 데 새로운 시도로 투표행태 연구의 지평을 넓혔다는 점에서 중요한 접근으로 평가되는 것이다.

5. 투표행태 연구의 주요 동향

지금까지 투표행태 연구들은 투표 결정요인들의 상대적인 중요성을 밝히는데 전념해 왔다고 할 수 있다. 그 축적된 연구 결과에서는 정당과 후보 요인이 가장 중요하며, 이슈는 가끔씩 중요한 요인으로 규명되는 것을 보여주었다. 투표결정 요인의 상대적 영향력은 투표행태 연구의 주된 논쟁이었던 유권자의 투표결정에 대한 합리성의 전제가 얼마나 적절하며 실제로 그런 경향이 투표행태를 설명하는 데 어느 정도 실효성이 있는가의 논의와 직접 관련되는 것이다. 예컨대 후보의 특성이나 정당의 호소, 집단 구분에 의해 투표하는 것보다 정책 이슈에 기초한 투표가 좀 더 합리적인 유권자상에 부합되는 것이다. 그렇다면, 즉 이슈가 중요한 요인이라면 수많은 종류의 이슈 중에 어떤 것이 투표에 더 영향을 주는가. 그에 대한 논쟁 또한 투표행태에 흥미로운 주제로서 선거 연구자들의 많은 관심을 끌어왔다. 이는 특히 선거운동 기간 동안 정당과 후보들이 이슈에 대한 입장과 논쟁을 벌이는 데 엄청난 시간과 노력을 쏟기 때문에 유권자들이 이슈에 근거에 투표를 할 것이란 관점이 본래 선거연구의 지배적인 경향이기도 하였다.

그러나 투표행태에 대한 초기의 경험적 연구들은 사람들이 이슈에 대해 매우 제한적인 지식만을 갖고 있다는 것을 발견하고, 다른 요인들이 투표 결정에 더 중요할 것이라 보았던 것이다. 콜롬비아 학파의 1940년, 1948년 연구는 유권자들이 선거운동이 시작되기도 전에, 다시 말해 이슈가 제기되기도 전에 어떻게 투표할 것인지를 결정했다는 것을 발견하였다. 후보들의 이슈 입장을 유권자들이 잘못 인지한다는 사실은 투표 결정요인으로 이슈가 중요할 수 없다는 것을 의미한다. 이와 유사하게 『미국 유권자』에서는 1956년 선거에 제기된 16개의 이슈에 대해 쟁점 투표의 전제요건에 부합되는 응답자가 18~36%에 불과하다는 것을 밝혔다. 즉 쟁점 투표가 가능하려면, 사람들이 이슈에 대해 의견을 가질 만큼 충분히 알고 있어야 하며, 정부가 그 이슈에 대해 어떻게 할지 알고 있어야 하며, 그리고 정당들이 그 이슈에 대해 다른 입장을 취한다고 믿어야 한다. 그러나 컨버스(Converse, 1964)의 결론에서 주장되듯이 이슈에 대한 유권자의 태도가 설문 조사원의 끈덕진 질문을 만족시키고자 일관성 없이 거의 마구잡이로 응답한 경우가 많았다는 사실에서 투표에서의 이슈 역할이 낮다고 주장하였다.

투표가 이슈에 근거한 결정이 아니라면 사회집단, 정당, 후보 요인들이 지배적인 영향을 미친다고 생각해 볼 수 있다. 콜롬비아 학파의 사회학적 모형은 사회집단 요인을 강조한 것이었다. 오늘날에도 선거에 대한 많은 보고서들은 집단들이 어떻게 다르게 투표하는가에 대해 상당한 관심을 쏟고 있다. 그러나 선거 연구자들은 단순히 사람들의 인구통계적 특징을 살피는 것보다 사람들이 지닌 정치적 태도에 대해 보다 심층적으로 파고들 필요성이 있다는 데 공감대가 형성되어 있다. 그 점에서 『미국의 유권자』는 특히 투표에 미치는 정당일체감의 중요성을 강조하는 데 선구적인 역할을 하였다. 대부분의 미국 유권자들은 일반적으로 자신을 공화당 혹은 민주당 지지자로 간주한다는 것이며, 장기적인 정당일체감은 투표에 직접적인 영향을 미칠 뿐 아니라 단기적인 요인인 후보와 이슈를 바라보는 유권자의 관점에도 영향을 준다고 보았으며, 이러한 주장은 널리 입증되어 왔다.

물론 정당투표가 쟁점투표보다 덜 합리적이라는 관점이 존재하기도 하지만, 반드시 그렇지는 않다는 점이 평가적 개념으로서 정당일체감에 대한 새로운 해석이라 하겠다. 만약 정당이 취하는 입장이 마음이 들어서 정당소속감을 갖게 된 것이라면, 앞으로의 선거에서 정당의 입장을 알아내느라 시간을 쏟을 필요 없이 어떻게 투표할 것인가를 결정하는 방편으로 이용할 수 있는 것이다. 물론 미시간 학파도 이슈는 여전히 정당 일체감을 바꾸는 데 중요한 역할을 한다고 보았으며, 몇 차례의 선거들 통해 다른 정당이 더 나은 정책을 취하고 있다면 정당소속감을 바꿀 수 있다는 주장을 제시하였다. 그러나 이러한 모형이 이슈의 중요성을 무시한 것은 아니지만 투표 결정은 이슈 중심보다는 정당 중심에 더 가깝다는 점에 중점을 둔 것이다. 또한 미시간 학파는 투표 결정에 후보의 중요성 역시 강조하였다. 결국 만약 이슈가 중요하지 않고, 또 정당성향과 사회집단 요인이 안정적이라면, 선거 결과의 큰 변화는 후보가 달라지기 때문일 것이다. 수적인 면에서 민주당 지지자가 많아도 공화당 후보가 압도적인 차이로 당선되는 사례가 발생하는 것은 후보의 특성에 기인한 선거도 있고 이슈에 의한 것이기도 하였다는 것을 말해 준다.

끝으로 투표 결정에 후보 요인의 중요성은 유권자의 비합리성을 뜻하는가? 물론 후보 요인이 단순히 호감가는 얼굴 때문인지 여부를 반영하는 것이라면 후보 요인에 대한 강조가 유권자의 합리성 부족을 뜻하는 것이라 할 수 있다. 그러나 후보에 대한 유권자의 반응이 보다 의미 있는 것이라는 연구 결과가 축적되어 왔다. 예컨대 후보의 정책 수행 능력이 떨어져 선택하지 않는 것은 충분히 합리적인 것이라 할 수 있는 것이다. 또한 후보의 이슈 입장에 따른 것이 아니라 해도 후보의 역량이나 성실성에 기초한 투표선택은 합리적이라 할 수 있다.

Ⅲ. 한국의 투표행태 연구

민주화 이후 역대 한국 선거가 매 선거마다 한국 정치발전에 중요한 분기점이 되었다고 평가되는 것은 투표를 통해 유권자의 뜻을 반영하는 선거 결과가 나타났다는 것을 전제한다. 대통령 직선제의 절차적 민주주의가 이룩된 1987년 제13대 대통령 선거는 건국 이래 처음으로 선거에 의한 평화적인 정권이양이었다는 점에 정치적 의미를 부여하였다. 이어서 1992년 제14대 대통령 선거는 문민통치로의 전환이, 그리고 1997년 제15대 대통령 선거는 역사상 첫 여야 정권교체가 이뤄짐으로써 민주주의가 공고화되는 과정을 보여주었다. 또한 2002년 제16대 대통령 선거는 민주화 이후 소위 '3김 시대'가 막을 내림으로써 변화와 개혁을 표상한 세대교체가 중요한 의미를 지닌 선거였다고 평가된다.

한편 제17대 대통령 선거에서는 주요 쟁점이 경제 활성화에 쏠리면서 정당보다는 후보 개인의 능력과 이미지가 중요하게 부각되는 변화를 보여주었다. 기존의 주된 선거 쟁점이 정치적 이슈에 치중된 것이었다면 17대 대선과 2008년 총선은 경제적 이슈가 투표 결정에 중요한 영향을 주는 쟁점으로 떠올랐다는 데 주목할 가치가 있다. 경제 이슈가 지닌 특징은 진보 정권의 경제 실정에 대한 회고적 평가를 유도하는 것이라는 점이다. 그 점은 이명박 후보가 각종 비리 의혹과 도덕성 논란에도 압도적인 지지를 받을 수 있었던 것이 바로 이러한 부정적 평가의 반동이면서 동시에 그의 경력이 뒷받침하는 개인적인 능력에 대한 유권자의 기대가 반영된 것이라 할 수 있기 때문이다(황아란 2008).

지금까지 한국의 투표행태 연구는 특히 지역, 세대, 이념 등의 정치균열을 중심으로 변화와 지속성을 분석하는 것이 주요 경향이었다. 민주화 이후 강하게 표출된 지역균열 구도가 약화될 것인지, 지난 16대 대통령 선거부터 중요하게 등장한 세대와 이념 갈등이 지역주의를 대체할 선거균열로 자리잡을 것인지에 주요 관심이 모아진 것은 물론이다. 즉 3김 시대 이후 지역 균열의 변화가 어떠한 양상으로 전개될 것인가는 이제 새롭게 등장하는 쟁점에 의해 유권자의 지지와 선택이 유동적인 성격을 띠게 되었다는 점에서 주시할 필요가 있다. 지난 제16대 대통령선거에서는 노무현 후보가 정치개혁을 바라는 진보적인 성향의 20-30대 유권자들을 이끌어냈듯이, 제17대 대통령 선거에서 이명박 후보가 경제회생을 기대하는 서민층의 폭넓은 지지를 받게 됨에 따라 지역주의 투표성향이 점차 약화되는 추세를 나타낼 것이란 점이다(이정진 2007).

1. 지 역

지역주의 혹은 지역주의 선거연합은 민주화 이후 한국의 모든 선거에서 가장 뚜렷하고도 지배적인 선거 균열로 주목받아 왔다.[1] 지역주의의 영향력은 지역적 표의 집중현상과 함께 1987년 대통령 선거 이후 지역연합에 의해 대통령의 당선이 사실상 결정되었다는 점에서 잘 드러난다. 1992년 대통령 선거는 1990년의 3당 합당으로 충청과 영남의 지지를 받아 김영삼 후보가 당선되었으며, 1997년 대통령 선거는 DJP 연대로 충청과 호남의 지지로 김대중 후보가 당선되었다. 2002년 대통

1) 지역주의의 시작을 언제로 볼 것인가에 대해서는 이견이 있지만 대체로 1987년 대통령선거가 기점이 되었다고 보고 있다(조기숙 1997; 강명세 2001).

령 선거 역시 수도이전 공약에 힘입어 충청과 호남의 지지연대가 형성되어 노무현 후보가 승리하는 데 크게 기여를 하였다.

유권자의 정당태도가 선거행태 연구에 가장 중요한 요인 중에 하나로 강조되는 것은 투표에 직접적인 효과를 미칠 뿐만 아니라 간접적으로 유권자의 정치적 태도나 정책에 대한 평가에 영향을 미침으로써 투표행태에 영향을 미치기 때문이다. 한국의 지역주의 정당태도 역시 투표에 영향을 미치는 핵심적인 요인이란 점은 분명하다. 또한 정부에 대한 평가나 정책에 대한 정치적 태도가 지역주의 정당지지와 밀접한 관련을 지닌 것이며, 이념도 호남의 진보성이나 영남의 보수성이 그들이 지지하는 정당의 입장 차이에 기인한다는 주장(이갑윤 1997)은 모두 지역주의 정당태도의 중요성을 널리 인정하는 것이라 하겠다.

지역주의 정당지지가 한국의 투표행태에 결정적인 요인으로 떠오르면서 그 원인을 밝히는 데 많은 연구 노력을 기울인 것은 당연하였다. 이들 논의를 정리하면 크게 세 가지 요인으로 나누어 볼 수 있는데, 첫째, 사회심리적 측면에서 지역 편견과 고정관념이 오래 역사를 통해 전통적으로 존재해 왔다는 주장을 비롯하여(김만흠, 1987; 김진국 1988), 정치경제적 측면에서 정치권력이 지역화되어 경제개발이나 인사정책에 지역 차별이 누적된 결과라는 주장(이상휘 1993; 손호철 1997), 그리고 정치적 지지 동원의 측면에서 민주화 이후 김영삼, 김대중, 김종필로 대표되는 '3김'의 정치지도자들이 선거경쟁 과정에서 각자의 출신 지역을 지지 동원의 전략으로 이용하였다는 주장(이갑윤 1997; 조기숙 1997)으로 요약된다. 물론 이러한 요인들은 서로 배타적인 성격보다는 상호 보완적인 성격을 지닌 것이라 할 수 있으며, 어떤 요인을 가장 중요하게 보는가에 따라 강조되는 바가 다르다고 하겠다.

한편, 지역주의의 연구 관심은 지난 20년간 지역주의 표의 결집이 상당히 공고한 모습으로 지속되는 데 있다. 일각에서는 3김이 정치무대에서 사라진 후 지역주의가 크게 약화될 것으로 기대하였지만, 여전히 지역 균열에 의한 표의 결집 현상은 사라지지 않고 있는 것이다. 이는 일단 지역주의가 구조화된 선거 균열로 자리잡은 후에는 그 지속성을 내재적으로 심화시키는 메커니즘이 작동되고 있음을 보여준다. 즉 지역주의 정당체제가 오랫동안 지속되면서 나름의 동학이 발휘되기 때문일 것이다(강명세 2004). 그러나 그럼에도 지역주의의 성격과 특징이 어떠한 변화 과정에 놓여 있는가를 살피는 것은 지역주의 투표행태를 이해하는 데 매우 중요한 연구라 하겠다.

우선 지역주의 표의 결집이 어떤 기준으로 바뀌어 왔는가에 초점을 둔다면 3김을 중심으로 한 후보자의 출신 지역에서 점차 특정 정당이 상징하는 지역이라는 포괄적 기준으로 변화하였다는 점이다(김욱 2007). 이는 인물 위주의 지역균열이 정당체제적 지역균열로 탈바꿈하였다는 것을 의미한다. 많은 연구들이 이러한 변화 과정에서 영남과 호남, 충청의 지역주의가 지역마다 어떠한 특징과 차이를 나타내며, 또 미시적인 차원에서 지역주의 투표행태가 어떠한 변화를 보이는가에 대해 관심이 높았다. 예컨대 지역적 표의 결집에서 나타나는 유동성에 대해 지역주의 정당태도가 지닌 두 가지 속성, 즉 지역 연고정당에 대한 지지와 타 정당에 대한 배타성이 각기 다른 영향력을 행사하기 때문이라는 주장이 제기되기도 하였다(황아란 2007). 특히 3김 이후 지역주의 투표행태가 후보나 이슈와 같은 단기적인 요인(예: 영남 출신의 노무현 후보, 대통령 탄핵 이슈 등)에 의해 영향을 받게 되었다는 사실은 지역 균열의 유동성이 한층 높아졌음을 의미하는 것이다.

2. 이 념

최근 들어 한국 선거의 특징과 변화는 이념의 중요성이 점차 부각되고 있다는 점이다. 특히 16대 대통령 선거에 대한 분석을 통해 많은 연구들이 세대간 이념간 균열구조의 등장을 주장하였으며, 17대 대통령 선거를 예측하는 연구에서도 주목받는 변수로 강조되었다. 지난 2002년 대통령 선거에서 이념이 투표에 영향을 미쳤다는 주장은 세대별로 대북한 정책 및 국가보안법 등 정치적 사안에 대한 이념적 차이점이 뚜렷하며, 이에 따라 투표선택에 큰 차이가 발견되었다는 것이다(강원택 2003). 이는 3김 퇴장 이후 새로운 변화를 기대한 20대와 30대의 개혁적 성향이 이념적 균열을 가져오는 변화를 이끌었다 것이 일반적인 해석이다.

세대별 이념적 분포의 변화, 그리고 그에 따른 후보선택이 2002년 대통령 선거결과를 설명하는 주요 변수가 된 것은 당시 사회 분위기가 진보적 이념성향을 확장시키는 데 기여한 일면이 있다(가상준 2007). 즉 2002년 여중생 장갑차 사건으로 반미 감정이 고조되었고 SOFA(주한미국의 지위에 관한 행정협정) 개정에 대한 촛불 시위 등으로 대미 관계의 변화 요구가 중요한 이슈로 떠올랐던 것이다. 이와 함께 대북 지원이나 국가보안법 철폐에 대한 이슈 역시, 보수를 대표하는 이회창 후보와 진보를 대표하는 노무현 후보 간에 대립적인 구도를 만들어냄으로써 역대 선거와 달리 후보 경쟁에 이념적 요소가 크게 부각되었다(송근원 · 정봉성 2005).[2] 그 결과 보수의 쇠퇴와 진보의 약진이라는 이념 분포의 변화가 특히 30대와 40대 유권자들 중 진보성향이 차지하는 비율

2) 참고로 제15대 대통령 선거는 DJP 연대로 제1야당이 보수화되면서 세대간 이념 균열이 그리 부각되지 않았(정진민 · 황아란 1999).

이 급격히 증가되면서 나타나게 되었다(김형준 2007).

이렇듯 지난 2002년 제16대 대통령 선거에서 이념성향에 높은 관심을 쏟았던 것은 지역주의가 여전히 강한 영향을 미침에도 이러한 균열 구조를 변화시킬 수 있는 가능성에 대해 많은 연구자들이 주목하였기 때문이었다. 즉, 영남의 한나라당과 호남의 열린우리당이라는 영남 대 호남의 지역 구도가 지속되었지만, 지역주의에 절대적 영향력을 행사하던 3김이 정치일선에서 물러난 상황 변화로 인하여 지역 균열의 강도가 약화될 것으로 예상하였던 것이다. 이러한 가능성은 실제 노무현 후보가 이념과 세대 균열을 효과적으로 활용함으로써 구체화 되었으며, 진보적인 성향이 강한 호남의 지지를 강화시키면서 영남의 지역균열을 약화시키는 데 기여하였다(최준영 2007). 이에 대해 정치지도자의 감정적・정서적 유대감에 의존하였던 지역주의가 이제는 이념적, 정책적 요소도 다분히 지니게 됨으로써 지역발전을 도모하는 수단으로 간주되거나(예: 충청), 정치적 이념과 신념을 실현하는 정치적 수단(예: 영남, 호남)으로 해석되기도 하였다(김만흠 2003; 김욱 2007).

한편, 17대 대통령 선거에서는 이명박 후보의 비리 의혹에 대한 도덕성 논란이 강하게 제기되기도 하였지만, 경제 활성화가 주요 쟁점이 됨으로써 이념 갈등의 중심 이슈가 경제 문제로 옮겨지는 현상을 나타내었다. 어떠한 이슈가 선거 쟁점이 되는가는 사회 요구를 반영하는 것이란 점에서 경제 호전에 대한 국민의 요구가 매우 강했던 결과라 하겠다. 경제 이슈가 이념 갈등을 제기한다는 것은 성장과 분배의 논쟁이 전통적인 이념 갈등의 축을 이룬다는 점에서 주목할 부분이다. 또한 경제 이슈가 유권자의 이념분포에 어떠한 변화를 가져올지도 주시의 대상이라 하겠다. 제17대 대선에서 진보성향의 유권자들이 정동영 후보보다 오히려 보수 정당의 이명박 후보를 더 많이 지지하였던 것은 정책의 문제가 아니라 진보 정권의 국정수행 능력에 기인된 문제임을 드러내는 것이다(황아란 2008). 정권의 정책적 성과가 유권자의 이념성향과 투표행태에 큰 영향을 미친다는 사실은 선거 결과의 유동성을 이해하는 데 매우 중요한 요소라 하겠다.

예를 들어, 현 정부에 대한 부정적인 경제평가가 지배적인 가운데 성장의 경제 이슈를 선점한 이명박 후보가 정권교체의 심판론과 실용의 신보수주의를 주장하면서 폭넓은 호응을 얻은 것은 그의 지지율이 범여권 후보 모두를 합한 것보다 줄곧 높았다는 데서 잘 나타났다. 그러나 그러한 지지가 진보층의 축소와 보수층의 확대로써 이념 성향의 분포가 바뀌었기 때문인가는 면밀한 분석을 요한다. 물론 진보 정권의 경제 실정은 그 지지 세력인 진보층을 축소시키는 데 영향을 줄 수 있지만, 그러나 그로 인해 보수층이 확대될 것인가는 별개의 문제일 수 있기 때문이다.

3. 세 대

세대 균열은 크게 연령대에 따른 생애주기 효과(life cycle effect)와 정치적 세대를 구분하는 정치세대 효과(political cohort effect)로 구분하여 접근할 수 있다. 앞서 이념 균열에서 논의하였듯이 연령대에 따라 어떤 정치적 태도나 선택을 보이는가에 대한 연구들은 생물학적 연령에 따른 사회의식의 변화에 초점을 두는 것이라 하겠다. 예컨대 이념 성향에 영향을 미치는 생애주기 효과는 나이가 들어감에 따라 점점 보수화되는 경향을 뜻하는 것이다. 이와 비교하여 정치세대(political generation)를 구분하여 그 효과를 살피는 것은 동일한 역사적 경험과 사건에 따라 형성된 정치의식이나 정치적 정향의 지속성에 관심을 두는 차이가 있다. 즉, 정치세대 효과는 성장과정의 일정한 시기에 겪은 역사적 사건이나 사회적 경험이 정치적 태도를 형성하는 데 중요한 영향을 미칠 뿐 아니라 인생동안 유지된다는 가설에 기초를 두는 것이다.

정치세대의 구획은 가치관이나 정치적 정향을 형성하는 시기(impression years or formative period)에 인상적인 경험의 사회적, 정치적 사건이나 환경의 차이에 따라 세대를 구분한다. 예컨대 정치세대에 주목한 연구들은 흔히 한국전쟁, 4·19, 6·3, 유신, 6·29 등 한국 현대 정치사의 주요 사건들을 기점으로 구분하거나, 보다 폭넓게 전전세대, 산업화세대, 민주화세대, 탈물질주의세대 혹은 냉전세대, 탈냉전세대 등 다양한 명칭으로 세대 구획을 해왔다. 한국은 특히 건국이후 한국전쟁을 비롯해 지난 4, 50년간 급속한 사회 변화가 진행되어 왔기 때문에 각기 다른 태도와 행태를 보여주는 상이한 세대가 공존할 수 있다는 점에서 많은 연구들이 정치세대에 주목해 왔다.

투표행태를 포함한 정치행태를 설명하는 데 활용되어온 정치세대의 특징을 요약하면 다음과 같다. 한국전쟁 전후를 기점으로 한 전전세대는 경제적 궁핍과 반공이데올로기에 사회화된 가장 보수적인 집단이며, 전후세대는 연구자에 따라 세분화되는 정도가 다르지만, 보통 유신정권이나 전두환 정권의 억압적 권위주의 체제에서 성장한 사람들에 대해서는 군부의 정치개입에 대한 반대와 민주주의에 대한 강한 믿음을 지닌 비교적 덜 보수적인 집단으로 분류된다. 한편, 전후세대 중에 민주화 선언을 이끌어냈던 1987년에 형성기를 보낸 집단은 권위주의에 대한 강한 거부감과 민주주의에 대한 강한 믿음을 지니면서 동시에 보다 자신감에 차있어 기존 정치체제에 적응하기보다 새로운 정치적 대안을 모색하는 진보적인 성향을 지닌다 하겠다. 끝으로 1988년 서울 올림픽 이후의 탈물질주의 세대 역시 경제적 풍요와 인터넷 혁명을 겪으면서 변화와 개혁을 추구하는 가장 진보적인 집단으로 분류되어 왔다.

그러나 정치세대 연구에서 제기될 수 있는 가장 큰 문제는 정치세대 효과와 생애주기 효과가 그리 구분될 수 없었다는 데 있다. 이는 특히 이제까지의 정치세대 구분이 연령대와 마찬가지로 동일한 방향의 이념성향을 예측하는 데서 오는 문제였다. 즉 정치세대 효과와 생애주기 효과가 배타적인 관계에 있는 것이 아니었기 때문에 이 둘이 개념적으로는 구분되지만 실제 내용은 차이가 나지 않는 문제를 나타내는 것이었다(어수영 2006). 예컨대, 연령대가 높아질수록 보수적인 이유 역시 그것이 생애주기에 따른 연령효과인지 각 세대가 지닌 정치사회화 효과인지 차이를 둘 수 없었다. 그 결과, 이념과 세대 갈등이 상당히 긴밀한 관계를 지닌 것으로, 즉 보수-기성세대와 진보-젊은 세대로 간주되는 경향이 높았으며(김욱 2007), 세대갈등이 이념갈등으로 전환되어 정당지지에 영향을 주는 것이라 주장되기도 하였다(김형준 2006).

이러한 문제는 세대 구간을 어떻게 구획하는가의 문제와도 깊은 관련이 있다. 세대 구획은 보통 정치사회화 과정의 중요한 시기인 10대 후반에서 20대 초반에 주목하지만, 그리 분명한 기준이 있는 것이 아니어서 통상적으로 10년 주기를 사용하는 것이 일반적이다. 실제 한국의 정치세대를 4~6개로 구분하면서 세대 구획에 연령대를 기준으로 삼기도 하였다(어수영 2006; 박명호 2007). 그 결과 세대구획과 연령대가 일치되거나, 그렇지 않더라도 정치세대가 연속적으로 거의 동일한 간격을 지님으로써 연령효과를 통제할 수 없는 한계를 지녔다. 예컨대 1960년대 출신의 대부분이 포함되는 '민주화/노동운동'에 대하여 그 이전 세대와 이념적 이슈에 차별성이 그리 부각되지 않았던 것은 세대 구획에 내재된 문제일 수 있는 것이다(조중빈 2003).

생애주기 효과에 중첩되는 정치세대 효과를 구분하는 것이 쉽지 않다는 점에서 투표행태의 세대 균열은 우선 연령대로 살피는 것이 가장 간편하고 명료하다는 장점을 지닌다고 하겠다. 그러나 그렇다고 정치사회회가 상이하기 때문에 존재하는 세대효과를 간과해서는 안 될 것이다. 특히 지난 16대 대통령선거에서 주목되었던 소위 '386세대'의 진보성향에 대하여 1987년의 민주화가 이들의 정치적 정향을 형성하는데 중요한 영향을 미친 것인지는 17대 대통령 선거 등에서 그 지속성 여부를 판단해야 할 것이다. 이는 민주화된 지 20년이 흘렀다는 점에서 그들이 특정한 정향을 유지하고 있는가의 여부가 정치세대 효과를 규명하는데 매우 중요하기 때문이다. 즉 1987년 6·29선언으로 민주화를 성취한 '민주화 쟁취 세대'는 참여 민주주의의 정치적 효능감이 매우 높은 집단으로서 그 이전의 '민주화 투쟁 세대'나 그 이후의 탈물질주의 세대와 비교해 여전히 변화와 개혁을 성취하려는 진보적 성향이 더 많은 정치세대인지 규명해 보아야 할 것이다.

Ⅳ. 요약 및 논의

투표행태는 전통적으로 크게 두 가지 이론, 즉 사회심리학적 이론과 합리적 유권자 이론으로 나뉘며, 1950년대 말부터 두 학파의 경쟁적인 관계가 지속되어 왔다. 투표행태에 대한 사회심리적 모형은 그 이전의 순수한 사회학적 모형에 대한 반동으로 시작되었다고 할 수 있으며, 인구학적 요인에 의존하는 사회학적 접근과 달리 태도에 중점을 둔 심리학적 접근으로 투표에 대한 이해와 설명력을 높이는 데 큰 공헌을 하였다고 평가된다. 투표 결정의 인과 모형을 다루는 투표행태 연구의 주요 이론들은 무엇이 투표 결정에 중요한 요인이며, 그러한 결정에 유권자의 합리성이 전제되고 있는 것인가에 대한 논쟁으로 요약될 수 있을 것이다. 사회결정론적 시각에서 집단을 강조한 사회학적 모형, 태도구성의 심리적 요인으로 정당일체감에 초점을 둔 사회심리학적 모형, 그리고 이슈와 후보에 기초를 둔 합리적 유권자 모형 등은 투표 결정의 서로 다른 요인을 강조하고 있을 뿐 아니라 유권자의 합리성에 대해서도 상이한 가정을 전제하고 있다. 한편 인간의 제한된 합리성에 기초한 인지심리학적 모형은 제한된 인지능력의 극복으로서 스키마를 비롯한 정보처리모형으로 투표결정의 과정에 대한 이해를 높이는 데 주요 관심을 둔 것이다.

투표행태의 연구는 방법론의 발달과 함께 믿을 만한 데이터의 축적, 유용한 이론들로 발전을 거듭해 왔다. 이제 더 이상 투표행태의 연구들은 유권자들이 정당일체감이나 이슈에 의해 투표하는지에 대한 질문이 아니라 어떤 상황에서 어느 요인이 더 중요한 영향을 미치는지, 어떤 이슈가 더 중요한 것인지 또는 이슈 투표의 속성이 회고적인 혹은 전망적인 특성을 지니는가를 밝히는 데 중점을 두고 있는 것이다. 따라서 투표행태 연구에 계속되는 질문은 무엇이 투표를 결정하는 요인인가를 밝히는 데 있는 것이라 하겠다. 유권자의 투표 선택이 주로 이슈에 의해 결정되는지, 즉 이슈를 기준해서 후보를 선택하는지, 아니면 주로 후보에 대한 호불호의 반응으로 투표하는 것인지, 혹은 특정 정당에 대한 습관적인 귀속감에 기초해서 후보를 선택하는지, 혹은 가장 오래된 투표행태 모형대로 사회계층, 종교, 민족적 배경 등 사회적 균열에 따라 투표하는지를 분석하는 데 주요 관심이 모아져 왔다.

지금까지 정당, 후보, 이슈 요인의 상대적 중요성을 규명하려는 투표행태 연구의 결과를 정리하자면, 항상 정당이 가장 중요한 요인으로 자리매김하고 있으며, 후보가 이슈보다 더 중요한 영향을 미치는 것으로 밝혀져 왔다. 그러나 정당성향의 중요성이 감소하는 대신 이슈의 중요성이 증가하는 현상이 주목되어 왔던 것도 사실이다. 그러나 각각의 영향력을 따로 분리해 분석하기는 어려운 문제이며, 따라서 이들 요인의 결합된 효과에 더 주목할 필요성이 있는 것이다. 예컨대 어떤 이슈에 대한 후보의 능력이란 것은 이슈와 후보 요인이 동시에 작용하는 것을 의미한다. 투표 결정에 대한 초기의 인과모형은 단순히 일방향의 인과작용으로 다루었기 때문에 투표가 정당성향에 미치는 영향이나 후보에 대한 태도가 이슈에 대한 관점에 미치는 영향을 탐구하지 않았다.

그러나 이슈와 투표의 관계는 세 가지 과정에 의해 나타날 수 있는 것이다. 진정한 정책투표는 유권자가 먼저 이슈에 대한 입장을 정하고 나서 그 이슈 입장에 가장 가까운 후보를 선택하는 것을 뜻한다. 그러나 만약 유권자가 좋아하는 후보를 먼저 정하고 난 후 그 후보가 자신의 이슈 입장과 같을 것이라 가정하는 경우는 투사효과(projection)가 이슈 입장과 투표의 상관관계를 만들어내는 요인이 된다. 혹은 유권자가 좋아하는 후보를 먼저 정하고 난 후 그 후보의 이슈 입장에 맞추어 자신의 이슈 입장을 조정하는 경우는 정책 설득이 이슈-투표의 상관관계를 만들어내는 것이다. 일반적으로 투사효과가 설득효과보다 크다는 것이 정설이지만 진정한 쟁점 투표의 중요성은 먼저 투사효과나 설득효과를 제거할 수 있어야 주장될 수 있는 것이다. 연립방정식 모형이나 패널 데이터를 이용해 이를 규명하려는 연구가 필요한 것은 바로 그 때문이다.

한편, 한국의 투표행태 연구는 특히 1987년 민주화 이후 정당 지지가 지역별로 집중되어 나타나는 지역주의 투표 현상이 지배적인 선거 균열로 자리잡게 되면서 지역주의 정당태도가 지닌 안정성과 강도에 높은 관심을 기울여 왔다. 유권자가 출신지(혹은 거주지)에 강한 귀속감을 느끼고 투표하는 현상은 사회학적 모형에서 지역이라는 집단 요인으로 접근될 수도 있지만, 지역과 연계된 정당에 대한 심리적 귀속감, 즉 정당의 빈번한 이합집산에도 특정 정당에 대한 지역의 일체감이 심화되어 정당체제적인 지역균열로 공고화된 것이라 점에서는 사회심리학적 모형으로도 접근될 수 있다. 또한 그러한 지역주의 정당지지가 특히 한국의 경우 정치권력이 지역화되어 경제개발이나 엘리트 충원 등 권력자원의 배분과 행사에 지역 편중이 벌어지는 상황 속에서는 유권자의 합리적 선택이라는 주장(김재한 1997; 조기숙 1997; 최영진 1999)도 가능한 것이다.

그러나 지역주의 투표가 한국의 투표행태를 결정짓는 가장 중요한 요인이라 것에는 이의가 없지만, 최근의 연구 동향은 지역 외에도 세대와 이념 등 새로운 선거균열에 대한 관심이 높아지는 것을 특징으로 한다. 우선 지금까지 특정 정당(후보)에 대한 지역의 절대적 지지 혹은 배타적 지지를 보인 지역 균열은 영·호남 또는 영·호남·충청, 호남·비호남, 동서 균열 등 다양한 모습을 보인 바 있다. 따라서 한국의 전통적 지역주의 구도가 어떠한 변화양상을 보일 것인가는 여전히 흥미로운 주제인 것이다. 이는 지역주의 혹은 지역감정의 원인이 무엇인가의 문제와는 별개로 지난 20년간 선거과정에서 주요 정당이 지지를 동원하는 중요한 수단이 지역이었다는 사실에서 한국 선거정치의 구조화된 변수로써 주목할 필요가 있다.

둘째, 세대 균열은 세대간 정치성향의 차이와 특성에 연구관심이 높았다고 할 수 있다. 특히 제17대 대선부터는 선거연령이 만19세로 낮아졌기 때문에 젊은 유권자의 참여 폭이 늘어나 연령별 세대간 정치균열의 효과가 더 증폭되어 나타날 수 있다는 점이 주목된다. 한국의 세대균열이 지닌 의미와 내용을 살피기 위해서는 미시적인 차원에서 세대별 투표행태의 비교 분석이 필요하다. 즉 연령별 세대간 차이가 투표선택에 어떠한 영향을 미치며, 진보-보수의 이념성향을 비롯하여 정치적 태도에 어떠한 상이한 특성을 지니는가를 살펴보아야 할 것이다. 또한 소위 '386세대'로 지칭되는 민주화 세대 등 정치세대가 연령효과와 구별되는 효과를 지니는가에 대해서도 연구 관심을 기울여야 할 것이다. 이는 지난 제16대 대통령 선거에서 30대의 연령층이 보여주었던 특이한 정치적 정향이 세대효과에 기인한 것인가에 대한 검증이 요구된다는 점에서 그 지속성 여부를 분석할 필요가 있는 것이다.

끝으로 이념 균열은 3김 시대이후 지역주의가 약화될 것이라는 전망 하에 정당지지의 새로운 균열 축으로 주목을 받아왔다. 그러나 과연 이념이 지역주의를 대체할 수 있는 선거 균열인가에 대해서는 논란이 있으며, 한편에서는 지역주의와 중첩된 선거균열로 간주되기도 하였다. 즉 지역주의가 오랫동안 지속되면서 영남이 지지하는 정당은 보수적인 정당으로, 호남이 지지하는 정당은 진보적인 정당으로 틀 지워져 지역주의 정당지지가 겉으로는 이념적인 성격을 지닌 것으로 비춰질 수 있다는 점이다. 그러나 설령 지역주의의 외연이 이념적 지지로 바뀌는 것이라 해도 이는 한국 선거에 중요한 변화를 의미할 수 있다는 점에서 주시해 보아야 할 것이다.

꼭 읽어야 할 책

강원택. 2003. 「한국의 선거 정치: 이념, 지역, 세대와 미디어」. 서울: 푸른길.
이갑윤. 1997. "한국 정당제 변화의 특성과 요인: 1987-1997." 「아세아연구」 제

103호.

정진민 · 황아란. 1999. “민주화 이후 한국의 선거정치: 세대요인을 중심으로.” 「한국정치학회보」 33: 2.

최영진. 1999. “한국지역주의 논의의 재검토: 정치적 정체성 개념과 동기부여 구조를 중심으로.” 「한국정치학회보」 33: 2.

Campbell, A., P. E. Converse, W. E. Miller, and D. Stokes. 1960. *The American Voter*. New York: Wiley.

Downs, A. 1957. *An Economic Theory of Democracy*. An Economic Theory of Democracy. New York: Harper & Row.

Fiorina, M. P. 1981. *Retrospective Voting in American National Elections*. New Haven: Yale University Press.

Key, V. O. Jr. 1966. *The Responsible Electorate: Rationality in Presidential Voting, 1936-1960*. Cambridge, MA: Harvard University Press.

참고문헌

가상준. 2007. “2007년 대통령 선거와 이념갈등.” 「2007년 대통령 선거와 한국정치」. 한국정치학회 춘계학술회의 발표논문집.

강명세. 2004. “제17대 총선과 한국정당체제의 재편?” 2004년 한국정치학회 춘계학술회의 발표논문집.

강원택. 2003. 「한국의 선거 정치: 이념, 지역, 세대와 미디어」. 서울: 푸른길.

김만흠. 1987. 「한국사회 지역갈등 연구: 영호남 문제를 중심으로」. 현대사회연구소.

김만흠. 2003. “16대 대선과 지역주의.” 「16대 대선의 선거과정과 의의」. 서울대학교 한국정치연구소.

김 욱. 2007. “제17대 대선과 지역정치: 충청지역주의를 중심으로.” 「제17대 대통령 선거와 지방의 과제」. 아태정치학회 제16차 지역포럼.

김재한. 1997. “지역주의 투표의 현황과 해소방안.” 「의정연구」 3:2.

김진국. 1988. “지역감정의 실상과 그 해소방안.” 한국심리학회편. 「심리학에서

본 지역감정」. 성원사.

김형준. 2007. "제17대 대선구도의 전망과 과제." 「제17대 대통령 선거와 지방의 과제」. 아태정치학회 제16차 지역포럼.

______. 2006. "17대 총선과 세대." 어수영(편). 「한국의 선거 V」. 오름.

박명호. 2007. "2007 대통령 선거와 세대 - 386세대를 중심으로." 「한국지방정치학회보」 1:2.

손호철. 1997. "지역주의, 진단과 처방." 「현대한국정치: 이론과 역사」. 사회평론.

송근원 · 정봉성. 2005. 「선거와 이슈전략」. 부산: 신지서원.

어수영. 2006. "세대와 투표양태." 어수영(편). 「한국의 선거 V」. 오름.

이갑윤. 1997. "한국 정당제 변화의 특성과 요인: 1987-1997." 「아세아연구」 제103호.

이상휘. 1993. "14대 대선에서 지역감정이 투표행위에 미친 영향: 전북지역 유권자를 중심으로." 「한국정치학회보」 27:1.

이정진. 2007. "2007년 대선과 2008년 총선: 정당정치의 재편성 문제를 중심으로." 「제17대 대통령선거와 정치지형의 변화」. 한국선거학회 연례학술회의.

정진민 · 황아란. 1999. "민주화 이후 한국의 선거정치: 세대요인을 중심으로." 「한국정치학회보」 33: 2.

조기숙. 1997. "지역주의 논쟁: 비판이론적 시간에 대한 비판." 「한국정치학회보」 31: 2.

조중빈. 2003. "16대 대통령선거와 세대." 2003년 한국정치학회 춘계학술회의 발표논문.

최영진. 1999. "한국지역주의 논의의 재검토: 정치적 정체성 개념과 동기부여 구조를 중심으로." 「한국정치학회보」 33: 2.

최준영. 2007. "2007년 대통령 선거와 지역주의." 「2007년 대통령 선거와 한국정치」. 한국정치학회 춘계학술회의 발표논문집.

황아란. 2008. "제17대 대통령 선거의 투표행태분석." 「제17대 대통령선거 외부평가」. 한국정치학회.

______. 2007. "영남 지역주의의 지속성과 변화: 긍정적, 부정적 정당태도를 중심으로." 「21세기 정치학회보」 18: 1.

Berelson, B. R., P. F. Lazarsfeld, and W. N. McPhee. 1954. *The Voting*. Chicago: University of Chicago Press.

Campbell, A., P. E. Converse, W. E. Miller, and D. Stokes. 1960. *The American Voter*. New York: Wiley.

Campbell, A., G. Gurin, and W. E. Miller. 1954. *The Voter Decides*. Evanston, Ill.: Row Peterson.

Converse. P. E. 1964. "The Nature of Belief Systems in Mass Publics." In *Ideology and Discontent*, ed. D. E. Apter. New York: Free Press.

Downs, A. 1957. *An Economic Theory of Democracy*. An Economic Theory of Democracy. New York: Harper & Row.

Fiorina. M. P., 1981. *Retrospective Voting in American National Elections*. New Haven: Yale University Press.

Key, V. O. Jr. 1966. *The Responsible Electorate: Rationality in Presidential Voting, 1936-1960*. Cambridge, MA: Harvard University Press.

Lazarsfeld, P. F., B. Berelson, and H. Gaudet. 1944. *The People's Choice : How the Voter Makes Up His Mind in a Presidential Campaigns*. New York: Columbia University Press.

Lau. R. R. 1982. "Negativity in Political Perception." *Political Behavior*, 4: 353-377.

Lodge, M. and R. Hamill. 1986. "A Partisan Schema for Political Information Processing." *American Political Science Review*, 89: 309-326.

Lodge, M., M. R. Steenbergen, and S. Brau. 1995. "The Responsive Voter: Campaign Information and the Dynamics of Candidate Evaluation." *American Political Science Review*, 89: 309-326.

정치제도

10. 권력 구조와 정치적 성과
11. 신제도주의와 공공제도

CHAPTER 10

권력 구조와 정치적 성과: 서구 이론의 한국적 수용

안 병 진

Ⅰ. 서 론

한국 사회의 전반적 특징을 한 단어로 표현한다면 어떠한 것이 적절할까? 아마 많은 이들이 역동성을 가장 중요한 특질로 선택할 가능성이 높다. 사실 한국 사회는 전 세계적으로 유래 없는 압축적 경제성장, 성공적 민주화의 예에서 보듯이 역동적으로 변모해 왔다. 1980년대 초까지만 하더라도 많은 서구 학자들이 한국 사회의 민주화 가능성에 대해 회의를 표시했지만 오늘날 한국은 일부 제3세계 국가들로부터 민주화의 모델로서 벤치마킹의 대상으로까지 격상되고 있다.

하지만 성공적인 민주화로의 이행 이후 얼마나 안정적이고 능력 있는 거버넌스가 이루어지고 있는가라는 점에서는 다소 의문이 존재한다. 민주화 이후 대부분의 대통령들이 조기에 레임덕에 빠지거나 만연된 낮은 지지율로 인해 의미 있는 아젠다들을 추구하는 데 실패하고 있다.

도대체 왜 세계적으로 성공적 민주주의 이행 이후 한국은 성공적 대통령의 모델을 만드는 데 실패하는 것인가? 많은 이들이 이에 대한 문제의식을 가지게 되면서 한국 사회는 성공적 권력구조는 무엇인가에 대해 백가쟁명의 논의가 제기되고 있다. 이는 순수한 미국식 대통령제에 대한 주장에서부터 내각제, 이원집정부제에 이르기까지 매우 다양한 차원에서 무수한 대안의 글들이 제출되고 있다.

사실 이러한 백가쟁명의 논의는 건국 초기 헌법 심의 과정에서도 이미 유사하게 진행된 바 있다. 예를 들어 당시 매우 혼란스러웠던 논쟁들은 대통령제 대 내각제의 이해득실, 양원제 대 단원제의 비교, 제3의 대안으로서 이원집정부제등이 다양하게 논의된 바 있다. 당시 심의 과정을 생생하게 분석한 김홍우 교수의 글을 보고 있노라면 마치 오늘날의 글로 착각될만큼 역사는 단순히 반복되는 것이 아닌가하는 회의마저 든다(김홍우 2001: 187-243).

하지만 피상적으로는 단순히 역사적 반복처럼 보이지만 그 심층을 들여다보면 다양한 진전들이 이루어진 것도 사실이다. 우선 그간 서구에서의 권력구조에 대한 이론적 탐구와 각 제도들의 정치적 성과에 대한 경험적 검증들이 한국에서도 본격적으로 연구되기 시작했다는 사실이다. 둘째로 그간 민주화 이후의 권력구조 실험을 통해 권위주의 시절 다소 형식적 장식품으로만 존재했던 제도들의 실제적 작동에 대한 풍부한 논점들을 확보해 나가고 있다는 점이다. 마지막으로 무엇보다 중요한 것은 민주화 이후 이식한 서구적 제도들의 불안정성을 목격하면서 학자들 사이에서 한국적 맥락에 대한 이해의 중요성이 폭넓은 공감대를 얻어가고 있다는 사실이다.

이러한 문제의식에 기초해서 이 장에서는 마치 엉켜버린 매듭처럼 복잡하고 백가쟁명의 논의가 존재하는 권력구조의 문제에 들어가기 전에 네 가지 기준을 먼저 간단히 제시하고자 한다. 이 기준을 항시 염두에 둔다면 미로와 같은 권력구조에 대한 논의에서 길을 잃을 확률이 더 적을 것이다. 이 단서들은 실사구시, 가치, 배치, 경로의존으로 요약된다.

먼저 너무도 당연하지만 각자의 권력구조에 대한 무의식적 선호를 추종하기보다는 실사구시적으로 기존 경험적 연구들의 성과들을 항시 염두에 둘 필요가 있다는 사실이다. 물론 아직 학계에서의 경험적 연구들은 아직은 빈약하기에 우리에게 충분한 답을 주고 있지는 못하다. 하지만 그간의 경험적 연구들에 대한 확인은 우리로 하여금 최소한 근거 없거나 신중하지 못한 주장들이 난무하는 것을 막아 줄 수 있을 것이다.

두 번째로 중요한 기준은 핵심 가치와 작동원리의 문제이다. 수많은 권력구조의 논의와 각 나라마다 다른 변형태들을 대면하게 되면 누구나 쉽게 길을 잃어버린다. 예를 들어 의원내각제를 채택한 국가들 사이에서도 사르토리의 분류처럼 정당 우위형, 내각 우위형, 의회 우위형등 다양한 유형들이 있다. 더구나 대통령제와 내각제의 특징이 번갈아 나타나는 이원집정부제의 경우에는 더 파악하기가 어렵다. 하지만 이때 중요한 것은 소소한 특징들을 떠나 그 권력구조가 작동하는 핵심 가치나 정신이 무엇인가를 파악하는 것이다. 예를 들어 미국식 대통령제라면 견제와 균형의 가치만 정확히 인지해도 스스로 마치 건국의 시조들처럼 유사하게 제도들의 설계가 가능하다. 특히 이러한 접근법이 중요한 것은 권력구조의 논의에서 서로 어울리지 않는 것들을 혼합하는 소위 제도의 부정합을 발견해 낼 수 있기 때문이다. 예를 들어서 미국식 대통령제를 구상하면서 중간 선거의 폐지를 주장한다면 이는 견제와 균형의 가치와는 잘 어울리지 않는다.

세 번째로 중요한 기준은 각 권력구조의 핵심 제도만이 아니라 이

제도가 어떠한 다른 조건들과 같이 '배치'(dispositif)되는가를 항시 눈여겨보는 것이 중요하다는 사실이다. 이는 원래 프랑스의 포스트모던 철학자 들뢰즈의 개념인데 비단 추상적 학문세계만이 아니라 우리들의 일상 삶에서도 항상 나타나는 문제이다. 예를 들어 우리는 거실을 다양한 가구들로 배치함에 있어서 약간의 배치의 변화가 무척 다른 효과를 만들어 내기도 한다. 중산층 가정에 흔한 텔레비전의 위치와 스타일을 약간 바꾸면 마치 백남준의 예술적 공간처럼 보이는 것처럼 말이다. 마찬가지로 각 권력구조들은 각 국가에서 역사적으로 뿌리내리면서 일정한 배치들로 이루어져 있다. 예를 들어 미국식 대통령제의 배치는 삼권분립의 배치만으로만 이루어진 것이 아니라 약한 정당의 기율, 연방제 등이 하나의 완성된 블록 장난감처럼 이루어져 있다. 여기에다 한 가지만 배치를 바꾸게 되면 매우 다른 효과가 양산된다. 이는 특히 한국에 서구적 권력구조를 이식할 때 우리에게 매우 중요한 통찰을 줄 수 있다. 예를 들어 미국식 견제와 균형과 더불어 한국식 강한 정당 배치가 결합되면 유연한 조정 대신에 경직된 대립과 불안정의 효과를 만들어 낸다.

마지막으로 이 배치와 긴밀히 연관된 개념으로 '경로의존'(path dependence)이란 점을 고려할 필요가 있다. 이는 우리의 선택이 항상 우리의 기존의 제도나 역사적 경험, 문화적 관성에 의해 일정 정도 영향을 받으며 이루어진다는 사실을 지적한다. 예를 들어 부유한 집과 가난한 집의 학생이 이후 엘리트로 성장할 가능성은 어느 정도 그들이 현재 처한 조건 속에서 규정되는 것이지 진공 상태에서 선택이 이루어지는 것은 아니다. 이는 권력구조 문제에서도 그러하다. 서구에서 권력구조의 이식이 원래 의도했던 효과를 때로는 내지 못하는 이유는 기존 한국 사회의 작동 방식이라는 경로의존 효과를 고려하지 않았기 때문이다. 이는 흔히 고사성어에서 강남의 귤을 강북에 옮겨심으면 탱자가 된다는 말로도 표현된다. 권력구조의 경우 대통령이란 단어가 바로 그 고사성어의 경우에 해당된다. 원래 미국에서 President란 '회의를 주재하는 자'라는 의미를 가지고 있다. 하지만 그 단어가 바다를 건너오면서 경로의존 효과에 의해 '대통령'이란 엄청난 대권을 가진 이의 뉘앙스로 바뀐 것이다. 그런 점에서 우리는 각 권력구조가 어떠한 배치로 이루어져 있는지를 항상 면밀히 관찰할 필요가 있고 이 배치가 다른 사회에 이식될 경우 어떤 경로의존 효과를 가지는가를 통합적으로 보는 눈이 필요하다.

이러한 네 가지 기준을 항시 염두에 두면서 권력구조에 대한 백가쟁명의 논쟁을 살펴본다면 미로에 덜 빠지고 각자의 독특한 시각도 세우면서 접근이 가능해 질 수 있을 것이다. 그런 점에서 독자들은 단순히 이 글을 수용하기보다는 부단히 위의 네 가지 기준이나 혹은 본인의 기준을 가지고 여기에 나오는 논의들과 대화하듯이 접근해나갔으면 한다. 만약 본인이 대통령제나 내각제 등 기존 권력구조의 일반적 개념에 어느 정도 익숙하다면 스스로 한국의 건국의 시조라고 가정하고 도면에 한국에 적합한 권력구조를 설계해 보고나서 이후 이 글이나 다른 권력구조 논쟁 글들과 상호 대조해보며 생각해보는 것도 의미가 있을 것이다. 기본 개념에 익숙하지 않다면 아래의 기본 개념을 읽고 나서 글을 잠시 덮고 자신의 디자인을 시작해보는 방식도 권할 만하다. 재차 중요한 것은 각 권력구조에 대한 논쟁의 암기가 아니라 자신의 분석적 사유방식과 상상력의 함양이라는 것을 항시 명심할 필요가 있다.

Ⅱ. 일반적 권력구조 이론들과 논쟁점

위에서 언급한 기준으로 볼 때 권력구조에 대한 논의에서 항시 각 구조가 핵심적으로 설정하는 가치나 작동원리를 우선적으로 이해할 필요가 있다. 먼저 대통령제의 작동에서 가장 중요한 가치는 무엇인가? 사르토리 등의 비교정치학계의 대표적 연구를 종합해보면 권력분립(separation of power)과 견제와 균형(check and balance)의 논리가 가장 중요한 것으로 대두된다(1997: 86).

전자는 흔히 대통령제의 설계를 비판적으로 지적하는 학자들에 의해 '이원적 정통성'(dual legitimacy)으로 불리기도 하는데, 즉 대통령과 의회가 모두 시민들의 선거를 통해 그 정당성과 책임성을 부여받는 것이다. 그 현실 체제에 있어 선거는 미국이나 핀란드의 선거인단 선거처럼 간접선거를 택할 수도 있고, 혹은 한국처럼 직접선거를 택할 수도 있다. 그리고 브라질처럼 최다 득표자를 선출하는 단순 다수제 선거가 아니라 결선투표 등 매우 다양한 형태를 띨 수 있다. 하지만 본질적으로 대통령제라고 말할 수 있으려면 대통령과 의회가 각각 시민들의 선거에 의해 구성되어야 한다는 것이다. 이 이원적 대립의 외부에 다소 애매하게 놓여 있는 사법부는 미국의 경우 시민의 대표기구인 행정부와 상원에서 각각 임명되고 인준된다는 점에서 직접적이지는 않지만 여전히 시민에 대해 정당성과 책임성을 지닌다.

언뜻 보면 이 삼권간의 권력 분립은 각각의 무한정의 대립을 쉽게 낳을 것처럼 보이지만 이때 대통령제의 고유한 특징은 이 권력 간의 분립이 서로 다양한 중첩부분을 두어 견제와 균형의 원리가 함께 작동하면서 대통령제를 사실상 작동 가능한 것으로 만든다는 사실이다. 예를 들어 의회는 입법권을 가지고 대통령은 의회에서 통과된 법안에 대해 거부권을 가진다. 반대로 대통령의 외교권은 상원의 조약 동의권이나 대사 임명권으로 제약된다. 멀리는 고대 그리스나 로마의 공화정, 가까이는 18세기 영국에 기원을 가지는 이 견제와 균형의 원리는 국왕, 귀족, 평민간의 혼합 정부의 기초적 원리에 해당된다. 메디슨 등 미국 건국의 시조들은 국왕, 귀족, 평민이라는 각 계급세력들 간 견제와 균형의 논리를 행정부, 사법부, 입법부라는 삼부간의 기능적인 견제와 균형으로 창조적으로 혁신시켰다(로버트 달, 최장집 서문 2004: 35). 그들은 이러한 힘과 기능의 네트워크적 분할이 다수 인민이 유기체적으로, 그리고 다수의 힘으로 지배하는 인민 민주주의보다 훨씬 더 안정되고 부패하지 않는다고 생각하였고 당시 유럽보다 훨씬 더 혁신적인 정치체를 구성할 수 있다고 믿었다.

위 원리가 가장 중요하지만 또 하나 대통령제의 대표적 특징은 권력 분립에도 불구하고 정부(행정부)는 대통령이 임명하고 대통령만이 유일한 권력을 행사하며 이에 대한 책임도 대통령이 진다는 사실이다. 예를 들어 행정부 내에 총리가 마치 선거로 선출된 부통령처럼 대통령의 지명이 아닌 다른 방식으로 권력을 획득한다면 이는 대통령제의 질적 범위를 벗어나게 된다. 대통령제 하에서 총리란 어디까지나 미국처럼 대통령의 지휘 하에 실무적으로 집행하는 비서실장의 위상을 본질적으로 벗어날 수 없다.

마지막으로 이러한 각각의 권력분립은 각각 정당성과 책임성을 지닐 뿐 아니라, 각각 임기를 보장받고 이 임기는 다른 권력으로부터 독립되어 있다는 사실이다. 예를 들어 대통령제에서는 탄핵 등의 사유가 아니라면 법적으로는 정치상황의 악화에 따라 야당이 집권진영에 대한 중간평가를 통한 권력교체를 요구할 권한이 없는 셈이다. 만약 집권 진영이 정치적 위기를 맞이하여 극도로 약화된다면 이들은 다음 선거까지 소위 레임 덕 현상이 만연하는 것을 감수하거나 야당 주도의 국정운영을 강제당할 수밖에 없다. 반대로 야당은 국정운영을 주도할 수는 있겠지만 집권은 이후 선거까지 기다릴 도리밖에 없는 셈이다.

내각제의 핵심 원리는 무엇인가? 그 원리의 서술을 보기 전에 위의 대통령제의 핵심 원리를 반대로 뒤집어 사유한다면 거의 답이 나오게 된다. 리이파트 등에 따르면 내각제에서 가장 중요한 철학적 원리는 위의 권력 분립, 견제와 균형이 아니라 권력의 융합과 합의이다(Lijphart 1992: 92). 이는 곧 정부의 수반(총리)이 독자적 권력 원천을 가지는 것이 아니라 의회에 의해 선출되고, 총리와 내각은 의회의 신임 여부에 좌우된다는 점에서 융합적이다. 물론 현실의 다양한 변형태에서는 이스라엘처럼 내각제의 총리를 국민이 직접 선출하는 실험들도 이루어지긴 하지만 일반적 경향으로는 이는 예외적이다(강원택 2006: 29). 그리고 내각제는 정부가 의회에 권력의 기반을 두고 이에 기초한 정책 프로그램들을 추구해나간다는 점에서 견제와 균형보다는 합의주의적 정치를 본질적으로 추구한다. 이상의 사실에서 유추해볼 수 있듯이 내각제의 이론적 모델 차원에서는 의회가 가장 권력의 정점에 있다고 말할 수 있다.

이때 또 하나 대통령제와의 차이가 두드러지는 것은 행정부가 대통령제에서는 대통령의 실무 집행조직이지만 내각제에서는 집단적인 권력의 집행부라는 사실이다. 일반적으로 총리는 다른 각료보다 우월하지만 심지어 현실의 변형태에서는 총리마저도 다른 각료들과 거의 동등한 권한을 가지는 집단적 권력인 경우조차 존재한다(강원택 2006: 31). 이는 대통령제에서는 상상하기 어려운 권력구성 방식이다.

마지막으로 대통령제와의 대립점은 내각제는 임기가 고정되어 있지 않다는 사실이다. 총리가 이끄는 내각은 대통령제와 달리 고정된 임기가 없이 의회가 불신임을 결의하면 곧 해산된다. 그리고 의회의 임기가 법률로 규정되지만 임기 중반에 내각에 대한 불신임 투표가 이루어져 만약 내각이 물러나거나 혹은 총리가 의회를 해산하면 임기는 무용지물이 된다.

이러한 기초적인 개념의 차이를 전제할 때 대통령제와 내각제 중 어느 것이 더 정치적으로 효과적인 제도인가? 이에 대해서 가장 고전적인 논의로서 린쯔의 대통령제 비판을 들 수 있다. 그는 내각제 지지의 입장에서 위에서 언급한 대통령제의 이원적 정통성 문제를 지적한다. 이 논점에 따르면 비록 대통령과 의회의 권력 분립은 권력의 과도한 집중을 방지하는 민주적 효과를 가지기는 하지만 만약 이 두 기관이 적대적으로 대립하기 시작하면 쉽게 통치 불가능의 상황에 도달하게 된다는 것이다. 실제로 1995년 당시 미국의 클린턴 행정부와 이를 '문명의 적'이라고까지 공격한 공화당 주도 의회간의 극한적 대결은 연방 정부 폐쇄라는 사태를 낳기도 했다. 물론 이는 예외적 상황이지만 대통령제를 지지하는 학자들조차 의회를 야당이 지배하는 소위 분점정부(divided government)하에서의 갈등과 교착, 생산적 정책의 지연에 대해 심각한 문제의식을 공유하고 있다. 그런 점에서 매뉴엘과 카미사라는 미국정치학자는 과감하게 견제와 균형의 미국 대통령제를 융합원리의 내각제로 변경하자고 주장하기도 한다(Manuel and Cammisa 1999).

하지만 이러한 주장의 과학성 여부에 대해 반론도 존재한다. 대표적인 것이 1946년에서 1990년 사이 미국 정치과정에 대한 메이휴의 연구로서, 그에 따르면 단점 정부이든 분점 정부이든 실제 법안 통과 여부에서 유의미한 차이를 발견하기 어렵다는 것이다(Mayhew 1991). 이는 비단 미국의 경우에만 확인되는 것은 아니다. 체이붑과 리몽기는 1945년 이후 1990년대 중반까지 대통령제 민주체제들의 붕괴요인을 살펴보았는데, 분점 정부와 단점 정부의 여부가 통계적으로 유의미한 차이를 발견하지 못했다(Cheibub and Limongi 2002; 박찬욱 2004: 202에서 재인용).

이러한 일반적 경향만이 아니라 구체적 사례 분석들을 통해 살펴보아도 분점 정부이냐 단점 정부이냐의 여부보다는 대통령의 리더십 스타일, 여론 지지도, 대통령과 의회의 이념적 성향 등이 더 중요한 것을 알 수 있다. 예를 들어 미국의 닉슨 대통령은 비록 분점 정부이지만 당시 뉴딜 진보주의 시대의 특성을 거부하지 않고 보장 임금 등 민주당조차 추구하기 어려운 아젠다들을 추구하였다. 반면에 카터 대통령은 단점 정부이지만 의회 내 민주당 지도부와 이념적·정책적 갈등들을 노출하였고 결국 성공적 리더십을 발휘하지 못했다.

그리고 과연 내각제는 이러한 이원적 정통성 문제를 해결하고 있는가라는 점에서도 많은 회의들이 존재한다. 예를 들어 메인워링과 슈가트는 내각제라 하더라도 독일처럼 양원제에서 각기 다른 정당들에 의해 이원 정통성 문제가 나타날 수 있다고 지적한다. 또한 내각제에서 의회의 다수의석을 확보하지 못한 소수 내각은 유럽에서 거의 3분의 1이나 나타나는데, 이는 대통령제에서 분점 정부의 상황과 비슷한 지형에 직면하게 된다(Mainwaring and Shugart 1997; 정진민 2008: 174; 박찬욱 2004: 201).

사실 오늘날 전 지구적으로 대통령제이든 내각제이든, 단점 정부이든 분점 정부이든, 제도권 정치는 공통적으로 정치적 효율성을 만들어내기 어려운 조건에 처해 있다. 이는 24시간 미디어의 작동으로 인한 감시와 정당의 쇠퇴와 유권자들의 유동성의 증가, 제도권 기관에 대한 신뢰의 저하 등과도 연관되어 있다. 권력구조간의 일반적 차이만이 아니라 이러한 공통적으로 직면한 문제들과 연관하여 분석할 필요가 제기되는 셈이다.

위의 이원적 정통성 문제에 있어서는 내각제 주창론자들의 주장이 더 강하게 나타난다면, 민주적 책임성의 여부에 있어서는 대통령제론자들이 더 목소리를 높이고 있다. 슈가트와 캐리는 시민들에 의해 선출되고 권력의 최종적 책임 소재가 대통령에게 명확하게 겨냥되는 대통령제가 보다 분명한 책임성을 가질 수 있다고 지적한다(Shugart and Carey 1992: 43-49; 박찬욱 2004: 205). 사실 대통령제에 있어서도 분점 정부의 경우 정책 실패의 책임 소재가 불분명해진다. 더구나 내각제의 경우는 주로 여러 정당간의 연합에 의해 내각이 구성되어 정책실패의 책임소재가 불문명하다. 더 나아가 시민들이 참여하는 선거 절차 없이 총리의 교체 등이 발생할 수 있고 기득권을 가진 정당들끼리의 담합들이 가능하여 민주적 책임성이 약화된다.

하지만 민주적 책임성을 어떻게 이해할 것이냐의 문제는 단순하지 않다. 위에서처럼 시민들의 정치세력들에 대한 평가의 용이성이란 측면은 민주적 책임성의 한 측면이다. 다른 한 측면에서 내각제론자는 각 개인들의 의사를 조직하고 대표해내는 책임성의 측면에서 대통령제의 본원적 취약성을 지적한다. 이들에 따르면 대의 민주주의에서 가장 중요한 기제는 정당을 통한 사회 균열 구조의 정치적 반영이다. 예를 들어 정당 민주주의론의 대표자인 샤츠슈나이더는 정당은 "민주주의의 창출자"이며 "민주주의를 작동케 할 수 있는" 중심 메카니즘이다고까지 강조한다(Schattsschneider 1942/2004: 208; 최장집 2007: 105에서 재인용).

이러한 정당 민주주의관을 가지고 있는 린쯔 등 내각제론자들의 견지에서 보면, 정당이 정부 구성의 책임을 지는 것이 아니라 궁극적으로 대통령에게 모든 것이 집중되는 대통령제는 민주주의의 핵심 기관인 정당을 우회하거나 심지어 반정당의 경향성을 내재적으로 안고 있다. 이에 따라 정책보다는 인물의 스타일, 오랜 정당과 의회에서의 단련보다는 일시적 인기나 대중 호소력 등이 좌우되는 '개인화된 정치'(personalization of poltics)가 만개할 가능성이 높다고 이들은 비판한다(Linz 1994: 86-108). 사실 이는 대통령제의 원형인 미국에서도 워싱턴 아웃사이더들에 의한 포퓰리즘 정치로 나타나고 남미의 대통령제 국가들에서는 더 만연되 있다. 남미에서 특히 자주 발견되는 이 현상을 이론화하여 일부에서는 위임 민주주의(delegative democracy)라고 부르기도 한다(O'Donnell 1994).

하지만 이에 대해서 여러 반론들도 존재한다. 예를 들어 마넹에 따르면 정당 민주주의는 시공을 초월하는 절대적 선이 아니라 역사적으로 근대에 나타난 대의민주주의의 한 형태로서 활동가와 정당관료의 통치에 불과하다(마넹 2004: 255). 특히 내각제에서 기성 정당들간의 카르텔화의 경향은 대표성의 역할에 의문을 제기하게 한다. 때로는 대통령제에서의 정당을 우회하는 경향이 기존 기득권 정치의 안일함을 타파하고 정치를 아래로부터 혁신하는 효과를 가지기도 한다. 예를 들어 2008년 오바마의 풀뿌리 운동에 기반한 아웃사이더 정치는 민주당과 정치의 역동적 활력을 강화한 바 있다.

더구나 오늘날 각각 권력구조에 대한 호불호를 떠나 전 지구적으로 정당이 쇠퇴하고 미디어 등이 새로운 매개체로 등장하고 있다. 이러한 지구적 현상 속에서 대통령제이든 내각제이든 정치의 개인화는 보편적으로 등장하고 있다. 미디어 정치를 토양으로 번성하는 미국 정치 컨설턴트들이 미국 대통령제만이 아니라 영국 등 내각제 국가에서도 슈퍼스타로 군림하는 오늘날 현실은 이를 생생히 보여주고 있다.

마지막으로 대통령제와 내각제가 대립하는 쟁점은 대통령제의 임기의 고정성을 어떻게 평가할 것인가의 문제이다. 린쯔 등은 임기가 고정된 대통령제는 선거 이전에 발생한 정치적 위기나 교착 상태에서 심각한 헌정의 위기나 만연된 레임 덕이 발생할 가능성이 높다고 지적한다(Linz 1994: 171-172). 반면에 내각제는 이러한 상황에서 임기의 경직성에 구애받지 않기에 새로운 정부의 구성 등을 통해 정치를 재구성해나가기가 용이하다.

하지만 내각제론자들이 지적하는 임기의 유연성은 반드시 장점으로만 작용하는 것은 아니다. 이는 자주 정치적 불안정성을 야기할 수 있고 선거일 결정 등이 정치적 엘리트들 간의 정략적이고 자의적 담합에 의해 이루어지는 취약점 등의 비판에 노출되어 있다. 내각제 정부도 이러한 취약점을 인지하고 있기에 독일의 경우 대안으로서 후임 총리를 선출한 후에야 현 총리 해임이 가능하게 한 '건설적 불신임 투표'(constructive vote of no confidence) 조항을 두기도 한다. 그리고 임기가 고정되지 않아 쉽게 정치적 위기 정국에서 혁신이 가능하다는 지적은 동시에 장기적으로 집권이 가능할 수 있음을 의미하기도 한다. 실제로 일본 자민당은 1955년에서 1994년까지 장기적으로 집권해 왔다. 물론 선거를 통한 장기적 집권 자체가 법적으로나 도덕적으로 문제 있는 것은 아니지만 정치의 활력을 저하시키는 부작용을 무시할 수는 없다. 위의 대통령제와 내각제 각각이 가지는 강점은 언제나 반대의 측면을 내재적으로 가지고 있음을 항시 염두에 둘 필요가 있는 것이다.

위에서 언급한 대통령제와 내각제의 이원적 대립을 탈피하는 제3의 길 혹은 변증법적 종합의 길은 없는가? 이러한 문제의식에서 일각에서는 이원정부제(dual executive system)를 대안으로 제시한다. 이는 흔히 분권형 대통령제, 준대통령제, 이원집정부제 등 다양한 명칭으로 불리기도 한다. 앞에서 대통령제와 내각제를 세부적 특징의 열거가 아니라 핵심 가치나 작동원리로 이해하는 것이 중요한 것처럼 이원정부제도 그러한 측면에서 접근할 필요가 있다. 이원정부제가 대통령제와 내각제와 질적으로 구별되는 독특한 특징은 무엇인가? 듀베르제 등에 따르면 이는 시민들의 선거에 의해 실질적 힘을 갖는 직선 대통령이 존재하면서 동시에 의회의 신임에 구속되는 총리와 내각으로 요약할 수 있다(Duverger 1980: 142; 강원택 2006: 168). 전자는 이원정부제를 내각제와 질적으로 구분해주고 후자는 이를 대통령제와 구별시킨다.

이를 긍정적으로 평가하는 이들이 제 3의 창조적 길이라 보는 이유는 전자의 직접적 대통령 선출에 의한 민주적 책임성과 임기 고정성에서 오는 안정성의 장점을 가지면서, 동시에 후자의 내각과 총리의 유연성의 결합을 가지기 때문이다(Lijphart 1994: 109; 강원택 2006: 169).

하지만 오해하지 말아야 할 것은 이러한 양자의 강점의 종합은 하나의 혼합된 형태로서 나타나는 것이 아니라 마치 축구에서 전술을 교대로 운용하듯이 맥락에 따라 교대로 나타난다는 것이다. 그런 점에서 이원정부제는 '이원 교체 정부제'로 부를 수도 있을 것이다. 반면에 분권형 대통령제라는 용어는 마치 이원적 특징이 분업화되어 반은 대통령제, 다른 반은 내각제로 나타나는 오해를 불러올 수 있다. 예를 들어 프랑스에서는 대통령과 의회를 같은 정파가 장악하면 강력한 대통령제가 된다. 하지만 의회에서 소수파가 되어 반대 정파의 수장이 총리가 되어 좌우파의 대통령과 총리의 동거 정부가 되면 대통령은 실질적 권한을 총리에게 넘겨 사실상 내각제 형태로 운영한다(강원택 2006: 192).

비판적 견지에서 보면 대통령제와 내각제가 교대로 나타난다는 말은 두 제도의 단점이 교대로 나타날 수 있음을 의미하기도 한다. 왜냐하면 각 제도는 앞에서 보았듯이 장단점이 하나로 얽혀있기 때문이다. 예를 들어 대통령제가 나타나는 시기는 의회해산권 등으로 인해 제왕적 대통령의 문제가 나타나고, 반대로 내각제로 교체하는 시기에는 직선 대통령과 총리의 존재로 이중 정통성의 문제가 나타날 수 있다(정진민 2008: 183). 실제로 1933년 독일 나치의 출범을 야기한 바이마르 공화국은 이원정부제가 변증법적 종합이 아니라 극단적 약점의 종합이 나타날 수 있음을 시사한다(Linz and Valenzuela 1994: 149: 강원택 2006: 199). 이렇게 극단적 경우는 아니라 하더라도 이원정부제를 선택한 프랑스에서도 동거정부를 억제하기 위해 대통령의 임기를 7년에서 5년으로 단축하여 대통령 선거와 의회 선거의 주기를 일치시킨 것은 이원적 정통성 문제가 극복되지 못함을 보여준다(정진민 2008: 182).

결국 대통령제나 내각제, 혹은 제3의 길로서 이원정부제는 어느 하나가 가장 최선의 모델이라고 쉽게 단언하기 어렵다. 더구나 지구적으로 공통적으로 나타나는 미디어 정치 등 통치의 어려움은 오늘날 모든 권력 구조들이 함께 어려움에 처함을 의미한다. 사실 일부 사례 연구가 아니라 수십개 국가들에 대한 서구학자들의 다양한 통계적 연구들은 아직까지는 결정적으로 어느 권력구조가 더 우월하다는 결론을 내리기에는 명쾌한 설득력을 보여주고 있지 못하다(박찬욱 2004: 205-211). 한국에서도 박기덕 교수는 29개의 OECD 국가들을 대통령제, 의원내각제, 이원정부제로 분류하여 정부형태와 경제업적의 상관관계를 조사하였다. 하지만 그의 통계분석에 따르면 적어도 경제적 수행능력의 면에서는 권력구조간의 유의미한 차이를 발견하기 어렵다(박기덕 2008: 5). 이는 박찬욱 교수가 지적하듯이, 권력구조가 중요하지 않다는 것이 아니라 국가의 사회경제 발전 수준, 역사, 사회균열 기반 등의 영향과 별도로 권력구조가 독립적으로 민주주의 질에 미치는 영향이 아직은 경험적으로 입증되지 못함을 의미한다(박찬욱 2004: 211).

이러한 점을 고려할 때 우리는 단순히 어느 특정한 모델을 선택하기보다는 각 각의 모델이 어떠한 맥락에서 가장 잘 작동하는지의 그 전체적 배치를 고민할 필요가 있다. 그 배치는 정당 시스템 등 제도적인 것을 의미할 수도 있고, 정치-문화 등 문화적인 것을 의미할 수도 있다. 따라서 각 권력구조가 정당 및 역사-정치 문화 등과 어우러져 하나의 배치를 이루는 것을 종합적으로 판단할 필요가 있다.

예를 들어 왜 미국에서 대통령제는 가장 잘 작동하는가? 이에 대해 사르토리는 다소 냉소적 어조로 미국 대통령제는 권력분립 등을 규정한 헌법의 뛰어남 때문이 아니라, 헌법에도 불구하고 작동하고 있는 것에 불과하다고 지적한다(로버트 달, 최장집 서문, 2004: 57). 그가 비판적으로 보기에 헌법에도 불구하고 미국 정치가 작동할 수 있는 것은 정부예산의 지방배분 정치(pork-barrel politics)로 인한 거래나 담합이 타협을 만들어 내기 때문이다(Sartori 1994: 109; 최장집 2004: 58). 사실 미국의 린든 존슨 대통령 등 설득적 정치의 위대한 리더십을 만들어 낸 동력중의 하나는 이러한 '거래적 리더십'이라 할 수 있다.

사르토리나 로버트 달의 비판적 시각이 아니라 좀 더 긍정적 시각에서는 미국 대통령제가 작동하는 배치에서 가장 중요한 환경으로 기율이 약한 정당체제를 지적한다. 즉 유럽식 정당과 달리 의원 개개인들의 자율성이 강하고 이념적 동질성이 약한 미국식 원내 정당에서는 정파 상호간에 다양한 연합들이 가능해진다. 리이파트는 그 밖에도 의회의 위원회 제도, 전문적 보좌조직, 중앙과 지방간의 권력을 공유하는 연방제 등의 제도들이 합의 형성을 촉진시킨다고 지적한다(리이파트 1995: 216-219; 박찬욱 2004: 203).

또한 이 배치에서 매우 중요하게 고려해야 할 것은 정치 문화적 요소이다. 초당적 문제해결의 태도를 중시하는 합의주의적 정치문화는 갈등이 악화되는 것을 예방하는 면역체계로 기능한다. 예를 들어 자신

정당내에서 외면받아가면서도 금권선거 패러다임에 일관되게 도전하여 결국 선거자금개혁법(멕케인-파인골드 법안)을 통과시킨 공화당 멕케인 상원의원과 같은 사례는 무수히 많다. 이러한 일련의 제도적·문화적 배열들이 함께 어우러진 미국식 대통령제가 일부 권력구조로만 수출될 때는 남미의 극단적 위임 민주주의처럼 대부분 기형적 형태를 띨 수밖에 없다. 로버트 달이 미국식 대통령제는 수출될 수 없다고 비관적으로 결론내린 것은 이러한 경험적 판단에 기인한다. 하지만 이러한 제도적·문화적 배열들이 함께 설계되어 간다면 미국식 대통령제도 현재보다는 훨씬 나은 성적표를 기록할 수 있을 것이다.

내각제의 경우에도 제도적·문화적 배치들은 중요하다. 미국식 대통령제가 약한 기율의 정당과 잘 조화를 이룬다면 내각제는 사르토리의 지적처럼 정당의 기율이 강한 경우에 잘 작동한다. 왜냐하면 그에 따르면 내각제에서 의회가 지나치게 정치를 좌우하여 불안정성을 유발하는 경우가 많은데 의회의 통제로부터 벗어난 영국, 독일이나 일당우위정당제, 정당 기율이 강한 경우에는 이러한 문제들이 완화된다(강원택 2006: 159).

그리고 의회 내의 상하원의 이원적 정통성 문제가 생긴다하더라도 제도적으로 독일처럼 조정위원회가 존재하고 정치문화적으로 합의주의적 가치관이 지배한다면 실제 정치적 불안정성과 교착은 잘 나타나지 않는다(Saalfeld 2000: 35-40; 안순철 2004: 119). 반대로 내각제를 채택하고 있는 여러 아시아 국가들의 경우에는 파키스탄 등의 경우처럼 권위주의적 정치문화, 군부 분파의 정치적 개입 등과 결합하면서 내각제는 매우 왜곡된 형태로 나타나고 있다(Patapan et al. 2005: 36-62).

이러한 내각제의 배치의 문제는 이원정부제의 경우에도 그대로 적용될 수 있다. 린쯔 등에 의하면 이원정부제의 성공에 유리한 몇몇 전제들은 안정적 내각제의 조건과 동일하다. 즉 그는 구조적으로 안정된 정당체계로 인해 총리와 내각을 받쳐주는 의회의 존재와 총리와 대통령간의 상호 협력적 태도라는 문화의 중요성을 지적한다(Linz and Valenzuela 1994: 55; 강원택 2006: 208).

린쯔는 여기에 더해서 대통령 리더십 스타일을 중요한 전제로 첨가한다. 즉 "대통령이 거의 모든 정파를 수용할 만큼의 명성이 있어야 하고", 야망을 절제하고 중립적 태도를 유지할 수 있는 인물이어야 한다는 것이다(린쯔 1995: 163; 박찬욱 2004: 200).

이상에서 우리는 각 권력구조의 비교와 제도적·문화적 배열의 중요성을 지적하였다. 이러한 배치의 문제를 예리하게 인식하는 것이 특히 중요한 것은 그 권력구조의 한국적 수용 과정에서 서로 다른 토양 속에서 의도하지 않은 많은 부작용들이 나타날 수 있기 때문이다.

Ⅲ. 한국적 수용

서문에서 우리는 한국의 건국 헌법 심의과정에서의 많은 이슈들이 오늘날 다시 반복되어 논쟁되고 있음을 지적한 바 있다. 특히 그간 수차례 권력구조에 대한 중요한 개헌이 이루어진 상황에서도 이러한 역사의 반복이 진행되는 것은 특이하다고 할 수 있다. 그 이유 중의 하나는 당시 건국 초기 헌법 심의 과정이 충분히 숙고적이지 못하였다는 것에 있다.

안정된 헌정체제를 가지고 있는 미국의 경우 건국의 시조들은 시공적으로 멀리는 고대 로마와 스위스에 이르기까지 충분한 검토를 통해 당시로서는 매우 혁신적인 대통령제 시스템을 창안한 바 있다. 이러한 지혜를 가지고 건국을 주도한 시조들조차도 이후 정당의 영속성, 대통령의 권한 강화 등을 전혀 예상하지 못했다.

더구나 한국의 경우에는 충분한 권력구조에 대한 탐구는커녕 이승만 대통령의 영향력에 따라 다소 졸속적으로 대통령제가 관철된 사례까지 존재한다(김홍우 2001: 242). 하지만 그 핵심 작동원리가 대통령제의 가치를 담고 있는가에서는 의문의 여지가 많다. 왜냐하면 대통령제의 핵심은 권력의 분립과 견제와 균형의 원리인데 조정관 교수에 따르면 당시 제헌헌법의 권력구조는 권력융합적 원리가 상당 부분 내장되었다. 예를 들어 총리와 국무원제도 등을 통해 국회의원들이 대통령과 함께 행정부 권력을 공유하는 것이 가능하였다. 이는 이후 이승만 대통령의 권위주의적 통치양식에 의해 대통령 중심의 권력융합 기제로 변질되었다. 그리고 사법부는 삼권분립의 한 축으로 작용하지 못하여 미국적 대통령제와는 본질적으로 거리가 멀었다. 그래서 조정관 교수는 이를 혼합형으로까지 명명하고 있다(조정관 2004: 81). 이후 한국의 대통령제는 초기 구조의 경로의존 효과에 따라 혼합형까지는 아니라 하더라도 총리제도 등 내각제적 요소가 여전히 내장되어 있다. 결국 한국은 기본 권력구조의 골격이 안정적으로 유지되면서 수정헌법 조항 신설을 통해 한계와 시대적으로 새로운 과제를 부단히 혁신해 나가는 미국 헌정체제와 달리 기본 골격이 부단히 문제되고 있는 상황을 발생시킨다.

건국 초기의 졸속적 설계 문제에 더해서 더욱 문제를 복잡하게 왜곡하는 것은 이후 서구적 권력구조의 수입에서 항시 발생하는 경로의존의 현상이다. 즉 우리는 신대륙에서 새로이 권력구조를 혁명적으로 실현하는 자유를 가진 미국과 달리 기존의 제도적·문화적 배열들이 존재한 상황에서 규정받을 수밖에 없다. 서문에서 지적한 것처럼 이 경로의존의 효과는 쉽게 귤이 탱자로 변하게 만든다. 아래에서는 이러한 측면에서 한국 권력구조의 문제에 대한 대표적 이슈들 몇 가지만 살펴보고자 한다.

한국에서 특히 경로의존의 효과를 발생시키는 것으로 지적되는 영역은 서문에서 언급한 것처럼 회의를 주재하는 자로서의 president가 아니라 제왕적 대통령의 지속성 문제이다. 사실 그간 역사적으로 한국의 대통령들은 헌법을 통해서 막강한 권한을 부여받아 왔고 공천권, 사찰권 등의 자의적 행사를 통해 정당과 의회를 지배해 왔다. 심지어 에머슨 등 일부 미국 정치학자들조차 박정희 정부에 의해 동원되어, 한국은 미국과 달리 보다 강력한 대통령의 권한과 단원제를 유지하도록 조언하기도 했다(이완범 2001: 294-299).

하지만 1987년 민주화 이행 이후 한국의 대통령제는 보다 권력분립과 견제와 균형의 성격을 강화해 나가는 추세이다. 특히 노무현 정부에 들어와서는 대통령의 공천권과 사찰권 행사가 자제되고 의회의 인사청문회 등을 통한 견제역할이 강화되었다. 그리고 대통령은 임기 초기에 설득의 정치를 통한 미국식 정치 스타일을 시도하였다. 또한 주목할 만한 것은 사법부가 '제왕적 사법부'라는 비판적 명칭으로까지 불리도록 미국식 대통령제 스타일의 독립적 헌법 해석의 권한을 강화해 나가고 있다.

하지만 여전히 한국은 미국식 대통령제의 원리와는 거리가 멀다. 그런 점에서 일부 학자들은 일부 미국식 대통령제 요소를 보다 강화할 것을 주장하고 있다. 예를 들어 박찬욱 교수는 내각제적 요소로서 대통령의 권한에 제약을 주는 총리제를 철폐할 것을 주장하고 있다. 그리고 또 다른 내각제의 요소로 국회의원의 국무위원 겸직을 금지하고 국무위원 해임건의권 등도 폐지를 주장하고 있다. 대신에 그는 미국식의 부통령제를 신설하여 지역갈등 등 사회갈등을 완화할 것을 주장하고 있다(박찬욱 2004: 191).

한국 대통령제에서 미국식 대통령제와 특히 거리가 먼 요소는 단임제의 문제이다. 이는 87년 민주화 이행 과정에서 집권 여당과 야당의 절충의 산물로서 부단히 정치학자들에 의해 최우선의 개헌 사항으로 지적되어 왔다. 이들에 따르면 단임제는 대통령이 조기에 레임 덕에 봉착하며, 업적이 좋은 대통령이 재선을 통해 장기적으로 아젠다를 추구해나가기 어려운 구조를 만든다.

하지만 이에 대해서는 강력한 반론도 존재한다. 박기덕 교수가 지적하듯이 재선되더라도 결국 두 번째 임기에는 어김없이 레임덕 현상이 오게 된다. 그리고 중임이 보장되야 장기적 국정운영 비전이 가능하다는 주장이 경험적 근거로 뒷받침되는가에 대해서 그는 의문을 제기한다(박기덕 2008: 7). 그는 또한 통계적 분석을 통해 중임과 단임 대통령 간에 유의미한 차이가 발견되지 않음을 지적하고 있다(박기덕 2007: 137). 그리고 미국 대통령의 사례에 대한 분석에서도 총 43명의 대통령 중 15명이 재선되었지만 그 중 3인은 암살 및 중도 사퇴되었다(박기덕 2008: 8). 그리고 레이건, 클린턴 등의 대통령들은 스캔들로 집권 2기에 의미 있는 생산적 결과들을 만들어 내지 못하였다.

단임제의 여부가 미국식 대통령제로의 변모를 주장하게 되는 논거라면, 분점 정부의 빈번한 등장은 정치권이나 학계에서 권력 분립형에 대한 비판적 문제의식이 강화되는 계기로 작용하고 있다. 사실 미국식 견제와 균형의 강화는 필연적으로 분점 정부의 경향을 한국에서도 발생시킬 수밖에 없다. 그런데 한국 내에서 특히 이 문제가 심각한 이슈로 등장하게 되는 것은 민주화 이후 네 대통령이 모두 분점 정부를 경험하였고, 특히 노무현 정부에서 정치의 교착상태가 두드러진 것에서 기인한다. 이에 따라 노무현 대통령은 임기 초반의 견제와 균형의 미국식 대통령제에 대한 문제의식을 중후반으로 갈수록 이원정부제 등의 융합형으로 바꾼 것으로 알려진다. 소위 대연정의 제안은 이러한 문제의식의 질적 전환이 가시화된 셈이다.

한국에서 이 문제가 특히 심각하게 나타나는 것은 경로의존의 효과와 미국식 제도의 현대적 경향이 서로 맞물려 상승작용을 하는 것에 있다. 즉 그간 한국 정치는 폭넓은 자유주의적 합의 기반이 존재하는 미국보다 냉전적 갈등이 극심한 양상을 보여 왔다. 이러한 극단적 갈등의 문화가 존재하는 상황에서 미국식 '다른 수단에 의한 정치'(politics by other means)가 결합되어 정치는 쉽게 교착상태로 비화되었다. 여기서 다른 수단에 의한 정치는 선거라는 정상적 경쟁의 장을 기다리기보다는 인사청문회나 사법 조사 등의 기제를 정치적으로 활용하여 경쟁하는 정치세력에게 치명적 타격을 입히려고 하는 것을 말한다(안병진 2004).

한국의 대통령은 미국 대통령제와 달리 정치적 활동이 제약되기에 의회 다수 야당이 이러한 다른 수단에 의한 정치를 동원하거나 혹은 집권 정당이 자율적 행보를 보이게 될 경우에 이를 효과적으로 통제하기가 쉽지 않다. 예를 들어 기존의 공천권도 없고 정치적 캠페인 등 지원 유세를 통해 자신 정당의 의원들에게 영향력을 행사하지 못하며, 더구나 의회를 우회하여 대중 호소전략을 사용하는 것이 위험부담이 큰 한국의 상황은 미국 대통령과 달리 정치적 자본 발휘가 매우 제약된다.

이러한 상황에서 일부 정치학자들은 5년 임기의 대통령 선거와 4년 임기의 국회 총선 간에 실시 시기를 일치시켜 분점 정부의 가능성을 줄이는 방향의 대안들을 제시해 왔다. 왜냐하면 두 선거가 동시적이거나 근접해서 치러질 경우 대통령 인기의 동반효과(presidential coattail effect)가 최대한 발휘되어 대통령은 안정적으로 자신의 아젠다를 실현할 조건을 확보할 수 있기 때문이다(조정관 2004: 97).

하지만 이에 대해서 마치 미국 내에서 분점 정부 문제론에 대한 비판과 비슷하게 분점정부 자체가 문제의 근원인가에 대해 문제제기들도 존재한다. 예를 들어 박기덕 교수는 한국에서 경험적으로 분점정부가 그 자체로 그렇게 부정적인 효과를 내지 않았다는 점을 지적한다. 오히려 정치적 교착상태는 분점정부를 인위적으로 해소하려 한 무소속 영입 사건 등을 통해 더 두드러지기도 했다. 그에 따르면 보다 중요한 것은 분점이냐 단점이냐의 여부가 아니라 얼마나 대통령이 리더십을 발휘하고 합의주의적 정치문화가 형성되며 정당의 기율이 약해 의원들의 자율성 여지가 강하냐의 여부라고 지적한다(박기덕 2008: 14).

일부 학자들은 이러한 제도, 문화 배열 문제와 이의 보완에 주목하기보다는 분점정부의 문제를 보다 완화할 수 있는 새로운 권력구조로서 내각제나 이원정부제에 더 관심을 표명하고 있다. 예를 들어 안순철 교수는 대통령과 야당이 극단적으로 대결하고 지역주의가 심화하는 한국형 현실 극복에 가장 적합한 안으로 독일형 내각제를 제안하고 있다. 그는 독일형이 하원의 불신임권과 내각의 의회해산권 등을 통해 정치의 높은 수준의 안정성을 발휘해 왔다고 평가한다(안순철 2004: 111-146). 그는 또한 내각제를 비례대표제와 연결하여 지역 대결을 이념과 정책 대결의 정당 민주주의로 변모하고자 한다. 물론 그는 배치에 대한 문제의식이 부재한 것이 아니라 내각제적 제도배열을 통해 합의주의적 정치문화를 적극 형성하는 것에 관심이 있다.

강원택 교수는 여기서 한 발 더 나아가 이원정부제에 호감을 표시하고 있다. 예를 들어 그는 프랑스식의 이원정부제를 통해 현재의 대통령과 의회의 이원정통성 문제를 극복할 것을 주장한 바 있다(2001). 그는 2006년 저서에서 이러한 이행의 토대로서 정치문화와 단임제 철폐 및 의회해산권 부여 등 제도의 선행되는 변화를 조심스럽게 언급하고 있지만(209) 이미 한국의 정치가 정당정치의 강한 규율이라는 점에서 내각제적 요소가 존재하며 이는 이원정부제 실시의 토양으로 작용할 수 있음을 지적한다.

하지만 이에 대해서 정진민 교수는 한국의 강한 규율의 정당이 미국식 원내정당으로 변모하는 추세를 지적하며 그 토양의 성격에 대해 문제제기하고 있다. 더구나 그가 보기에 안순철, 강원택 교수 등이 강조하는 정치적 안정성은 한국적 토양에서는 정당정치의 카르텔화와 지역할거 구도의 악화로 이어질 수 있다고 우려를 표명한다.

Ⅳ. 결론: 향후 발전의 전망

서문에서 우리는 왜 성공적 민주화 이행 이후에 한국의 자유주의와 보수주의는 대중적으로 성공한 대통령을 만들어 내지 못하는 가를 질문하였다. 이 글에서 언급한 백가쟁명의 권력구조 대안들은 이러한 퍼즐을 풀기 위한 고투의 반영들이다. 하지만 위에서 언급한 실사구시, 가치, 배치, 경로의존의 기준들이라는 측면에서 보면 아직은 많은 논의들이 좀 더 정교화되어야 하고 좀 더 경험적으로 의미 있는 근거들이 뒷받침되어야 한다는 것을 알 수 있다. 더구나 위에서 간헐적으로 언급하였듯이 권력구조의 시야를 벗어나 지구적으로 보편적 현상을 보이는 미디어 정치, 유동적 유권자층, 개인화된 정치 등과 권력구조를 더 긴밀히 연관시켜 분석이 필요하다.

무엇보다도 위의 네 가지 기준 중 향후 가장 강조해야 할 것은 경로의존의 문제이다. 과연 한국적 토양은 무엇인가에 대해 우리는 의외로 아직 많은 연구들이 축적되어 있지 않다. 특히 한국인의 독특한 심리구조가 경로의존 현상들을 부단히 양산시키는 것에 대한 정치학적 연구는 향후 본격적으로 모색되어야 할 부분이다. 2006년 강준만 교수는 잇따른 정당 모델의 실패, 대통령제의 불안정성을 목격하면서 과연 우리는 우리 스스로를 얼마나 제대로 알고 있는가하는 중요한 질문을 던진 바 있다. 그리고 이를 위한 모색으로 한국인에 대한 이론적 모색을 시도하고 있다(강준만 2006). 향후에는 이러한 이론적 연구가 권력구조들에 대한 심화된 연구의 풍부한 토대로 작용해야 할 것이다.

참고문헌

강원택. 2006. 『대통령제, 내각제와 이원정부제』, 인간사랑.

______. 2001. "한국정치에서 이원적 정통성의 갈등해소에 대한 논의: 준대통령제를 중심으로" 『국가전략』 7권 3호.

강준만. 2006. 『한국인 코드』, 개마고원.

김홍우. 2001. "제헌국회에서의 정부형태론 논의 연구" 『한국정치와 헌정사』, 한울.

로버트 달. 2004. 최장집 서문, 『미국 헌법과 민주주의』, 후마니타스.

박기덕. 2008. "대통령제 정부의 안정화 모색: 사회적 비용과 불확실성의 극소화 관점에서", 대한민국 건국 60주년 기념 심포지움.

박찬욱. 2004. "대통령제의 정상적 작동을 위한 개헌론," 『한국 권력구조의 이해』, 나남.

버나드 마넹. 2004. 『선거는 민주적인가?』, 후마니타스.

______. 2007. "한국의 정부형태 및 권력구조 논쟁: 쟁점의 본질과 효율적 대

안,” 『한국정치연구』 제16집 제1호.

안병진. 2004. 『노무현과 클린튼의 탄핵정치학: 미국적 정치의 시대와 민주주의의 미래』, 푸른길.

안순철. 2004. “내각제와 다정당체제: 제도적 조화의 모색,” 『한국 권력구조의 이해』, 나남.

이완범. 2001. “박정희 군사정부하 제3공화국 헌법제정과정의 정치적 역동성” 『한국정치와 헌정사』, 한울.

조정관. 2004. “대통령제 민주주의의 원형과 변형: ‘한국형’ 대통령제의 특징과 제도운영의 문제,” 『한국 권력구조의 이해』, 나남.

정진민 2008. 『한국의 정당정치와 대통령제 민주주의』, 인간사랑.

최장집 외. 2007. 『어떤 민주주의인가, 후마니타스』.

Lijphart, Arend. 1999. *Patterns of Democracy: Government Forms and Performance in Thirty-Six Countries*, New Haven: Yale University Press.

______. 1992. *Parliament versus Presidential Government*, Oxford: Oxford University Press.

Linz, Juan. 1994. “Presidential or Parliamentary Democracy: Does It Make a Difference?” in Juan Linz and Arturo Valenzuela eds, *The Failure of Presidential Democracy*, Baltimore: John Hopkins University.

Manuel Paul Christopher and Anne Marie Cammisa. 1999. *Check and Balances?: How a Parliamentary System Could Change American Politics*, Colorado: Westview Press.

Panatan Haig et all. 2005. *Westminster Legacies: Democracy and Responsible Government in Asia and the Pacific*, New South Wales: NSW Press.

Sartori, Giovanni. 1976. *Parties and Party System*, New York: Cambridge University Press.

______. 1997. *Comparative Constitutional Engineering: An Inquiry into Structures, Incentives and Outcomes*, 2nd ed., New York: New York University.

Shugart, Mathewand John Carey. 1992. *Presidents and Assemblies: Constitu- tional Design and Electoral Dynamics*, Cambridge: Cambridge University Press.

CHAPTER 11

신제도주의와 공공제도

류 진 숙

Ⅰ. 신제도주의란 무엇인가?

1920년대 이후 행태주의가 미국을 중심으로 사회과학 전반을 장악한 이후 제도주의는 반 세기 동안 주변부화되었으며 양적 연구와 이론화 그리고 연역법으로 상징되는 사회과학 방법론만이 각광받았다. 그러나 1970년대 이후 행태주의가 다양한 비판에 직면하면서 제도주의는 신제도주의라는 이름으로 다시금 재조명되고 있으며 정치학, 경제학, 조직론 및 사회학에서 주요 이론적 틀로 발전하고 있다.

신제도주의는 제도가 인간의 행동에 영향을 미치는 중요한 요소이며 인간의 사회적 행동은 제도의 배열과 사회적 과정에 의해 설명될 수 있다는 대 전제에서 출발한다. 즉, 제도는 행위를 만들며 행위는 진공상태에서 일어나지 않는다는 것이다. 신제도주의는 따라서 제도를 권력관계의 수동적인 반영이나 도구로 파악하는 것을 거부한다(Lecours 2005, 8). 그리고 더 나아가 제도가 독립적인 정치권력을 대표한다고 본다. 따라서 신제도주의자들에게 있어서 제도는 정치 분석의 출발점이자 독립변수이고 최소한 핵심적 중개변수(intervening variable)이다.

그러나 신제도주의는 정태적인 제도 분석에 집중했던 구 제도주의와는 성격을 달리 한다. 구 제도주의가 무엇보다도 규칙이나 법과 같은 형식적 제도 작동의 구체적인 메커니즘에 초점을 두었다면 신제도주의는 규범과 같은 비형식적 제도의 작동에 초점을 둔다(Fiorina 1995, 108). 또한 신제도주의는 제도가 인간 행위에 미치는 영향을 규정적이고 일방적으로 설명하는 구 제도주의와는 달리 인간과 제도의 관계를 보다 상호적이고 역동적으로 파악한다. 인간은 제도의 일방적인 영향하에 있는 수동적인 대상이 아니라 제도를 이해하고 능동적으로 반응하며 때로는 더 나아가 제도를 창조하는 적극적인 존재로 파악되는 것이다. 이는 구 제도주의의 제도 결정론과 정태성에 대한 행태주의의 비판을 적극적으로 수용한 결과로 볼 수 있다.

위의 두 가지 요소를 공통점으로 하는 가운데 신제도주의는 상당히 다양한 하위 분야를 포괄하고 있으며 일반적으로 역사적 제도주의, 합리적 선택 제도주의, 사회학 제도주의의 세 가지 조류로 분류된다. 이 각각의 조류는 행위자와 제도 간 비중, 행위자 선호의 설명 그리고 제도 형성과 변화의 설명변수 등의 지점에서 차별성을 갖는다. Ⅱ절과 Ⅲ절에서는 “제도”와 “제도화”의 개념을 설명하고 세 가지 신제도주의 조류의 이론적 성격과 차이를 알아보고자 한다. Ⅳ절에서는 신제도주의가 한국의 정치학계에서 어떻게 적용·발전되고 있는지에 대한 현황분석이 몇 논문을 중심으로 이루어진다.

Ⅱ. 제도와 제도화

1. 제 도

그렇다면 제도란 무엇인가? 제도에 대한 정의는 상당히 다양하며 논쟁적이다.

노쓰는 제도를 "사회적 게임의 규칙, 보다 형식적으로 표현한다면 인간적 상호작용을 형상화하는 인간이 고안해 낸 제약"이라고 규정한다(North 1990, 3). 노쓰의 개념에 따르면 제도는 정치 영역뿐만 아니라 사회와 경제를 망라하는 인간 행위의 모든 형태를 포괄하며 규칙이나 법과 같은 형식적 제도와 관습 및 습관을 비롯한 비형식적 제도로 분류된다. 아이켄베리(Ikenberry 1988, 226-229)는 제도를 협의, 포괄적, 가장 포괄적인 세 가지 차원으로 분류하여 정의하고 있다. 협의의 차원은 정부제도, 즉 갈등을 중재하는 행정적, 법적, 규제적 규정을 의미하며 포괄적 차원은 행정부-의회 관계, 관료제의 성격, 관료제의 자원 등, 국가 권력의 집중과 분산을 의미한다. 가장 포괄적인 차원은 국가-사회 관계를 정의하는 규범적 경계에 초점을 둔다. 홀(Hall 1992, 96-97) 역시 제도를 협의, 중범위, 포괄적 제도로 구분하고 있다. 포괄적 제도는 민주주의와 자본주의와 관련된 기본적인 조직구조를 의미하며 중범위적 제도는 사회집단 간의 세력관계와 정책형성 및 집행에 영향을 미치는 조직적 특성을 의미한다. 그리고 협의의 제도는 공공조직의 표준화된 관행, 규정, 일상적인 절차를 뜻한다.

개념정의를 둘러싼 가장 핵심적인 논쟁은 제도를 형식적인 제도에 국한하는 입장과 규범적 · 이념적 차원까지 확장하는 입장 간에 벌어지고 있다. 형식적인 제도만을 대상으로 하는 경우 제도와 사회를 비교적 명확히 분리하는 반면 제도를 규범과 가치의 영역까지 확장하는 입장은 국가와 사회의 밀접한 연관성을 전제로 한다.

일반적으로 제도를 가장 협의의 개념으로 규정하는 입장은 헌법, 선거구조, 정부구조 및 정당체제 등과 같은 구체적인 형식적 제도만을 제도로 보며 이러한 정의는 특히 구 제도주의에서 일반적이었다(Lecours 2005, 6). 보다 포괄적으로 접근할 때 제도는 정치문화를 비롯한 추상적인 규범과 가치를 포함한다. 제도는 "구조와 인식, 집단적 질서와 그를 조건 짓는 인간 사이를 매개하는 문화적 기제"(Rehberg 1997, 103)라고 규정되기도 하고 "사회적 게임의 규칙"이자 "인간의 상호작용을 구조화하는 제약"(North 1993, 5)으로 규정되기도 한다.

2. 제도화

제도라는 개념 못지않게 중요한 개념은 "제도화"라는 개념이다. 제도는 하나의 조직(organization)이나 규칙이 특수한 성격을 갖게 되거나 독자적인 능력을 갖추기 시작했을 때 제도화된다고 표현된다(Selznick 1996, 271). 즉, 제도화는 하나의 조직이나 규칙이 반복적인 과정을 통하여 안정적이며 내재적인 규칙과 규율의 패턴으로 정착하는 것을 의미한다. 조직적인 상호작용과 적응과정을 통하여 고유의 상호작용과 과정, 전략, 능력 등이 형성되는 것이다. 그리고 이 과정에서는 내적 환경뿐만 아니라 외적 환경 역시 중요한 영향을 미친다.

제도화가 낮은 단계에서의 제도는 아직까지는 개별적인 행위자들의 의식적인 판단과 목적에 의해 활용된다. 특히 특정 규칙이나 법이 도입되는 초기에 이 제도의 의미는 구체적인 효용성과 기능을 통하여 강조된다. 예를 들어 신호등이 처음 도입되었을 때 행인들은 무단횡단에 걸리지 않고자 하는 합리적 판단 하에 빨간 불과 파란불을 의식적으로 구분하고 그 규칙에 따른다. 그러나 수 십 년 동안 신호등체계에 적응되면 빨간 불에 건너지 않는 것은 보다 자동적이고 문화적이고 습관적인 가치로 내면화된다. 즉, 제도화가 가장 진전된 시기에서의 제도는 사회적 차원에서의 무언의 동의를 배경으로 하며 개별 행위자에게 있어서 제도는 내면화된 규범과 가치로서 수용된다.

Ⅲ. 신제도주의의 세 가지 조류[1)]

신제도주의의 문제제기는 극히 고전적인 질문에 기초하고 있다. 즉, 왜 개인은 상호작용 관계에 존재하며 협력하는가? 전통적인 게임이론은 이익을 극대화하는 합리적인 행위자를 전제로 한다. 그러나 실제로 전개되는 상호작용은 게임이론이 설명하는 바와 같은 정확하고 명쾌한 과정이기 보다는 훨씬 복합적이고 불투명한 과정이라고 할 수 있다. 위와 같은 관점에 기반하여 신제도주의는 구조(structure)와 대리인(agency)의 관계에 있어 세 가지 문제를 제기한다. 첫 번째, 제도가 행위를 만드는 메커니즘은 무엇인가? 두 번째, 제도의 비중은 어디까지인가? 세 번째, 정치과정에서의 제도 영향의 깊이는 어떠한가, 즉 제도는 전략에만 영향을 미치는가 아니면 선호에까지 영향을 미치는가?(Lecours 2005, 9-11).

1) 이 글에서 다루어지는 세 가지 신제도주의 조류 외에 신제도주의 정치경제학이 중요하게 거론될 수 있으나 이 글에서는 제외한다.

이렇듯 신제도주의는 제도와 행위 간의 상호관계를 분석하는 상당히 다양하고 상호 논쟁적인 연구들을 포괄하며 혹자에 따라서는 대여섯 가지 하위 범주로[2] 나누기도 한다. 그러나 여기서는 크게 역사적 제도주의, 합리적 선택 제도주의, 그리고 사회학적 제도주의의 세 조류로 분류하고 각 조류의 이론적 특징과 방법 등에 대해 간략히 고찰하고자 한다.

1. 역사적 제도주의(historical institutionalism)

역사적 제도주의는 인간의 행위가 역사적으로 형성된 공식적, 비공식적 제도의 틀 안에 제약되어 있음을 강조한다. 즉, 제도는 개인의 계산이나 통제를 뛰어넘는 구조적인 영향을 미치며 행위자의 선택을 제약하는 맥락을 제공한다는 것이다. 그러나 이 관점은 제도가 완전히 일방적으로 인간의 행위를 결정한다고 보는 제도 결정론과는 다르다. 역사적 제도주의는 제도가 행위자의 선택을 제약하는 맥락을 제공할 뿐이라고 본다. 즉, 제도는 행위를 결정하는 유일한 요소가 아니며 다양한 다른 변수들, 즉, 정치 · 경제적 발전, 아이디어, 권력배분, 계급구조, 집단 역학 등이 행위자의 선택에 영향을 미친다는 것이다. 제도는 그런 다양한 요소들과 인간 행동 간의 상호작용을 구조화하는 중요한 매개 요소로 다루어진다.

합리적 행위 제도주의나 사회적 제도주의가 역사적 차원을 간과하는 것과는 달리 역사적 제도주의가 강조하는 것은 제도의 연속성이자

2) 쉬만크는 신제도주의는 사회학 신제도주의, 제도주의경제학, 합리적 선택 제도주의, 역사적 제도주의, 행위자 중심 제도주의로 나누기도 한다. Uwe Schimank, Neoinstitutionslismus, Neoinstitutionalismus Handbuch Governance VS Verlag für Sozialwissenschaften 2007 161.

역사성이다(Morisse-Schibach 2006, 273). 전반적으로 한 번 제도화된 제도는 독자적인 메커니즘과 규정력을 갖게 되며 쉽게 변화되지 않기 때문에 제도 변화는 극히 점진적으로 일어난다는 것이다. 이러한 지속성에는 몇 가지 요소들이 영향을 미친다. 무엇보다도 일단 형성된 제도를 통하여 특권적 지위를 향유하는 집단이 형성되며 이 집단이 현 제도의 유지를 위해 노력한다는 점이 중요하다. 이렇게 제도의 변화로 인하여 불이익을 받는 집단이 존재할 경우 이들은 제도 변화에 효과적으로 저항할 수 있다. 더욱이 제도변화에 소요되는 비용과 제도효과의 불확실성 때문에 행위자들은 현 제도를 유지하는 쪽으로 기운다. 이 맥락 안에서 역사적 제도주의는 "경로의존성"(path dependency)을 중시한다. 즉, 제도는 한 번 형성되면 그 자체의 지속성과 역동성을 갖게 되기 때문에 새로운 제도와 새로운 행위자를 통한 상황변화 하에서도 지속적으로 영향을 미친다는 것이다. 그리고 이러한 제도의 지속성이 다른 새로운 제도 또는 행위자와의 관계에서 갈등과 부조화를 낳을 수 있다는 것이다.

역사적 제도주의는 동시에 역사적 발전과정의 복잡성과 비효율성을 강조한다. 개인의 선호와 의사는 객관적이고 초역사적으로 존재하는 것이 아니라 어떤 특정한 제도의 산물이라는 것이다. 그리고 제도적 규칙이 개인의 선호를 다양하게 왜곡시킬 수 있다는 것이다. 따라서 개인의 선호는 다양한 시·공간에 따라 다르게 나타나며 개인의 선호를 단순히 합산하는 것 자체는 가능하지 않다. 즉, 역사적 제도주의는 각 개인이 합리적으로 행동하며 개인의 이익을 추구할 때 전 사회적 균형에 도달할 수 있다고 보는 기능주의를 비판하며 갈등과 균열에 초점을 맞춘다. 예를 들어 역사적 제도주의에 따르면 개인의 선호는 다원주의나 행태주의, 합리적 선택론이 주장하고 있는 것처럼 이익집단이나 정당을 통해 정치적 요구로 전환된다고 보지 않는다. 역사적 제도주의에 따르면 제도는 사회집단 사이의 권력을 불균등하게 배분함으로써 보다 유리한 권력관계에 있는 개인 또는 집단의 선호가 보다 과대 대표되는 대표성의 불균형을 초래한다고 본다. 즉, 제도는 특정 집단이나 이익이 의사결정과정에 특권적으로 접근할 수 있는 구조를 만든다는 것이다.

역사성을 강조하는 역사적 제도주의는 일반적으로 다양한 시·공간에서 나타나는 정치 산출의 형태를 비교한다. 즉, 왜 동일한 정치적 사건, 과정 또는 사회경제적 조건이 다른 시간과 공간에서 다른 정치적 결과를 낳는가라는 질문이 제기되는 것이다. 그리고 이러한 상이한 정치적 산출은 역사적으로 형성된 다양한 국가, 지역 또는 특정 시기의 제도적 틀의 차이를 통하여 설명된다. 흔히 역사 제도주의자들은 국가 간, 지역 간을 비교하거나 특정 제도가 형성되기 이전 시기와 이후 시기를 나누어 단계별로 비교하기도 한다.

역사적 제도주의가 갖고 있는 약점은 연구결과의 축적과 그에 기반한 체계화, 일반화된 이론의 발달을 기대하기 어렵다는 점이다. 검증을 위한 엄격한 전제들을 제시하지 못하며 사례의 독특성을 강조하기 때문이다. 또한 역사적 제도주의는 제도가 얼마나 그리고 어떻게 행위를 제약하는지, 제도와 행위간의 정확한 인과관계를 포착하기가 힘들다는 한계를 갖는다. 마지막으로 역사적 제도주의는 제도를 선험적으로 주어진 것으로 전제하고 있으므로 왜 그 제도가 등장하였는지, 즉 제도의 기원을 설명하지 못하는 약점을 갖고 있다.

2. 합리적 선택 제도주의(rational choice institutionalism)

합리적 선택 제도주의는 개인의 합리적인 판단과 선택의 매개 또는 결과로서 제도를 파악하며 합리적 선택 이론가들을 중심으로 발전하였다(Lecours 2005, 16).

합리적 선택 이론(rational choice theory)은 인간은 개인적 이익의 극대화를 추구하는 합리적인 존재라는 전제에서 출발한다(Zafirovski 2003, 41). 합리적 선택이론이 전제하고 있는 행위자는 다양한 행위 범주들의 예상되는 비용과 이익을 합리적으로 계산하고 자신의 이익을 극대화할 수 있다고 판단되는 행위를 선택한다. 그러나 행위자의 선택과 행동이 단순한 효용극대화 경제논리를 통해 설명될 수 없다는 비판에 당면하여 합리적 선택론자들은 제도주의를 통한 이론적 보완을 시도하였다.

따라서 합리적 선택 제도주의는 인간의 합리성을 제도적 맥락 안에서 설명한다. 즉, 합리적 선택 제도주의는 행위자에게 다양한 행위의 범주와 가치를 제공하는 제도적 틀을 통하여 합리성에 시·공간적 구체성을 부여한다. 합리적 선택 제도주의는 각 개인이 선호체계를 가지고 있으며 효용을 극대화하기 위하여 현존하는 제도적 틀 안에서 전략적으로 행위한다고 본다. 따라서 제도는 합리적 선택 제도주의자들에게 있어서 개인의 이익을 극대화하고 거래비용을 최소화하는 기능을 담당한다. 제도는 자신의 이익의 극대화를 추구하는 합리적 개인들 간의 자발적 협력에 의하여 의식적으로 창출되기도 하고 변화되기도 한다는 것이다.

이 관점에 의하면 제도변화는 기존의 제도가 더 이상 합리적 행위자의 이익에 부합하지 않을 정도로 기능 장애를 일으키거나 기대하는 만큼의 산출이 나오지 않을 때 나타난다(Lecours 2005, 12). 즉, 제도변화는 제도의 내적인 조절작용의 산물이기보다는 행위자의 합리적인 판단의 결과인 것이다.

제도창출과정에서의 능동적이고 의식적인 행위자 전략의 강조로 인하여 합리적 행위 제도주의는 특히 구 동유럽 국가들의 민주주의 이행 과정에서 주목받았다. 즉, 이미 형성되고 내재화된 제도작동에 주목하는 역사적 제도주의나 사회학 제도주의와는 달리 합리적 선택 제도주의는 행위자들이 어떻게 제도를 창조하는가의 문제, 즉 제도 형성단계에서의 제도 디자인의 문제에 주목한다.

합리적 선택 제도주의는 다양한 측면에서 논쟁에 당면해 왔다. 가장 대표적인 이론적 약점은 무엇보다도 합리적 선택 제도주의가 여전히 행위자 선호의 성격을 설명함에 있어 몰역사적 경향을 갖고 있다는 점이다. 예를 들어 혹자는 선거승리를 통한 정치적 성공을 정치가의 객관적 이익이자 선호라고 보는 합리적 선택 제도주의의 일반적인 가설이 라틴 아메리카와 같이 경쟁이 이루어지지 않는 정치체계에서는 적용될 수 없다고 비판한다(Weyland 2002, 59).

또 다른 비판 중의 하나는 제도가 합리적인 효과를 겨냥한 의도적 행위의 결과물이라면 의도하지 않은 결과를 낳는 경우를 설명할 수 없다는 점이다(하연섭 1999, 30). 문제는 무엇보다도 개별적인 개인의 차원에서는 지극히 합리적인 행위가 왜 집단적인 차원에서는 비합리적인 결과를 낳는가라는 전통적인 집단행동의 딜레마다(Olson 1965). 합리적 선택 제도주의는 제도불일치와 비합리성을 강조하는 역사적 제도주의와는 달리 합리성과 균형 상태를 강조하는 경향성을 갖는다. 그러나 집단행동의 딜레마를 해결한다는 것은 개인 차원에서는 단기적으로 또는 사안에 따라 손해가 발생하더라도 집단적 차원에서의 이익을 추구하는 제도디자인이 이루어진다는 것을 의미한다. 이러한 설정은 합리적 선택 제도주의 이론의 내적 모순으로 지적되어 왔다. 합리적 선택 제도주의에 따르면 자신의 이익을 극대화하는 것을 가장 중요한 목적으로 하는 행위자가 보다 많은 비용을 감수하면서까지 단기적으로는 손해를 발생시킬 수도 있는 제도디자인에 동의하지 않을 것이기 때문이다.

마지막으로 합리적 선택 제도주의는 일반적으로 연역적 방법론을 적용하여 미시적인 차원에서의 행위자 전략에 대한 모델을 구성한다. 그리고 어떻게 제도가 행위자의 전략적 판단과 행위에 있어 영향을 미치는가를 분석한다. 이 측면에서 합리적 선택 제도주의는 모델화에 치중함으로써 국지적인 현상 외에는 설명할 수 없으며 더 나아가 이론에 부합되는 특정 현상만을 부각시킨다는 비판에 부딪치기도 한다(Fiorina 1995, 110).

3. 사회학 제도주의(sociological institutionalism)

사회학 제도주의는 1970년대 후반, 조직론에서 탄생하였으며 주관적 인식, 가치와 규범을 포괄하는 광범위하고 추상적인 범주를 제도에 포함시킨다.

사회학 제도주의는 무엇보다도 조직의 내적 목표와 기능을 조직 자체의 효용성 극대화로 보는 기능주의에 대한 비판으로 등장하였다. 특히 메이어와 로완이 1977년 발표한 논문(Meyer 외 1977)과 디마지오와 파웰의 1983년 발표 논문(DiMaggio 외 1983)은 사회학 제도주의의 이론적 지평을 연 주요 저작으로 인정받고 있다(Hasse 외 2005, 23). 메이어와 로완은 이 논문에서 조직의 형식적이고 합리적인 구조의 발전은 효율성 증대보다는 조직의 정당성 확보를 목적으로 하고 있다고 주장한다. 그리고 단순히 기계적이고 도구적인 문제해결을 지향하는 조직보다 사회적 정당성을 확보하는 조직의 생명력이 더 강하다고 논증한다. 즉, 현대 조직은 기능주의에서 주장되는 바와 같이 가장 효율적이어서 존재하는 것이 아니라 현존하는 문화적 환경 내에 가장 적합함으로써 외적 정당성을 확보할 수 있기 때문에 존재한다는 것이다(하연섭 2002, 343). 특히 츄커는 1977년 발표한 논문을 통하여 행위자라는 미시적 차원을 보다 부각시킴으로써 사회학 신제도주의의 이론적 발전에 기여하였다(Zucker 1977). 이에 따르면 행위자의 주관적 인식(cognition)과 판단, 정보해석방식, 그리고 이 과정에서 반복되는 특정한 사회적 상황(social setting)을 통하여 제도적 효과가 재생산된다는 것이다. 사회학적 제도주의는 제도변화를 수렴(convergence)과 동형화(isomorphism)의 관점으로 설명한다. 즉, 규범과 강제, 그리고 문화적 환경 등의 경로를 통하여 비슷한 제도들이 확산되며 이들은 또한 비슷한 메커니즘을 보유하게 된다는 것이다.

사회학 제도주의는 따라서 공식적인 조직의 기계적 메커니즘을 분석대상으로 삼기보다는 가치, 규범, 문화, 또는 사상을 포괄하는 포괄적인 제도들을 분석한다. 그에 상응하게 제도에 대한 사회학 신제도주의의 개념은 세 가지 신제도주의 조류 중 가장 포괄적이고 광범위하다. 또한 사회학 제도주의자들은 역사나 전략보다는 인식의 차원에 집중하며 제도를 행위자에게 내면화되고 내재화된 질서로서 파악한다. 역사 제도주의자들 역시 규범과 가치에 주목하지만 주로 형식적 제도들의 기능으로 이해하는 것과는 달리 사회학 제도주의자들은 가치와 규범과 같은 비형식적 제도들의 독자성을 전제로 한다(Lecours 2005, 7).

따라서 사회학 제도주의자들은 위에 언급한 합리적 선택 제도주의와 같은 행위자 모형에 대하여 회의적이며 오히려 제도의 공식적 측면과 불일치하는 조직 현실을 부각시킨다(배병룡 1990, 119). 합리적 선택 제도주의가 행위자의 능동성과 독자성을 부각시키는 것과는 달리 사회학 제도주의자들은 행위자의 선호와 선택 자체가 제도에 의하여 영향받고 구성되는 것으로 파악한다. 또한 합리적 선택 제도주의가 행위자의 제도 이해를 전략적이고 도구적인 것으로 보는 반면 사회학 제도주의자들은 내재화되고 관습화된 것, 즉 무의식의 차원에 각인된 것으로 본다. 즉, 사회학 제도주의에 따르면 행위자는 전략적으로 이해하고 상황을 규정(definition)하는 것이 아니라 관습적으로 해석(interpretation)하고 그에 상응하게 행동한다는 것이다. 합리적 선택 제도주의가 개인의 선호를 설명하지 못한다고 비판받는다면 사회학 제도주의는 개인의 선호를 제도의 산물로 파악한다.

사회학 제도주의의 이론적 약점은 역사적 제도주의와 마찬가지로 제도의 기원을 설명하지 못한다는 점이다. 제도는 이미 존재하는 틀로서 파악되며 왜 이 제도가 애초에 등장하였는가에 대한 질문은 사상된다.

4. 신제도주의의 수렴 현상

최근 들어 위와 같은 세 가지 조류의 신제도주의는 상호 수렴되는 현상을 보이고 있다. 이러한 수렴현상은 다양한 차원에서 진행되고 있다(하연섭 2002, 345-354; Aspinwall 외 2000; 김기석 2007, 111).

첫 번째, 제도의 규정적 영향력에 압도적인 비중을 두었던 역사적 제도주의와 사회학 제도주의는 1990년대 후반에 들어서면서 행위자의 창조성과 능동성에 대한 합리적 선택 제도주의의 주장을 대폭적으로 수용하기 시작하였다. 그리고 제도를 선험적으로 존재하는 것으로 파악하였던 이론적 경향성을 탈피하고 제도 형성을 인간 행위의 산물로 주목하게 된다.

두 번째, 선호에 대한 상이한 입장 간에 수렴이 이루어지고 있다. 행위자의 선호를 주어진 것으로 전제하였던 합리적 행위 제도주의는 선호의 역사성과 사회성을 제도 안에서 포착하는 역사적 제도주의와 사회학 제도주의 접근을 전반적으로 수용하고 있다(Katznelson 외 2005). 개인의 선호와 이익에 대한 해석은 특정한 시·공간적 맥락과 긴밀히 연관된 사회적 구성물이라는 입장을 적극적으로 받아들이기 시작한 것이다. 또한 그 동안 행위자에 중점을 두었던 것과는 달리 제도의 영향을 보다 적극적으로 수용하기 시작하였다. 대표적으로 노쓰(1990)는 제도가 행위자들의 전략뿐 아니라 선호를 형성한다고 주장함으로써 사회학 제도주의와 합리적 행위 제도주의 간의 이론적 수렴에 기여하였다.

세 번째, 권력관계의 설명에 있어서도 역시 합리적 선택과 역사적 제도주의 간에 수렴이 이루어지고 있다. 초기 합리적 선택 제도주의가 기능주의적 경향성을 갖고 상호작용 차원에서의 균형을 언급하였던 것과는 달리 균형의 형성과 집단행동 딜레마의 해결을 보다 우연적인 것으로 본다. 즉, 권력은 불균형한 것이며 자신의 이익을 극대화하고자 하는 집단의 제도디자인이 우연적으로 집단이익의 증진을 가져올 수도 있다고 보는 것이다. 따라서 이러한 권력의 불균형을 설명하는 과정에서 합리적 선택 제도주의는 역사적 제도주의 입장을 적극적으로 받아들이고 있다. 예를 들어 "행위자 중심적 제도주의(actor centered institutionalism)" 역시 불균형한 권력관계 하에서의 정책결정과정을 통한 연대와 거래에 초점을 맞춘다(Coleman 2001).

네 번째, 합리성 개념의 확장을 통하여 합리적 선택 제도주의와 사회학 제도주의간의 수렴이 이루어지고 있다. 즉, 기존의 합리적 선택 제도주의가 합리성을 비교적 철저히 경제적 맥락 안에서 해석했던 것과는 달리 최근의 합리적 선택 제도주의자들은 규범과 이념을 포괄하는 보다 주관적이고 사회적인 범주로서의 합리성을 전제로 한다. 사회학 제도주의자들 역시 합리성 자체에 대한 기존의 회의적 자세에서 탈피하여 제도적 틀 내에서의 합리성을 수용하고 있다. 예를 들어 이념

(idea)과 이익(interest)은 더 이상 대립적인 관계가 아니라 상호 긴밀히 연관되어 있으며 동시적으로 영향을 미치는 요인으로 파악된다(Campbell 1998, 379).

다섯 번째로 경로의존성의 강조는 더 이상 역사적 제도주의만의 고유한 특징이라고 볼 수 없다. 90년대 구 동유럽과 동아시아에서 전개된 민주주의이행에 당면하여 그 동안 비교적 정태적인 제도의 연속성에 초점을 맞추어왔던 신제도주의는 제도 변화와 단절의 문제를 새롭게 제기하기 시작하였다(Evans 2004; Hodgson 2002; Merkel 2000). 그 동안 제도는 선험적으로 주어진 것 또는 장기적인 역사적 발전과정에서

〈표 1〉 신제도주의 세 분파의 차이점과 공통점

	합리적 선택 제도주의	역사적 제도주의	사회학 제도주의
공통점			
제도 변화	단절적 균형(punctuated equilibrium), 진화	단절적 균형, 진화	단절적 균형, 진화
인과론	경로의존성(제도선택에 기반), 확산(정보와 모방)	경로의존성(제도선택에 기반) 확산(학습과 강제)	경로의존성(제도의 구조적 관점에 기반) 확산(규범과 강제)
사상의 역할	증가추세(인지구조와 규범)	증가추세 (정치패러다임과 원칙)	근본적 (인지적, 규범적 강제)
차이점			
이론적 근원	신고전주의 경제학	맑스주의, 베버의 정치경제학	현상학, 민속학, 심리학
제도개념	형식적, 비형식적 규칙과 과정, 전략적 균형	형식적, 비형식적 규칙과 과정	형식적 규칙, 문화적 설계, 인지, 내면화된 재생산과정
분석수준	미시분석	거시분석	조직차원
행위 이론	도구성의 논리	도구, 정당성	정당성
제약 이론	규칙과 제한된 합리성에 제한	규칙과 인지 패러다임, 원칙에 제한	문화적 프레임, 관습에 제한

출처: John L Campbell. 2004. *Institutional Change and Globalization*, Princeton and Oxford: Princeton University Press, p. 11.

제도화된 것으로 여겨져 왔으며 따라서 신제도주의는 제도 변화의 설명에 있어서 어느 정도 이론적 취약성을 갖고 있었다(Colomy 1998, 266). 민주주의이행을 설명하면서 제도변화는 보다 역동적이고 불균형한 과정으로 재조명되기 시작하였고 이와 동시에 연속성과 경로의존성 역시 광범위하게 수용되기 시작하였다. 즉, 제도 변화는 기존의 제도를 배경으로 하는 역동적인 과정이며 형식적 제도의 변화와 비형식적 제도 변화의 복합적 결과로써 나타난다는 것이다. 불균형한 제도변화의 과정에 대한 질문은 다양한 시공간적 맥락 속에서 형성된 제도간의 충돌을 통하여 어떻게 새로운 형태의 초국가적 경로가 형성되는가라는 새로운 문제제기까지 포함한다(Djelic 2007).

Ⅳ. 한국 정치학계의 신제도주의 적용

한국에서도 역시 신제도주의는 빠른 속도로 광범위하게 확산되고 있다. 그러나 신제도주의를 언급하는 다수의 연구들은 아직 본격적으로 신제도주의를 적용하기보다는 부분적으로 신제도주의적 요소를 적용하고 있다고 보인다. 본격적인 신제도주의 적용은 아직은 소수의 연구에 국한되어 이루어지고 있으며 무엇보다도 정부 조직 및 행정에 관한 행정학적 연구들에 집중되어 있다. 행정학자들을 중심으로 90년대 후반 "합리적 선택과 신제도주의(1999)", "신제도주의연구(1999)" 등의 단행본이 발행된 것을 기점으로 행정학에서는 신제도주의 연구가 활성화되어 왔으며 최근 점차 광범위한 정치학 분야로 확산되고 있다. 이 연구들은 신제도주의 소개를 비롯한 이론적 논의(하연섭 1999; 하연섭 2002; 배병룡 1999; 김윤권 2005; 김기석 2007)나 신제도주의를 적용한 다양한 분야의 경험적 연구(김시윤 1997; 손열 2006; 김정렬 1998; 이명성 2006; 염재호 1999; 김세걸 2001) 등을 포함한다.

여기서는 위에 언급한 세 가지 신제도주의 조류에 상응하는 몇 연구사례를 중심으로 하여 한국정치학계의 신제도주의 적용 경향성을 알아본다. 정치학 교과서라는 본고의 특성을 고려하여 본고에서는 주로 90년대 중후반부터 현재까지 한국의 정치학 분야 주요 학술지에 발간된 학술논문, 특히 한국에 대한 단일사례 또는 한국을 포함하는 비교연구들 중 몇 연구를 선정하였다.

1. 역사적 제도주의

역사적 제도주의는 앞에 언급했다시피 제도의 역사성을 중시하며 이를 특히 "경로의존성"이라는 개념적 틀로 포착한다. 아래의 연구들은 이러한 "경로의존성"에 의거하여 국가 간 비교, 또는 통시적 비교를 통해 다양한 질문에 답하고 있다. 따라서 이 연구들은 최소한 반 세기 또는 경우에 따라서는 몇 세기에 걸친 장기적인 역사적 배경을 다루고 있으며 제도의 우연적이고 특수한 역사적 형성과적을 추적하고 있다. 이 연구들이 특정 주제를 공통으로 다루고 있는 것은 아니기 때문에 각 연구의 문제제기와 내용, 그리고 신제도주의 적용 방법을 나열적으로 제시하고자 한다.

역사적 제도주의는 역사적으로 형성된 제도의 경로의존성에 주목하기 때문에 주로 국가 간 비교, 또는 통시적 비교에 유용하다. 예를 들어 손열(2006)은 왜 한국과 일본의 벤처지원정책 간에 차이가 나타나는가 라는 질문을 던진다. 그리고 양국의 벤처지원정책 비교를 통하여 조직유형과 국가전략은 산업사회의 제도적 맥락, 정치경제적 구조의 변화 및 정치연합의 양상 등의 경로의존성에 영향을 받기 때문이라고 논증한다.

한국과 일본은 발전국가라는 틀로 설명되는 국가모델 안에서 경제발전을 추구하여 왔으며 이는 국가정책 우선성, 국가주도하 전략부문의 선정과 보호, 육성, 국민경제 확대, 일정 수준의 평등주의의 실현 등으로 특징지어진다. 손열은 이렇듯 비교적 동질적인 발전국가의 길을 걸어온 한국과 일본이 정보사회로의 전환에 있어서 상이한 벤처기업 지원정책을 수행하고 있음에 주목한다. 그리고 왜 비교적 동질적인 구조하에서 이러한 정책적 차이와 제도적 결과가 나타나는가 묻는다. 손열에 따르면 일본은 연구개발보조금과 약자보호적 중소기업 정책을 주축으로 벤처기업지원정책을 수립한 반면 한국은 특정 기업을 선정하고 이들에게 직·간접적 금융지원을 제공하는 방식으로 벤처기업을 지원하였다. 이러한 정책적 차이를 손열은 두 가지로 설명한다. 첫 번째 요인은 산업화과정에서 형성된 발전제도 및 전략, 즉 산업자본주의의 제도적 경로이며 두 번째 요인은 주요 정책결정행위자의 구성과 정치적 연합, 즉 정치경제적 역학구조라는 것이다. 이 논증 과정에서 손열은 특히 제도중첩(layering)과 제도전환(conversion)의 논리를 통하여 제도의 지속성에 보다 중점을 두는 기존의 경로의존성론을 비판적으로 보완하고자 시도한다. 일본의 경우 기존 행위자들이 제도설계과정에 참여함으로써 기존 제도에 중소기업혁신연구 요소를 추가하는 형태로 제도변화가 이루어졌으며 이는 제도중첩으로 표현된다. 반면 한국의 경우 급격한 정치, 경제적 변화과정에서 새로운 행위자가 조직혁신을 목표로 제도를 개혁함으로써 제도전환이 이루어졌다고 주장한다.

김세걸(2001) 역시 국가 간 비교를 위하여 역사적 제도주의를 적용한 사례이다. 그는 한국과 일본의 노동정치, 특히 사회협약 실험의 내용과 성격을 비교분석하는 과정에서 역사적 경로의존성에 근거하여 한국과 일본의 노·정 및 노·사 관계, 그리고 관련 제도 간 차이를 설명하고 있다.

일본은 1970년대 석유위기극복과정에서, 그리고 한국은 1990년대 외환위기수습과정에서 노·사·정 간 사회협약을 시도한 바 있다. 그러나 외견상의 유사성에도 불구하고 양국의 사회협약실험은 그 형태와 결과에 있어 상이하다. 즉, 일본에서는 특히 고용조정 문제에 있어서는 정부의 개입없는 노사간의 자율적 교환을 통해 문제를 해결한 반면 한국은 정부가 적극적인 역할을 하는 중에 노사간의 자율적 교환은 거의 이루어지지 않았다는 것이다. 이러한 차이를 김세걸은 양국 간의 제도 형성의 역사적 배경과 제도들 간의 연계의 차이성에 근거하여 설명하고 있다. 한국의 경우 권위주의적 노사문화와 오너경영이 연공임금, 장기고용, 복리후생 제도 등의 사회협약 제도와 결합되면서 기대했던 제도적 효과가 나타나지 않았다는 것이다.

위의 두 연구가 국가 간 차이를 제도의 경로의존성에 의거하여 설명하고 있다면 염재호(1999)는 한국에 대한 단일 사례연구를 수행하고 있다. 그는 왜 한국에서의 정치민주화의 과정이 경제민주화로 연결되지 못하였는가라는 문제를 던진다. 그리고 정책형성과 집행에 영향을 미치는 제도적 경로의존성을 통하여 이 문제에 답할 수 있다고 주장한다.

경제체제의 민주화 문제는 그 동안 주로 엘리트구조의 미시적 차원이나 국가-자본의 거시적 차원으로 접근되어 왔다. 경제민주화의 지연은 정치엘리트 간의 내적 균열로 인하여 지배체제의 근본적인 틀은 유지되는 가운데 온건한 엘리트들이 집권하는 안정적인 민주화과정에 기인한다고 보는 입장, 변형주의, 또는 민주화 이후 시장민주주의가 오히려 자본과 노동의 불평등을 확대한다는 입장 등이 대표적이다. 그러나 염재호는 한국의 민주화 과정에서 나타나는 경제개혁의 가능성을 재벌의 경제구조 집중현상과 관련하여 분석하고 있으며 특히 정책형성과 집행과정 요소에 초점을 맞추고 있다. 이러한 접근을 통하여 그는 거시적 접근이 갖고 있는 총체론적 입장의 문제점을 지적하는 가운데 정치체제의 변화가 정책 내용의 변화를 반드시 초래하는 것은 아님을 지적한다. 즉 정치체제 변동 이후에 새로운 정책결정자가 새로운 정책목표를 갖고 정책을 입안한다고 하더라도 그 정책결정이 기존의 정책체계 안에서 이루어진다면 정책이 다양한 형태로 왜곡되고 변화된다는 것이다. 정부가 경기활성화와 국가경쟁력 강화를 추구하는 가운데 기존의 권위주의적 정책구조를 지속적으로 활용할 때 이 특수한 제도 조합구조는 정치적 민주화에도 불구하고 경제민주화의 지연을 초래한다는 지적이다.

위의 연구들이 역사적 제도주의의 적용에 중점을 두는 반면 하태수(2002)의 연구는 사회학 제도주의와 역사적 제도주의의 비판적 결합을 시도하고 있다. 그는 한국에서의 신자유주의적 제도도입과 제도 작동의 문제를 연구한다. 그리고 선진국가에서 도입된 제도들이 기대했던 것과는 다르게 작동하는 이유를 제도의 토착화(indigenization)로 설명하고 있다.

사회학적 제도주의의 주요 이론이라고 할 수 있는 동형화이론(isomorphism)은 제도가 규범적·억압적·모방적 과정을 통해 확산된다는 가설을 제시하고 있다. 그러나 하태수는 한국을 포함한 후발산업국가의 경우 선진국으로부터의 제도 이식을 통하여 정치체제가 형성되며 이때 제도와 작동방식 간의 괴리 현상이 나타난다고 지적한다. 그리고 이러한 괴리 현상을 수입국의 역사적 유산과 수입된 제도 간의 갈등으로 설명한다(Meyer, John W., John Boli, George M. Thomas, Francisco O. Ramirez. 1997, "World Society and the Nation-State," *The American Journal of Sociology* Vol. 103, No. 1(Jul)).[3] 신자유주의 사상에 기초한 제도들이 다른 나라로 이식되었을 때 외형은 같더라도 다르게 작동한다는 것이다. 예를 들어 하태수는 공공부문에서의 낭비를 줄이기 위하여 외환위기 이후에 도입된 성과급제도가 도입 1년 만에 한국적으로 토착화되었다고 지적한다. 즉, 2002년에 이루어진 성과급 지급방식의 변경, 성과급의 낮은 비중, 계급을 기준으로 하는 성과급 분배방식, 지급액 간 차이의 축소 등을 통해 더 이상 성과급으로서의 성격을 갖고 있지 않다는 것이다. 하태수는 이러한 현상을 유교적 전통문화, 일본 및 미군정의 영향 등 한국의 역사적 맥락을 통하여 설명한다. 즉, 한국의 역사적 맥락 속에서 새롭게 이식된 제도는 제 기능을 수행하지 못한다는 것이다.

2. 합리적 선택 제도주의

합리적 선택 제도주의는 행위자의 합리적 선택 과정에서의 제도의 영향과 기능에 주목한다. 따라서 합리적 선택 제도주의를 적용하는 다음의 연구들은 미시적인 행위자 차원에 보다 주목하고 있으며 짧은 시·공간적 배경을 대상으로 한다. 그리고 역사적 제도주의에 비하여 높은 수준의 추상화와 이론화를 시도한다. 또한 합리적 선택 제도주의는 언급했다시피 개인의 합리성 개념, 집단행동의 딜레마 등에서 많은 문제제기에 당면하고 있다. 아래의 연구들은 대부분 이러한 이론적 약

3) 하태수는 신제도주의 동형화이론이 제도 이식에서 나타나는 문제를 설명하지 못하고 있다고 비판한다. 그러나 존 메이어는 비교적 동일한 문제의식으로 동형화 현상과 동시에 탈착(decoupling) 현상이 일어날 수 있다고 지적함으로써 이식된 제도가 다르게 작동하는 현상을 상당히 설득력 있게 논증한 바 있다.

점을 보완하기 위해 다른 이론과의 접목이나 기존 개념의 확장 또는 심화를 시도하고 있다.

이종찬(1995)은 동아시아 정치경제를 분석함에 있어서 경제정책과 관련된 정치-경제 주체들의 이해관계와 이들 간의 힘의 관계에 영향을 미치는 정치적 제도라는 변수에 초점을 맞춘다. 그리고 동아시아 경제발전을 설명하는 기존의 정치경제이론들이 갖고 있는 한계를 지적하며 해석적 접근법을 통해 보완된 신제도주의적 접근방식을 제안한다. 이때 정치적 제도는 정치-행정 영역에 연계되는 사회제도와 시장제도를 포함하며 정책선택의 범위를 결정하고 국가능력을 결정한다. 즉, 동아시아 정치경제에 있어서 핵심적인 관건은 정치적 여건이 경제발전에 어떤 영향을 미쳤는가라는 점이며 경제에 대한 정치적 운영은 경제통치방향에 합당한 국가의 자본관리로 표출된다는 것이다.

동시에 이종찬은 기존의 합리적 신제도주의를 비판적으로 검토한다. 제도가 행위자의 능력을 제한하며 정치경제 주체들간의 거래비용을 줄여준다는 신제도주의의 두 가지 이론적 가설은 제도화의 수준이 낮은 한국과 같은 사회에서는 직접적으로 적용되기 힘들다는 것이다. 그는 제도화의 수준이 낮은 경우에는 제도가 만들어지더라도 실무주체들이 정책방안을 실천하지 않는 문제가 발생하며 이렇게 규칙을 집행하고 위반을 감시하는 과정에 너무 많은 비용이 들 경우 실질적인 정책효과는 나타나지 않는다고 지적한다. 이러한 문제점에 착안하여 이종찬은 합리적 신제도주의의 이론적 보완을 시도한다. 즉 정책결정자가 정치적-경제적 합리성에만 의존하여 정책을 선택할 수 없을 때 정책결정자는 정치경제적 여건의 불확실성을 최소화하기 위해 정보선택과 현상인식 및 해석에 있어서 전문가집단의 정책사고로부터 영향을 받는다는 것이다. 따라서 합리적 선택 접근법뿐만 아니라 해석적 접근법이 결합되어야 한다고 제안한다.

김정렬(1998) 역시 동아시아 발전이론의 비판적 재구성이라는 제목 하에 동아시아의 고도성장 원인을 분석하고 있으며 신제도주의적 통합 모델을 제시한다. 그는 경제논리를 토대로 하는 신고전파 규제국가론과 신맑스주의적 종속국가론의 경우 국가발전의 관리자로서의 정부의 역할을 회의적으로 보고 있다고 비판한다. 순수한 경제논리에 의거하여 동아시아 국가의 경제발전을 설명하고자 하는 신고전파 규제국가론은 개발도상국의 다양한 발전전략의 가능성을 봉쇄하고 개발도상국의 성장을 단선적·낙관적으로 파악하는 오류를 범한다는 것이다. 반면 종속국가론은 세계체제론의 입장에서 저발전국가의 발전가능성을 부정적으로 본다. 월러스틴은 "반-주변(semi-periphery)"이라는 개념을 통하여 저발전 국가도 특정한 상황 하에서는 발전할 수 있다고 봄으로써 전통적인 종속국가론을 완화시킨 바 있다. 그러나 김정렬은 종속국가론 자체가 국제체제의 요소만 강조할 뿐 국내적 요인을 간과하는 오류를 범하고 있다고 지적한다.

김정렬은 위와 같은 두 가지 접근이 동아시아 국가들의 고도성장을 설명하기에는 부적당하다고 비판하는 가운데 동아시아 국가 고도성장의 동인으로서 적극적 산업정책에 주목한다. 즉, 발전국가의 동학은 정부-기업 관계라는 구체적인 제도적 특성을 통하여 가장 적절히 설명될 수 있다는 것이다. 정부-기업 관계의 제도적 특성을 설명하기 위하여 김정렬은 미시제도주의, 거시제도주의, 그리고 중범위 제도주의 간의 결합을 시도하는 통합적 제도주의를 제안한다. 미시제도주의적 관점은 정부관료제의 선도적 역할에 주목하며 구체적이고 미시적인 정책과 관리 및 리더십을 분석한다. 거시제도주의는 보다 광의의 국가개념에서 출발하여 국가의 역사성과 구조에 주목한다. 예를 들어 노·사·정, 지배연합 등의 논의가 그에 속한다. 세 번째, 중범위 제도주의는 구체적인 정책집행에 주목하며 미시와 거시를 연결하는 중범위 이론을 지향한다. 김정렬은 이 세 가지 차원의 제도주의를 결합함으로써 거시적인 국가구조, 중범위적 정책집행, 미시적 정책형성을 포괄적으로 이해할 수 있다고 제안하고 있다.

백종국(2003)은 국가의 흥망은 어떻게 설명될 수 있는가라는 다분히 추상적인 주제를 다루고 있다. 백종국 역시 신제도주의이론의 비판적 발전을 시도하고 있으며 특히 합리적 제도주의가 지나치게 개인적 합리성에 기초하여 역사를 설명하고 있음을 비판한다. 그리고 "매개의 변증법" 논리의 보완을 통하여 국가조직이 어떻게 자체적 역동성과 규정성을 갖게 되는지 논증한다.

그는 합리적 제도주의, 특히 올슨의 집단행동분석과 노스의 대리인이론이 국가 행동을 분석하기에 중요한 이론적 열쇠를 제공하고 있지만 지나치게 합리성에 의존하고 있다고 주장한다. 올슨은 집단 내의 개개인이 그 집단이 자신에게 가져다 줄 이익이 그 집단적 이익의 실현을 위해 치러야 할 희생보다 작을 경우 집단적 이익을 위한 헌신을 멈춘다고 주장한다. 따라서 특수이익집단의 존재를 통해 국가 전체의 효율성과 성장은 낮아진다고 본다. 그러나 백종국은 국가는 모든 인민들의 안전과 복지를 높이며 관료제와 상비군을 보유하는 조직적 본질을 갖는다는 국가론에 기반하여 국가의 자체적 역동성과 실체를 주장한다. 따라서 제도의 합리성보다는 역사성을 강조한 노쓰의 대리인 이론이 보다 진일보한 이론이라고 주장한다. 그리고 매개의 변증법이라는 논리를 통하여 어떻게 자신의 이익을 추구하는 개인의 합리성을 통하여 탄생한 매개적 존재, 즉 국가조직이 자체적으로 보다 중요해지는가, 그리고 그를 통해 어떻게 실제 이익추구의 주체였던 개인을 압도하는 본질적 요소로 등장하는가를 논증한다.

위의 연구들이 경험적 연구를 수행하는 가운데 다른 이론들과의 접목을 시도하고 있다면 이명석(2006)의 연구는 신제도주의적 관점 하에 전통적인 공유재 문제의 자치적 해결가능성을 찾고 있다.

공유재문제는 개인적 차원에서의 이익 극대화논리가 집단적 차원의 이익극대화와 합치되지 않을 때 나타나는 전형적인 문제이다. 예를 들어 도로와 같은 공공 인프라, 또는 공원이나 강과 같은 환경의 경우 창출과정과 유지과정에서 개인들이 직접적으로 비용을 부담하지 않기 때문에 무책임하게 남용하는 경향을 공유재문제라고 한다. 이러한 공유재문제의 해결을 위하여 일반적으로는 국가의 직접적인 개입과 통제를 강화하는 것이 필요하다고 생각되어 왔다. 그러나 이명석은 자치적 해결, 즉 거버넌스를 통한 자발적 협동을 통하여 공유재문제가 해결될 수 있음을 제시하고 있다. 그리고 어떻게 공유재 사용자들의 협조를 통하여 적절한 공유재 관리가 이루어질 수 있는지 구체적인 방안을 모색하고 있다. 이 과정에서 저자는 신제도주의적 방법을 적용한다. 즉, 다수가 공유재를 사용하는 경우에도 자발적 협동에 의하여 공유재가 잘 관리될 수 있다면 공유재의 비극은 발생하지 않을 것이라는 것이다. 그리고 공유재의 특성은 물리적인 성격뿐만 아니라 제도적 장치, 공동체의 속성, 그리고 공동체에 속한 개인의 속성 등에 달려 있다는 것이다. 따라서 저자는 적절한 제도적 장치와 공동체 속성의 개발을 통하여 자발적인 협동에 의한 공유재관리가 가능하다고 보고 있다. 제도적 장치를 통하여 공유재를 사용하는 행위자에게 공유재 관리에 관심을 갖게 되는 유인을 제공한다는 것이다. 예를 들어 저자는 정부에 의한 공유재 관리나 사적 소유권 부여 등을 통해서는 공유재문제가 적절히 해결되지 않았음을 지적하며 자치적 방법을 통하여 공유재를 관리할 것을 제안하고 있다. 단, 여기서 성공적인 공유재 관리를 위해서는 공유재이용자의 명확한 제한, 공유재이용의 비용과 편익에 관한 규칙, 감시와 제재장치 등의 제도설계가 우선되어야 한다고 지적된다.

V. 신제도주의 발전 전망

본문에서는 신제도주의의 이론적 경향과 한국에서의 연구 동향을 살펴보았다. 한국에서의 신제도주의 연구는 아직은 본격적으로 확산되고 있지는 않지만 긍정적으로 발전하고 있다고 보인다.

이 연구들은 무엇보다도 신제도주의 이론을 경험적 연구에 적용하고 있을 뿐만 아니라 이론간 접목과 결합을 통한 비판적 발전을 시도하고 있다. 이러한 시도는 신제도주의 내의 다른 조류와의 통합 시도로 나타나기도 하고 해석학적 접근, 변증법적 접근 등 다른 이론과의 결합으로 나타나기도 한다. 또 한 가지 주목되는 현상은 몇 몇 연구들이 한국적 맥락을 강조하고 있다는 점이다. 선진국으로부터의 제도이식으로부터 오는 문제, 또는 제도화 정도가 낮은 조건에서의 다른 제도 작동의 문제 등이 그것이다. 이러한 시도들은 장기적으로 이론의 한국적 정체성이 형성되는 과정으로 연결될 수 있을 것이다.

그러나 신제도주의 적용 현황은 몇 가지 편향성 및 한계 역시 노정하고 있다.

무엇보다도 신제도주의 적용은 아직은 정치학의 다양한 하위주제로 확장되고 있지는 못하며 소위 "행정학적" 문제의식, 즉, 국가조직 및 제도 작동과 긴밀히 연계된 분야에 주로 한정되어 있다. 두 번째, 신제도주의의 방법론적 비판 및 발전 시도는 아직 개별적이고 파편적으로 이루어지고 있을 뿐 활발한 이론 논쟁과 상호작용을 통한 발전의 수렴은 이루어지지 않고 있다고 보인다.

신제도주의가 갖고 있는 이론적 잠재성과 효율성은 상당히 크다. 신제도주의는 구조와 행위자를 이어주는 제도를 다루고 있으며 이는 거시적 범주와 미시적 범주를 연결하는 장점을 갖는다. 그리고 중범위에서 보다 구체적으로 설명할 수 있는 강점을 갖고 있다. 또한 다양한 접근 방식 간의 유연한 결합을 통하여 역사, 행위자의 합리성과 선호도 등 많은 변수들을 포괄할 수 있다. 신제도주의는 앞으로도 상당한 발전 가능성을 갖고 있는 이론적 틀이라고 할 수 있으며 보다 활발한 논쟁과 적용시도를 통하여 한국 정치학의 발전에 기여할 수 있으리라고 보인다.

꼭 읽어야 할 책

Campbell, John L. 1998. "Institutional Analysis and the Role of Ideas in Political Economy." *Theory and Society* Vol. 27, 377-409.

Campbell, John L. 2004. *Institutional Change and Globalization*, Princeton and Oxford: Princeton University Press.

DiMaggio, Paul J. and Walter W. Powell. 1983. "The Iron Cage Revisited: Institutional Isomorphism and Collective Rationality in Organizational Fields." *American Sociological Review* 48, 147-160.

Katznelson, Ira and Barry R. Weingast, eds. 2005. *Preferences and Situations*, New York: Russel Sage Foundation.

March, James and Johan P. Olsen 1989, *Rediscovering Institutions: The Organizational Basis of Politics*, London: Collier Macmillan.

North, Douglass C. 1990. Institutions. *Institutional Change and Economic Performance, Political Economy, Cambridge*: Cambridge University Press.

Olson, Mancur, 1965. *The Logic of collective Action*, Cambridge: Harvard University Press.

참고문헌

김기석. 2007. “역사적 신제도주의와 현대 정치학 연구: 1990년대 중반 이후의 동향.” 한국정치학회 편. 『현대 정치학 이론의 발전』, 서울: 인간사랑.

김세걸. 2001. “한・일 노동정치의 비교분석: 사회협약 정치를 중심으로.” 『한국정치학회보』 35집 4호, 211-229.

김시윤. 1997. “정책변화와 신제도주의. 통신산업정책의 사례.” 『한국정치학회보』 31권 1호, 323-345.

김윤권. 2005. “제도변화의 통합적 접근. 역사적 신제도주의를 중심으로.” 『한국정책학회보』 14권 1호, 299-327.

김정렬. 1998. “동아시아 발전이론의 비판적 재구성을 위하여.” 『한국정치학회보』 32권 3호, 117-137.

배병룡. 1999. “조직환경론에서의 신제도주의.” 정용덕 외. 『신제도주의 연구』 서울: 대영문화사, 118-137.

백종국. 2003. “매개의 변증법과 국가의 흥망.” 『한국정치학회보』 37집 1호, 431-450.

손 열. 2006. “기술, 제도 경로의존성: 정보화시대 벤처지원정책의 한・일비교 연구.” 『한국정치학회보』 40집 3호, 237-262.

염재호. 1999. “민주화와 정부-기업 관계.” 정용덕 외. 『신제도주의 연구』서울: 대영문화사. 193-211.

이명석. 2006. “제도, 공유재 그리고 거버넌스.” 『행정논총』 44권 2호, 247-275.

이종찬. 1995. “동아시아 정치경제이론들에 대한 비판적 고찰 - 신제도주의 이론을 중심으로.” 『한국정치학회보』 29권 4호, 4571-4595,

하연섭. 1999. "역사적 제도주의." 정용덕 외. 『신제도주의 연구』서울: 대영문화사. 9-36

______. 2002. "신제도주의의 최근 경향: 이론적 자기혁신과 수렴." 『한국행정학보』 36권 4호, 339-359.

하태수. 2002. "제도의 이전, 토착화 그리고 신제도주의." 『행정논총』 40권 1호, 45-69.

Aspinwall, Mark D. and Gerald Schneider. 2000. "Same Menu, Separate Tables: The Institutionalist Turn in Political Science and the Study of European Integration." *European Journal of Political Research*, Vol. 38, 1-36.

Campbell, John L. 1998. "Institutional Analysis and the Role of Ideas in Political Economy." *Theory and Society* Vol. 27, 377-409.

Campbell, John L. 2004. *Institutional Change and Globalization*, Princeton and Oxford: Princeton University Press.

Coleman, William D. 2001. "Agricultural Policy Reform and Policy Convergence: An Actor-Centered Institutionalist Approach." *Journal of Comparative Policy Analysis: research and Practice* Vol. 3, 219-241.

Colomy, Paul. 1998. "Neofunctionalism and Neoinstitutionalis: Human Agency and Interest in Institutional Change." *Sociological Forum* Vol. 13, No. 2. 265 -300.

DiMaggio, Paul J. and Walter W. Powell. 1983. "The Iron Cage Revisited: Institutional Isomorphism and Collective Rationality in Organizational Fields." *American Sociological Review* 48, 147-160.

Evans, Peter. 2004. "Development as Institutional Change: The Pitfalls of Monocropping and the Potentials of Deliberation." *Studies in Compara- tive International Development*, Vol. 38, No. 4. 30-52.

Fiorina, Morris. 1995. "Rational Choice and the New Institutionalism." *Polity*, Vol 28, No. 1. 107-115.

Hall, P. A. 1992. "The Movement from Keynesianism to Monetarism: Institutional Analysis and British Economic Policy in the 1970s." in Sven

Steinmo, Kathleen Thelen and Frank Longstreth, eds. *Structuring Politics: Historical Institutionalism in Comparative Analysis, Cambridge*: Cambridge University Press.

Hodgson, Geoffrey M. 2002. "The Evolution of Institutions: An Agenda for Future Theoretical Research." *Constitutional Political Economy*, Vol. 13, 111-127.

Ikenberry, G, J. 1988. "Conclusion: An Institutional Approach to American Foreign Economic Policy." in G. John Ikenberry, David A. Lake, and Michael Mastanduno, eds. *The State and American Foreign Economic policy*. Ithaca: Cornell University Press.

Katznelson, Ira and Barry R. Weingast, eds. 2005. *Preferences and Situations*, New York: Russel Sage Foundation.

Lecours, André. 2005. *New Institutionalism: Issues and Questions, New Institutionalism. Theory and Analysis*, Toronto: University of Toronto Press.

March, James and Johan P. Olsen 1989, *Rediscovering Institutions: The Organizational Basis of Politics*, London: Collier Macmillan.

Merkel, Wolfgang. 2000. "Formale und Informale Institutionen in Defekten Demokratien." *Politische Vierteljahresschrift* 41, 3-30.

Meyer, John W. and Rowan Brian. 1977. "Institutionalized Organizations: Formal Structures as Myth and Ceremony." *American Journal of Sociology* 83, 340-363.

Meyer, John W., John Boli, George M. Thomas, and Francisco O. Ramirez. 1997. "World Society and the Nation-State," *The American Journal of Sociology* Vol. 103, No. 1(Jul).

Morisse-Schilbach. 2006. "Historischer Institutionalismus." in *Theorien der Europäischen Integration*. VS Verlag für Sozialwissenschaften, 271-292.

North, Douglass C. 1990. Institutions. *Institutional Change and Economic Performance, Political Economy, Cambridge*: Cambridge University Press.

North, Douglass C.. 1993. *The New Institutional Economics and Develo- pment*, Economic History/ Economic Working Paper Archive at WUSTL, St.

Louis, 8. Sept.

Olson, Mancur, 1965. *The Logic of collective Action*, Cambridge: Harvard University Press.

Rehberg, Karl-Siegbert. 1997. "Institutionenwechsel und die Funktionsveränderung des Symbolischen," in Gerhard Göhler eds. *Institu- tionenwandel* Opladen.

Schimank, Uwe. 2007. "Neoinstitutionslismus," *Handbuch Governance* VS Verlag für Sozialwissenschaften, 161-175.

Selznick, Philip. 1996. "Institutionslism "Old" and "New"." *Administrative Science Quarterly*, Vol. 41, No. 2. 270-277.

Vandenberg, Paul. 2002. "North's Institutionslism and the Prospect of Combining Theoretical Approaches." *Cambridge Journal of Economics*, 26, 217-235.

Weyland, Kurt. 2002. "Limitations of Rational-Choice Institutionslism for the Study of Latin American Politics." *Studies in Comparative International Development*, Vol. 37, No. 1. 57-85.

Zafirovski, Milan. 2003. "The Rational Choice Approach to Human Studies: A Reexamination." *Human Studies* 26, 41-66.

[집필자 약력]

김용복
경남대학교 정치학과
서울대학교 정치학 박사

차재권
동의대학교 정치외교학과
미국 University of Kansas 정치학 박사

박은홍
성공회대학교 사회과학부
서강대학교 정치학 박사

지병근
조선대학교 정치외교학부
미국 University of Missouri-Columbia 정치학 박사

차문석
통일교육원
성균관대학교 정치학 박사

전용주
동의대학교 정치외교학과
미국 University of Kansas 정치학 박사

박재욱
신라대학교 행정학과
연세대학교 정치학 박사

박명호
동국대학교 정치행정학부
미국 Michigan State University 정치학 박사

황아란
부산대학교 행정학과
미국 뉴욕주립대학교(Stony Brook University) 정치학 박사

안병진
경희사이버대학교 영미학과
미국 New School University 정치학 박사

류진숙
배재대학교 사회대학
Univ. Bremen 정치학 박사

현대비교정치이론과 한국적 수용

2009년 2월 20일 초판 인쇄
2009년 2월 25일 초판 1쇄 발행

편저자 한 국 정 치 학 회
발행인 배 효 선
발행처 도서출판 法 文 社

413-756 경기도 파주시 교하읍 문발리 526-3
등 록 1957년 12월 12일 제2-76호(윤)
전 화 031-955-6500~6, 팩 스 031-955-6525
e-mail(영업) : bms@bobmunsa.co.kr
(편집) : edit66@bobmunsa.co.kr
홈페이지 http://www.bobmunsa.co.kr

조 판 광 암 문 화 사

정가 20,000원 ISBN 978-89-18-03163-7